ESCULPIDO
NA AREIA

Cathryn Jakobson Ramin

ESCULPIDO NA AREIA

Memória e atenção: os desafios da meia-idade

Tradução
Daniel Estill e Monica Braga

© 2007 Cathryn Jakobson Ramin. Todos os direitos reservados

Todos os direitos desta edição reservados à
EDITORA OBJETIVA LTDA.
Rua Cosme Velho, 103
Rio de Janeiro — RJ — CEP: 22241-090
Tel.: (21) 2199-7824 — Fax: (21) 2199-7825
www.objetiva.com.br

Título original
Carved in Sand

Capa
Andrea Vilela

Imagem de capa
Howie Garber \ Getty Images

Revisão
Catharina Epprecht
Raquel Corrêa
Joana Milli

Editoração eletrônica
Abreu's System Ltda.

CIP-BRASIL. CATALOGAÇÃO-NA-FONTE
SINDICATO NACIONAL DOS EDITORES DE LIVROS, RJ

R139e   Ramin, Cathryn Jakobson
      Esculpido na areia : memória e atenção: os desafios da meia-idade /
Cathryn Jakobson Ramin ; tradução Daniel Estill e Monica Braga. - Rio
de Janeiro : Objetiva, 2009.

      Tradução de: *Carved in sand : when attention fails and memory fades in
midlife*
      Inclui bibliografia e índice
      349p.   ISBN 978-85-7302-965-9

      1. Distúrbios da memória - Obras populares. 2. Pessoas de meia-idade
- Saúde e higiene. I. Título.

09-2789.   CDD: 616.83
                                  CDU: 616.89-008.46

Para Ron, Avery e Oliver... assim são feitas as memórias

"A memória humana é um instrumento maravilhoso, mas enganador... As lembranças que carregamos em nosso interior não são esculpidas na pedra; não apenas tendem a se apagar à medida que os anos passam, mas muitas vezes se modificam ou até crescem, incorporando características alheias."

— Primo Levi, *Os Afogados e os Sobreviventes*, 1988

SUMÁRIO

• • •

PREFÁCIO: O bem mais precioso 13

1 O CÉREBRO NÃO CONFIÁVEL
O esquecimento na meia-idade é constrangedor e frustrante, mas o que
significa para o futuro? 23

2 FALHAS, BRECHAS E GAFES
Os ávidos por memória falam abertamente sobre suas mancadas 34

3 SOBRECARGA DO LOBO FRONTAL
"Excesso de informações" é apenas um dos motivos que faz você sentir
como se estivesse se afogando 46

4 BLOQUEIOS, BRANCOS E PEDIDOS DE MISERICÓRDIA
Por que palavras e pensamentos voam para longe sem aviso 60

5 ENTRANDO PELO CANO
O que uma tomografia do cérebro pode (ou não) revelar sobre o que está
rolando no andar de cima 70

6 ENGULA ESSA
A alimentação de um cérebro de meia-idade: ácidos graxos essenciais,
ômega 3, suplementos e muita glicose 84

7 AERÓBICA MENTAL
Do tédio ao vício: opções para exercitar seus neurônios 99

8 MERGULHANDO EM ÁCIDO DE BATERIA
Níveis elevados de cortisol associados ao estresse crônico não são amigos
do hipocampo 113

9 ÁVIDAS POR ESTROGÊNIO
Rejeitar a terapia hormonal pode deixar seus neurônios em apuros 127

10 O CÉREBRO VULNERÁVEL
O legado de concussões que você sequer imaginava que existissem 139

SUMÁRIO

11 NEUROLOGIA COSMÉTICA
O potencial das melhorias cognitivas pelo uso de fármacos é vasto e
possivelmente irresistível — 153

12 MEDITAÇÃO E *NEUROFEEDBACK*
Sintonizando as estações: por que um acerto nas ondas cerebrais pode
melhorar a atenção — 171

13 DEPOIS DE MORRER, EU DURMO
Sacrifique seu descanso e seu desempenho será tão bom quanto se você
tivesse tomado umas e outras — 183

14 DROGAS RECREATIVAS, ÁLCOOL E OUTRAS NEUROTOXINAS
As consequências cognitivas do que você fuma, bebe, come e respira — 198

15 O QUE SEU MÉDICO ESQUECEU DE CONTAR
Remédios com receita e remédios "seguros" vendidos sem receita podem
ser responsáveis por seu esquecimento — 210

16 ONDE VOCÊ MENOS ESPERA
Hipotireoidismo? Pressão alta? Uma variedade de distúrbios comuns na
meia-idade se juntam para um ataque cognitivo — 223

17 CARA A CARA COM A FERA
Imersa nas garras do mal de Alzheimer, aos 60 anos, Joanna gentilmente
nos convida a entrar em seu mundo — 239

18 QUER MESMO SABER?
À medida que novas abordagens e intervenções precoces surgem, você se
disporia a experimentá-las? — 253

19 EMERGINDO TRIUNFANTE
Como armazenar neurônios: os hábitos dos cognitivamente bem-dotados — 264

CONCLUSÃO — 289
AGRADECIMENTOS — 295
RECURSOS — 303
NOTAS — 305
BIBLIOGRAFIA SELECIONADA — 335
ÍNDICE REMISSIVO — 339

Esquecimento

O nome do autor é o primeiro a partir,
seguido obedientemente pelo título e pela trama,
pela conclusão dramática, e por todo o romance,
que, de uma hora para outra, jamais sequer foi lido;
desconhecido até de ouvir falar,

como se, uma a uma, as lembranças em ti ancoradas
tenham decidido partir para o hemisfério sul do cérebro,
para uma vila de pescadores, sem telefones.

Há tempos, os nomes das nove musas se despediram
e viste a equação quadrática fazer as malas,
e até hoje, enquanto decoras a ordem dos planetas,

algo mais te escapa, talvez a flor símbolo de um estado,
o endereço de um tio, a capital do Paraguai.

Seja o que for que queiras lembrar,
não está a tua espera na ponta da língua
nem escondido num canto escuro do teu corpo.

Foi levado boiando por um negro rio mitológico
cujo nome começa com L, se bem te lembras,
em tua própria jornada rumo ao esquecimento, onde encontrarás aqueles
que esqueceram até mesmo como nadar, ou andar de bicicleta.

Não admira que acordes no meio da noite
para ler a data de uma famosa batalha num livro sobre guerras.
Não admira que a lua na janela pareça ter nascido
de um poema de amor que um dia soubestes de cor.

— Billy Collins

PREFÁCIO

. . .

O bem mais precioso

Não havia como negar. Algo estava acontecendo com minha cabeça. Eu me sentia ausente e confusa. As lembranças do que eu lia não passavam do final da página. Quase de um dia para o outro, descobri que me faltavam informações importantes — nomes de pessoas e lugares, títulos de livros e de filmes. As palavras, meu ganha-pão como escritora, começaram a brincar de esconde-esconde. Pensamentos apareciam e desapareciam da minha cabeça, malformados, tão evanescentes que, quando eu corria para pegar papel e lápis, já não estavam mais lá para serem registrados. Minha agenda mental, da qual eu lembrava facilmente antes, tornava-se evasiva e cheia de lacunas, assim como meu senso de orientação. Minha vida se tornou oscilante, amorfa, como se alguém tivesse retirado as hastes de sustentação da minha barraca. As mudanças eram tão dramáticas que às vezes eu nem mesmo me reconhecia.

Eu recém entrara na meia-idade. Era um momento ruim, ainda pior porque tive medo de contar para os outros o que estava acontecendo. Não tinha palavras para descrever nem forças para encarar as expressões de preocupação que esperava encontrar caso lhes contasse. Fosse o que fosse, era algo só meu. Como jornalista, me empenhava em continuar esperta e rápida, senhora do meu cérebro sagaz e de minha língua ferina.

Secretamente, aceitei que tinha perdido a perspicácia, algo devastador no meu trabalho. Eu tinha um marido amoroso e dois filhos lindos. Por mais rica que eu me sentisse com essas bênçãos, minha identidade e autoestima dependiam da qualidade do meu pensamento.

Uma conversa casual com uma amiga de 50 anos, uma das mulheres mais sagazes que conheço, revelou que eu não estava sozinha. Certa manhã, tomando um café, ela me contou que ia sair do emprego. Vinha passando por uma série de momentos assustadores, com a mente se esvaziando tão rápido quanto uma praia antes de um tsunami, o que a fez se sentir, em suas próprias palavras, como "uma velha tola". Eu já vira minha tia levantar os dois indicadores, fechar os olhos e me pedir para esperar até ela superar um "momento de velhice", mas sempre considerei esses lapsos coisa exclusiva de pessoas muito mais velhas.

"Minha memória acabou", murmurou minha amiga. "Pode ser por estresse, depressão, insônia, menopausa, porque odeio meu trabalho ou porque fui louca de esperar até os 44 anos para ter um filho. Só sei que estou trabalhando com pessoas 25 anos mais novas do que eu e que elas não irão facilitar minha vida. Não sei se isso vai piorar ou como vai acabar, mas uma coisa eu digo: prefiro morrer a perder a cabeça."

Em poucas semanas, ela parou de trabalhar e começou a tomar Zoloft. Seu psiquiatra estava convencido de que a raiz de seus problemas de memória era a depressão. Apesar de a depressão agir muitas vezes como um catalisador para distúrbios de memória da meia-idade, não é a única causa. O inverso pode ser igualmente válido: o surgimento aparentemente repentino de problemas cognitivos, com consequências onerosas em termos de envelhecimento e sucesso profissional, pode ser angustiante o suficiente para causar a depressão. Eu não podia mais visitá-la no meio da tarde, pois ela precisava de uma longa soneca depois do almoço. Eu via sua outrora inabalável autoconfiança desaparecer à medida que seu mundo encolhia.

Pouco tempo depois, fui ao cinema com meu marido. No curto caminho para casa, percebi que não me lembrava do título do filme, do qual eu gostara muito, ou do nome do ator que fazia o papel principal. Por alguma razão, isso foi a gota d'água. Fiquei abalada. O trator que passara por cima da minha amiga já avançava na minha direção. Eu não ia ficar deitada esperando ele me atropelar. Se houvesse algum modo de combater essas alterações de memória e atenção, de impedir o dano ao meu cérebro, eu ia tratar de botar a cabeça no lugar e partir para a briga.

Comecei pelos livros de autoajuda, que não são poucos, cada um prometendo que, com um mínimo de esforço, seria possível memorizar para sempre os nomes das pessoas conhecidas nas festinhas. Provavelmente são direcionados a um público mais velho e com bastante tempo livre para ficar em suas poltronas apreciando esses títulos, que me entediaram e frustraram. Era difícil lembrar de todas as "dicas e truques" e impossível prestar atenção suficiente às charadas para resolvê-las. Fiquei com a impressão de que os testes diagnósticos que enchiam suas páginas não eram direcionados ao meu grupo social. Respondi testes de múltipla escolha que me perguntavam com que frequência eu procurava objetos perdidos. Nunca? Uma vez por semana? Dia sim, dia não? Uma vez por dia? Ou várias vezes por dia? A quem estavam querendo enganar? As pessoas na casa dos 40 (e muitas na dos 50) ainda estão naquela fase da vida em que, no intervalo de uma hora, podem precisar encontrar os tênis, trabalhos de casa desaparecidos, um pé de meia verde e um bicho de pelúcia. Acrescente-se isso a ter que lembrar de onde colocou a chave do carro, do arquivo digital que desapareceu, da lista de compras, da carne do almoço, e a vida se transforma em uma eterna caça ao tesouro. Não é de espantar que as pessoas sejam obcecadas por "organização". Os corredores da Container Store, a mais nova monstruosidade do shopping local, especializada em recipentes para organização, estavam cheios de pessoas de meia-idade determinadas a não largar as rédeas da vida.

Em poucos anos, à medida que vários amigos e parentes meus entravam na casa dos 40 e dos 50 anos, comecei a perceber que, na verdade, eu fazia parte de um grande grupo de pessoas de meia-idade que lutavam para manter a cabeça fora d'água. Quando Sol Wisenberg, então assessor do governo, pediu ao ex-presidente Bill Clinton para repetir os detalhes de uma conversa que tivera oito meses antes com Vernon Jordan a respeito de Monica Lewinsky, o cinquentão Clinton disse que não lembrava. Para muitos, aquilo pareceu uma desculpa conveniente, mas não para mim. Acreditei nele. Por que ele seria diferente dos demais? No relatório Starr, publicado em 1998, ele foi inusitadamente sincero: "Se há algo que posso dizer a respeito da minha memória", disse ele a Wisenberg, "é que eu, vários membros da minha família e amigos ficamos chocados com a quantidade de coisas que esqueci nos últimos seis anos — acho que por causa da pressão, do ritmo e do volume de acontecimentos na vida de um presidente... Fico chocado. Muitas vezes, literalmente, não consigo lembrar do que aconteceu na semana passada".

Aonde quer que eu fosse, as conversas começavam a parecer jogos de adivinhação, em que os participantes só podiam produzir noções fracionadas do que queriam dizer: "parece com... começa com a letra... três sílabas". Certa vez, um belo garçom cinquentão de um dos melhores restaurantes de Napa Valley, um profissional que levava seu trabalho a sério, esqueceu uma de nossas entradas e de uma de nossas sobremesas. Pediu tantas desculpas que achei que ia começar a chorar. Quando a Pixar lançou o desenho animado *Procurando Nemo*, que, entre outros personagens, tinha uma avoada "peixa" de meia-idade chamada Dory, um novo apelido nasceu. As mulheres chamavam-se, maldosamente, de "Dory" quando começavam a contar de novo a mesma história de dias, ou mesmo horas, antes. Parece que eu tinha muita companhia, tanto de homens quando de mulheres.

"É assim", contou-me uma mulher tentando descrever quanto tempo precisava esperar para lembrar de alguma informação. "Eu costumava saber as respostas dos jogos de perguntas da TV muito antes da campainha tocar. Ainda sei, só não consigo encontrá-las tão rápido. Não sou mais uma metralhadora. Estou mais para um mosquete: é preciso carregar, embuchar, armar e então atirar."

Eu estava decidida a encontrar uma explicação plausível para o que vinha acontecendo com meu cérebro, e com os cérebros de meia-idade em geral. Meu esquecimento estava ditando os rumos da minha vida. Envelhecer era assim? Ou havia mais alguma coisa? Eu podia desistir, resignar-me a viver em um estado de névoa mental, ou submeter meu cérebro aos melhores exames científicos e tratamentos médicos.

Vi uma brecha e aproveitei. Eu seria uma cobaia, um exemplar de pessoa de meia-idade cujo cérebro se comportava de maneira assustadora. Procuraria todos os tipos de intervenções, das já consagradas às duvidosas, quem sabe a resposta que eu poderia encontrar? Esse tipo de exploração interior comportava riscos, tanto farmacológicos quando intelectuais, mas, do jeito que eu encarava a situação, não me restava muita escolha. Eu consultaria uma série de especialistas de várias áreas, de cientistas de laboratórios, que trabalhavam com animais e microscópios, a clínicos da primeira geração a ter livre acesso ao cérebro humano *in vivo*, graças à disponibilidade das tecnologias de ressonância magnética e tomografia cerebral computadorizada. Antes de chegar ao fim, conversaria com psicólogos cognitivos, psiquiatras, neuropsicólogos, neurologistas, terapeutas do sono, farmacologistas, geriatras, geneticistas, especialistas em trauma, toxicólogos, endocrinologistas e nutricionistas. Por medida de segurança, até mesmo conversaria com um ou dois gurus. Obviamente, havia falhas em minha metodologia: nenhum cientista que se prezasse iria implementar uma investigação com múltiplos protocolos de pesquisa sendo seguidos ao mesmo tempo. Mas eu não era cientista. Eu era uma jornalista, capaz de identificar uma boa história ao me deparar com ela. O esquecimento atingia a todos nós. Estava nos enlouquecendo. E eu ia encontrar algumas respostas.

Logo no começo da minha pesquisa, escrevi para Gary Small, um conceituado psiquiatra, diretor do Centro de Envelhecimento e da Clínica da Memória da Universidade da Califórnia em Los Angeles, a UCLA. Em quatro páginas, descrevi minhas dificuldades para lembrar das coisas e expliquei que tinha sido contratada para escrever um artigo sobre o esquecimento na meia-idade para a revista do *New York Times*, e que aquele artigo se desdobraria em um livro. Para ser sincera, eu esperava receber uma carta formal dizendo que ele não atendia pacientes. Em vez disso, ligou para mim e me ofereceu a Lua: uma avaliação completa, incluindo uma viagem pelos aparelhos de tomografia computadorizada e de ressonância magnética. Em termos de avaliação de memória, aquilo era o melhor que existia. Eu estava no caminho certo.

Sempre que mencionava meus planos para este livro — na recepção de um consultório médico, no salão do cabeleireiro, aguentando um vento

PREFÁCIO

forte no ponto de ônibus — acabava ouvindo relatos que anotava em surradas listas de compra esquecidas no fundo da bolsa. Como prometia manter o anonimato (e isso era decisivo, pois muita gente ficava extremamente nervosa com a "exposição"), as pessoas começaram a me contar suas histórias. Algumas são tristes, outras, muito engraçadas. Jamais pretendi escrever um livro de autoajuda ou um tratado científico impenetrável. Muito pelo contrário, este livro adentra nos domínios da realidade do esquecimento, pontuada com as perspectivas de indivíduos de meia-idade de uma variedade enorme de perfis. Aí está Daniel, normalmente meticuloso em suas ações, mas que esqueceu que estava usando uma capa de chuva forrada e enfiou o passaporte justo entre a parte de popeline e o forro de lã, deixando-o cair no chão do aeroporto de Zurique, sem perceber. Wendy, que perdeu a chave-cartão e entrou no quarto errado do hotel, isso depois de convencer a camareira a abrir a porta. E Charlie, o advogado que arrumou a mala antes de viajar para trabalhar em um caso importante e descobriu que teria que apresentar sua defesa no tribunal usando uma calça social amassada, pois esquecera a calça do terno. Assim como eu, tenho certeza de que você, leitor, irá se sentir confortado ao saber que não está sozinho, mas que faz parte da comunidade dos que chamo de a "turma dos ávidos por memória".

Dadas as limitações da minha memória, não levou muito tempo para eu perceber que iria precisar de um método mais sistemático e confiável para registrar os pensamentos das pessoas. Desenvolvi um questionário de dez páginas que enviei para centenas de pessoas por e-mail e correio regular, temendo que fosse para o lixo, sem nenhuma resposta. Estava errada. Aparentemente, muita gente esperava por essa oportunidade. Responder demandava tempo, mas também era uma catarse. As pessoas me pediam permissão para mandar o questionário para a cunhada ou para antigos colegas de faculdade. Foi uma epidemia, no bom sentido. Um grupo de enfermeiras da Geórgia se apoderou do questionário, assim como um grupo de administradores escolares de Milwaukee. A pesquisa chegou a uma sociedade de controladores de voo aposentados (todos compulsoriamente pela idade: 56 anos) e depois a um grupo de funcionários da companhia aérea JetBlue. Logo depois, foi infiltrada na equipe de vendas do departamento de roupa esportiva da

Neiman Marcus, em Boston, e na associação de policiais do Bronx. Passou brevemente pelas mãos dos motoristas de ônibus em Raleigh-Durham, depois que vi um deles levar uma bronca de sua irritada namorada por ter esquecido de que tinham combinado um piquenique com o pessoal da igreja. Eu não fazia ideia de onde iria aparecer em seguida. No final das contas, coletei dados de mais de duzentas pessoas, do Texas a Timbuctu, em um período de dois anos. Em quase todos os lugares, meus correspondentes marcavam cuidadosamente o item do questionário referente à preservação do anonimato. Achei isso muito interessante. Pessoas dispostas a expor opiniões sobre praticamente qualquer outro assunto estavam determinadas a manter seu esquecimento debaixo dos panos. Eu entendia, é claro — já tinha lutado contra os mesmos sentimentos. Admita abertamente ter um nível perturbador de perda da memória e pode ter certeza de vai se deparar com clientes e colegas fugindo horrorizados.

Uma vez, exagerei. Uma mulher, uma executiva sênior de marketing que falava abertamente daquele "trator" que a atropelara quando tinha 50 anos, ficou nervosa quando comecei a perguntar sobre detalhes que ela acreditava poderem levar seus funcionários a identificá-la. Simplesmente era arriscado demais.

No entanto, essa resistência era rara. Depois de devolverem o questionário, muitas vezes meus correspondentes continuavam mantendo contato para perguntar regularmente como eu estava e quando o livro ficaria pronto. Eu não podia esquecer, diziam eles, de incluir informações de uma lista de tópicos interminável que incluía estresse, insônia, dieta, trauma, menopausa, ansiedade, depressão, exposição tóxica, uso de substâncias controladas, transtorno do deficit de atenção e mal de Alzheimer.

Algumas perguntas insistiam em reaparecer: por que o esquecimento nos assusta tanto? A memória é algo hereditário, como a cor dos olhos? Como você pode se apegar ao que já perdeu? Existe alguma maneira de recuperar aquilo que já se foi? É possível que algo que você fez em sua desvairada juventude tenha afetado seu cérebro na meia-idade? A culpa do esquecimento é da menopausa? Existem remédios para melhorar a memória? Existe algum exercício para isso?

PREFÁCIO

Há alguma maneira de evitar o mal de Alzheimer, que hoje em dia parece afetar todas as famílias?

As questões eram infinitas, mas, para mim, a maior de todas era a seguinte: por que algumas pessoas mantêm faculdades mentais plenas na velhice, enquanto seus coetâneos sofrem? Um dia, estava passeando com os cachorros em uma ciclovia ao longo de um rio próximo de casa, ao nascer do sol. Aproveitava meus 45 minutos de ócio total, enquanto esperava meu filho acabar sua aula particular de matemática, quando avistei um senhor idoso de aspecto forte, mas com um andar estranho. Ele corria alguns passos, então cambaleava para a frente, se equilibrava e prosseguia. Em cada um dos joelhos, logo abaixo da bainha da bermuda justa de Lycra, usava uma joelheira elástica Ace, daquelas vendidas nas farmácias. Logo me alcançou, ajeitou o boné azul-claro e se apresentou como Zvi Dannenberg. Tinha 80 anos e corria de 13 a 24 quilômetros por dia, dependendo do clima. Já devia ter corrido uns 130 mil quilômetros ao longo da vida, segundo estimativa própria, tudo depois dos 65 anos, quando o médico lhe recomendou caminhadas longas e lentas para aliviar uma dor lombar. "Para falar a verdade", disse com um pouco de sotaque europeu, "essas caminhadas eram chatíssimas. Então, um dia, corri cem metros, só para animar as coisas e não parei mais. Fui fisgado".

Ele estava em excelente forma para a idade, mas o mais importante da corrida, confidenciou, era a vida social que lhe proporcionava. Ela o ajudava a manter a mente afiada. "Sei o nome de 250 pessoas e cachorros, e de alguns gatos também, que conheci neste trajeto", ele disse, depois de afirmar que o cão pastor que se sentava educadamente ao meu lado se chamava Rosie e que o pequeno bichon havanês que tentava subir freneticamente por suas pernas se chamava Radar. "E você", disse ele, como se quisesse consolidar o conhecimento, "se chama Cathryn". Àquela altura, o sol já tinha nascido, e a cada poucos metros parávamos para cumprimentar outro corredor ou alguém passeando com o cachorro. Ele se deu o trabalho de me apresentar a cada um deles.

"Correr é apenas um dos meus interesses", Zvi anunciou, enquanto caminhávamos a passos rápidos. Seu verdadeiro amor era a música.

Possuía uma coleção com 19 mil LPs e 5 mil CDs que iam da música clássica à música étnica, e os números continuavam a subir. Se eu quisesse, poderia conhecer sua coleção. Era capaz de encontrar qualquer disco, em poucos segundos.

"Como o senhor sabe quantos LPs tem?", perguntei.

"Fui professor de matemática e física por trinta anos no ensino médio", me disse. "Os números e fatos grudam em mim como uma cola. Mas não sou nada demais. Você devia conhecer alguns amigos meus." Ele apontou com a cabeça para Sam, de 93 anos, que caminhava rapidamente em nossa direção.

Zvi não era uma pessoa ativa na meia-idade; o magistério não lhe deixava tempo. Quando se aposentou e deixou de lado as equações matemáticas e físicas, seu cérebro começou a perder o tônus tão rápido quanto seus músculos abdominais sem uso.

Em vez de se entregar a uma existência mais lenta e relaxada, decidiu mudar, recusando-se veementemente a adotar as desculpas que aparecem tão prontamente com a chegada da idade. Ele corria com qualquer tempo — na última década, a única coisa que o deteve "foi uma temperatura de 40 graus". Contava com a companhia de um animado grupo de amigos, nenhum deles disposto a ficar sentado diante da TV. Algumas vezes por semana, se aventurava até East Bay para assistir a um concerto, às vezes com algum amigo, mas, frequentemente, sozinho, ou pegava o ônibus até o Symphony Hall de San Francisco, para assistir às palestras antes dos concertos. Como um estudante entusiasmado, Zvi era aquele que levantava a mão na hora das perguntas. Em suas últimas décadas de vida, ele buscara novas paixões. Quando falava delas, seu rosto enrugado se iluminava e os olhos azuis brilhavam.

Em Zvi, descobri a esperança para todos nós. Mas só esperança não era o bastante. Eu precisava de respostas. Este livro narra minha jornada em busca de um cérebro ágil que me leve ativamente da meia-idade à velhice. Por mais de dois anos, viajei, encontrei especialistas e entrevistei especialistas no assunto. Passei muitas e muitas noites em quartos de hotel com colchas de poliéster. Mas o engraçado é que nunca me senti sozinha, nem por um minuto. A turma dos ávidos por memória estava comigo, mesmo com a minha cabeça no tomógrafo. As respostas que encontrei são para todos nós. Embora os detalhes do esquecimento da meia-idade possam variar de pessoa para pessoa, no final das contas, estamos todos no mesmo barco. Se você já é um membro da turma dos ávidos por memória há algum tempo, obrigada por se unir a nós nessa viagem. Se acaba de se juntar ao grupo, seja bem-vindo. Você está em boa companhia e fico muito feliz em poder lhe dizer que finalmente vai descobrir exatamente o que está acontecendo "lá em cima".

1

O CÉREBRO NÃO CONFIÁVEL
• • •

O esquecimento na meia-idade é constrangedor e
frustrante, mas o que significa para o futuro?

A caminho da cidade, enfrentamos uma quantidade perturbadora de lapsos de memória. Na verdade, o primeiro episódio de esquecimento acontecera mais cedo naquela tarde, quando nosso amigo Sam, que estava a três horas de distância, em Reno, como juiz de uma competição de churrasco, esqueceu que tínhamos marcado de jantar fora. Após um telefonema não muito gentil de sua esposa para lembrá-lo, voltou para casa em tempo recorde, ainda cheirando a costelinha assada. Esse erro já era passado, mas outros acidentes de percurso escondiam-se pelo caminho. Onde ficava o restaurante mesmo? (Eu tinha imprimido o endereço, como prometera, mas esquecera o papel na mesa da cozinha.) Meu marido fizera a reserva para as sete ou para as 19h15? A rua dava mão para qual direção mesmo? O estacionamento mais próximo ficava na esquina ou no meio do quarteirão? Eu cometera o erro de mencionar que o pequeno bistrô contratara um ótimo chef jovem, recém-saído da cozinha de um restaurante em Napa Valley, propriedade de uma celebridade, dono de outro estabelecimento em Los Angeles. Ou talvez fosse em Las Vegas. Eu tinha lido sobre isso em algum lugar.

Foi o gatilho para o meu marido entrar no jogo.

"Ah, eu sei exatamente do que você está falando", ele disse, pronto para nos dar uma lição. Então, ele mesmo teve um branco. Observei-o ficar cada vez mais preocupado enquanto percorria seus diversos e obscuros caminhos cognitivos em busca do nome que tinha esquecido.

Cochichei que talvez fosse melhor ele dar um tempo — o nome viria depois. "Mas está me deixando louco", respondeu.

Mais uma hora desta noite árdua com nossos amigos, e mais informações se faziam ausentes. Entre nossos colegas, essa era uma situação muito comum, que comecei a chamar de "conversas ocas". Quando as palavras "Ken Frank, La Toque, Fenix — e *fica* em Los Angeles" finalmente escaparam de sua boca, comemoramos. Podíamos seguir em frente e passar para outros assuntos, como, por exemplo, se algum de nós já havia provado o delicioso vinho que estávamos pedindo e, nesse caso, se tínhamos gostado. Talvez, só tivéssemos ouvido falar. Ou lido a respeito. Ou visto na prateleira do supermercado. Ninguém tinha muita certeza.

— Acho que isso é normal — Júlia suspirou — mas garanto a vocês, ninguém que conhecemos consegue se lembrar de mais nada.

— Pode ser normal — Sam disse sombriamente — mas é inaceitável. Talvez, há 40 anos, quando a vida era mais lenta e você podia contar com um relógio de ouro ao se aposentar depois de trinta anos de serviços prestados, isso então poderia ser chamado de normal.

Ele estava certo: o que estava nos deixando doidos não perturbava nossos pais quando tinham 40 ou 50 anos. Mas suas vidas eram diferentes, assim como suas expectativas. Eles não trocavam de carreira, nem mesmo inventavam carreiras novas. Aos 52 anos, certamente não precisavam lembrar das reuniões escolares de três filhos em duas escolas diferentes.

NORMAL, MAS INACEITÁVEL

Quase todas as vezes em que o tema do esquecimento surgia, as pessoas me perguntavam se aquilo por que passavam era "normal". Se fossem atrás da definição do dicionário para a palavra — "em conformidade, seguindo ou constituindo uma norma, padrão, nível ou tipo" — a resposta seria: "sim, perfeitamente normal".

Todos perguntavam, mas, na verdade, poucos estavam satisfeitos com as implicações de "normal". O que realmente queriam saber era se estavam apenas um pouco (ou muito) melhor que seus amigos. Isso era importante. Se estivessem abaixo da média, provavelmente não conseguiriam mais acompanhar os outros.

O que era normal mudara consideravelmente ao longo dos séculos: há duzentos anos, se envelhecêssemos "normalmente" — ou seja, conforme nosso destino biológico —, o esquecimento não seria um problema aos 45 ou 50 anos. A medicina está constantemente redefinindo o que é normal em termos de envelhecimento fisiológico. Recebemos novos joelhos e quadris. Tomamos remédios para controlar a pressão sanguínea. Não desistimos de ler quando nossos olhos cansados exigem que estiquemos o braço para poder enxergar o jornal. Em vez disso, reunimos um arsenal de óculos de leitura e os espalhamos pela casa e pelo escritório, caso esqueçamos onde os deixamos. Quando a revista do *New York Times* começou a publicar uma série de charges com letras tão pequenas que eu não conseguia ler nem mesmo com meus óculos de leitura, não sofri qualquer abalo em minha autoestima. Porém, quando o assunto se volta para o que os cientistas chamam de "alterações cognitivas associadas ao envelhecimento", levamos a questão para o lado pessoal e nos recusamos a fazer qualquer coisa a respeito, principalmente por que não sabemos o que fazer.

Essa complacência bovina ocorre por que o cérebro é o nosso órgão mais assustador. Seu cérebro, com você desde o começo, nunca exigiu muita atenção. Assim como eu, você provavelmente passou mais tempo preocupado com os músculos abdominais. Pressupomos que o que está acontecendo ali é algo tão misterioso quanto o universo, envolvendo conceitos como consciência, ser e alma — então, com certeza, é melhor deixar isso para os filósofos e religiosos. Mas, temos novidades: de uma perspectiva puramente bioquímica, o seu cérebro — 1,5 quilo de gordura, com a consistência de ovos mexidos — é, essencialmente, o mesmo órgão que um rato carrega por aí sobre os ombros. Como resultado de sua herança genética, alguns aspectos sobre como seu cérebro envelhecerá já estão inscritos no Livro da Sua Vida, mas foram escritos a lápis e você tem uma borracha. Em estudos recentes com gêmeos idosos idênticos, apenas um deles desenvolveu o mal de Alzheimer, o que mostra que a genética, ainda que influente, não é tudo. Como veremos, é possível influenciar a maneira como o cérebro envelhece através de dieta, exercício físico e mental, e se você fizer todo o possível nesses quesitos, pode aproveitar a crescente disponibilidade de medicamentos voltados para melhorar os processos cognitivos.

Diga para si mesmo: "normal, mas inaceitável". E, pelo que os cientistas mais experientes me contam, certamente mutável, dependendo de seu grau de determinação.

Aposto que, quando a presbiopia chegou, em algum momento de seus 40 anos, e você já não conseguia mais ler as letras miúdas, não disse a si mesmo que, com um pouco de esforço, poderia dominar a vista cansada, nem ficou remoendo a possibilidade de esconder sua deficiência de seus amigos, familiares e empregadores.

O mesmo não se deu quando sua memória começou a falhar, sua concentração ficou igual à de uma pulga e você se sentiu como se andasse em câmera lenta através de uma gelatina cognitiva. *Neste* momento, um sentimento imperioso tomou conta de você, de que talvez as fundações de sua existência estivessem se esfarelando e que esse era o começo do fim. Para as pessoas que sempre foram muito competentes, com talento para pensar com agilidade, o esquecimento provoca uma sensação perturbadora de perda de controle e de habilidade.

"A perda da memória é uma assassina invisível", afirma Peggy, consultora de empresas. Por anos, sua mente rápida e sua inteligência afiada eram seu cartão de visita. As empresas a contratavam porque ela aprendia rapidamente — era capaz de se sentar em uma reunião do conselho de uma empresa, absorver enormes quantidades de dados, com os quais não tinha qualquer familiaridade, identificar as falhas nas estratégias e logo produzir respostas novas e melhores. "Está ficando cada vez mais difícil", ela disse. "Sei que meu cérebro é diferente por milhões de motivos. Ele conseguiu, em poucos anos, roubar meu orgulho e autoestima. Percebi que os momentos de insight, do tipo 'a-há!', com os quais eu conto em meu trabalho, são mais raros e, sinceramente, menos produtivos."

As pessoas para quem a escola e os primeiros anos de vida profissional não passaram de um passeio, abençoadas com uma memória enciclopédica e com a capacidade de fazer malabarismos com várias bolas ao mesmo tempo e que jamais dependeram de agendas ou de anotações detalhadas, são as que mais sofrem. "Eu costumava dar conta de tudo, praticamente sem problemas", diz Rudy, que administra uma fábrica. "Estava tudo aqui", ele fala, apontando para a cabeça careca, "mas, ultimamente, comecei a misturar os fios". Como era de se esperar, ele acabou provocando um curto-circuito. Enviou um manual para ser impresso e encadernado — 100 mil cópias — sem indicar o local de um interruptor essencial. O novo equipamento, recém-saído da fábrica, ficou empilhado no estoque, enquanto o manual corrigido era reimpresso a um custo considerável. Os pagamentos atrasaram por um bom tempo e ele reconhece que seu erro pode ter comprometido a empresa. "Isso não teria acontecido antes", ele disse, "é assustador".

Pode parecer que o esquecimento da meia-idade surge da noite para o dia. "Um dia, eu estava bem", reconhece Laura, gerente de marketing de uma empresa de varejo. "Mais do que bem, na verdade. Eu era um gênio. E, no dia seguinte, tinha que me esforçar para lembrar dos nomes das pessoas que trabalhavam para mim." Na verdade, a redução da memória e da atenção é um processo lento, iniciado lá pelos 20 anos, quando nossa velocidade de processamento começa a diminuir. (Camundongos, ratos e primatas passam por esse mesmo declínio.) Como somos favorecidos por sistemas redundantes — um número suficiente de neurônios extras para nos ajudar —, não percebemos isso imediatamente. Ao entrarmos na faixa dos 40, no entanto, há diferenças significativas em relação ao pico dos 20 anos, e o caminho é ladeira abaixo a partir daí.

"O problema não é a questão do deficit de memória", afirma a psicóloga Harriet Lerner, autora de *A Ciranda do Amor e do Ódio*, quando perguntei o que ela achava que existia sob a superfície. "É a ansiedade que isso gera. O esquecimento se torna globalizado. Não se trata mais da pasta que você não consegue achar na sua mesa. O problema agora é a perspectiva de rápida deterioração mental. A última mancada é interpretada como sinal de uma descida rápida e profunda pela ladeira do envelhecimento, talvez mais rápida do que a de seu melhor amigo ou colega, e de que, em breve, você se mostrará uma companhia inadequada, sem valor, pouco inteligente e indesejável para as pessoas que pagam seu salário, além de para aquelas que você ama e respeita. Não é de surpreender que é nesse momento que o medo e a vergonha se instalam.

Quanto mais ansiosa a pessoa fica, Lerner explicou, maiores as chances de ela se remoer, uma atitude com a garantia de só piorar o problema. "As pessoas ficam excessivamente preocupadas, de uma maneira obsessiva e não produtiva", explicou. "Você começa a acordar às três da manhã, os esquecimentos assumindo a dimensão de eventos catastróficos. Começa a evitar situações em que sua deficiência será revelada — mantendo-se afastado das conversas e evitando desafios, por exemplo. Mas, evitar não funciona. Só faz a vergonha aumentar."

Quando começamos a nos entregar ao medo e à vergonha, é difícil parar. Perdemos o acesso ao raciocínio de alto nível, o aspecto do pensamento que nos permite dizer: "Ei, talvez estejamos fazendo uma tempestade num copo d'água." Em vez disso, o cérebro primitivo toma conta e você mergulha em modelos de pensamento preto e branco, um território onde não existem diferenças sutis. Quando a vergonha e o medo tomam conta — mesmo que seja por não conseguir lembrar a senha do caixa eletrônico —, o cérebro primitivo lança a pessoa diretamente no modo de sobrevivência. Ele diz: "Amigo, você pode estar muito encrencado." Subitamente, não se trata apenas da senha. Não é sequer por você se sentir tolo ao atrasar a fila da tarde de sexta-feira diante do caixa eletrônico. É por sua capacidade de trabalhar, de administrar sua vida, de se manter em segurança, de conseguir alimento para si mesmo e para os que dependem de você e de manter um teto sobre suas cabeças.

O QUE O FUTURO NOS RESERVA?

Nosso esquecimento carrega consigo muitas questões sobre quem iremos nos tornar ao envelhecer. É fácil deixar que sentimentos como constrangimento, frustração e raiva nos façam mergulhar no medo — a fria e implacável ansiedade que surge da suspeita de que décadas de dependência nos esperam pela frente, com uma mente reduzida, presa a um corpo ainda cheio de vigor.

Inquestionavelmente, as pessoas que mais se preocupam com isso são as que viveram a tristeza de ver uma pessoa amada sofrendo com o mal de Alzheimer. Atualmente, essa experiência é comum: o mal de Alzheimer atinge 35% das pessoas com mais de 80 anos. Dos duzentos indivíduos que responderam ao meu questionário, mais de um terço havia visto um parente de primeiro grau — pais, tia ou tio — cair nas garras do Alzheimer. É compreensível que começassem a se observar com mais atenção. "Depois de ver minha mãe perder a memória por causa do mal de Alzheimer, fiquei hipersensível a qualquer pequeno deslize de memória", confessa Evelyn, cantora e compositora. "Outro dia, não me lembrava do nome de uma colega de trabalho que eu queria apresentar ao meu marido no supermercado. Ela acabou se apresentando, muito grosseiramente, e senti que não só a havia ofendido como tinha cometido uma falha horrível."

George Will, colunista do *Washington Post*, contou como foi ver a doença se apoderar de sua mãe. "A demência é como o avanço cada vez mais profundo da brancura invernal", escreveu, "uma perda lenta da personalidade. Ela inflige às vítimas o terror de uma personalidade atenuada... Ninguém jamais voltou das profundezas daquele país estranho para relatar como é a vida lá. No entanto, deve ser insuportavelmente assustador se sentir leve como uma pluma diante da chegada de um vendaval interno".

Conheci Phyllis em Weymouth, Massachusetts, em uma clínica para pacientes de mal de Alzheimer. Ela levara sua mãe, Margaret, de 72 anos, para ser avaliada. Fiquei em um nicho entre a porta e a mesa de exames, uma mosquinha na parede, enquanto o novo médico de Margaret lhe fazia perguntas. Ela não sabia que andar do prédio era aquele, mas sabia o bairro em que estava. Ele lhe disse três palavras — bola, bandeira e árvore — e pediu que as repetisse três minutos depois. Mesmo com ajuda, ela não conseguiu. Pediu que ela desenhasse um relógio, com os ponteiros marcando 11h10, mas ela não conseguiu.

Durante o exame, observei o rosto de Phyllis. Ela esboçava um leve sorriso, querendo, achava eu, confortar a mãe, que não tinha ideia de por que a filha insistira naquela consulta. Quando o médico deu o diagnóstico — Margaret estava para entrar no estágio dois do mal de Alzheimer, quando a doença em geral se instala de maneira avassaladora —, a paciente continuou sentada placidamente à mesa, balançando as pernas, mas Phyllis começou a chorar. O médico disse que Margaret precisava parar de dirigir imediatamente, e que seria uma boa ideia trocar o fogão a gás por um elétrico.

"O senhor está lhe tirando a independência", disse Phyllis. "Ela vai ficar horrorizada." Dava para ver o medo tomando conta dela. Estava triste pela mãe, é claro. Mas, havia mais do que isso: Phyllis considerava suas próprias perspectivas. Nada nos assusta mais do que pensar que nos tornaremos um fardo para alguém.

Na sala de espera, Phyllis me fez uma confidência. Não era certo pensar aquilo, ela disse, não quando sua mãe estava com um problema daqueles. Mas, achou que eu poderia lhe dizer alguma coisa. Nos últimos anos, havia notado algumas mudanças em sua memória — nada demais, é claro — mas o suficiente para deixá-la em estado de alerta. Será que seus lapsos significavam que, em 25 anos, ou até menos, ela acabaria como a mãe?

Eu sabia muito bem o que ela queria que eu dissesse: que aquilo era normal; que as falhas de memória na meia-idade, por mais irritantes que fossem, não significavam nada; que esses pequenos esquecimentos não são indícios de um pequeno riacho de danos que acabaria se tornando uma torrente, para arrasar a memória, a linguagem e a razão.

De boa-fé, eu não poderia dizer à Phyllis o que ela queria ouvir. A cada dia, um novo estudo sobre o mal de Alzheimer, saindo de alguma universidade, confirma que não se trata de uma doença que aparece repentinamente com a idade avançada. Pesquisas recentes mostram que os sintomas aparecem décadas antes — na meia-idade ou mesmo antes —, provando que a semente do Alzheimer já está plantada. Insistir no contrário seria colaborar com o mais nocivo tipo de negação. Seus sintomas podiam ser um sinal — ou podiam apenas significar que seu cérebro de meia-idade estava assoberbado com as responsabilidades de trabalhar, criar os filhos e cuidar de uma mãe com saúde em decadência.

Atualmente, 4,5 milhões de americanos têm mal de Alzheimer. É a oitava causa de morte nos Estados Unidos, e os números são quase os mesmos no Japão e na Europa. Em 2005, a doença custou ao tesouro federal 91 bilhões de dólares em assistência médica. Até 2010, esse número chegará perto de 160 bilhões de dólares. Se não for encontrado um freio para a doença, em vinte anos o número de pessoas com Alzheimer deve aumentar para 14 milhões. Se levarmos em conta que, até 2030, quase um em cada cinco americanos terá mais de 65 anos, fica claro que estamos diante de um fardo para a saúde pública que nos levará ao fundo do poço.

"Quando os primeiros sintomas de Alzheimer são detectados pelos médicos", explicou John C. Morris, diretor do Centro de Envelhecimento da Universidade de Washington, "já houve um dano cerebral significativo e uma perda celular real em áreas críticas do aprendizado e da atenção. A ciência pode fazer pouco ou nada para devolver esses neurônios ao seu estado original. Precisamos começar a examinar pessoas de 40 anos. Ninguém quer esperar até precisar dizer a um paciente que 'sua tomografia piscou que nem uma árvore de Natal'."

O objetivo de quase todo pesquisador que trabalha com o mal de Alzheimer é encontrar um meio de identificar o início do processo da doença. "Se conseguirmos identificar a doença nos estágios iniciais e combatê-la com remédios que revertam os danos, a ciência não precisará mais tentar construir novos neurônios," explica John Q. Trojanowski, diretor do Instituto para Envelhecimento e Mal de Alzheimer da Universidade da Pensilvânia. "É por volta dos 40 anos, ou até antes, que a perda de memória normal começa a se diferenciar da perda de memória patológica. No meu laboratório, passamos muito tempo tentando decifrar essa encruzilhada, na qual ou você continua a perder um pouco de capacidade de memória a cada ano e continua essencialmente normal, ou pega a outra estrada ladeira abaixo, que termina na demência."

O que desencadeia o mal de Alzheimer? Participe de uma conferência internacional sobre a doença, como eu fiz na Filadélfia, e logo perceberá, após circular entre 5 mil cientistas, que para cada hipótese existe outra que a contradiz. Leia os periódicos especializados, no entanto, e vai ver que um rápido consenso está se formando, sugerindo que, durante a meia-idade, uma agregação lenta de proteínas bloqueia a comunicação entre as células, o que resulta em esquecimento. Isso é chato, mas não é patológico. Em algumas pessoas, por razões que irei aprofundar depois, essas mesmas pequenas proteínas saem do controle, desencadeando o desenvolvimento de densas placas e emaranhados que rodeiam os neurônios e finalmente os estrangulam. Hoje, os cientistas estão se esforçando para criar um exame que mostre — o quanto antes — quem está pegando o caminho errado na encruzilhada.

Saber que a semente já está brotando em alguns de nós traz uma perspectiva assustadora, mas David Bennett, diretor do Centro de Mal de Alzheimer da Rush University, em Chicago, recusa-se a pensar dessa forma: "O que é assustador", diz ele, "é chamar de 'envelhecimento normal', enfiar o rabo entre as pernas e se recusar a lutar contra isso, seja na esfera individual ou na política". Pela primeira vez na história, segundo ele, o governo federal reduziu a verba direcionada à pesquisa sobre o mal de Alzheimer. Se você chegar aos 50 anos, tem uma excelente chance de chegar perto dos 90.

"Se sobreviver tanto tempo, seu risco de desenvolver o mal de Alzheimer é muito alto", diz Bennett. "Se não quiser chegar ao fim da vida assim, precisa fazer com que o governo tome conhecimento disso. A rapidez com que controlaremos essa doença depende muito de quanto dinheiro investiremos nela. Um estudo clínico preliminar para a prevenção custa mais de 30 milhões de dólares e leva de cinco a dez anos. Então, escreva para o seu deputado no Congresso e diga a ele que você quer ter tratamento à disposição quando tiver 70 anos."

Uma coisa é certa: não faz muita diferença se suas proteínas são inocentes ou prejudiciais para a sua saúde. É o modo como você trata o cérebro e o corpo na meia-idade que fará toda a diferença. Em resposta às consideráveis pressões da população de meia-idade, os cientistas agora se voltaram para o envelhecimento cognitivo. Um cenário claro apareceu: a não ser por alguns indivíduos, portadores de uma mutação genética específica, o Alzheimer não é mais aquela doença inevitável, como acreditávamos que fosse. Estudos recentes demonstram que a hora de agir é na meia-idade: avalie sua dieta, controle o peso e a taxa de açúcar, corrija o sono, aumente a capacidade aeróbica, fique atento ao nível de estresse e — o mais importante — não deixe de manter o cérebro ativo com os exercícios corretos. Essas práticas já representarão um passo importante para garantir que você irá tomar o caminho certo na encruzilhada, chegando à velhice com seus miolos intactos.

2

FALHAS, BRECHAS E GAFES

. . .

Os ávidos por memória falam
abertamente sobre suas mancadas

Às vezes, encontro alguém que, apesar de cronologicamente estar entrando na meia-idade, afirma com orgulho ter uma memória de elefante. Como a constrangida portadora de uma memória equivalente à de uma formiga, escuto essas histórias com interesse. "Eureca! Encontrei alguém", penso, e os pelos dos meus braços se arrepiam. Quero acreditar que essas pessoas existem.

Em poucos minutos, quase sempre me decepciono. Uma mulher, alta executiva responsável por quatrocentos funcionários, cujos nomes ela afirmava saber de cor, alugou meu ouvido durante o almoço garantindo que sua memória estava ilesa. Na verdade, confidenciou, estava melhor do que nunca. Mencionei que tinha acabado de conversar com Brian, um grande amigo de seu marido. "Brian?", perguntou surpresa. "Como você o conhece?" Lembrá-la de que me sentei ao lado dele em um jantar *na casa dela* me pareceu cruel demais. Em outra decepção, o pai de um amigo do meu filho, um escolado corretor de ações, me garantiu que sua memória ainda estava no auge. Tinha que estar, explicava ele. Ao longo de todo o dia, guardava operações e ligações na cabeça. Dava para imaginar o estrago se ele esquecesse? Eu mal tinha anotado isso quando ele me retornou uma ligação. Acabara de lembrar que não podia levar as crianças para nossa casa, como havíamos combinado. Naquela manhã, tinha levado o carro para a oficina.

Pessoas que se vangloriam de suas memórias em geral estão enganando a si mesmas. Mas, me deparei com uma notável exceção: minha amiga Chloe, que escreve livros para adolescentes. Ela tem mais de 70 anos e qualquer um lhe perdoaria um lapso ocasional. Mas nunca esquece nada, nem os detalhes de uma conversa que tivemos duas décadas atrás, quando parece que eu lhe disse que nunca pensara em tingir o cabelo. Recentemente, seu filho, que hoje tem mais de 40, ligou perguntando se ela sabia onde estava sua certidão de batismo. Ela girou na cadeira da escrivaninha e abriu a segunda gaveta do arquivo. "Estava na minha mão antes mesmo que ele terminasse de explicar por que precisava daquilo", contou.

"Como você faz isso?", lhe perguntei. "Não uso nada eletrônico, como agendas, lembretes, Palm Pilots ou qualquer coisa assim", explicou. "Tenho um caderno espiral e um calendário de mesa comum. Anoto todo tipo de coisa, com as datas, nas minhas conversas telefônicas: o que um editor disse, planos de viagens, opções de férias para a família, o nome do sujeito que cuida do jardim. Está tudo ali, mas, dependo da minha lembrança de acontecimentos associados para encontrar essas coisas. Por exemplo, lembro que tive uma conversa com o fulano pouco antes do jantar, e então consigo encontrar as anotações. Invariavelmente, o amigo que me deu o nome do jardineiro liga para mim para saber se eu ainda o tenho, e sei exatamente onde encontrar o número."

Chloe, nem é preciso dizer, é a exceção. Nós, o resto, somos humanos.

"Minha memória é como um campo minado", declara Evelyn, a compositora. "De vez em quando, do nada e sem razão aparente, piso em uma área que explode na minha cara. O nome de uma pessoa que eu conheço bem vira um mistério, ou esqueço o que acabei de prometer ao meu marido que iria fazer. Sempre me sinto aliviada quando alguém mais tem esses deslizes na minha frente. Isso me ajuda a aceitar o fato de que sou falível, como qualquer pessoa."

NO TRABALHO E EM CASA

Quando perguntei às pessoas se elas se preocupavam mais com os lapsos de memória em casa ou no trabalho, a maioria respondeu que nos dois lugares havia inúmeras ocasiões propícias para confusão, sem contar aquelas que surgem entre um lugar e outro, quando podem ocorrer mancadas extraordinárias. Em geral, todos concordam que o esquecimento no trabalho é o mais assustador. "Afinal", diz a psicóloga Andrea, "minha família não pode me demitir por ser esquecida. Meus pacientes com certeza o farão". Muitas pessoas relataram que, durante reuniões e apresentações, as ideias lhes fugiam, e o que mais queriam naquele momento era sumir por um buraco no chão.

Fran, diretora de marketing em um banco, lembrou-se de uma reunião na empresa em que esqueceu três dos seis pontos que pretendia apresentar.

"Não fazia sentido", disse ela. "Eu tinha ensaiado no carro. Enumerei cada item na ponta dos dedos. Sabia todos de cor. E, então, tudo sumiu." Para ela, a experiência foi profundamente desconfortável. "Nunca pensei que isso pudesse acontecer. Duvido que consiga entrar em uma reunião segura e relaxada de novo", afirma. Pelo menos, ela não disse a mesma coisa para a mesma pessoa repetidas vezes. Marcy, uma professora, pode reivindicar este erro. "Uma coisa muito chata da meia-idade é ser repetitiva sem ter a menor ideia de estar sendo", diz. "Odeio isso."

Christine, que por muitos anos advogou na área de direitos humanos, por volta dos 55 anos achou que não podia mais se encarregar de todos aqueles casos. "Percebi que não conseguia me lembrar das coisas e das pessoas das quais sabia que precisava lembrar", conta. "Quando isso começou a se repetir, vi que minha capacidade de trabalho estava comprometida. Não contei a ninguém por que saí, mas foi por isso."

Ela arranjou uma profissão que exigia menos da memória: gerente de pousada. Ainda precisa lembrar de muitas coisas, incluindo os nomes de um incessante desfile de novos hóspedes. "Mas agora", admite, "a preocupação é com os lençóis limpos e um bom café da manhã, e não com uma questão de vida ou morte".

Roger sabia o que era isso. Embora advogue atualmente em um escritório particular, trabalhou no sul da Califórnia como especialista em controle de tráfego aéreo por quase três décadas. "Eu era um caubói, o gatilho mais rápido da torre de controle, durante muitos anos", contou para mim durante um café da manhã, "mas, quando fiz 40 anos, senti que meu cérebro estava mudando. O controle de tráfego aéreo exige uma ampla memória operacional, assim como memória de longo prazo. É necessário ser sempre rápido e preciso para continuamente tomar as decisões certas. Não dá para ficar sentado se perguntando: 'minha memória dá conta da próxima leva de aviões?' Quando se trabalha em uma profissão dinâmica da área de segurança, esquecer uma só coisa pode ser fatal".

Cada avião tem seu próprio sinal de comunicação, explicou Roger, e um único controlador pode ter de se encarregar de uma longa série de jatos, todos querendo pousar no aeroporto de Los Angeles com poucos minutos de intervalo. "Se o comando errado sair da sua boca, ou nenhum dos comandos lhe ocorrer", explica, "pode não dar tempo de obter a informação necessária. É muito diferente do que esquecer um número de telefone ou o nome da pessoa a quem você acabou de ser apresentado".

À medida que a memória e a atenção de Roger começaram a diminuir, ele percebeu que até umas pequenas férias podiam tirá-lo do ar. "Eu voltava e, droga, precisava refrescar a memória. Não conseguia mais realizar tarefas triviais que podiam se tornar críticas em determinadas ocasiões." Aos poucos, começou a parar, trocando o clima insuportavelmente estressante da torre de controle do aeroporto de Los Angeles por campos de pouso menores. A idade da aposentadoria absolutamente compulsória para os controladores de tráfego aéreo é 56 anos, mas Roger se aposentou dez anos antes. "Eu já tinha juntado o bastante para continuar minha vida", disse. Ninguém imaginaria que uma pessoa com deficit de memória conseguiria cursar tranquilamente a faculdade de Direito, mas, comparado à vida na torre de controle, estudar Direito era bem relaxante. "Em comparação à média, minha cabeça funciona bastante bem", observou. "Mas chegou um momento em que não dava mais para deixar milhares de vidas dependendo dela todos os dias."

Para pessoas que tentam voltar ao mercado de trabalho após anos em casa ou que esperam mudar de carreira, o novo aprendizado pode parecer um passo impossível. Claire, que concluiu seu doutorado em biologia molecular há 25 anos, resolveu abandonar o emprego de engenheira genética no ano passado para ser professora de ciências no ensino médio. Estudar para o exame de obtenção do registro de professor, o que recém-formados da faculdade fazem com facilidade, foi mais difícil do que ela imaginou. "Estou certa de que sei o que é preciso sobre biologia molecular e genética para dar aula no ensino médio", suspirou. "Mas não vi mais nada de ciência geral desde os primeiros anos da faculdade e não tenho memória suficiente para reter todas as informações. Dar aula no ensino médio é meu sonho há muito tempo, e fico louca ao pensar que meu cérebro de meia-idade talvez não me permita realizá-lo."

Inevitavelmente, o esquecimento nos assola nos momentos mais inconvenientes e constrangedores. Lisbeth, que trabalha com processos trabalhistas no estado da Califórnia, já esqueceu o cartão eletrônico no caixa automático três vezes. Carrie, contadora, já ficou parada diante da porta da frente do escritório de um antigo cliente tentando desesperadamente lembrar do código de segurança, que ela digitara durante dez anos. "Como eu poderia ligar lá para cima e perguntar o número?", perguntou. "O que ia parecer?"

Esquecer o que íamos dizer em uma reunião ou achar impossível reter uma informação é frustrante, mas em termos de começar a achar que estamos ficando caducos, nada se compara a esquecer de fazer algo que tínhamos prometido para outra pessoa. De repente, sua percepção de si mesmo como alguém confiável e cuidadoso cai por terra. Quando meu amigo Jerry, com quem eu tinha trocado nada menos do que nove e-mails na semana anterior, ainda assim me deu um bolo no café da manhã, cacoei dele pelo telefone, e então comi minha granola e bebi meu café sozinha, achando que remarcaríamos o encontro para outro dia.

Ele, por outro lado, ficou fora de si e começou a se xingar, convencido de que seu sobrecarregado cérebro de meia-idade sucumbia a passos rápidos. Esse desastre aconteceu, como explicou, porque saiu do escritório na noite anterior sem pegar um papel cuidadosamente preparado e impresso com seus compromissos para o dia. Ainda devia estar lá, na bandeja da impressora. O que os olhos não veem, a cabeça não lembra, disse.

É horrível dar o bolo em um amigo (egoísta!) ou em um colega (avoada!), mas imagine só o que aconteceu com Sean, que deixou cinquenta pessoas esperando por uma apresentação que ele marcou cuidadosamente na agenda — só que no dia errado. "Eu estava chegando em casa depois do trabalho. Quando estava abrindo a porta da garagem, meu celular tocou e uma mulher furiosa gritou: onde você está?", ele contou. "Achei que fosse um trote, mas não era. Eu realmente pisei feio na bola."

Em uma situação semelhante, Peggy contou que, semanas antes, um amigo que sabia que ela ia regularmente trabalhar no norte da cidade ligou para pedir uma carona até o mecânico, para buscar o carro. Ela precisava resolver uma bobagem que ia levar cinco minutos, como disse a ele, e o pegaria em vinte. Só após dirigir por uma hora e passar a saída que deveria ter usado para deixá-lo na oficina, percebeu que tinha esquecido de buscá-lo. "Ele estava lívido, e fiquei com vontade de entrar em um buraco e morrer", disse ela. "Ele era uma das pessoas mais fáceis de lidar que eu conheço, mas aquilo aparentemente foi a gota d'água. Vê-lo perdendo a paciência comigo só tornou aquela experiência ainda mais horrível." John, um médico cardiologista, conseguiu cometer o que pode ser considerado o pior de todos os esquecimentos: envolveu-se tanto no trabalho que estava fazendo no computador que esqueceu de ir ao enterro da tia.

Ninguém sabe o que significa afundar na vergonha até esquecer de algo que deveria ter feito com uma criança (e é raro o pai ou mãe que nunca fez isso). Quando a filha de Marcy estava na sétima série, a menina foi a um passeio de um dia com os colegas de escola, para esquiar, confiante de que a mãe a pegaria às onze da noite no estacionamento da escola. "Eu não estava lá", admitiu Marcy. "Estava envolvida em um projeto, sentada diante de minha mesa, e me esqueci completamente dela. O diretor do programa teve de levá-la para casa, e fiquei morta de vergonha."

A pior parte é a crescente sensação de que há algo errado. Chega como as águas de uma enchente: apenas alguns segundos separam o instante em que você percebe que o chão do porão está molhado e o momento em que se vê mergulhado em remorso até o pescoço. Não há nada pior para destruir sua autoconfiança e deixar seus filhos boiando livremente em um mar de ansiedade, principalmente quando, numa quarta-feira em que saíram mais cedo, você os deixou na porta da escola enfrentando a ventania sob uma chuva torrencial, com granizo do tamanho de bolas de golfe, enquanto participava de uma longa reunião. A única coisa equivalente a esquecer de buscar as crianças é não lembrar de uma apresentação na escola. "Esqueci do dia em que meu filho ia recitar poesia", lamentou-se Georgia. "Ainda penso nele ali, na frente da turma, com os colegas, professores e os pais dos coleguinhas, mas sem ver os próprios pais na plateia, e isso me deixa muito triste. No dia em que isso aconteceu, algumas mães me ligaram, surpresas por eu não ter aparecido."

Esquecer como as coisas funcionam não chega nem perto da arrasadora sensação de não lembrar de suas obrigações com outras pessoas, mas é muito chato. Pessoas que conseguiam montar milhares de pecinhas de Lego na época dos filhos pequenos, quando chegam à meia-idade percebem que não conseguem mais seguir instruções. Sentem-se confusas e perdidas, tentando juntar as peças de um armário modular na ordem errada. E depois passam horas tentando separá-las de novo. Qualquer tipo de instrução pode ser um problema: preparar receitas complicadas, que para muitos era uma agradável diversão, passa a ser algo por demais desafiador quando se esquece o que fazer após cada passo.

Em um ensaio para a *Atlantic Monthly*, "Se a memória não funciona" ("If Memory Doesn't Serve"), Ian Frazier resume tudo: "Meu filho, de 11 anos, tem uma memória que parece cimento molhado: qualquer coisa deixa sua marca e lá fica, de maneira clara e manifesta, sempre à mão. Como aparentemente todas as crianças de hoje, tem muita facilidade com engenhocas que me cansam só de olhar. Eu ligo para ele quando quero ligar ou desligar algum aparelho moderno. Sua capacidade de reproduzir o que já viu é ainda mais útil. Basta lhe perguntar do que falávamos antes de começarmos a falar do que estamos falando agora, e ele sabe." Mas os pré-adolescentes, hábeis como são, nem sempre estão disponíveis quando precisamos deles. "Aprendi os passos necessários para fazer uma mala direta usando o Microsoft Word pelo menos quatro vezes", contou-me Sarah, que trabalha com captação de fundos. "Mas se passo alguns meses sem praticar, tenho que iniciar tudo de novo, do zero."

Esquecer como realizar uma tarefa complexa com o passar do tempo é compreensível. Mas esquecer algo simples, como o que você acabou de ler, é o bastante para enlouquecer qualquer um. Isso pode acontecer em escala micro: você chega ao final do parágrafo e descobre que não faz ideia do que leu antes. Ou pode ser em escala macro, quando, por exemplo, compra um livro que já tem ou já leu. "Isso acontece muito comigo", conta Jane, mãe de três pré-adolescentes. "Revistas, romances, é só dizer. Meu recorde foi três vezes. Parece que eu leio com um quarto do cérebro. Se tanto." Erica, que escreve discursos para o diretor-executivo de uma das empresas incluídas na *Fortune 500*, admitiu que elogiou o romance *Beaches* (Praias) para seu marido só para ouvir que os dois tinham assistido ao filme juntos. Ele foi capaz de narrar a trama em dolorosos detalhes, enquanto ela, ao ler o livro, não encontrou nada que fosse remotamente familiar.

Em um relacionamento íntimo, seja casamento ou outro, o esquecimento pode fazer você se sentir o alvo oficial de todas as piadas. Em um namoro, espera-se que você lembre, nos mínimos detalhes, da maioria das coisas que fizeram juntos. Adam, jornalista de 40 e poucos anos, apaixonou-se por uma mulher que mal chegara aos 30. "Quando contamos a história do nosso namoro a uns amigos", lembrou ele, "eu parecia confuso com relação a alguns detalhes de que minha namorada se lembrava claramente". Pelo menos ele ainda não estava entregue às feras, vivendo as alegrias dos encontros que surgem em sites de relacionamento, em que manter o registro das pessoas com quem você já saiu pode ser um grande desafio. "Algumas noites atrás, telefonei para uma mulher e a chamei para sair, nosso primeiro encontro", contou Rudy, que saiu com duas dúzias de moças no ano passado. "Ela me disse que tínhamos tomado um café duas semanas antes. Pelo tom de voz dela, meio frio, imaginei que não tivesse sido muito bom."

"Acabo de terminar com um cara que tem uma memória terrível", contou Katie, que trabalha no departamento de vendas de uma gráfica. "No verão passado, ele me levou para almoçar no Oliveto's, e tivemos uma discussão horrível. Seis meses depois, fizemos as pazes. Para sacramentar, ele disse que iríamos a um lugar novo, maravilhoso, mas me levou exatamente ao local do crime."

Sabiamente, ela chamou um táxi. Se tivesse se casado com ele, tenho certeza de que teria a árdua tarefa de lhe lembrar tudo. Raramente se reconhece a contribuição das pessoas que guardam todos os detalhes — até ficar claro que, com a idade, as coisas começam a ser esquecidas. O distraído marido músico de Laura ficou feliz por deixá-la cuidar de sua agenda logo que se casaram. Tudo funcionou muito bem por vinte anos, até ela chegar aos 50. "Meus deslizes agora significam a ruína de muitas de nossas sacrossantas crenças sobre o papel de cada um no casal", ela disse.

Homem e mulher, pelo que pude perceber, reagem de forma diferente ao esquecimento. As mulheres em geral fazem o costumeiro mea-culpa. Quando não lembram ao filho adolescente de um compromisso importante, bem, sabemos de quem é a culpa. Rapidamente, culpam a menopausa por tudo, das chaves perdidas ao carro que não encontram no estacionamento do shopping, embora estudos mostrem que o estrogênio — ou sua ausência — só afeta a memória verbal. Os homens não têm essa desculpa biológica, então podem se apoiar na teoria da memória seletiva. Quando a mulher estava por perto, muitos me contaram como nunca deixavam de se lembrar do que era realmente importante, esquecendo de todo o resto. "Acho que o que aconteceu sábado passado, quando você se esqueceu de pegar o Sammy no futebol, foi culpa da sua memória seletiva", disse Louise, revirando os olhos. "E nosso último aniversário de casamento, do qual só se lembrou quando era tarde demais? Também foi sua memória seletiva?" Descobri que os homens muitas vezes não se dão conta de seu eficiente sistema de lembrança automático, formado pela mulher e pela secretária. "Eu tenho uma secretária e tecnologia suficiente para me lembrar de tudo no trabalho, então é pouco provável que eu esqueça alguma coisa", disse o diretor de uma revista de negócios. "Como chefe, delego muitas coisas. Então, curiosamente, lembrar-me das coisas é responsabilidade de outras pessoas." O verdadeiro estado da situação muitas vezes só fica óbvio quando a mulher faz uma viagem de duas semanas ao Vietnã com a melhor amiga, ou a secretária se afasta em licença-maternidade. É aí que começa o esquecimento.

É na hora de encontrar alguma coisa — um restaurante ou um caderno perdido — que fica evidente que os cérebros masculino e feminino não são exatamente iguais. Existem boas razões evolucionistas por trás da capacidade feminina de dizer exatamente em que lugar no fundo da despensa está uma lata empoeirada de grão de bico e da antiga, ainda que verdadeira, lenda de que os homens se recusam a parar para pedir informações. Como os homens surgiram como caçadores, sem a facilidade de postos de gasolina onde pedir informações, desenvolveram um sistema de posicionamento global interno. Milhões de anos mais tarde, continuam a navegar por instinto para chegar aos seus destinos. Saber que há uma loja de departamentos no segundo sinal não ajuda muito. Sendo guardião de crianças pequenas, que podiam ser vítimas de predadores, o cérebro das mulheres desenvolveu-se de maneira diferente. Elas não podiam se afastar muito, então aprenderam a localizar fontes de alimento — sementes, frutas e raízes — em meio a várias outras plantas, muitas delas venenosas. Isso explica muito bem por que uma mulher sabe dizer que o sumido pé de meias verdes está no chão, entre a mesinha de cabeceira e a cama, e um homem não consegue achar a tesoura que fica na mesma gaveta da cozinha há 11 anos.

SEM MARGEM PARA ERROS

Muitas pessoas contaram para mim sobre seu ódio pelo tempo perdido tentando recapitular o que fizeram a fim de consertar as besteiras que aprontaram. "Sabe quantas vezes me referi a um arquivo anexado que me esqueci de anexar ao e-mail?", perguntou Bart, um artista gráfico. "Mais vezes do que realmente anexei o arquivo." Ele ficaria feliz de saber que dois cientistas da Universidade da Pensilvânia estão desenvolvendo um programa que procura certas características de um e-mail que sugerem que algo deveria estar anexado. Se você tentar enviá-lo sem anexar o arquivo, receberá um aviso. Até agora, o programa tem uma taxa de precisão de 85%, o que certamente representará uma melhora nos números atuais do Bart.

Nossos lapsos poderiam ser mais toleráveis se nossas agendas não fossem tão cheias. Do jeito que é, não há margem para erros. Russell, um clínico geral e atribulado pesquisador, após um longo voo de volta de uma viagem de negócios, lembrou que tinha esquecido os óculos de leitura no avião. "Devo ter colocado no bolso do assento e esquecido", disse. "Ter que gastar dinheiro para comprar outros já era bem chato, mas o fato de eu não ter um único minuto de folga nas duas semanas seguintes tornava a coisa ainda pior. Era a mesma coisa que ter que escalar o monte Everest."

Pelo menos ele não teve que dar explicações à mulher. Pat, que pratica medicina alternativa, não sabia onde tinha deixado os brincos que o marido lhe dera no vigésimo aniversário de casamento, o que a impossibilitou de usá-los no jantar do 21º aniversário, no restaurante Spago. "Eu revirei a casa de pernas para o ar procurando", disse. "Levantei de noite, enquanto Rick dormia, e revirei o closet inteiro. Quando vi que não achava, pensei em ligar para a companhia de seguros e comprar outros; ele nunca ficaria sabendo. Mas, eu precisava da nota de compra, então tive que confessar. Comecei de maneira dramática: "Querido, preciso te dizer uma coisa." Quando ele percebeu que eu falava dos brincos, ficou aliviado. "Ah, graças a Deus!", disse, "achei que você ia me deixar".

O esquecimento na modalidade objetos perdidos e compromissos esquecidos pode sair caro, o que o torna ainda mais irritante. Carly, que trabalha em um museu, disse que já perdeu — e pagou — a hora marcada no cabeleireiro mais de uma vez, todas marcadas cuidadosamente com seis semanas de antecedência. "Tenho uma agenda bastante organizada, mas muitas vezes esqueço de olhá-la", explica. "Não sou boa nem para lembrar de compromissos regulares. É comum esquecer e marcar outro compromisso no horário do que tenho todas as quintas de manhã. Meu caso ainda não está perdido, mas é bem frustrante."

Acho que o que mais odeio são os erros que surgem do que chamo de espaço negativo. O termo engloba tudo o que não deixa uma única pista para reavivar nossa memória, nenhuma lista ou item na agenda para ajudar. Eu me perdi em um espaço negativo no último verão, depois de fazer o último cheque do meu talão e pegar um novo de uma caixa na última gaveta da escrivaninha. Paguei várias contas altas, mandando-as pelo correio a tempo de chegarem até a data do vencimento. Três dias depois, recebi um telefonema do banco me dizendo que os cheques eram de uma conta que eu encerrara quatro anos atrás. Sinceramente, achei aquilo inacreditável. Eu sequer me lembrava de ter aberto, muito menos de ter fechado, aquela conta.

— A senhora verificou o número impresso na parte inferior do cheque? — perguntou com paciência a assessora da gerência do banco. Ao comparar com o número da minha conta atual, vi que realmente falávamos de coisas completamente diferentes. Todos os cheques que fiz, lamentou ela ao me contar, inclusive o do pagamento da primeira fatura do meu novo MasterCard, foram devolvidos com um "conta encerrada" carimbado em vermelho. Não havia nada que eu pudesse fazer para remediar a situação. Para a empresa do cartão de crédito, eu era uma falsificadora de cheques. Além de ficar furiosa comigo mesma, me senti incompetente e burra. Por fim, consegui falar com uma delicada senhora de meia-idade no telefone e expliquei a situação com todos os detalhes. Podia acontecer com qualquer um, concordou ela — e gentilmente reabilitou o meu cartão.

SOBRECARGA DO LOBO FRONTAL
• • •

"Excesso de informações" é apenas um dos motivos
que faz você sentir como se estivesse se afogando

Minha cabeça parecia um rádio de carro em uma estrada deserta, mudando de uma estação para outra sem nunca parar em um sinal mais forte. Enquanto tentava me lembrar da ordem das ruas da parte alta de São Francisco — era Buchanan, Webster e Laguna? — dei uma olhada rápida no meu Palm Pilot para checar novamente o endereço do consultório do dermatologista. Em uma fração de segundos, já tinha esquecido.

Como sempre, minha cabeça estava cheia de coisas — a nova ameaça de Osama no vídeo desta manhã; o prazo de entrega da matéria para a revista; e se eu teria tempo suficiente, caso passasse a noite em claro, para fazer as fantasias da peça da escola. Tudo bem, confesso: também falei no celular. Quando o motorista à minha frente me fechou (ou fui eu que não reparei na seta?), vi que havia passado do meu destino algumas quadras antes, e tive que pegar o desafio espacial de uma série de viradas à direita, todas ruas de mão única e becos.

Por que eu não conseguia administrar tudo isso o bastante para decorar o nome de uma rua e quatro algarismos? Por que eu estava tão distraída? Meus lapsos me deixavam chocada. Ideias recém-adquiridas escapavam antes mesmo que eu pudesse adicionar noções compatíveis ou contraditórias e apresentar umas às outras. Tarefas perfeitamente claras para mim enquanto eu me vestia — pegar duas resmas de papel para a impressora do escritório — estouravam como bolinhas de sabão antes que eu chegasse ao armário de suprimentos, na garagem. Eu ficava impressionada por esquecer completamente o que precisava fazer. Só quando apertei o botão da impressora no meu teclado e a ouvi reclamando da falta de papel é que tive uma vaga lembrança de meu plano inicial.

O problema parecia estar em algum lugar atrás da minha testa, na região cerebral chamada de córtex pré-frontal. Mais especificamente, meus lobos frontais reagiam conforme a idade. Os lobos frontais organizam e priorizam as informações e ideias, as tomadas de decisão e os planejamentos, a administração do tempo e várias outra tarefas exclusivamente humanas e cognitivamente exigentes.

Para entender o que estava acontecendo, tive que começar pelo nível celular. Sob a paciente orientação de um pesquisador do Massachusetts Institute of Technology, MIT, estudei um neurônio através de um microscópio eletrônico. Aquele corpo celular em forma de diamante se parecia vagamente com uma estrela-do-mar, com múltiplos tentáculos. De cada tentáculo, brotavam ramos chamados dendritos, adornados por sinapses tão viçosas e densas quanto as folhas dos carvalhos da Califórnia. Um desses tentáculos, o axônio, era visivelmente mais longo que os outros. A fina extremidade, adornada por uma série de bolhas gordurosas de lipídios em formato de salsichas, era a bainha de mielina, que transmite sinais para os dendritos de outros neurônios. Os lobos frontais possuem axônios longos e finos que ligam uma região do cérebro a outra. Quando a mielina começa a envelhecer, os axônios não funcionam muito bem. Em vez de viajar por autoestradas, a informação passa por desvios inconvenientes. O resultado é previsível: os dados de que você precisa neste segundo só aparecem no tempo ditado por eles mesmos.

No microscópio eletrônico, examinei a sinapse, uma pequena e complicada estrutura na extremidade do axônio. A sinapse transmite sinais eletroquímicos, impulsos que disparam pelo corpo da célula, do dendrito ao axônio, antes de entrar por uma fenda, no melhor estilo Pac-Man. Os neurotransmissores, liberados na fenda, são sugados pelos dendritos famintos das outras células, transferindo assim os impulsos de uma célula para outra. O número de receptores e a disponibilidade dos neurotransmissores são os grandes responsáveis pela velocidade e precisão com que as mensagens viajam.

Os lobos frontais nos dotam de memória operacional, que nos permite guardar e manipular informações em curtos períodos de tempo, até ela ser transferida para a memória de longo prazo. Com a evolução da espécie, perdemos esse tipo de memória — até os chimpanzés têm mais do que nós. Os cientistas suspeitam de que os primeiros *Homo sapiens* negociaram uma boa parte da memória operacional pelo desenvolvimento da linguagem, uma ótima troca para quem consegue se lembrar do que quer dizer. Quando a memória operacional fica prejudicada, passa a ser difícil lembrar das linhas de argumentação de um raciocínio, defender um ponto de vista ou lembrar do que foi lido três frases antes. Em vez de fluir livremente, os pensamentos se tornam confusos. Como observou a saudosa neurocientista de Yale University, Patricia Goldman-Rakic, a memória operacional é "a cola mental que une um pensamento ao longo do tempo, do início ao fim".

Quando os lobos frontais estão em forma, são capazes de discernir o que é preciso para realizar determinada tarefa daquilo que é irrelevante. Uma espécie de vigia neural automaticamente barra as informações desnecessárias. Em algum momento da meia-idade, esse vigia faz uma pausa permanente para o cafezinho e, em vez de pensar no relatório que precisa fazer, você se vê confabulando sobre o que preparar para o jantar. Para muitas pessoas, a preocupação chega a se tornar um estilo de vida. "Eu não vivo no presente", conta Louise, mãe de duas crianças em idade escolar. "Estou sempre três ou quatro passos à frente. Minha cabeça nunca está realmente processando os acontecimentos no momento em que ocorrem." Realmente, qualquer distração emocional pode desligar seu painel de controle cerebral, deixando você preocupado e distante, mesmo quando sabe que não deveria estar. Tente fazer algo "importante", e receberá um sinal de ocupado.

O cérebro da meia-idade se confunde facilmente com o que a neurocientista Denise Park chama de "ruído de fundo", seja ele do ambiente — um cachorro latindo ou um vizinho irritante — ou psicológico, como pensamentos intrusivos sobre a briga que você teve com sua mulher. Em uma de suas pesquisas, ela testou a memória de dois grupos, um de pessoas de meia-idade e outro de idosos, que tinham que executar uma tarefa do dia a dia: lembrar de tomar um remédio às dez horas. Para sua surpresa, o desempenho do grupo de idosos foi muito melhor do que do pessoal de meia-idade. Park concluiu que, para indivíduos mais velhos, tomar o comprimido tornou-se um evento significativo da agenda matinal. Já as pessoas de meia-idade têm uma agenda tão irregular que acabam usando a memória operacional para fazer malabarismo com várias tarefas diferentes, e tomar o comprimido se transforma em algo supérfluo.

PODERIA SER TDAH?

Quem pode nos culpar por querer dar um nome para essa sensação tão esquisita de cabeças avoadas? Durante nossas entrevistas, dezenas de pessoas me disseram saber exatamente o que tinham de errado: tinham desenvolvido TDAH adulto. Eu mesma pensei que pudesse ser isso, então liguei para o psiquiatra e escritor Edward M. Hallowell, que desde 1981 diagnostica pessoas com transtorno de deficit de atenção e hiperatividade em seu consultório, em Sudbury, Massachusetts. Quando ele me convidou para uma conversa, tratei de aproveitar a oportunidade. Estava certa de que poderia me dizer o que tinha acontecido para minha atenção se esfacelar em milhares de pedacinhos.

Eu mal pude conter o riso ao ver seu consultório. No chão havia pilhas de papel — pequenas, médias e grandes — que pareciam ter se reproduzido como estalagmites, um dos maiores indicadores da presença do TDAH no local. Hallowell parecia um Ted Kennedy jovem, cabelo grisalho brilhante emoldurando um rosto corado e grande que quase combinava com a camisa listrada. Pediu que eu respondesse a um questionário-diagnóstico: como eu era quando criança? Eu conseguia ficar parada? Conseguia me concentrar? Disse a ele que era uma rata de biblioteca, o tipo de criança que levava escondida uma lanterna para debaixo das cobertas, mesmo depois de ter passado horas lendo. Mas bastava uma aula de balé ou um jogo com vários times e regras, para a coisa ficar feia. Eu tinha dificuldade para me concentrar, aprender os passos ou seguir o programa. Na escola, eu era boa — aquelas regras, eu sabia de cor. Ele perguntou sobre meus hábitos profissionais como adulta. Eu adiava as coisas? Tinha problemas para começar ou terminar um trabalho antes de começar outro? Não tinha, eu disse a ele. Na verdade, era o oposto — quando me comprometia, eu era superatenta. Como um cão de caça atrás de um coelho, nada me fazia mudar o curso.

Hallowell me perguntou como eu me sentia em lugares relaxantes — um lindo quarto de hotel ou uma espreguiçadeira à beira de um lago tranquilo. Eu ansiava por algo animado? Corria para marcar um voo de paraglide ou um passeio de jet ski, ou me contentava em ficar sentada lendo? A última opção, garanti a ele. Basta me dar uma espreguiçadeira, um livro, um prato de salada e uma limonada, que fico quieta por uma semana, me sentindo imensamente grata.

Após uma análise mais aprofundada de outros aspectos das minhas funções neurológicas — Como era meu equilíbrio? (Terrível) Eu conseguia ficar parada em um pé só? (Nunca, para a tristeza da minha professora de ioga) — ele me disse que meus sintomas não eram compatíveis com o TDAH. Outros problemas não específicos pareciam ter afetado meus lobos frontais. Ele não sabia dizer se havia ou não alguma patologia envolvida. Ao menos, achava que eu podia ter uma forma grave de uma síndrome comum entre pessoas de meia-idade, para a qual dera um nome. Ele a chamava de SDA — Sinal de Deficit de Atenção ou ADT, *Attention Déficit Trait*, em inglês. Ao contrário do TDAH, que nos acompanha por toda parte, o SDA é uma paralisação do lobo frontal causada pelo ambiente.

"Quando a demanda é incessante", observou Hallowell, "quando você se vê diante da sexta decisão após a quinta interrupção no meio de uma busca pela nona informação que falta no dia em que o terceiro acordo foi por água abaixo e o décimo segundo pedido impossível piscou como uma tarefa não concluída na tela do seu computador, seu cérebro se rebela contra o excesso de estímulos. É uma mera resposta ao ambiente hipercinético em que vivemos", explica, "surgindo como um mecanismo de sobrevivência, nossa resposta à pressão da sociedade para andarmos cada vez mais rápido".

LIDANDO COM O EXCESSO DE INFORMAÇÕES

Na melhor das circunstâncias, já é difícil para os lobos frontais de meia-idade manterem o ritmo. Agora, solte-os bem no meio de uma revolução tecnológica e com toda certeza a confusão será tremenda. Durante milhões de anos, o cérebro humano evoluiu sensivelmente para enfrentar situações de ameaça à nossa sobrevivência. Não foi feito para lidar com um dilúvio incessante de dados em estado bruto, não filtrados, fora de contexto e sem uma hierarquia óbvia. Nossos lobos frontais não estão preparados para lidar com esse ataque, o que nos faz sentir bombardeados, esmagados e sem controle da situação. Em um de seus espetáculos, os atores do grupo conhecido como Blue Man Group fazem menção à "Síndrome da Inadequação Infobiológica", uma forma de ansiedade que, como bem observa o autor David Shenk no livro *Data Smog* (Poluição de dados), "surge quando uma pessoa tenta absorver as informações em uma velocidade maior do que a programação original do DNA humano no paleolítico".

Quando os lobos frontais ficam sobrecarregados, nossa capacidade de pensar em níveis mais altos desaparece. Nossa resposta é desenvolver um sólido filtro perceptivo, uma espécie de malha translúcida, e começamos a filtrar um monte de coisas, incluindo algumas que depois vemos que mereciam mais atenção. Paramos de processar o significado das informações e viramos sugadores robóticos de dados. Shenk observa que o bombardeio incessante dos lobos frontais causa "paralisia por análise". É difícil chegar a uma conclusão simples — existem fatores demais a serem considerados. Em muitas situações, nos faltam parâmetros corretos de referência. Viramos especialistas, grandes senhores em nossos pequenos domínios feudais. E acabamos por ignorar a maioria das coisas que acontecem ao nosso redor, de tal forma que nos sentimos desligados, aéreos.

Como medida de proteção, nos voltamos para os aspectos mais concretos, propensos a eliminar todas as nuances de cinza de nossos raciocínios e perspectivas. Fica impossível entender como as peças do quebra-cabeça se encaixam. "Metaforicamente falando, desligamos nossos ouvidos, fechamos o nariz, cobrimos os olhos com óculos escuros e vestimos um traje feito de espuma de proteção", observa Shenk.

Não é a primeira vez que isso acontece. Sempre que criamos uma tecnologia que nos permite mexer com as limitações de tempo e espaço, as pessoas ficam distraídas e esquecidas. Em menos de uma década, entre 1869 e 1876, foi concluída a ferrovia americana transcontinental, Alexander Graham Bell inventou o telefone e Thomas Edison aprimorou a já existente lâmpada. A vida mudou dramaticamente e as pessoas começaram a adoecer, desenvolvendo uma série de males relacionados a velocidade e tempo, incluindo "neurose de ferrovia" e "enjoo de elevador". O mais comum era o abrangente diagnóstico de "neurastenia", que, como observa Michelle Stacey no livro *The Fasting Girl* (A menina que fazia jejum), surgia de uma "ansiedade generalizada, uma sensação de pavor ou de preocupação, muitas vezes desencadeada por uma sobrecarga de exigências sobre nossas habilidades e nosso tempo, ou pela conscientização latente de nossa capacidade de autodestruição". Um dos principais sintomas da neurastenia era um deficit patológico da atenção, que fazia o paciente viver em eterno estado de distração.

A ambivalência que sentimos ao lidar com novas tecnologias e a enorme quantidade de informações que invariavelmente as acompanha há muito tempo está se aprimorando. Em 1945, enquanto era diretor do Escritório de Pesquisa e Desenvolvimento Científico dos Estados Unidos durante a guerra, Vannevar Bush lutava com o problema da sobrecarga de informações. Inspirado pela invenção recente de um novo substrato de gravação, o microfilme, ele propôs uma solução. Em julho daquele ano, publicou na revista *Atlantic Monthly* um artigo de oito páginas chamado "Como poderemos pensar". Descreveu o futuro da tecnologia da informação em detalhes surpreendentes, realça David Shenk:

Bush descreveu em linhas gerais os conceitos de microarquivos, modems, faxes, computadores, discos rígidos, processadores de texto operados oralmente e, mais importante, hipermídia. Ele imaginou a escrivaninha do futuro — Memex, era o nome — como uma microbiblioteca com todos os vídeos e textos que uma pessoa pudesse acumular ao longo de sua vida, projetada de forma que as informações importantes pudessem ser acessadas instantaneamente e projetadas em um monitor embutido.

Infelizmente, Bush estava obcecado com o microfilme — qualquer pessoa que tenha desenrolado aqueles carretéis infinitas vezes nas décadas de 1970 e 1980 pode dizer que aquilo gerava mais frustração do que rapidez ou interatividade. Quando ele morreu, em 1974, um Memex ainda era algo fantasioso. Seu artigo da *Atlantic Monthly* caiu nas mãos de um número razoável de engenheiros eletrônicos, a maioria dos quais trabalhava na programação de computadores gigantescos. Bush nunca soube que seu projeto — possibilitar que você e eu armazenássemos quase tudo sobre uma vida inteira — se tornaria realidade.

Com a recente explosão da tecnologia (lembre-se de que há pouco mais de 15 anos apenas os fanáticos por computador mais sofisticados estavam conectados à internet), assistimos a uma reação similar à que ocorreu na época de Thomas Edison. No livro *Devagar*, Carl Honoré capturou a essência da nossa luta:

Em *Dom Quixote*, Cervantes observou "que no son todos los tiempos unos" — que nem todos os tempos são o mesmo. Em um mundo que funciona 24 horas por dia, sete dias por semana, todos os tempos são iguais: pagamos contas no sábado, fazemos compras no domingo, levamos o laptop para a cama, trabalhamos durante a madrugada, tomamos café da manhã a qualquer hora do dia. Brincamos com as estações comendo morangos importados no meio do inverno e colombas, que antes só eram vendidas na Páscoa, o ano inteiro. Com os celulares, os BlackBerrys, pagers e a internet, tudo e todos estão sempre acessíveis.

"O mundo se tornou imediato demais", afirmou Lily, gerente de um escritório. "Cheguei ao ponto de ter quatro secretárias eletrônicas, quatro números de telefone e três endereços de e-mail para verificar. É uma sobrecarga de coisas, e embora a maioria delas não seja importante, ainda temos que verificar e decidir sobre o que fazer a respeito. Todas aquelas expressões que crescemos ouvindo — 'uma coisa de cada vez' e 'vamos começar pelo mais importante' — se tornaram arcaicas. Pelo que vejo, agora tudo é 'o mais importante'."

Estamos em estado de choque, presos entre o mundo em que crescemos, que seguia o tempo cronológico convencional, e aquele em que vivemos hoje, que ultrapassa todas as fronteiras. Robert Archibald, um historiador, disse-o bem: "A mudança é uma lei imutável. Mas se a mudança no mundo que nos rodeia é rápida demais, ficamos desnorteados, prisioneiros do presente, desconectados das pessoas ao nosso redor e convivendo com relacionamentos frágeis, sem âncora e aos quais falta confirmação."

Cada pessoa reage à pressão de uma maneira diferente. Algumas ficam maníacas por controle, lutando para absorver cada pedacinho de informação disponível. Outras lavam as mãos e se deixam levar pela maré. "Eu estava morto de cansaço", disse-me um correspondente, "pois tinha acabado de voltar de uma viagem de negócios à Europa, mas o serviço de limusine que sempre me buscava não apareceu. Quando telefonei, o motorista disse que tinha me esquecido porque minha reserva desaparecera debaixo de uma pilha de papéis em cima da mesa dele. Não fiquei nem um pouco contente. 'Sou apenas humano', disse o motorista, quando perguntei se isso aconteceria de novo. Acho que não fui lá muito compreensivo".

Estar dividido entre muitos assuntos se tornou uma expectativa da nossa sociedade. Recusar-se a isso — nada de e-mail, telefone celular ou secretária eletrônica — é um comportamento não só ludista, mas muito egoísta. Se tivéssemos entrado na meia-idade em uma época mais calma — talvez em 1953, quando a grande evolução para os nossos pais era ter uma televisão com seis opções de canais para assistir —, talvez não percebêssemos o declínio de nosso lobo frontal. Mas, caímos bem no meio de uma revolução tecnológica que nos sufoca e nos obriga a lutar para não afogar. Se não estiver disposto a ser mentalmente onipresente e acessível a todo momento, salvo quando estiver inconsciente, você sente que está ficando para trás. Ir contra a nossa existência dominada pelos eletrônicos é algo fútil, limitado e provavelmente hipócrita. Eu jamais diria que estávamos melhor sem a possibilidade de encontrar quase tudo a qualquer momento. No que me diz respeito, tenho até coceira no dedo do mouse quando preciso saber algo e não descubro imediatamente. Basta me afastar do meu alimentador de informações por um minuto que seja, e já manifesto sintomas de inanição de dados. Um dia, espero ter o que alguém chamou de "chip do Google: um implante de silício que conecta o site de busca diretamente ao cérebro".

Em um artigo do *New York Times*, Adam Bryant escreveu uma emocionante carta de adeus ao seu BlackBerry, um benefício que o empregador oferecia e do qual ele teve que abrir mão ao se demitir. Ele achava que o BlackBerry aumentava sua produtividade, mas, quando ficou sem ele, viu que era "um buraco negro da atenção", que sugava as horas do seu dia e assombrava suas noites. "Achei que você estava na minha mão", escreveu, "mas eu é que estava nas suas".

Quando o híbrido de aparelho de telefone, e-mail e agenda de Jane de repente "morreu", levando dados importantes com ele, ela ficou furiosa com o equipamento e ainda mais irritada consigo mesma, por ter passado um ou dois meses sem fazer back-up. "Eu me senti enganada", disse. "Confiei naquela tralha, e ela me deixou na mão." Poucos dias depois, ela se deu conta de que sua vida estava mais calma. "Agora eu posso fazer uma coisa de cada vez", observou com satisfação. "Antes, eu me sentia obrigada a consultar o aparelho toda vez que parava uns minutos, para planejar coisas novas ou mudar as que eu já tinha planejado."

Seus três filhos e o marido ficaram chateados. E os amigos também. Até a terapeuta quer saber quando ela vai comprar um novo. "Não ser encontrada nos dias de hoje, e com a minha idade, é uma atitude do tipo 'que se danem'", disse ela, obviamente apreciando o momento de rebelião.

Algumas pessoas suspeitam que esses aparelhos sem os quais não se pode viver são os catalisadores de nossos problemas cognitivos. "Somos dependentes demais da tecnologia como meio de armazenamento", re-

SOBRECARGA DO LOBO FRONTAL

flete Victor, economista. "Sem exercitar o cérebro para catar as informações, com o tempo perdemos habilidades importantes." Se os resultados de um estudo recente conduzido por pesquisadores da faculdade de medicina da Universidade de Hokkaido estiverem certos, o declínio já começa a ser notado em pessoas de 20 ou 30 anos, que digitam tão compulsivamente em seus minúsculos teclados que foram apelidadas de *oyayubizoku*, "turma do polegar". De acordo com o professor de neurobiologia Toshiyuki Sawaguchi, 10% dos quarenta indivíduos estudados tinham "perdido a capacidade de se lembrar de coisas novas, de recordar algum dado ou distinguir entre informações importantes e não importantes". A predominância dos organizadores eletrônicos, da discagem rápida, dos corretores ortográficos e dos dispositivos de GPS automotivos resultou em uma diminuição do uso do cérebro, fragilizando e enfraquecendo regiões envolvidas no aprendizado e na memória.

Até as coisas criadas para nos ajudar muitas vezes são complicadas demais ou exigem muito de nossa memória para serem usadas. "Meu telefone do trabalho veio com um manual de cem páginas", disse Victor, economista. "Os aparelhos eletrônicos vêm com um número absurdo de funções, mas o acesso a elas não é intuitivo nem padronizado. Por que todos os sistemas de caixa postal não podem usar a tecla D para *delete* ou a S para *save*? No momento, eu tenho seis telefones, três caixas postais e cinco contas de e-mail." Quando perguntei a Jeff Hawkins, diretor de tecnologia da Palm, por que os botões das várias funções do Treo, híbrido de telefone e agenda fabricado por eles, não podiam ser padronizados para ajudar o pessoal de meia-idade, ele me confidenciou que pessoas da minha idade (aproximadamente a mesma que a dele) ou mais velhas não eram seu público-alvo. Os teclados são pequenos demais, e as interfaces, muito complexas e pouco acessíveis para qualquer um que não seja um mago digital. Eu tenho um Treo, disse a ele, e conheço as funções básicas. Mas eu estaria em maus lençóis se tivesse que fazer uma anotação ou armazenar um número de telefone na agenda enquanto estivesse no meio de uma ligação. Meu contrato com a operadora Verizon, que me dá direito ao Treo, está quase acabando. Estou fadada a receber um aparelho novo, mas fico apavorada com a transição.

UM HÁBITO DIFÍCIL DE ABANDONAR

"O verdadeiro desafio da vida moderna", observa Edward Hallowell, o psiquiatra, "é conseguir parar e pensar, deter-se em um assunto tempo o bastante para extrair o que importa antes de seguir em frente. Do contrário, o dia se torna uma névoa em que nenhum trabalho significativo é realizado... Para concentrar a energia, é preciso conter os estímulos que chegam e os impulsos que saem por tempo suficiente para elaborar uma ideia complexa".

Isso é triste, pois esse rio infinito de interrupções tornou-se a norma. Pesquisadores da Universidade da Califórnia, em Irvine, tentaram quantificar o número de distrações e interrupções que os trabalhadores da área de informática sofrem em um escritório de tamanho médio. Calcularam que algo interferiria na concentração deles a cada 15 minutos, mas, em média, as interrupções ocorriam a cada três minutos, e apenas dois terços do trabalho interrompido era retomado no mesmo dia. Outro estudo mostrou que as interrupções consumiam duas horas de trabalho por dia, ao custo estimado de 588 bilhões de dólares por ano para a economia norte-americana. Todas elas resultam em erros horríveis, observou um dos entrevistados da minha pesquisa. A facilidade com que se pode enviar um e-mail com cópia para várias pessoas tornou esses erros inevitavelmente epidêmicos. A data errada de uma reunião é enviada não para uma, mas para vinte pessoas.

Mesmo quando se sabe o que está acontecendo, é difícil cortar o hábito automático de fracionar a atenção. Ficamos tão acostumados com o excesso de estímulos que funcionar dentro dos parâmetros da função neurológica humana parece ser terrivelmente lento. Fazendo várias coisas ao mesmo tempo, aliviamos o desconforto causado por nosso passo de tartaruga, mas esse alívio é breve. À medida que a capacidade do lobo frontal para separar as distrações diminui, nossos erros aumentam alarmantemente.

"Era uma sensação tão boa", escreveu June, advogada tributária. "Eu conseguia fazer pelo menos três coisas ao mesmo tempo, e tudo bem-feito. Há uns dois anos, as coisas começaram a decair. Quando tentava falar ao telefone e ler meu e-mail ao mesmo tempo, minhas frases ficavam incompreensíveis. Eu não conseguia dobrar as roupas e manter uma conversa coerente com a minha filha. No começo, as falhas eram frustrantes, mas então se tornaram desastrosas, resultando em erros, papéis perdidos e confusão. Qualquer um pensaria que eu iria parar. Mas eu não conseguia pensar em uma estratégia diferente. Quando dá certo, você se sente muito competente e consegue fazer várias coisas. Eu só sabia ser eficiente daquele jeito."

Mesmo pessoas muito mais novas, que cresceram com os dedos no teclado de um computador, têm problemas para fazer mais de uma coisa ao mesmo tempo. Usando neuroimagens, o psicólogo do MIT Yuhong Jiang observou o cérebro de alunos da faculdade enquanto tentavam realizar duas tarefas relativamente simples ao mesmo tempo. Após meia hora, esses sujeitos jovens e eficientes também estavam estressados com o esforço de ora identificar formas, ora identificar cores e letras. As imagens do cérebro mostraram que, entre uma tarefa e outra, o lobo frontal desligava. Ficava branco, como se aguardasse instruções.

Estudos conduzidos por David E. Meyer, da Universidade de Michigan, mostraram que, excluindo os esforços mais rotineiros, era mais demorado e desgastante para o cérebro alternar as tarefas do que fazer os mesmos trabalhos um de cada vez. "Se ambas as tarefas exigem um pensamento estratégico", observou Marcel Just, professor de psicologia na Carnegie Mellon, "você está sem sorte. O sistema de controle estratégico do cérebro dificilmente se divide. Toda vez que tentamos fazer isso, o resultado equivale a limpar a escrivaninha, colocar todo o trabalho novo sobre ela e depois voltar ao que era antes. Não se pode introduzir uma tarefa nova discretamente enquanto outra está em andamento". Ele reconheceu que existem exceções. Embora possa ser difícil, é possível comer e ler ao mesmo tempo. Teoricamente, qualquer um deveria conseguir mexer uma panela e assistir à televisão, embora eu tenha provado o contrário.

Deixei June, a advogada tributária, me mostrar o que eu aprenderia. "Decidi voltar atrás e tentar fazer apenas duas coisas ao mesmo tempo", ela relatou. "Mas também não deu certo. Finalmente, percebi que, se parasse de me esforçar tanto, as coisas iriam melhorar. Agora, em vez de me atolar em várias tarefas, eu digo a mim mesma: 'Uma coisa de cada vez. Termine isto antes de começar aquilo. Não, não tente abrir a correspondência enquanto está no telefone esperando o computador ligar.' Todo esse tempo é precioso, e odeio desperdiçá-lo, mas aí lembro que estou fazendo muito menos besteiras."

Hoje em dia, a norma é precisar de um certo grau de consciência para reconhecer que não somos eficientes realizando várias tarefas juntas. Sabendo do sucesso de June, decidi mudar minha abordagem. Depois de nossa conversa, na vez seguinte em que precisei chegar a um endereço, parei de tentar agir como uma garota de 20 anos. Larguei o telefone e deixei o iogurte no banco do carona. E tirei Osama da cabeça, pelo menos por um tempo. Em vez disso, me concentrei no problema corrente e prestei atenção apenas em coisas básicas, como nomes de ruas e os números minúsculos que aparecem nas portas de São Francisco. Cheguei na hora, calma, e até anotei o local e o número de onde parei o carro antes de sair do estacionamento. "Tão simples", pensei enquanto apertava o botão certo do elevador e descia no andar correto, bastava me lembrar que tinha que me comportar de maneira condizente com a minha idade.

BLOQUEIOS, BRANCOS E PEDIDOS DE MISERICÓRDIA
...

Por que palavras e pensamentos voam para longe sem aviso

À medida que as pessoas me mandavam os questionários preenchidos, comecei a estudar e a categorizar seus lapsos de memória como se fossem borboletas. Havia a "síndrome dos planetas em colisão", que ocorre quando você não se recorda, até ser tarde demais, de que tinha marcado ortodontista para seu filho do outro lado da cidade e uma reunião no Centro no mesmo horário. O "complexo geográfico temporal" faz você aparecer na hora errada, ou no local errado, ou as duas coisas. A síndrome do "O que estou fazendo aqui?" nos faz parar, com as mãos abanando, diante de uma porta, se perguntando o que foi fazer ali. O "transtorno do recipiente errado" leva-nos a colocar o pote de sorvete no armário, em vez de no congelador. A doença do "Droga, estava na minha mão agorinha!" resulta em momentos de pânico à procura do cheque que chegara pelo correio momentos antes. O dilema "Que filho, que ano?" surge em um momento inconveniente, como quando você está no pronto-socorro tentando lembrar se seu filho realmente precisa de uma antitetânica. Finalmente, há o misterioso fenômeno do "criado por alienígenas", ao perceber que você e sua irmã têm lembranças completamente diferentes da infância.

TODO MUNDO TEM BLOQUEIOS

Todos esses males são comuns na meia-idade, mas há um que é devastadoramente universal. Todos descrevem a dor da falha cognitiva em público chamada "bloqueio" (ou "branco"), quando os nomes não aparecem e as palavras correm de um lado para o outro na consciência, escondendo-se no fundo de armários escuros exatamente quando precisamos delas. Um importante pesquisador que trabalha com mal de Alzheimer confessou que, em todas as conferências de que participa, encontra alguém que participou de seu curso de pós-doutorado. "Pode ter sido há dez anos ou no ano passado. Tive uns duzentos alunos", ele diz, "mas, invariavelmente, a pessoa vem falar comigo. É claro que ela conhece meu nome, e eu tenho que fazer um pequeno truque com meus óculos, deslizando-os até a ponta do nariz, para ler o nome no crachá sem ser percebido".

O bloqueio é, de longe, o lapso de memória mais comum. Kent, diretor jurídico de uma empresa de cartões de crédito, confidenciou que consegue reconhecer rostos como sendo conhecidos e identificar as pessoas com base em um conhecimento conceitual de quem são, mas muitas vezes tem um branco quando se trata de nomes de gente com quem trabalha diariamente há um ano e meio. Henry, editor de revistas, observa que não é raro ter que levantar da cadeira para olhar o nome na plaquinha do lado de fora do cubículo de algum funcionário para poder enviar um e-mail. "Quando cumprimento alguém pelo nome — uma pessoa que encontrei apenas algumas vezes ao longo do ano —, erro em 50% das vezes", ele disse. "E a coisa parece estar piorando, então agora eu apenas cumprimento com a cabeça." Gina, editora de livros, disse que esqueceu os nomes de seus próprios convidados em um jantar, dificultando a tarefa de apresentar uns aos outros.

BLOQUEIOS, BRANCOS E PEDIDOS DE MISERICÓRDIA

Esse tipo de coisa acontece comigo o tempo todo. A repentina e inesperada ausência de informação confunde minha capacidade de fazer as coisas de todos os dias. Sem qualquer razão aparente, não lembro do nome do eletricista, o que me impede de ligar, embora ele já tenha vindo à minha casa mais vezes do que eu possa contar. Não consigo lembrar da senha de acesso ao computador da minha amiga June para ver meus e-mails, apesar de já ter perguntado a ela um número vergonhosamente alto de vezes. No pior momento — no meio de uma viagem de negócios, sem um minuto a perder — minha senha do cartão do banco tira licença. Palavras que sei escrever corretamente brincam comigo, e minha fonte de memória — a capacidade de lembrar quem disse o que a quem (e onde) — sai de férias.

Quando essa porta de garagem de escala industrial se fecha na sua cabeça, a única coisa a fazer é esperar pacientemente até seu cérebro conseguir trabalhar de novo. "O que sinto", diz Karen, que escreve projetos para captação de recursos, "é um branco total momentâneo. Acontece mais com ideias abstratas, que não temos como substituir rapidamente. Fico sentada aqui, tentando lembrar da palavra 'determinação'. É uma palavra que se encaixaria perfeitamente, só que eu não consigo me lembrar dela nem de um sinônimo que me permita encontrá-la. Não chega nada. O estabelecimento está fechado".

Daniel Schacter, renomado professor de psicologia de Harvard e especialista em memória, explica que os bloqueios de nomes e palavras resultam de uma falha de conexão entre as representações visual e conceitual (coisas que você sabe sobre alguém ou alguma coisa) e a representação fonológica (o som de uma palavra ou nome). Quando essas conexões ficam incompletas, ou não foram fortalecidas recentemente, a ligação fica instável e você fica suscetível a bloqueios.

Em seu livro fundamental, *Os Sete Pecados da Memória*, Schacter observa que o conceito de bloqueio existe em 51 idiomas e que 45 deles usam expressões com a palavra "língua" para se referir a um item bloqueado que está prestes a ser recuperado. Os índios cheyenne usam a expressão *Navonotoose'a*, que pode ser traduzida como "está perdido na minha língua". Em coreano, é *Hyeu kkedu-te-mam-do-da*, que significa "está pipocando na ponta da minha língua". Como quer que se diga, observa Schacter, o indivíduo sente como se estivesse "com um pequeno transtorno, algo como um espirro não dado". Se encontrar a palavra que está tentando recuperar desesperadamente, o alívio é considerável.

Estudos mostram que, em comparação com os jovens, pessoas mais velhas usam mais pronomes não específicos — palavras como "isso" — do que substantivos, como "o trator". Nos Estados Unidos, surgiu até um glossário para compensar as PPLs (palavras na ponta da língua), como conta William Safire, em sua coluna do *New York Times*, "On Language" (Sobre linguagem). Além da abrangente "coisa", existe "aquilo dele", "aquilo daquele", "aquela hora", "daquele cara", "negocinho", "treco", "aparelho", "trequinho", "troço", "lance", "porcaria" ou mesmo "a parada".

Para evitar um incidente do tipo "na ponta da língua", Schacter diz que "é preciso assumir uma postura pró-ativa. Se estiver indo para uma reunião na escola dos seus filhos, provavelmente encontrará pessoas que deveria conhecer, mas que não viu recentemente ou que não encontra com frequência. Essa é a receita certa para um bloqueio de nome do tipo PPL. Você precisará fazer um grande esforço, mas terá de reler a lista dos nomes das pessoas com quem vai se encontrar. Depois que estiver lá e o bloqueio acontecer, será tarde demais".

A partir da meia-idade, encontrar as PPLs torna-se um desafio crescente. Naquela fração de segundo entre a pergunta "Como se chama aquele legume roxo escuro e liso?" e a resposta "beringela", seu cérebro, sem aquele vigia neural confiável de que falamos antes, entrega grandes quantidades de informações não solicitadas. As falhas para encontrar palavras não acontecem por causa da perda das lembranças relevantes, mas pela ativação das irrelevantes. Muitas vezes, observa Schacter, "as pessoas são capazes de dizer quase tudo que sabem sobre alguém ou um objeto, menos seu nome". O cérebro libera palavras que começam com a mesma letra, coisas que têm a mesma cor e, minhas favoritas, palavras com o mesmo número de sílabas, mas isso tudo só confunde ainda mais o trabalho. O psicólogo britânico James Reason chama essas alternativas persistentes de "irmãs feias", palavras indesejadas e intrusas que se impõem e nos impedem de acertar um alvo. Tendemos a acolher as irmãs feias, como observa Schacter, porque elas nos dão a ótima sensação de estar perto do alvo e, consequentemente, próximos de encontrar a PPL. Com a idade, tanto as alternativas insistentes quando as informações disponíveis sobre o alvo começam a diminuir, nos deixando menos seguros sobre as palavras que procuramos do que quando tínhamos 20 anos.

Greg, um corretor de hipotecas imobiliárias, me disse que recentemente bloqueou repetidas vezes uma palavra que ele conhecia muito bem. "Vivo perto de uma floresta, com vários hectares de ervas daninhas que precisam ser eliminadas com regularidade", disse. "Tenho que ir lá catar o mato frequentemente. O desejo de derrotar o inimigo tornou-se uma obsessão para mim. Para minha total consternação, nas últimas semanas descobri que, quando meus filhos me perguntam aonde vou, não consigo mais dizer o nome da erva. Esse esquecimento é frustrante e assustador, já que não encontro uma explicação racional para esquecer uma palavra que está tão presente na minha vida."

COMO AS PALAVRAS SAEM DE SUA BOCA

Não importa a idade, o esforço normal contido em transformar um conceito (tem forma oval, é roxo, liso, brilhante e vem com um chapéu verde engraçado) em palavra requer três níveis de processamento. No primeiro, o nível léxico, reunimos as informações sobre o formato, cor e utilidade, que geram uma forte sensação de conhecimento — a sensação de que está na ponta da língua. Essa busca de milissegundos recupera informações como as características do restaurante grego onde você gosta de comer *baba ghanoush*, a cor do seu marcador de texto preferido, a superfície lisa da capa de chuva que você usava quando era criança. Isso posto, você passa ao nível seguinte, a rede de lema, onde você percorre todo o seu vocabulário, procurando um acerto, rejeitando itens que reflitam apenas parte da demanda fonética da palavra — berimbau? meia-tigela? — mas nem todos. Com o avançar da idade, leva-se mais tempo para acessar esses fragmentos fonéticos. Se tudo der certo, no nível do lexema, você consegue juntar os componentes. Se não conseguir concluir um desses níveis, bloqueia — ou, pior, permite que algumas palavras semelhantes escapem da sua boca.

Não importa se está procurando uma palavra, um nome ou o fio do pensamento, o momento do desbloqueio é explosivo. "É uma avalanche cerebral!", exclama Victor, o economista. "Você procura e procura, e então a informação vem de uma vez só, em geral depois que você já desistiu. A pior parte é quando a 'represa arrebenta' e você é bombardeado com tantas imagens e ideias que fica distraído e perde as três coisas que acontecem depois."

O processo dá defeito em situações sociais, quando existe mais oportunidade para o bloqueio de nomes. A ansiedade sequestra uma boa parte da sua já limitada memória operacional, deixando apenas uma parte irrisória para você lembrar dos nomes corretos das pessoas e fazer as apresentações. "Isso sempre acontece comigo em festas onde eu deveria conhecer pessoas novas", diz June, a advogada tributária. "Fico tão preocupada com o que vou dizer e se estou sendo realmente interessante que mal consigo me apresentar, que dirá apresentar outras pessoas."

Quando a ansiedade toma conta, como frequentemente acontece nessas situações, o indivíduo é forçado a se concentrar no aqui e agora, com um notável prejuízo para a memória. A pressão do tempo é o maior fator de bloqueio. Interfere tanto no armazenamento quanto na recuperação das informações, o que explica por que, quando temos um prazo a cumprir ou estamos diante do público, achamos que não conseguimos pensar direito. O lapso de tempo entre o momento em que o conhecimento é recuperado (você a conheceu no jantar da Martha há quatro meses) e usado em um contexto específico (e, agora, você precisa apresentá-la à Sarah, que está parada na sua frente) diminui à medida que seu nível de estresse aumenta. Os aristocratas romanos evitavam esse tipo de situação ao andar sempre com um nomenclador, um escravo cuja tarefa era fornecer ao amo os nomes de seus conhecidos à medida que os ia encontrando.

Na ausência dessa companhia, Barbara Wallraff, escrevendo para a *Atlantic Monthly*, pediu a seus leitores sugestões para descrever o momento em que devemos apresentar duas pessoas, mas esquecemos seus nomes. Alguém sugeriu dar à aflição o nome de "quemnésia". Outros propuseram "nomesquecido", "nomencurtura" e "murmudedução". Conseguir fazer as apresentações com a outra pessoa dizendo o nome foi chamado de "apresentenrolação", e fazê-lo sem falar os nomes foi chamado de "apresentounão".

A comediante e apresentadora de talk show Joan Rivers observou que conseguiu encontrar duas maneiras de lidar com o bloqueio. "Eu ponho a mão no ombro da pessoa e olho para ela concentrada, dizendo: 'Sim, eu lembro de você, mas de onde?' Se isso não der certo, digo à pessoa que ela parece vinte anos mais nova e pergunto o que fez."

A NOÇÃO EVANESCENTE

Outro tipo de bloqueio — quando um conceito inteiro desaparece antes de conseguirmos que saia de nossas bocas — é muito intimidador. "Dá para ouvir nas conversas das pessoas", observa Karen, que escreve projetos para angariar fundos. "Chamo de 'borboleta esvoaçante'. Alguém está no meio de uma frase e de repente começa 'Então, é, hum, eu, hum'. Dá para ver nos olhos da pessoa — ela esqueceu tudo." Como os cientistas não conseguiram criar um método garantido para uma cobaia perder sua linha de raciocínio (eles deveriam pensar em reproduzir as condições da minha cozinha às seis da tarde de um dia de semana), ninguém estudou esse fenômeno desconcertante em um laboratório. (Aliás, existe uma enorme diferença entre o que os cientistas podem estudar no laboratório — por exemplo, a capacidade de memorizar uma série de palavras não relacionadas — e o tipo de coisa que acontece na vida real, como se lembrar de uma lista de compras. Não está claro se uma coisa tem a ver com a outra, mas, por enquanto, é o melhor que os pesquisadores podem fazer.) Quanto aos conceitos que desaparecem, parece evidente que há uma poderosa interferência envolvida: algo afasta você do alvo — o olhar do seu chefe, um garçom ansioso, uma ideia que não fecha — e tudo desaparece. Bonnie, que trabalha levantando fundos para campanhas políticas, relatou que teve "um branco total no meio de um discurso", enquanto dava uma palestra para um grande grupo. "Não me lembrava de uma única coisa que queria dizer. Não importava o quanto eu tentasse, meu cérebro simplesmente falhou. Finalmente, tive que me calar e encorajar alguém a assumir o palanque." Recuperar uma ideia que sumiu sem pedir licença requer uma ação furtiva. Você tem que procurá-la sorrateiramente, voltando ao ponto onde estava quando ela deu lugar para alguma nova inspiração.

Um tipo diferente e assustador de bloqueio ocorre quando você se descobre totalmente perdido em um bairro que conhece bem. "Alguns anos atrás", escreveu Sean, especialista em tecnologia da informação, "eu estava dirigindo para casa quando me perdi, como se tivesse caído de repente em uma área estranha. Em que estrada eu estava? A que distância de casa? E se eu virasse à esquerda ou à direita? Não fazia ideia. Isso deve ter durado uns vinte segundos ou mais, o que geralmente não é muito, mas é uma eternidade quando se está perdido assim, sabendo que aquelas ruas deveriam parecer familiares".

CONHEÇO VOCÊ?

É normal, embora desagradável, dar de cara com um muro mental de tijolos de vez em quando. Não tão normal assim, no entanto, é outro tipo de bloqueio, chamado prosopagnosia, que engloba esquecer não só o nome da pessoa diante de nós, mas todos os aspectos de sua identidade. Arthur, um escritor, confessou para mim que não se lembra de rostos. (Nem eu, então ele estava em ótima companhia.)

"Quando digo isso para as pessoas, sempre respondem 'Ah, eu também não me lembro de nomes'. E eu digo 'Não, você não entendeu: eu não me lembro dos rostos de pessoas que já vi cinquenta vezes'." Antes de uma festa, certa noite, onde ele sabia que ia encontrar uma editora com quem trabalhara por anos, entrou em pânico: "Eu já a encontrei várias vezes, mas nos relacionamos mais por telefone." Ele não era capaz de lembrar de nenhum detalhe da aparência dela. "Entrei na festa e olhei em volta, imaginando se ela estava lá. Perguntei-me se era baixa ou alta. Se tinha cabelo castanho. Alguém atravessou uma parte do salão, vindo na minha direção, e ficamos conversando, e eu me perguntava: 'será a minha editora?' Eu não fazia ideia."

Uma executiva me disse que, no dia anterior a um jantar de gala, teve uma reunião de portas fechadas de uma hora com um homem que era um cliente potencial. Na noite seguinte, no evento, passou por ele direto, um gesto que o sujeito interpretou com toda a razão como a suprema dispensa. Kim, uma corretora imobiliária de Milwaukee, com centenas de clientes, alguns dos quais passou anos sem ver, contou que aprendeu a abraçar alegremente estranhos absolutos que lançavam os braços ao seu redor ao encontrá-la. Victor, o economista, lembra-se do constrangimento em um domingo nas montanhas, quando, junto com a filha, foi almoçar após passar a manhã esquiando e dividiu a mesa com uma mulher desconhecida que sabia seu nome e alegou ter sido sua assistente-executiva por vários anos.

A prosopagnosia é uma barreira para mim. Eu reconheço muito poucas celebridades, atores ou líderes mundiais, o que faz com que eu me sinta uma boba. Identifico muito bem amigos íntimos e familiares, mas, com o resto do mundo, é difícil. Um grande evento social ou uma reunião me deixam à beira de um ataque: quem vou esquecer? Quem vou ofender? Ao ver a caixa do supermercado em outro contexto, cumprimentei-a com animação, mas passei direto pela mãe de um dos melhores amigos do meu filho. Algumas vezes, ajo de uma maneira constrangida, formal, evitando revelar meus esquecimentos. Invejo os chimpanzés. Eles têm mais habilidade para reconhecer rostos do que os humanos, e têm um talento especial para fazê-lo de cabeça para baixo.

Por muitos anos, me senti culpada. Mas, durante minhas pesquisas, aprendi que a constante dificuldade para reconhecer rostos não vem, como eu achava que era, de um nível vergonhoso de egolatria. A prosopagnosia tem uma base neurológica. Acredita-se que a falta de reconhecimento facial resulte de anomalias, danos ou deterioração no giro fusiforme direito, uma dobra do cérebro que parece coordenar o sistema neural responsável pela percepção facial e a memória. As imagens de rostos — as proporções e distâncias dos olhos, o nariz, a boca, a cor do cabelo — ficam em uma parte do cérebro, enquanto os aspectos que os definem — as expressões dos olhos e dos lábios, por exemplo — ficam em outro.

Pessoas cognitivamente normais juntam as duas fontes de dados, tornando possível a identificação de milhares de pessoas assim que as veem. Pessoas com prosopagnosia não fazem isso. Falhas recorrentes sugerem dano cerebral ou outro problema neurológico. Guardei essa informação lá no fundo do meu cérebro, certa de que me lembraria de mencioná-la quando visitasse a Clínica da Memória da UCLA, na semana seguinte.

ENTRANDO PELO CANO
• • •

O que uma tomografia do cérebro pode (ou não)
revelar sobre o que está rolando no andar de cima

Há mais metros quadrados de corredores no Instituto de Neuropsicologia da UCLA do que no Pentágono, pelo menos é o que dizem. Andei por aquelas passagens sem janela, procurando o único elevador que levava ao oitavo andar. Eu tinha certeza de que era por lá que eu deveria começar, para eliminar de cara a possibilidade mais assustadora. Nas mãos especializadas de Gary Small, eu pretendia excluir o medo de que meu esquecimento em vez de refletir o processo normal de envelhecimento fosse um sintoma precoce de um incipiente mal de Alzheimer.

Gary Small, o psiquiatra que dirige tanto o Centro de Envelhecimento quanto a Clínica da Memória, ambos da UCLA, é autor do livro *The Memory Bible* (A Bíblia de Memórias), que lhe rendeu o título de Craque em Memória e o tornou o queridinho dos programas matinais da TV. Mas, para Small, escrever um novo livro a cada dois anos é apenas um passatempo. Seu verdadeiro trabalho é o desenvolvimento de uma tecnologia de imagem que ele espera que possa ajudar os médicos a diagnosticar o mal de Alzheimer antes que os sintomas surjam.

Quando conversamos por telefone, várias semanas antes, passei as linhas gerais de meu estado cognitivo. Disse-lhe que tinha feito os testes de memória de seu livro e preenchido os gráficos. "Minha pontuação se enquadrou no nível em que o senhor disse que era preciso consultar um médico", eu lhe disse. "Achei que o senhor seria a pessoa certa para o trabalho."

Eu precisava saber, como disse a ele, em que ponto do espectro eu me encontrava. Ele explicou que sua equipe tentava identificar quem passava pela perda normal de memória característica do envelhecimento e quem podia estar demonstrando as primeiras manifestações do mal de Alzheimer e outras demências relacionadas. Seu laboratório contava com o que havia de mais avançado em termos de tomografia por emissão de pósitron (PET), uma tecnologia de mapeamento cerebral que permite aos especialistas em radiologia observar a quantidade de atividade metabólica presente em diferentes regiões do cérebro. O mal de Alzheimer, como ele explicou, produz um padrão distinto e anormal de atividade nos lobos parietal e temporal médio. Na tomografia, isso aparece na tela de maneira bem nítida. "A atividade metabólica das células cerebrais muda muito pouco com a idade", explicou, "a menos que haja alguma patologia e as células estejam enfraquecendo ou morrendo".

Quando a tomografia era combinada com imagens de ressonância magnética funcional — para os pesquisadores poderem ver a relação entre metabolismo e fluxo sanguíneo no cérebro — e com testes neuropsicológicos e exames de sangue, a equipe de Small podia prever com 95% de precisão se um paciente desenvolveria os sintomas do mal de Alzheimer nos próximos três anos. O maior presente que ele podia oferecer a alguém, disse, era uma ficha de saúde limpa.

Perguntei se ele achava que eu tinha motivos para me preocupar. "É progressivo?", ele perguntou. "Consegue perceber se o comprometimento está piorando?"

Eu não podia dizer com certeza o que tinha mudado nos últimos seis meses. Como todo mundo, eu era consideravelmente mais lenta do ponto de vista mental do que quando tinha 30 anos, quando conseguia usar o cérebro para várias tarefas ao mesmo tempo. Talvez fosse a idade, mas talvez não fosse.

Eu precisava estar preparada, Small disse, para ouvir algo que talvez preferisse não saber. Se atendesse os requisitos para participar de uma de suas pesquisas, eu ganharia uma tomografia e uma ressonância magnética e, em contrapartida, as imagens poderiam ser examinadas por cientistas que, indiscutivelmente, já tinham analisado mais tomografias cerebrais do que qualquer outra pessoa no planeta. No mercado, essas coisas são caras — pelo menos 3 mil dólares pelo par de exames. Para mim, parecia um bom negócio.

A LACUNA ENTRE DOENÇA E DIAGNÓSTICO

Existem duas formas de mal de Alzheimer: o familiar e o esporádico. Ainda não está claro como se relacionam — ou se realmente são duas condições distintas que produzem patologias semelhantes, como a diabete juvenil e a diabete tipo 2. O tipo familiar, também chamado de "precoce", surge de mutações genéticas hereditárias e aparece quando o indivíduo tem cerca de 30 ou 40 anos. É repentino, implacável e, por sorte, extremamente raro, representando apenas 5% dos casos de Alzheimer nos Estados Unidos.

A forma esporádica da doença é a que já conhecemos muito bem. Depois dos 65 anos, atinge uma em cada dez pessoas. Na casa dos 80, uma em quatro. Após os 85, esse número sobe para quase metade das pessoas. Quando li essas estatísticas, presumi que o mal de Alzheimer esporádico fosse uma doença que só aparecesse na velhice.

Então descobri que estudos sugerem que o Alzheimer, na verdade, começa na meia-idade, décadas antes de a perda de memória começar a interferir nas atividades cotidianas. Ao longo de minha pesquisa, conheci várias pessoas de meia-idade que reconheceram bem cedo que havia algo muito errado enquanto para as outras pessoas ainda pareciam bastante competentes. Sabiam, muito antes de surgir qualquer suspeita, que suas cabeças estavam mudando de uma maneira drástica. Por volta dos 60 anos, Stuart, um cirurgião, começou a esquecer os nomes dos ossos, dos órgãos e dos procedimentos que realizava todos os dias no trabalho. Aos 54 anos, Bruce, juiz de pequenas causas, percebeu, para seu horror, que começara a esquecer linhas inteiras na hora de redigir suas sentenças. Joanna, advogada de família, de 56 anos, viu que estava esquecendo os nomes dos clientes e detalhes dos casos. O diretor jurídico de uma grande empresa de entretenimento, Ralph, de 54 anos, lutou em vão para continuar a dar conta do mesmo volume de trabalho que enfrentava há mais de duas décadas. Esses pacientes passaram no teste neuropsicológico chamado Miniexame do Estado Mental, que os médicos geralmente aplicam para ajudar a diagnosticar problemas de memória. O MEEM, como é conhecido, consiste em trinta itens que avaliam a linguagem, a orientação, o cálculo, a atenção, a lembrança e a função visoespacial. Vários estudos mostraram que o MEEM só é sensível à demência instalada, mas isso não impediu que os clínicos gerais — e alguns neurologistas — o aplicassem a pacientes que reclamavam de perda de memória.

Quando esses pacientes saudáveis de meia-idade inicialmente apresentaram resultados perfeitos no MEEM, os médicos atribuíram seus sintomas a alterações de humor e receitaram antidepressivos e férias relaxantes, desperdiçando meses nos quais poderiam ter participado de testes clínicos para novos remédios e outras intervenções contra o mal de Alzheimer.

Por meses e anos, à medida que fui conhecendo essas pessoas, procurei semelhanças em suas histórias. (O diretor jurídico morreu aos 59 anos, antes que eu o conhecesse. Sua filha me contou a história.) Nenhuma delas se enquadrava no perfil clássico do Alzheimer — nenhuma era obesa ou diabética. Nenhuma tinha problemas cardíacos. Não abusavam de bebida ou cigarro. Na verdade, os quatro estavam incrivelmente em forma e determinados a ficar assim — o juiz e o cirurgião corriam maratonas e continuaram a fazê-lo depois de a doença se instalar. O advogado de família era um ávido velejador; o diretor jurídico tinha sido um ciclista de longas distâncias. Procurei algo em comum, uma pista que levasse ao que poderia tê-los derrubado. Inicialmente, soube que eram pessoas muito bem-sucedidas, que passaram muitos anos desempenhando funções ininterruptas, estressantes e intelectualmente exigentes. Conheci muita gente assim. Pensando bem, eu era uma pessoa assim. Era loucura, percebi, fingir que as pessoas de meia-idade estavam livres de qualquer risco.

COMEÇA A AVALIAÇÃO

Na Clínica de Memória da UCLA, Andrea Kaplan, pesquisadora-associada de Small, me recebeu em uma pequena mesa redonda na recepção. Junto com outras mulheres de meia-idade, possivelmente pacientes da clínica, comecei a preencher um monte de formulários médicos. Como eu classificaria minha memória agora, comparada há um ano? Como responder de maneira precisa? Suspirei alto e a mulher ao meu lado ergueu os olhos de seu próprio formulário com um sorriso de comiseração.

Preenchi o perfil psicológico, descrevendo como me sentia naquele momento. Calma? Confortável? Ansiosa? Marquei a última opção, perguntando-me quantas pessoas que iam àquele consultório — onde se podia receber péssimas notícias — conseguiam ficar tranquilas. Outro formulário, chamado Frequência Geral de Esquecimento, perguntava se era comum esquecer nomes, rostos, compromissos, onde colocava as coisas ou o fio de uma conversa. Com que frequência eu esquecia se tinha ou não dito alguma coisa a alguém? Eu tinha problemas para lembrar o que tinha lido poucas frases antes? Já esqueci alguma coisa no forno ou os ingredientes de uma receita no meio da preparação? Depois de escrever que todas aquelas coisas aconteciam com frequência, dei uma olhada na página aberta diante da minha companheira de mesa. Ela rapidamente a cobriu com o antebraço. Eu queria lhe dizer que era uma amiga, não uma inimiga, e que estava me preparando para a Intervenção Número 1 em nome de todas nós.

Olhei ao redor e vi Gary Small, todo alinhado, com um blazer azul-marinho e uma gravata elegante, um homem magro e simpático de uns 50 anos. Depois de uma conversa amigável, ele me encaminhou a seu assistente, Cody Wright, um psiquiatra tão jovem que me perguntei se realmente saberia como era ir até a cozinha e esquecer o que foi fazer lá. No consultório, Wright e eu nos sentamos, e ele começou a fazer as perguntas relativas ao MEEM, exame que era parte do processo de diagnóstico padrão desde que fora criado, em 1975.

Pediu para dizer a data de hoje, incluindo o dia da semana. Quis saber em que estação, estado, cidade e bairro estávamos. Perguntou o nome do prédio e o andar em que nos encontrávamos. Então disse o nome de três objetos — rua, banana e martelo — que me mandou memorizar para me perguntar mais tarde quais eram. Mandou soletrar a palavra "mundo" de trás para a frente, tarefa que exigiu o uso dos dedos: "o...d...n". Então, mandou contar de trás para a frente, a partir do cem, de sete em sete, e eu errei feio.

Como eu sabia, me perguntou, que eu tinha problemas de memória? E lá veio a ladainha, começando pela cozinha. Por várias vezes, deixei o forno ligado quase o dia todo. Queimei a tampa que apita da chaleira e o próprio fundo da chaleira enquanto respondia um e-mail. Chamada ao andar de cima por um filho que tinha perdido um livro importante, fiquei intrigada com o cheiro de queimado que vinha da cozinha e só depois me lembrei de que estava fazendo panquecas.

Saí de casa pela garagem e esqueci a porta da frente escancarada. Esquecera de trancar o carro, o que nos tornou alvo de ladrões que pegaram o controle remoto da garagem preso ao para-sol. Acionaram-o, e roubaram tudo o que havia no primeiro cômodo que encontraram, por acaso, o escritório do meu marido. Levaram seu laptop, unidades de back-up e o cofre da parede. Ele é um homem paciente, mas isso não foi lá muito bom para nosso casamento.

Folheando os formulários médicos, Wright parou na sessão dedicada ao sono. Marquei a opção "fraco" na coluna toda, mas aquilo ainda era pouco. Aprendi a acordar ao menor barulho quando meus filhos eram pequenos, expliquei a ele, e, uma década depois, meus olhos ainda abrem quando ouço um pombo no telhado ou um ronco do meu marido. Quatro ou cinco noites por semana, acordo às três da manhã. Depois que abro os olhos, minha cabeça dispara. Se durmo de novo, cochilo por alguns minutos antes de o despertador começar a tocar. Após uma noite ruim de sono, me sinto um lixo, como se meu corpo e minha mente tivessem sido arrastados por um tapete de sisal.

"Você precisa resolver seu problema de sono", disse ele, fazendo algumas anotações. Daria no mesmo se tivesse me dito que eu precisava ter asas. Eu já tinha tentado tudo quanto é tipo de remédio alopático e natural. A melatonina funcionou por uma semana. O Zolpidem (tartarato de zolpidem) funcionou por cerca de três dias antes de parar. Trazodone — um antidepressivo que, em testes clínicos, causou tanto sono que acabou sendo recomendado como pílula para dormir — na verdade funcionou muito bem, mas me deixava sedada e desfocada até a hora do almoço. Além disso, odeio tomar remédio. Por muitos anos, tive orgulho de viver sem eles. Não tomava nem multivitamínicos.

"Como é seu senso de direção?", Wright perguntou, esfregando o queixo sem barba. Minha bússola interna estava quebrada, declarei. Contei a ele que tinha viajado o mundo todo sozinha, mas que agora tinha dificuldades para ler um mapa enquanto dirigia. Eu me perdia em lugares onde já estivera várias vezes antes. Vasculhava minha cabeça, esperando que o mapa mental se materializasse, mas a tela continuava vazia. Quando as pessoas me davam indicações, na rua ou em postos de gasolina, eu esquecia o que tinham me dito quase antes de as palavras terem saído de suas bocas. Como não conseguia refazer o mapa ao contrário na minha cabeça, ao chegar a algum lugar, tinha dificuldade para ir embora. "Eu costumava zombar de pessoas como eu", disse-lhe. "Eu as achava umas idiotas."

Ele consultou o relógio. Éramos esperados no laboratório em poucos minutos, e ainda tínhamos seis páginas pela frente. "Algum episódio maníaco? Alguma alteração de comportamento ou aparência? Algum remédio?" As respostas foram todas negativas. Ele queria saber sobre minha propensão ao pânico (às vezes, quando estou atrasada ou perdida), meu nível de energia (baixo demais para minha vida), irritabilidade (pergunte ao meu marido), ataques de choro (ah, quem tem tempo pra isso?) e ataques de raiva (incontroláveis, ocasionalmente). Eu tinha uma arma? Tinha ideias suicidas? Já sofrera algum trauma na cabeça? "Não", respondi, "nada disso".

Nos apressamos pelos corredores sem janela até o laboratório, onde Eunah, uma enfermeira jovem e simpática, me deu um avental e me pediu para deitar em uma cama hospitalar. Ela prendeu os fios para o eletrocardiograma, inseriu um cateter na minha grande veia verde e colheu vários tubos de sangue do meu braço. Eu teria o serviço completo. Verificaram meus níveis de cálcio, ferro, glicose e eletrólitos, bem como meus rins, fígado e funções endócrinas. Se algum deles não estivesse normal, isso ajudaria a explicar qual era o problema da minha memória.

DENTRO DO TOMÓGRAFO

Dez dias depois, soube que meus exames estavam todos bem, pelo menos até então. Eu podia seguir em frente, para o estágio dois. Andrea Kaplan marcou uma tomografia, uma ressonância magnética e uma bateria de exames neuropsíquicos. Normalmente, essas avaliações são conduzidas ao longo de duas ou três visitas seguidas. Eu as completaria em seis horas, para poder pegar o avião de volta para Oakland. Kaplan disse para não me atrasar: cinco pesquisadores dividiam o mesmo tomógrafo, e conseguir uma hora nele requeria capacidades de negociação dignas da ONU.

Assim que passei pela porta, uma estudante de pós-graduação me levou para o tomógrafo, que ficava no porão. A assistente atrás do balcão da sala de espera não parava de atender o telefone — "Departamento PET" —, o que me fazia pensar nas *pet shops* da vida, com seus ossos para cachorros e brinquedinhos que apitam. Resumindo, aquilo me distraiu para não pensar muito no que estava para acontecer.

Não fiquei preocupada com a tomografia em si — nem com os noventa minutos imóvel, com as agulhas nos braços, ou nos isótopos radioativos que entrariam no meu corpo. O que me afligia era o fato de ter começado alguma coisa que eu não podia mais parar. Se algumas regiões na minha tomografia, em vez de parecerem saudáveis, com cores vivas, apresentassem tons claros, que significavam níveis anormais de glicose, minhas perspectivas para o futuro estariam irremediavelmente alteradas.

ENTRANDO PELO CANO

Três anos antes, Joanna, advogada de família, pisou neste mesmo chão de linóleo, sob as mesmas luzes fluorescentes, e contemplou um tomógrafo bege gigante com o nome "Siemens ECAT" gravado na superfície. Aos 56 anos, ela estava prestes a se tornar juíza. O pequeno escritório de advocacia onde começara sua carreira vinte anos antes já crescera o bastante para ter dois sócios. Já lhe rendera uma bela casa em Orange County e um barco no qual adorava velejar sozinha pelo mar aberto da ilha de Santa Catalina. Ela tinha dinheiro o suficiente para ajudar seus dois filhos adultos, e estava apaixonada por Theo, um homem forte, bonito, de olhos brilhantes e vinte anos mais velho, que conhecera em um cruzeiro de veleiro pelas águas da Turquia.

Tudo seria perfeito se ela não desconfiasse de que estava perdendo a cabeça. No início de 2000, começou a ter dificuldade para se lembrar dos clientes. Ela lutava para recordar aspectos legais básicos. Seus médicos — um clínico e dois neurologistas — lhe disseram que seus problemas estavam ligados à menopausa, à depressão e ao estresse. Ela era jovem e ativa demais para ter mal de Alzheimer. Disseram-lhe o velho ditado usado nas faculdades de medicina nos anos 1970: "A pessoa com mal de Alzheimer não é aquela que esquece onde deixou o carro, é a que esquece que veio de carro." Garantiram-lhe que pessoas com Alzheimer não tinham ideia de que estavam esquecendo as coisas. O fato de Joanna se preocupar com sua memória já mostrava que estava tudo bem.

Os neurologistas basearam suas conclusões na pontuação perfeita atingida no MEEM, que, como eu já disse antes, diagnostica a demência, mas é totalmente cego quando se trata de sintomas incipientes. Ela rezou para que os médicos tivessem razão e suas dificuldades diminuíssem, mas sua condição só piorava. Em 2001, após ler sobre os sucessos dos diagnósticos na UCLA, marcou uma avaliação completa.

Em geral, os resultados são enviados ao médico solicitante, que dá a notícia avassaladora. Mas como ela chegou à UCLA sem uma indicação médica, os resultados de seus exames foram enviados diretamente para ela, pelo fax do escritório. No alto da página, estava escrito "Diagnóstico compatível com mal de Alzheimer". Seu sócio e seus empregados souberam ao mesmo tempo que ela. Joanna, com uma saúde sempre muito robusta, pensava que advogaria até chegar aos 70 anos. Quando

ESCULPIDO NA AREIA

recebeu o diagnóstico, seu sócio, que fora seu melhor amigo por mais de trinta anos, lhe disse que ninguém contrataria um advogado com mal de Alzheimer, quer se sentisse capaz de continuar atuando ou não. Ela teve que deixar o escritório, sem plano de aposentadoria, seguro contra invalidez ou uma apólice de seguro de saúde de longo prazo.

Eu pensava em Joanna quando o radiologista disse que tinha uma fila de pacientes no corredor comparável à da véspera de Natal no aeroporto de Los Angeles. Era hora de começar. Ele me deitou na maca do tomógrafo, encorajando-me a deslizar a cabeça na direção daquele buraco que parecia a abertura de uma rosquinha gigante. Colocou uma almofada sob meus joelhos, mas o leito em si era um meio-cano, duro como pedra e muito estreito, onde eu mal cabia. Ele posicionou minha cabeça cuidadosamente. Então, com um floreio, puxou uma fita crepe de um rolo e enrolou em volta do meu crânio, prendendo minha cabeça à maca. Brincou, dizendo que aquele era o método ultramoderno deles. "Já tentamos de tudo", disse, "mas nada funcionou tão bem". Posicionou a linha do laser, colocando minha cabeça na mira. Quando apertou o botão, acionando o meio-cano para dentro do buraco da rosquinha gigante, entrei em um mundo bege e sem forma. "Perfeito", ele disse. "Não se mexa, ou a próxima hora será um desperdício de tempo."

A máquina fez um barulho parecido com um ronronar ou um gorgolejo, mas que era até relaxante. Eu teria dormido, se não soubesse o que viria depois — a parte das agulhas. Uma enfermeira preparou meu braço para receber o FDG, o isótopo radioativo que entraria na minha corrente sanguínea e rapidamente atravessaria meu cérebro. A tomografia mediu a velocidade da taxa de absorção de glicose pelas minhas células cerebrais, para verificar se estavam funcionando e se comunicando bem. O outro braço, que dali a pouco eu iria querer utilizar para coçar meu nariz, estava com um cateter, para que eu pudesse fornecer três tubos de sangue, um a cada 15 minutos. O material colhido seria levado a um laboratório lá mesmo, para ter certeza de que o isótopo, que tem meia-vida curta, estava saindo da minha corrente sanguínea no tempo certo.

Quando o técnico voltou para me soltar, arrancou a fita da minha cabeça e rapidamente me tirou da maca. Pediu desculpas, explicando que precisavam do tomógrafo imediatamente. O outro quebrara logo depois de injetarem o isótopo radioativo em um paciente. Catei os meus sapatos e cumprimentei minha estudante de pós-graduação, que me levou até a cantina. Ela esperou pacientemente enquanto eu comprava um sanduíche de peito de peru no pão integral com uma porção extra de picles e me levou correndo ao oitavo andar, para o teste neurofisiológico.

ASSOCIAÇÃO ORAL E QUEBRA-CABEÇAS

Uma bateria completa de testes neurofisiológicos dura dois dias e pode custar alguns milhares de dólares. Os testes medem o intelecto geral, a função executiva, a capacidade de elaborar sequências, de raciocinar, resolver problemas, atenção e concentração, aprendizado e memória, linguagem, habilidades visoespaciais, motoras e sensoriais, bem como humor e personalidade. Na UCLA, eu faria a avaliação abreviada, só para garantir que não estava muito mal — de exatos 45 minutos.

— É melhor comer um pouco do sanduíche antes de começarmos — disse Claudia, a candidata ao doutorado que estava atrás da mesa, com a prancheta a postos. Mal tinha dado algumas mordidas no meu almoço, e ela me leu uma pequena história, um caso neuropsicológico clássico, sobre uma vítima de assalto, uma mulher que trabalhava como cozinheira em um restaurante. Era cheio de detalhes, e logo que acabou de ler, ela me pediu para repetir o máximo que eu conseguisse. Pensei ter prestado muita atenção, mas, na verdade, me lembrava de muito pouco. Aquilo me deixou morta de medo. Minha carreira como jornalista dependia de minha capacidade de me lembrar dos fatos. O que significava não me lembrar da rua em que a mulher morava ou mesmo de seu nome?

Passamos para outras tarefas. Algumas eram fáceis: peguei uma lista de definições de palavras. Eu era capaz de nomear facilmente um objeto ao ver as imagens. Minha memória era considerada "superior", no que dizia respeito às associações verbais. Mas precisei de cinco tentativas para me lembrar e repetir todas as 15 palavras que a avaliadora lia em uma lista. Ela me mostrou uma figura abstrata que parecia um foguete e me pediu para copiá-la, o que foi bem fácil. Quando ti-rou a figura e me pediu para desenhá-la de cabeça, a única coisa que veio foi um branco. Igualmente assustadora foi uma tarefa feita no computador, onde eu deveria encontrar uma suposta "regra" em um agrupamento de várias figuras geométricas. Não consegui descobrir. Sentia-me desagradavelmente tonta e perdida. Eu sabia que estava con-fundindo tudo.

Quando vi Andrea Kaplan parada à porta, soltei um suspiro de alívio. Eu estava pronta para desmoronar, disse a ela. Sem problemas, ela disse. Na ressonância magnética, eu precisava apenas me deitar e ficar quieta.

"Você quer dizer a ressonância funcional, não é?", eu estava ansiosa para ver meu cérebro em ação.

Ela balançou a cabeça, chateada. A novíssima máquina de últi-ma geração de ressonância magnética funcional instalada em uma sala construída só para ela ainda não estava funcionando. Físicos trabalha-vam nela dia e noite, mas, até agora, não tinham tido sorte. Aquilo era muito frustrante e exigiu a revisão de última hora de vários protocolos de pesquisa. Por enquanto, teriam que se virar com o aparelho de resso-nância magnética comum. Assim, em vez de observar minhas funções cerebrais, eu apenas veria sua estrutura.

Comparado ao tomógrafo, o aparelho de ressonância magnética era uma suíte em um hotel de luxo. A maca era acolchoada e forrada com um lençol, a sala era fresca, as luzes, fracas. O técnico me pergun-tou se eu usava um marca-passo ou algum outro aparelho de metal, que poderia ser atraído pelo poderoso ímã com consequências catastróficas. Disse para tirar todas as minhas joias. Gentilmente, me ajudou a subir, ofereceu protetores de ouvido e me colocou no interior da máquina. Lá dentro, havia um espelho estrategicamente posicionado para permi-tir que eu visse o técnico na cabine, manejando seus controles. Então começou o barulho — BAM, BAM, BAM, BAM, como as primeiras notas de uma música heavy metal. Esperei ansiosamente pelo intervalo, mas ele nunca chegava. Finalmente, abandonei a metáfora musical e aceitei o fato de que tinha um aplicado carpinteiro ali dentro comigo, batendo seus pregos. Não sei como, mas acabei dormindo.

ENTRANDO PELO CANO

Quarenta e cinco minutos depois, o técnico me acordou. Eu gostaria de ver como era meu cérebro em um monitor de computador? Ele me mostrou uma paisagem lunar, repleta de crateras e sulcos, mares escuros e vales profundos. Curiosa e possessiva, me senti tão atraída por aquelas imagens quanto pela primeira ultrassonografia do meu filho. "Estes são os lobos frontais e aqui está o hipocampo", me mostrou, apontando para um par de saliências com um leve formato crescente bem no meio do cérebro. Cheguei mais perto do monitor. Naquela tela à minha frente estava tudo que me fazia ser quem eu sou.

Dez dias depois, Gary Small me disse que as notícias eram ótimas. Eu tinha passado em todos os testes. Minha tomografia estava impecável — o padrão de distribuição do isótopo FDG estava simétrico e sem atributos notáveis. Minha ressonância não mostrou sinais de atrofia nos sulcos ou nas protuberâncias chamadas giros. Os ventrículos — espaços entre o cérebro que eram preenchidos com fluidos cerebroespinhais — tinham o tamanho perfeito. Eu estava livre de qualquer indício de mal de Alzheimer, um prognóstico que só tem três anos de garantia, mas que provavelmente, como dizia Small, podia durar muito mais tempo. Eu era uma boa candidata, observou, para uma de suas pesquisas em curso, o Programa de 14 Dias de Prescrição da Memória. Ele estava obtendo ótimos resultados. A memória verbal de um rapaz duplicou. E ele esperava que eu participasse.

"E a avaliação neuropsicológica?", perguntei, lembrando-me da minha terrível sensação de fracasso absoluto. Ele foi cuidadoso: eu tinha feito vários testes. Quando os resultados foram computados, estava na média das pessoas da minha idade e com meu nível de escolaridade. Naquele momento, fiquei satisfeita.

"Isso é um grande alívio", disse a ele.

"Muitas pessoas se sentem assim", ele respondeu ponderadamente.

A promessa de estar "livre e limpa" por três anos ajudou muito, e deixei a UCLA saltitante. Aos poucos, nos meses seguintes, comecei a perceber que eu tinha muito o que aprender. Embora a tomografia e a ressonância magnética fossem ferramentas úteis para reconhecer o mal de Alzheimer quando a doença já estava bem avançada e os pacientes exibiam diversos sintomas claros, os primeiros sinais da doença — a lenta agregação das proteínas — continuavam invisíveis para a tecnologia dos equipamentos de varredura cerebral. O que Gary Small não abordou foram as miríades de outras explicações para o desenvolvimento das deficiências cognitivas da meia-idade.

Era hora de seguir em frente.

ENGULA ESSA
• • •

A alimentação de um cérebro de meia-idade: ácidos graxos essenciais, ômega 3, suplementos e muita glicose

Quebrei a cabeça lendo teorias e mais teorias para tentar decidir se valia a pena tomar um punhado de vitaminas todas as manhãs. Com certeza, alguns daqueles comprimidos e cápsulas me fariam bem, mas quais? Na área onde moro, no norte da Califórnia, as lojas de vitaminas e farmácias holísticas enchem prateleiras e mais prateleiras com produtos que prometem, embora de maneira muito vaga, "ajudar" a memória e a atenção. As alegações não têm fundamentação e os produtos não são regulamentados. "Tomo milhões de vitaminas e chá verde, e nada acontece", disse Ryan, um produtor cinematográfico de 54 anos. Mesmo que seu coração esteja bem, estudos recentes sugerem que você pode ter jogado dinheiro fora. Na forma de suplementos, a maioria dos antioxidantes — incluindo as vitaminas E, C e os betacarotenos — não demonstrou qualquer efeito. É seguro dizer que os antioxidantes só eliminam os radicais livres (sua principal função) quando consumidos *in natura* — frutas e legumes. O porquê disso continua pouco claro, mas os pesquisadores suspeitam de que, em forma de suplemento, são digeridos e absorvidos rápido demais. Quando você come frutas e legumes, as fibras mantêm os antioxidantes no aparelho digestivo por mais tempo, maximizando seus benefícios.

Apesar de ser uma extravagância, os americanos gastam mais de 23 bilhões de dólares por ano em suplementos alimentares. Destes, cerca de 210 milhões de dólares são gastos em micronutrientes promovidos como auxiliares na acuidade mental. As vendas do ginkgo biloba, cujas provas de eficácia são pequenas, superaram 1 bilhão de dólares. Os principais consumidores de estimulantes mentais não são tipicamente idosos, observa Don Summerfield, cofundador da Pharmaca, grupo de nove farmácias homeopáticas no oeste dos Estados Unidos. São pessoas de meia-idade que sofrem uma enorme pressão para manter o ritmo.

Esse interesse em melhorar a memória com o uso de suplementos não é novidade. Os antigos gregos, cuja tradição oral requeria que decorassem poemas enormes, já ornavam a cabeça com coroas de alecrim e cheiravam bálsamo de limão nos dias em que sua mente seria muito requisitada. Aristóteles preferia aplicar um composto de gordura de doninha, castor e toupeira, provavelmente no couro cabeludo, embora os registros disso sejam vagos. Por 3.500 anos, os chineses cuidaram da memória com extratos que reuniam várias ervas. Os indianos, adeptos da medicina aiurvédica, desde o século VI tratavam problemas cognitivos com xaropes que supostamente melhorariam a concentração, a criatividade e a memória operacional. Na Índia, o uso da *Bacopa monieri* — uma planta apelidada de Brahmi, por abrir os portões de Brahma, a inteligência — é secular e continua amplamente difundido. Pais e avós a ingerem para manter as funções cerebrais, mas também dão às crianças em idade escolar, para melhorar seu desempenho em provas altamente competitivas.

UMA DIETA BENÉFICA AO CÉREBRO

Tirando as vezes em que fiquei grávida, quando conseguia engolir um comprimido cavalar de vitamina todos os dias, pelo bem do meu filho ainda não nascido, sempre evitei cuidadosamente as vitaminas. Até que li sobre a pesquisa de Carl Cotman com beagles idosos. Cotman, diretor do Instituto de Envelhecimento Cerebral e Demência da Universidade da Califórnia, em Irvine, trabalhou com esse tipo de cão por vários anos. Ele os considerava interessantes porque sofriam de um deficit de memória muito semelhante ao apresentado por pessoas com mal de Alzheimer. Cotman comparou grupos de cachorros com um estilo de vida ativo (interação social, novos brinquedos todos os dias) e uma dieta adequada, composta por rações caninas enriquecidas com alimentos com altas taxas de vitaminas e antioxidantes (tomates, pedaços de cenoura, polpa de frutas cítricas e flocos de espinafre), com cães que tinham vida social e brinquedos semelhantes, mas uma dieta normal. A dieta enriquecida era fortalecida com vitaminas E e C, além de dois outros suplementos: ácido alfalipoico e acetil-L-carnitina. À medida que o estudo avançava, os pesquisadores testavam os cães com uma série de problemas de aprendizado de dificuldade crescente. Três quartos dos sujeitos de vida ativa com a dieta suplementar foram capazes de realizar as tarefas com sucesso. Os sujeitos do grupo de controle, que se alimentavam com uma dieta normal, apresentaram resultados mais duvidosos. "Basicamente, é possível aprimorar o aprendizado e a memória desses animais idosos, de modo que possam realizar tarefas mais complicadas e cometer menos erros", observou Cotman, que não só diminuiu o ritmo de envelhecimento nesses cães, como começou a revertê-lo.

Se isso funcionou de maneira tão evidente com beagles, talvez valesse a pena tentar. A convite de Gary Small, inscrevi-me na versão humana das pesquisas de Cotman, o Programa de 14 Dias de Prescrição da Memória, criado para descobrir se os complementos nutricionais e a crescente atividade física, além de redução do estresse e treinamento da memória, poderiam resultar em uma rápida melhora cognitiva.

De volta a Los Angeles, me encontrei com Deborah Dorsey, enfermeira do Centro de Envelhecimento da UCLA. Com bastante formalidade, ela colocou um grosso fichário azul sobre a mesa à minha frente. Por duas semanas, disse ela, eu deveria viver de acordo com as regras escritas ali dentro. Eu não deveria me iludir, ela disse: com dois filhos para cuidar e um livro para escrever, seria bem difícil.

Rapidamente, discutimos minha alimentação. Embora mais da metade de nossos gastos no mercado fossem em frutas e legumes frescos, eu sabia que meu consumo estava muito abaixo das cinco a nove porções de frutas e legumes recomendadas pelo Departamento de Agricultura dos Estados Unidos. Eu não imaginava como alguém conseguia comer aquilo tudo, eu disse.

O programa me colocaria no caminho certo de novo, segundo ela. Eu receberia a quantidade certa de proteína e carboidratos, bem como quantidades suficientes de antioxidantes e ácidos graxos essenciais. Todos os dias, eu tomaria um multivitamínico com 400 microgramas de ácido fólico, além de 400 UIs de vitamina E, 1.000 miligramas de vitamina C (500 de manhã, 500 à noite) e 1.000 miligramas de ômega-3 na forma de um suplemento de ácido graxo de óleo de peixe. Eu precisava manter o descascador, a tábua de corte e o fogão sempre por perto para preparar as três refeições e os três lanches que deveria comer ao dia. Ela folheou o fichário azul, parando na lista de compras, que tinha quatro páginas. Uma rápida olhada no planejamento da primeira semana já me mostrou que eu teria que acordar mais cedo do que de costume — de que outra maneira eu poderia preparar a omelete de legumes picados com uma gema e duas claras? Eu comeria um pouco mais de proteína no café da manhã e no almoço do que estava acostumada. A proteína rende glicose mais devagar e de maneira mais confiável do que as frutas e legumes, então é uma boa fonte de combustível duradouro. Até os lanches exigiam um tempo de preparo. Antes de sair de casa, eu tinha que encher um saco plástico com legumes crus cortados e dar um jeito de carregar uma xícara de caldo. A nutrição era apenas um dos aspectos do Programa de 14 Dias de Prescrição da Memória. Eu tinha que fazer vários exercícios físicos diariamente e colocar meu cérebro para trabalhar, memorizando pares de palavras e rostos. Havia pegadinhas e charadas. Francamente, elas me davam um pouco de medo.

Menos de uma semana depois de começar a seguir o programa de Gary Small, ele começou a dar resultado. Durante a maior parte da minha vida adulta, deixei meus neurônios passando fome. Desde os vinte e poucos anos, eu tomava apenas uma xícara de chá pela manhã e não comia até ter certeza de que havia espremido todas as palavras viáveis da cabeça. Só almoçava quando a mente estava tão vazia que eu mal encontrava a geladeira, então mastigava uma coisa qualquer sem parar de trabalhar. O jantar, que eu via como a justa recompensa pela negação que o precedera, era enorme. Geralmente, eu repetia.

Sem pensar, eu privara meu cérebro de glicose, seu principal combustível. Mesmo meu almoço, em geral uma salada, produzia muito pouco alimento cerebral — as folhas, por mais saudáveis que sejam, consistem principalmente em fibras, que passam pelo corpo sem serem digeridas. Aquela sensação grogue que você experimenta quando está com fome tem uma explicação celular: sem glicose suficiente, a mitocôndria, que funciona como a fonte de força do cérebro, não tem o que queimar, e a taxa metabólica do corpo cai de 15% a 20%.

Na juventude, algumas mordidas em um sanduíche de manteiga de amendoim podem restaurar os níveis de glicose, mas cérebros mais velhos, que sofrem de carência de glicose mais do que os jovens, levam mais tempo para retomar o funcionamento total. Como os níveis de glicose no sangue influenciam a liberação pelos neurônios da acetilcolina, o neurotransmissor mais envolvido no aprendizado e na memória, é provável que você tenha mais dificuldade para se lembrar de informações que tenta guardar quando está de estômago vazio.

O regime da receita de memória de três refeições e três lanches por dia logo fez com que eu me sentisse mais inteligente. Além do aumento do consumo de proteína magra, a dieta do programa incluía carboidratos complexos, dentre os quais aveia, arroz integral, macarrão integral, cevada, *bulgur*, trigo em grãos e painço. Esses alimentos se digerem lentamente, permitindo que a glicose seja lançada na corrente sanguínea por mais tempo. Os carboidratos são totalmente formados por cadeias de moléculas de açúcar. Os açúcares simples — que se digerem rápido e nos deixam com sensação de embotamento — são feitos de apenas uma ou duas moléculas de açúcar. Os carboidratos complexos podem conter centenas de moléculas de açúcar simples unidas. Quando chegam ao estômago, as enzimas digestivas os partem em moléculas de glicose únicas, que passam através da parede intestinal. A glicose restante, para a qual o corpo não tem necessidade imediata, é armazenada como glicogênio e liberada sob condições de estresse fisiológico.

PREVENINDO A FERRUGEM CEREBRAL

No programa de Gary Small, comi tanta fruta e verdura que devo ter realmente atendido às recomendações do Departamento de Agricultura dos EUA. Eles são, garantiu Deborah Dorsey, ricos em antioxidantes. Ouvira o termo, claro, mas, como a maioria das pessoas, eu não tinha ideia de por que consumir toneladas daquilo era importante para o meu cérebro.

Liguei para James Joseph, diretor do laboratório de neurociência no Centro de Nutrição Humana da Universidade de Tufts. Seu estudo com ratos alimentados com extrato de mirtilo por oito semanas foi manchete no mundo todo. Eles demonstraram grandes diminuições no estresse oxidativo, além de melhora na capacidade de concentração e memória. (Nos ratos, tais habilidades são mensuradas observando a eficiência com que saem de um labirinto para encontrar a recompensa — comida.)

Pedi para Joseph explicar por que aquilo funcionava. Os radicais livres, ele observou, que são moléculas de oxigênio, surgem como parte do processo metabólico essencial. Essas moléculas tentam se unir com os elétrons que catam de outras células. Serve qualquer molécula próxima — gordura, proteína, até DNA. Esse processo ocorre durante a vida toda, explicou Joseph, mas, na juventude, nossos genes têm grande capacidade de reparar o dano. Quando chegamos à meia-idade, eles se tornam menos eficientes, e começamos a desenvolver uma espécie de enferrujamento interno, chamado de estresse oxidativo.

Eu disse a Joseph que acabara de comprar três caixas de mirtilos em uma loja que os vende antes da época por 5,99 dólares cada, para me adequar aos ditames da dieta da receita da memória. "Bem, não conte isso a ninguém", ele disse, "mas eu compro os congelados, a menos que esteja no Maine em agosto. No inverno, o que temos vem do Chile, e não sei como são manuseados, embalados ou enviados. Se não forem armazenados na temperatura certa, você pode dar adeus aos antioxidantes".

Por anos, os nutricionistas defenderam "o prato colorido", afirmando que as frutas e verduras de tons fortes eram os maiores combatentes dos oxidantes. Pesquisas mais recentes sugerem que várias frutas e verduras de tons claros, incluindo cebolas, alcachofras e batata-roxa, também são excelentes fontes de antioxidantes. Temperos como canela e cúrcuma (pigmento amarelo encontrado no açafrão e ingrediente-chave do curry) fazem parte da lista dos cinco melhores antioxidantes do *Journal of Agriculture and Food Chemistry* (Revista de química de agricultura e alimentos). Pesquisas mostram que os indianos, que comem grandes quantidades de curry, têm uma taxa de mal de Alzheimer quatro vezes menor do que os americanos, o que sugere que o tempero — e uma dieta rica em peixes e vegetais e pobre em carne — realmente faz algum bem. Os amendoins (descascados na hora e ainda com a pele cor-de-rosa), as nozes-pecã e as amêndoas também são poderosos antioxidantes. Vinho tinto, suco de uva e romã são conhecidos por suas propriedades protetoras, assim como o chá verde, o chá preto e o chocolate amargo tiveram constatadas suas propriedades antioxidantes. Recentemente, a maçã e seu suco receberam cinco estrelas por suas qualidades antioxidantes. O dito popular americano que afirma que "uma maçã por dia mantém o médico longe" tem seu fundamento: ratos que seguiram uma dieta rica em maçã se saíram muito melhor no teste do labirinto e mostraram níveis mais elevados do neurotransmissor acetilcolina, fundamental para o aprendizado e a memória. Os testes com humanos começarão em breve, mas os pesquisadores creem que dois copos de suco de maçã ou duas a três maçãs por dia podem fazer a diferença.

POR QUE VOCÊ PRECISA DE ÁCIDOS GRAXOS ESSENCIAIS

A dieta do Programa de 14 Dias de Prescrição da Memória também aumentou muito meu consumo de ácidos graxos essenciais (AGEs), principalmente ômega-3. No corpo, o ômega-3 se subdivide em dois ácidos graxos, o DHA e o EPA. O DHA é particularmente importante, porque fornece a matéria-prima perfeita para a formação de membranas celulares cerebrais saudáveis. Cerca de 40% dos americanos de meia-idade têm deficiência de ácidos graxos essenciais, que são primordiais para o bom funcionamento dos neurônios. Os AGEs também incluem a matéria-prima da mielina, a capa de lipídio que envolve os ramos delicados do neurônio. Também formam a membrana da célula, que mantém a integridade estrutural do neurônio. Os AGEs tornam a membrana mais fluida e flexível, permitindo que a célula seja mais receptiva aos sinais que chegam. E estudos recentes ainda sugerem que facilitam a produção do fator neurotrópico derivado do cérebro, que estimula o crescimento de novas células.

Como a maioria de nós, sempre achei que poderia satisfazer minhas necessidades de ácidos graxos essenciais comendo 100 gramas de filé de salmão pescado uma vez por semana. Na realidade, para manter um suprimento adequado, preciso de uma porção duas ou três vezes maior de peixe gorduroso de águas frias. No capítulo 14, veremos que há motivos para não comer tanto peixe na mesma semana.

Embora o corpo não as absorva tão rápido quanto os AGEs encontrados nos frutos do mar, outras fontes de ácidos graxos essenciais são amêndoas, nozes-pecã, soja, nozes, linhaça e abacate. Quanto aos suplementos de óleo de peixe, antes exaltados como uma boa maneira de aumentar a taxa de AGEs, hoje suspeita-se de que contenham perigosos níveis de metilmercúrio. Como os AGEs são muito importantes, surgiu um movimento para incluí-los em alimentos que não os contenham de forma natural, como aditivos de ovos, leite de soja e pão. De acordo com um relatório recente da Universidade de Pittsburgh, os cientistas estão trabalhando para criar um tipo de porco transgênico que forneça carne com grande quantidade de AGEs. Para obter os mesmos benefícios de uma porção de 100 gramas de salmão, seria preciso comer cinco ovos enriquecidos, cada um contendo cerca de 190 miligramas de AGEs. Com o pão, não é mais fácil: para obter quantidades comparáveis, seria necessário comer 24 fatias.

Tradicionalmente, os AGEs consumidos em alimentos como peixes ou sementes oleaginosas conseguem suprir grande parte da gordura diária que ingerimos. Na segunda metade do século XX, quando os alimentos industrializados começaram a dominar a paisagem culinária, a gordura trans passou a fazer parte de nossa dieta e das moléculas que formam nossas células. As gorduras trans são populares pois evitam que os alimentos fiquem rançosos e permitem que os mercados os deixem nas prateleiras por mais tempo. Como os óleos ricos em gordura trans podem ser aquecidos e resfriados várias vezes, tornaram-se a escolha número um dos restaurantes na hora das frituras. Os ácidos graxos essenciais permitem que a membrana celular se mantenha flexível devido a uma curva natural em sua estrutura molecular. Em compensação, as moléculas de gordura trans são mais retas, estreitas e rígidas. Quando sua dieta contém mais gordura trans do que AGEs, as moléculas de gordura trans ocupam as lacunas deixadas pelos AGEs. Como essas moléculas mais rígidas não conduzem os impulsos nervosos nos neurônios tão bem quanto as dos AGEs, a velocidade com que se processa a informação se reduz gradualmente. As gorduras trans podem atrapalhar o metabolismo dos ácidos graxos essenciais e ocasionar resistência à insulina, o que, como discuto no capítulo 16, impõe um grave problema a grande parte da população de meia-idade.

A boa notícia é que, se você aumentar o consumo de AGEs e reduzir drasticamente ou eliminar as gorduras trans, as membranas das suas células neuronais irão se recuperar. Arrependida por todos os biscoitos com pedaços de chocolate industrializados e cheios de gordura trans e por cada pedaço mole de pão de sanduíche que já comi, estava ansiosa para continuar o processo.

Por duas semanas inteiras, enquanto participei do programa, comi muito bem. Resisti aos olhares dos meus filhos e do meu marido enquanto comia outro prato de arroz integral ou me servia de legumes sem a costumeira porção de manteiga. Todos sabíamos que aquilo chegaria a um fim, ainda mais porque não tenho tempo suficiente para fazer todas aquelas compras, cortar aqueles legumes, embalá-los e misturá-los. Ninguém da minha família é fã inveterado de fast-food, mas após um dia atribulado eu precisava poder pegar uma lasanha do congelador, colocá-la no forno e chamar aquilo de jantar.

Eu desconfiava de que deveria haver uma maneira mais fácil. Eu sabia que era melhor extrair nossos nutrientes de uma comida boa e fresca — mas não existia algum produto que reunisse todos os micronutrientes e tornasse isso mais simples? Depois de muita pesquisa, cheguei a um produto tipo "tudo em um" chamado Brain Sustain (Sustento do cérebro), desenvolvido por um neurologista reconhecido, David

Perlmutter, autor de *The Better Brain Book* (O livro do cérebro melhor). Cada ingrediente está listado no rótulo e no site da iNutritional, onde um suprimento mensal custa 58,50 dólares. Era bem simples: bastava fazer uma vitamina, juntar duas colheres de Brain Sustain e mandar para dentro. Custava uns dois dólares por dia e, com exceção do magnésio, que não é solúvel na água, continha tudo o que eu precisava. (O magnésio é importante: pesquisadores do MIT descobriram recentemente que 420 miligramas para os homens e 320 miligramas para as mulheres ajudam a manter a plasticidade das células nervosas e vários níveis de neurotransmissores. Cerca de 80% da população dos Estados Unidos tem deficiência de magnésio, condição que pode ensejar diminuição do tempo de atenção, confusão, perda de memória, insônia, alterações de humor, apatia e fadiga.)

Eu ainda não tinha certeza se uma solução "faz-tudo" seria o melhor para mim, mesmo que mais prática. Melanie Haiken, que escreve muito sobre nutrição em revistas de saúde, me deixou dar uma olhada em seu armário de remédios. Ela toma de 12 a 15 vitaminas e suplementos por dia, para tireoide, pressão, TPM, ansiedade e problemas cognitivos. "Tento me concentrar em alguns problemas de cada vez", conta. "Alguns dos suplementos recomendados para ansiedade têm propriedades sedativas, o que significa que, em vez de te deixar mais afiada, eles te fazem dormir." Era importante tomar a mistura correta, ela explicou. Se ela conseguia gerenciar esse coquetel, pensei, eu poderia dar um passo adiante e conseguir algo "sob medida".

NAS MÃOS DO GURU

Preparando-me para a Intervenção Número 2, marquei hora com o guru de medicina complementar Dharma Singh Khalsa. No início de minhas pesquisas, me deparei com seu livro *Brain Longevity* (Longevidade cerebral), um abrangente guia das vitaminas, outros suplementos e remédios que melhorariam a acuidade mental. Desde então, ele se tornou conhecido pela abordagem agressiva para tratar falhas de memória e atenção. Com suas vitaminas e seus vários livros e fitas, Khalsa tornou-se uma indústria doméstica. Quando o famoso especialista em medicina preventiva Andrew Weil respondeu a perguntas sobre a memória em seu website, referiu-se a Khalsa como fonte de suas informações.

Na primeira vez em que nos encontramos, almoçamos em um café perto do consultório dele, em Tucson. Na luz brilhante do sol de abril, a face rosada sob o turbante, ele me contou sua história. Era um sique americano nascido em Ohio e criado na Flórida. Sua fé, seu nome, as roupas brancas e o turbante foram adotados depois de um despertar espiritual pelas mãos de um mestre de ioga do Novo México, que também lhe apresentou sua mulher, Kirti. Quando nos despedimos, após uma breve conversa na qual descrevi meus problemas de memória e ele falou do sucesso com pacientes do mundo todo, ele segurou firme meus ombros. Eu não devia esperar muito mais tempo, ele me advertiu, era possível melhorar, mas eu precisava entender que cada dia perdido não podia ser recuperado.

Deixei passar seis meses antes de procurá-lo de novo. Eu sabia que queria um tratamento agressivo, mas estava ligeiramente amedrontada. Quanto era demais? Alguns dados novos sugeriam que a ingestão de antioxidantes na forma de suplementos (em vez de fontes alimentares) podia desequilibrar a balança de radicais livres e antioxidantes, desencorajando o corpo a convocar seus próprios soldados na guerra contra a oxidação. No entanto, eu queria ouvir aquilo de um especialista, um médico que colocava cérebros em sintonia há anos. Demorou para eu conseguir uma hora. Khalsa estava dando palestras, escrevendo, viajando pela Europa.

Quando nos encontramos novamente, em um dia frio e cinzento de fevereiro, Khalsa sorriu por trás da barba branca. Em volta do pescoço, um grande medalhão de ametista e uma grossa corrente de ouro. Passamos várias horas juntos, conversando sobre alimentação, exercícios e meditação. Ele achava que longas caminhadas solitárias e meditação diária eram a chave para a minha recuperação. Eu tinha lá minhas dúvidas. Eu já caminhava quase todos os dias (rápido, com os cachorros). E quanto à meditação, quando tentei fazer, foi um fracasso — eu sempre acabava dormindo. Depois que concordei em fazer um esforço, ele começou a descrever o plano de vitaminas e suplementos que tinha em mente. Escreveu as receitas para vários suplementos medicamentosos que deveriam ser encomendados em farmácias de manipulação. Prescreveu cápsulas de 10 miligramas de DHEA de liberação prolongada, um hormônio sintetizado a partir do inhame e da soja. Em humanos, as glândulas suprarrenais produzem DHEA, mas, com a idade, os níveis do hormônio caem. Meu nível estava baixo demais para a minha idade, o que Khalsa achou que podia ser a causa dos meus problemas. "Vou deixá-la de novo com as taxas normais para 25 anos", disse-me. Ele já vira grandes benefícios cognitivos em mulheres que chegavam perto da idade da menopausa.

O próximo item da lista era a coenzima Q-10, um dos raros antioxidantes solúveis em gordura, o que significava que podia atravessar rapidamente a membrana celular, oferecendo uma melhor proteção contra os radicais livres. Ela funcionava melhor, como ele disse, quando tomada em combinação com outro antioxidante, o ácido alfalipoico. Eu tomaria uma cápsula dourada da farmácia de manipulação que continha 100 miligramas de cada. Eu já tinha ouvido falar do ácido alfalipoico, disse a Khalsa, animada — era um dos suplementos que Carl Cotman dera a seus beagles idosos.

Todos os dias, eu tomaria seis cápsulas de seu multivitamínico Longevity Gold Cap, ele disse, três no café da manhã e três no almoço. Achei que poderia adiar aquilo um pouco, lhe disse, ainda não tinha terminado o vidro tamanho família de Centrum Silver que eu comprara para o Programa de 14 Dias de Prescrição da Memória.

"Isso é inútil", ele riu. "Vitaminas de supermercado só satisfazem as doses diárias recomendadas. Servem para evitar deficiências vitamínicas, para que, por exemplo, não se tenha raquitismo. Elas não refletem as dosagens necessárias para uma saúde ótima. Se quiser melhorar seu cérebro, você precisa de mais."

O que faz um multivitamínico valer a pena? Antes de tudo, um bom multivitamínico deve conter quantidades substanciais de todas as vitaminas B. Elas são necessárias para a conversão da glicose em energia. A B-12 é essencial para a formação e manutenção da mielina, a gordura que cobre os axônios. A deficiência de B-1, a vitamina chamada de tiamina, causa um declínio na produção do neurotransmissor acetilcolina, um poderoso estimulante da memória. A niacina, também do grupo de vitaminas B, parece ser importante para prevenir o declínio mental. O ácido fólico (também conhecido como folato) protege contra a diminuição das habilidades espaciais e da fluência verbal, segundo um estudo da Universidade de Tufts. Em uma abrangente pesquisa dinamarquesa, indivíduos idosos tomaram duas vezes a dose de ácido fólico recomendada, 800 microgramas por dia. Em média, sua pontuação em testes cognitivos foi comparável a pessoas 5,5 anos mais novas. Quando o ácido fólico se reúne à B-12, quebra o aminoácido conhecido como homocisteína. Níveis elevados de homocisteína têm um efeito mortal nas células endoteliais que revestem as artérias, promovendo arteriosclerose, endurecimento arterial do coração e do cérebro e, consequentemente, diminuição do fluxo sanguíneo cerebral. Altos níveis de homocisteína no sangue estão relacionados à diminuição de desempenho na maioria dos testes cognitivos.

Por muitos anos, os cientistas afirmaram que a vitamina E protege contra câncer, doença cardíaca e demência. Em um estudo de 2004, Peter Zandi, pesquisador da Escola de Saúde Pública Johns Hopkins, produziu resultados de um estudo de observação que sugeriam fortemente que a combinação de 1.000 UIs de vitamina C com 1.000 UIs de vitamina E tomadas juntas protegia contra as alterações patológicas do mal de Alzheimer. São notícias sensacionais, ainda mais para Khalsa, que por tantos anos confiou na eficácia da dupla. Em março de 2005, no entanto, o *Journal of the American Medical Association* (Revista da Associação Americana de Medicina) publicou resultados de um estudo que mostrava que altas doses de vitamina E, na verdade, aumentavam o risco de infarto e que, para a demência, não eram melhores do que um placebo. Foi um resultado decepcionante, admitiu Khalsa, mas é importante lembrar que os indivíduos que participaram da pesquisa não começaram como uma folha branca — eles já sofriam de várias patologias. Khalsa continua firme em relação às vitaminas E e C em doses quatro vezes maiores que as recomendadas.

Eu também tinha que tomar as cápsulas de longevidade cerebral junto com ginkgo biloba. Embora as provas de sua eficácia sejam poucas, ele tem muitos fãs; na Alemanha, é um negócio que rende 400 milhões de dólares, e é quase o primeiro medicamento receitado para pacientes com propensão a desenvolver mal de Alzheimer. Recentes avaliações apresentadas pelo *Journal of the American Medical Association* em 2002 sugerem que ele não produz benefícios substanciais em adultos saudáveis, sendo eficaz apenas nos casos de má circulação. As cápsulas cerebrais de Khalsa também continham óleo de peixe (sem mercúrio, ele me garantiu) e fosfatidil serina, conhecida como FS, que teoricamente ajuda a fortalecer e a melhorar a flexibilidade da membrana celular. Também podia aumentar a produção de um agente químico ativador genético que auxilia a consolidação de longo prazo da memória.

Khalsa explicou que aquilo era apenas o ponto de partida. Havia outros caminhos que poderíamos percorrer. O aminoácido chamado acetil-L-carnitina, que transporta nutrientes energéticos pela membrana mitocondrial, funcionava muito bem com algumas pessoas. Havia também a vimpocetina, feita a partir da vinca, que, como o ginkgo biloba, melhora a circulação sanguínea nos capilares do cérebro. Ele achava que eu iria considerar o acetil-L-carnitina ou a vimpocetina estimulantes demais. "Considero cada pessoa como uma experiência", disse. "Nunca se sabe exatamente o que vai acontecer. Tenho um amigo que tomou vimpocetina e, na manhã seguinte, descobriu que tinha dirigido de Tucson para Apache Canyon, no Novo México", uma distância de 700 quilômetros.

Meu gasto mensal de vitaminas e suplementos, incluindo minha encomenda da farmácia de manipulação, chegou a 125 dólares. Aquilo me parecia uma fortuna, até que pensei em quanto pago por uma massagem ou um corte de cabelo, que não me trazem benefícios a longo prazo. Aplicadamente, separei as vitaminas em sacos plásticos, o que foi um trabalho árduo, e os levava comigo aonde quer que eu fosse. Em duas semanas, percebi que estava dormindo melhor. Deve ter sido o efeito placebo, mas eu deitava às dez da noite e raramente acordava antes das seis da manhã. Minha disposição também melhorou, e não havia o que me irritasse. No entanto, uns dois meses depois, o que quer que me mantinha na terra dos sonhos parou de funcionar, e a sensação chata e incômoda que acompanhava minha falta de sono voltou. Fiquei tão decepcionada que enfiei os sacos plásticos e os vidros quase cheios de comprimidos no fundo da geladeira e tentei esquecer que existiam. Finalmente, decidi que não havia por que deixá-los estragarem, e comecei a tomá-los de novo. Mal não ia fazer, eu pensei. Mas eu sabia que não estava fora de perigo.

AERÓBICA MENTAL
• • •
Do tédio ao vício: opções para exercitar seus neurônios

Da forma mais educada possível, sugeri a Gary Small que sua aeróbica mental, embora comprovadamente eficaz com pessoas idosas, aposentadas, estava fadada a irritar indivíduos que enfrentavam os dissabores da meia-idade. Em cada um dos 14 dias do programa, eu dedicava de cinco a dez minutos todas as manhãs e noites a desafios mentais, como decorar uma lista de palavras e resolver um quebra-cabeça visual. Independente do quanto eu tentava me concentrar no problema à minha frente, minha atenção estava em outro lugar. Nenhuma das tarefas do fichário azul era atraente o bastante para prender meu interesse, não quando eu tinha trabalho a fazer e o problema de estar em dois lugares ao mesmo tempo naquela tarde continuava sem solução. Por mais que eu tentasse me concentrar em resolver quebra-cabeças cheios de quadrados e setas, sequências numéricas e arranjos de letras, assim como vários adultos de meia-idade, eu também não conseguia abstrair todas as distrações ao meu redor.

AERÓBICA MENTAL

Em uma reunião subsequente na UCLA, eu disse a Deborah Dorsey, a enfermeira do Centro de Envelhecimento da UCLA, que tinha tido tão pouco sucesso com a aeróbica mental que temia desviar os resultados da pesquisa. Ela não me tranquilizou muito. Em vez disso, levantou uma sobrancelha: "Algumas pessoas acham difícil, meu bem", disse, sem explicar se essas pessoas estavam beirando a loucura total.

Tive mais sorte com as estratégias de lembrança de Small, que se resumiam a uma premissa que ele chamava que "Olhar, Perceber, Conectar". Se você aguardar o tempo necessário para ligar o que precisa lembrar a uma imagem visual, diz sua teoria, terá mais chances de codificar a mensagem e, assim, se lembrar da informação. Assim, se conhecer um cara chamado Frank cujo sobrenome seja Fisher, pescador em inglês, bastará pensar em um homem pescando e usando uma salsicha frankfurter como isca, para nunca mais esquecer aquele nome. Tentei fazê-lo em casa, quando alguns amigos trouxeram alguns parentes de fora da cidade para meu churrasco anual de 4 de julho. Com minha dificuldade para reconhecer rostos, a dica foi uma receita para o desastre. Como eu iria apresentar aquele casal simpático a cinquenta amigos e parentes no meu quintal? Por sorte, seus nomes começavam com a mesma letra: Hillary e Howard. A seu favor, Hillary era hilária. Alegremente, passei a tarde "apresentenrolando" Hillary e Howard a todos, dando um jeito de fazer com que meus outros convidados dissessem seus próprios nomes, o que não os surpreendeu. Eu me senti uma ótima anfitriã.

Gary Small disse que, usando a mesma técnica do "Olhar, Perceber, Conectar", eu poderia ligar várias imagens visuais, sendo capaz de me lembrar de um monte de informações. Se minha ronda de sábado de manhã incluísse buscar a roupa na lavanderia, ir ao banco e comprar leite, eu simplesmente criava um quadro maluco na cabeça — talvez, uma garrafa de leite vestida com o blazer azul do meu marido e um cheque saindo do bolso da frente.

Só havia um problema, como disse a Small. Eu não conseguia me lembrar de ter tido uma lista tão pequena. E as outras coisas — o torneio de futebol, o treino de basquete, os lanches para o time, os shorts samba-canção novos, a reserva para o jantar, o desodorante, o bloqueador solar, a máscara de mergulho, os selos, a gasolina e o presente de aniversário que eu deveria ter resolvido no sábado anterior? Mesmo para Small, uma imagem para tudo isso seria um desafio. Essa estratégia provavelmente era mais útil, ele concordou, para alguém com filhos crescidos e que já tivessem saído de casa. Na mesma faixa etária que eu, com dois filhos ainda em casa e uma mulher que trabalhava, Small reconheceu que ele mesmo raramente tinha tempo suficiente para formar uma imagem memorável.

Ainda assim, decidi tentar. Para a festa de formatura do meu filho no primário, eu precisava levar um saco grande de gelo, um sortimento de pretzel e batata frita, um pote de molho e seis abacates. Tudo muito claro. Também tinha de levar minha sandália de salto alto preta ao sapateiro, para poder usá-la em uma viagem a Nova York, e ligar para minha amiga Flo, que estava organizando um jantar com nossos colegas de faculdade. Levei em conta todas as possibilidades. Já me desculpando com a Flo por aquilo, eu mentalmente a coloquei sentada no banco de trás do carro com um saco de gelo sob os pés. Ela fazia malabarismo com os abacates. O pote plástico com o molho virou seu chapéu. Os sapatos, em miniatura, seus brincos. A batata frita e os pretzel eram um problema, até que os tirei do saco e os transformei em um casaco — meio exagerado, mas com certeza algo que se poderia usar em um jantar em um bairro nova-iorquino de moda vanguarda. Levei essa imagem comigo ao supermercado e ao sapateiro, facilmente dando conta das tarefas. Até lembrei de ligar para Flo. Achei aquilo fantástico. Eu podia fazer quadros idiotas e nunca mais precisar de uma lista de supermercado. Mas acho que codifiquei a imagem bem demais. Até hoje, Flo está sentada no banco de trás do meu carro com os pés em cima do saco de gelo. Nunca consegui substituí-la por ninguém mais — incluindo meu irmão, que ainda está esperando um telefonema meu. Acho que Flo, chique em seu casaco de pretzel e batata frita, ficará para sempre no banco de trás do meu carro.

Existem infinitas estratégias mnemônicas, a maioria utilizada desde tempos imemoriais, mas meu marido confessou ter uma indiscutivelmente atual. Quando era pequeno, em Nova York, decorou os números das camisetas dos atletas da cidade, entre 1960 e 1970. Quando lhe perguntam um número de telefone, ele apela para a lembrança dos jogadores relacionados àquela combinação específica de algarismos. Para se lembrar do número 458883, ele pensa nos recebedores Homer Jones, Aaron Thomas e George Sauer Jr., colocando-os lado a lado em sua mente. "É claro que você precisa se lembrar dos jogadores que escolheu", ele admite. "Ajuda ter algum tipo de lógica." Ele usa esse sistema para decorar números de telefone, endereços e combinações de cadeado, mas parece que não ajuda muito quando é para lembrar que na segunda terça-feira de cada mês vou à reunião do meu clube do livro.

"Estudos realizados em laboratório mostram claramente que pessoas comuns podem usar o imaginário para acessar uma lista de palavras na memória, nomes e outros materiais", escreveu Daniel Schacter em *Os Sete Pecados da Memória*. "Mas há um problema. Muitas das técnicas de imaginação são complexas e requerem um considerável recurso cognitivo para serem implementadas, o que dificulta serem usadas espontaneamente. Nas primeiras vezes em que criamos quadros mentais e histórias esquisitas para codificar uma informação nova, o processo pode ser desafiador e divertido. Mas ter que criar imagens memoráveis repetidas vezes pode acabar se transformando em um fardo bastante pesado e levar as pessoas a deixarem-no de lado."

USANDO TODOS OS CINCO SENTIDOS

Lawrence Katz, professor de neurobiologia da Universidade de Duke, compartilha com Schacter o ceticismo em relação às lembranças visuais e outros "truques" que prometem melhorar sua memória. No livro *Mantenha seu Cérebro Vivo*, ele tem uma abordagem diferente. "Li todos os livros sobre a memória", explica, "e todos eles se concentram na mesma coisa — aprender as regras das estratégias mnemônicas. O problema é que não consigo me lembrar dessas regras. Elas envolvem associações muito complexas".

A memória e a atenção estão sofrendo, acredita ele, porque em algum momento das últimas duas décadas deixamos de utilizar vários dos nossos sentidos. O mundo se tornou plano, e chega até nós através de um monitor de computador ou uma tela de televisão. "Todos os programas e filmes hoje são feitos para ativar seu mecanismo de atenção", ele notou, enquanto eu estava sentada em seu consultório. "As pessoas estão desenvolvendo uma espécie de enorme transtorno da atenção, pois esse estímulo desencadeia uma reação nos gatilhos básicos do cérebro. Eu chamo de pornografia da sensação. Ela faz a vida real parecer sem cor e desinteressante por associação, e deixamos de prestar atenção. Quando isso é constante, seu cérebro se acostuma e se fecha. E, se ele se fecha por completo para todas as coisas barulhentas e marcantes, imagine como é fácil ignorar as coisas pequenas.

"O cheiro não existe mais", ele anunciou. "Não conhecemos mais o gosto ou a sensação das coisas. Agora, tudo é visual. Pense no supermercado. Nada tem cheiro. Não gostamos de cheiros. Você escolhe o peixe ou o frango só com base no visual. Você nem pode mais pegar os legumes, apertar e cheirar. As pessoas te olham de cara feia se fizer isso. E você perde coisas como textura, odor e peso. Nós nos tornamos desprovidos sensorialmente. Isso tem a ver com a onipresença das imagens — na internet, na televisão, no cinema. Estamos tão saturados de imagens, que deixamos de prestar atenção no cheiro, no som ou na sensação das coisas."

Os humanos não deveriam passar a vida usando apenas os olhos e ouvidos, explicou ele. "São ferramentas inadequadas para codificar e processar todas as coisas da maneira correta. Exige-se demais de apenas dois sentidos." O conselho de Katz, do qual gostei muito, era esquecer os exercícios para a memória e para estimular o cérebro e se esforçar para retomar a experiência sensorial no dia a dia. Para isso, você pode ir a feiras, onde é permitido cheirar e tocar os produtos. Você pode cuidar do jardim, aproveitando o bombardeio sensorial do solo rico e matéria orgânica. Ou pode radicalizar, passeando de carro de janela aberta em uma noite de verão, em vez de ligar imediatamente o ar-condicionado. Pode ainda fazer seu próprio molho de espaguete, em vez de temperar um que vem no vidro.

Em seu livro, Katz recomenda que se tente chegar à porta da frente com os olhos fechados, ou melhor, com uma venda. Eu fiquei relutante: provavelmente iria tropeçar em tacos de beisebol ou nos tênis que sem-

AERÓBICA MENTAL

pre "dormiam" no capacho da porta como cães pequineses. Mas, uma manhã, só de brincadeira, depois que todos tinham saído para a escola ou para o trabalho, ficando apenas os cachorros, resolvi tentar. Torcendo para que nenhum dos vizinhos me visse, amarrei uma venda nos olhos antes de sair do carro. Hesitante, deslizei do banco do motorista para o asfalto, distância maior do que eu pensava. Dei alguns passos até a elevação que delimitava o gramado, achei as pedras da entrada e me encaminhei com passos pequenos à entrada na cerca. Abrir a portinha, coisa que faço várias vezes por dia, foi bem difícil: antes de conseguir, enfiei a mão em uma teia de aranha. Me esgueirei pela entrada, tentei prender a portinha para que os cachorros não saíssem, e desisti após várias tentativas. Depois de uma breve luta com uma roseira, encontrei o degrau de pedra que marcava o início da varanda e me encaminhei para a porta da frente. Pescando meu enorme chaveiro na bolsa, tentei me lembrar da forma e da textura da chave correta. Antes de enfiá-la na fechadura, tive de me ajoelhar e passar a mão pela beirada lisa da porta, até encontrar a placa de metal e o buraco. Levei mais um minuto para colocar a chave certa no buraco da fechadura, abrir a porta e tropeçar na soleira da porta, de cuja existência eu esquecera. Eu tinha certeza de ter criado um conjunto de novas conexões sinápticas, junções por onde as informações passam de um neurônio a outro. "O mundo é mesmo a melhor academia de ginástica para o cérebro", Katz me garantiu, quando relatei meus resultados. "Atividades reais no mundo real nos estimulam de um jeito que nenhuma outra atividade consegue."

Depois de lhe contar sobre minha tendência a esquecer o papel da impressora, Katz me deu outra dica, que também se mostrou imensamente útil. "Quando estiver arrumando as coisas de que vai precisar no dia, se preparando para ir para o escritório", ele disse, "não pense apenas: 'Hm, preciso de papel para a impressora.' Sinta o papel. Imagine o peso dele nos seus braços, as pontas afiadas, a textura da embalagem. E, com o papel na mão, imagine-se entrando no carro". Segui suas instruções, imaginando o peso e a textura da minha pasta de couro marrom, a sensação das alças no meu ombro. Pensei no meu telefone, que muitas vezes esqueço na bancada da cozinha, confortavelmente abrigado no bolso da frente da minha bolsa. Levei em conta o peso (e cheiro) da bolsa com as roupas de tênis de que meu filho precisaria para as aulas depois da escola. E, milagrosamente, me lembrei de tudo.

COMO MELHORAR A PLASTICIDADE DO CÉREBRO

Muito embora os programas de melhoria de memória encontrados na internet estejam proliferando, eu relutava em usá-los. Eu já passava o dia inteiro sentada na frente de um monitor de computador, e não podia imaginar que tipo de conteúdo me convenceria a ficar ali ainda mais tempo. Michael Merzenich, professor no Centro Keck de Neurociência Integrada da Universidade da Califórnia, em São Francisco, conhecido por suas habilidades (ele inventara o implante auditivo, uma espécie de aparelho implantado cirurgicamente na orelha e que devolve parcialmente a audição aos surdos), me disse que desenvolvera um programa chamado HiFi que exercita os sistemas auditivo e de linguagem do cérebro, para tratar as causas básicas do declínio cognitivo, e não apenas os sintomas.

Seu trabalho baseia-se no conceito da plasticidade do cérebro: durante toda a vida, o cérebro continua sendo um órgão com capacidade para mudanças físicas e funcionais. O cérebro tem 100 bilhões de neurônios, cada um fazendo uma média de 1.000 conexões com outros neurônios, dando um total de 100 trilhões de conexões. A plasticidade reflete a capacidade do cérebro de se reorganizar, formando novas conexões neurais, explicou Randy Buckner, neurocientista do Instituto Médico Howard Hughes. "Essa reorganização acontece através de mecanismos como os brotos axônicos, em que axônios ilesos criam novas terminações nervosas e formam novas conexões com outras células nervosas, criando novos caminhos neurais e, portanto, melhorando o aprendizado."

Os grupos de neurônios, com suas extensas conexões sinápticas, não se limitam a uma função específica. Se, como resultado do envelhecimento, uma região do cérebro — digamos, o lobo frontal direito — não estiver funcionando bem, os neurônios de outra região podem ser recrutados para preencher as lacunas. Às vezes isso acontece auto-

AERÓBICA MENTAL

maticamente, mas, na maioria delas, utilizar os neurônios para funções diferentes requer treinamento. E o cérebro humano não se limita ao número de neurônios que recebeu no momento do nascimento. A tropa existente está sempre recebendo reforços. Ao longo da vida, nascem novos neurônios, que se integram ao circuito já existente, em um processo chamado de neurogênese. (A descoberta de que os neurônios são capazes de se reproduzir tem apenas uma década; antes, acreditava-se que essas células eram incapazes de qualquer forma de regeneração.) O aumento no exercício físico e mental, bem como a interação social, estimula a neurogênese, em especial no hipocampo, que regula vários aspectos do aprendizado e da memória.

"É por isso que se perde a memória na meia-idade", disse Merzenich, enquanto nos acotovelávamos na sala de reunião da UCSF, que é do tamanho de um armário. "Não é por uma perda intelectual real; você continua tão inteligente quanto sempre foi. É porque a qualidade do sinal é ruim. É como ouvir o noticiário no rádio enquanto passa por entre duas montanhas; a informação está ali, mas o chiado é tão forte que você não consegue ouvir.

O problema da maioria dos programas de treinamento da memória, segundo Merzenich, é que você precisa ter uma memória intacta para usá-los, além de um lobo frontal intacto para aplicar o que aprendeu. Você também precisa de um par de ouvidos bem afiados. Uma perda auditiva não corrigida muitas vezes é um fator determinante para o que parece ser esquecimento. Adultos mais velhos com perda auditiva leve a moderada são capazes de gastar tanta energia cognitiva para ouvir direito, que sobram poucos recursos para codificar o material e, por isso, não conseguem se lembrar do que ouviram. Eles sofrem de presbicusia, uma deficiência relacionada ao envelhecimento que ocorre quando a cóclea — uma estrutura em forma de caracol localizada no ouvido interior que transforma ondas sonoras em impulsos elétricos — se deteriora com o tempo.

As pessoas abandonam os programas de treinamento que dependem de suas capacidades diminuídas, porque não veem nenhum progresso. As tarefas são simplesmente difíceis demais. O programa Posit

Science (Ciência Posit) evita tudo isso, explica Merzenich, pois começa lentamente e aumenta o nível de dificuldade quando você já é capaz de responder corretamente pelo menos em 80% do tempo. Os cientistas da Posit estão trabalhando em programas para um envelhecimento saudável em cinco áreas: processamento auditivo (audição e comunicação), processamento visual (visão), função executiva e processamento associativo (resolução de problemas), controle motor (movimento das mãos) e processamento vestibular (equilíbrio). O programa chamado Brain Fitness (Preparo Cerebral) atualmente se concentra na audição e comunicação. O programa de computador custa 495 dólares.

"Eis o que não fazemos", explica. "Não treinamos as pessoas para se lembrar. Isso equivaleria a chutar um cachorro morto. Quando você codifica as coisas de maneira errada, de nada adianta alguém dizer que tem de se esforçar mais. Odeio todas as estratégias compensatórias que existem no mercado, do tipo 'E daí, se você não se lembra? Basta escrever'. Esse é o caminho para o declínio contínuo da sua confiança."

Merzenich, que também é diretor-científico da Posit Science, empresa que desenvolve o HiFi, observou que o programa foi testado em quase cem adultos de 63 a 94 anos por um período de oito semanas. Os participantes que o completaram tiveram uma melhora equivalente a dez ou mais anos em sua função neurocognitiva.

Tenho que reconhecer que, para qualquer faixa etária, é um salto e tanto. Será que o programa também funciona para pessoas de meia-idade? Merzenich relatou que eles submeteram um executivo aposentado de 52 anos ao treinamento. "Ele já tinha ganhado muito dinheiro", disse. "E estava parado havia alguns anos. Quando me procurou, ele disse: 'Mike, tenho a sensação de estar perdendo alguma coisa. Não me sinto mais confiante.' Nos o chamamos aqui, demos a ele uma bateria de exames neuropsíquicos e descobrimos que sua margem de acerto foi de 85%, o que, dado seu passado, era mais baixo do que se esperava. Nós o treinamos. Ao final do programa, ele estava acima do desvio padrão, e agora seus acertos são de 98%. Seis semanas depois de ter terminado, ele era o presidente de uma nova empresa. E fomos responsáveis por isso, pois é quase certo que o impacto foi superior ao que o teste é capaz de mensurar."

O HiFi usa muita animação. Parece muito com a Vila Sésamo, só que os personagens são mais velhos. (Finalmente descobri por quê: Lloyd Morrisett, um dos criadores da Vila Sésamo, faz parte do conselho da Posit.) Cada sessão de uma hora envolve a identificação de sons, a ligação de palavras a sons e a interação de personagens de desenho, na maioria pessoas de idade, que estão ali para distrair você da desagradável tarefa que está executando — ouvir, pelo menos no início, sons que aumentam e diminuem de volume. Eu ia surpreendentemente mal no jogo chamado "Alto ou Baixo", no qual os usuários decidem se o volume dos sons está subindo ou descendo. O canto do passarinho aumentava ou diminuía? Na maioria das vezes, eu não conseguia discernir. Também havia outros jogos: uma versão em áudio do Concentration (Concentração), no qual se deve encontrar dois sons iguais, e o Sound Replay (Repetição de som), no qual se reconstrói uma sequência de sílabas que começa devagar e vai ficando muito mais rápida. O ritmo era horrivelmente lento, cada sessão parecia não terminar nunca. Eu logo ficava entediada e irritada com as bobagens que via na tela diante de mim.

Com Michael Merzenich à frente e 23 milhões de dólares de capital especulativo por trás, o programa era o *crème de la crème*. Ouvi alguns vizinhos meus falando sobre ele, inclusive um que vencera vários campeonatos de palavras cruzadas. Ele logo fez um grande sucesso entre as pessoas de 70 e 80 anos, mas exigia um tempo livre precioso demais para atrair pessoas de meia-idade. Perguntei sobre isso: Merzenich considerava o mercado da meia-idade? A empresa estava trabalhando em um programa novo para essas pessoas. Seria possível baixar exercícios individuais, como músicas no iTunes, e fazê-los em qualquer lugar — por exemplo, num quarto de hotel no Japão. Sugeri programas de exercícios para fazer na ginástica: a Posit Science não podia criar algo que pudesse ser feito na tela de uma bicicleta ergométrica?

BATENDO SEU PRÓPRIO RECORDE

No final das contas, tudo depende da atitude. Nunca nos sentiremos atraídos por uma atividade cerebral que nos faça sentir velhos.

ESCULPIDO NA AREIA

Um artigo publicado na revista on-line *Slate* me levou diretamente a um website chamado MyBrainTrainer (Meu treinador de cérebro). Bruce Friedman, um empresário de Los Angeles de 54 anos, teve sucesso onde todos os outros falharam — como presidente do MyBrainTrainer, acertou na mosca quando resolveu atrair não só pessoas do *baby-boom*, nascidas no pós-guerra, como também membros da chamada *geração X*, nascidas entre os anos 1960 e 1980 (da qual os mais velhos tinham 45 anos), além de pessoas muito mais jovens, no início de pós-graduações em direito, medicina ou outros estudos. Não havia nada no site que me fizesse sentir como se eu estivesse em decadência ou com alguma deficiência: a intenção era deixar as pessoas afiadas mais afiadas ainda. De alguma forma, o MBT (como é chamado por aqueles que o adoram) nos faz sentir jovens e animados, por mais medíocre que seja o desempenho.

Friedman chamava o MyBrainTrainer de "a primeira academia mental". Ele tem um circuito de "aparelhos de ginástica" com nove tipos de exercícios cerebrais a serem realizados em alta velocidade. Os exercícios avaliam os reflexos, a percepção, a agilidade do processamento mental, habilidades analíticas, concentração, reconhecimento visual, capacidade da memória e vocabulário. Todos eles são curtos, rápidos e desafiadores, e há inúmeras maneiras de analisar seus resultados. Friedman entende de estatísticas, obviamente é o tipo de sujeito que tem prazer em dizer quem é o favorito para ganhar a corrida ou a média de bolas batidas por jogadores de beisebol, e levou essa habilidade para seu site. Todo o programa de treinamento de memória baseado na web nos dá a oportunidade de tentar bater o próprio recorde, mas Friedman, que conhece o poder estimulante da competição, projetou o MyBrainTrainer para você competir não só consigo mesmo, como também com outros membros da sua faixa etária ou que tenham a mesma profissão que você. A inscrição de 9,95 dólares permite comparar seus resultados por quatro meses, tempo após o qual o usuário já está tão preso ao programa que não pode nem sonhar em deixá-lo.

A meu pedido, Friedman me apresentou a um dos aficionados do MBT, Bill McGlynn, um técnico médico de pronto-socorro de 43 anos que já usava o MyBrainTrainer há dois anos. "Eu tinha a sensação de que minha mente estava perdendo velocidade", escreveu McGlynn em um e-mail, "e não estava gostando daquilo. Achei que estivesse sofrendo de algum grau de transtorno de deficit de atenção. Eu podia ser muito criativo, produtivo e inovador, mas também era capaz de perder o foco e não prestar atenção nos detalhes". A falta de foco no dia a dia é algo que incomoda, mas em um pronto-socorro, como explicou Glynn, é um perigo.

Após dois anos usando o MyBrainTrainer, McGlynn tinha certeza de que sua concentração melhorara. "É ótimo ver meu progresso, pois fica mais fácil aceitar os erros que cometo ao longo do dia, sem ser crítico demais." Sabendo que sua pontuação estava subindo, ele pôde silenciar aquela voz que lhe perguntava: "Onde isso vai parar?" Percebeu que não tinha razão para pensar que estava degenerando. "Consigo ver que sou competente em várias áreas", ele explicou, e "naquelas que continuam sendo um desafio para mim, estou melhorando". O trabalho com o MyBrainTrainer facilitou o aprendizado de novas tecnologias médicas, que aumentaram seu valor como funcionário, disse.

Mas ele advertiu que o MBT pode se tornar um vício. "No começo, eu passava muito tempo nele, de uma a duas horas por noite, de cinco a sete dias por semana", explicou. Dois meses depois, diminuiu para meia hora na maioria dos dias, e finalmente reduziu a diversão para três sessões de 15 minutos por semana. Depois que sua filha nasceu, tentou jogar com uma só mão enquanto a segurava com a outra. "Tentei até usar os dedos dos pés", confessou, "mas foi um fracasso".

Nos últimos meses, restringiu o jogo às pausas para o café no trabalho. Entre duas emergências, resolve o Desafio MBT, sete jogos consecutivos que ele pode completar em 15 minutos. "De certa forma", escreveu, "é um sacrifício, pois eu trabalho em um ambiente muito estressante. Mas descobri que jogar aumenta meu nível de adrenalina e me relaxa ao mesmo tempo. O resultado imediato — saber em que nível estou naquele exato momento — me dá forças. É muito estimulante".

Usei o MyBrainTrainer e, pela primeira vez, as notícias foram boas. Gostei — e muito. Pareceu perfeito para mim — um instante de competição no meio de um dia atribulado, o estimulante neuronal que me fez sentir como se tivesse feito uma pausa para um cafezinho. Meu desempenho foi horrível — meu tempo de reflexo era mais lento do que o de uma tartaruga. Mas havia esperança. Eu sentia. E vi que, a cada dia, meu placar subia um ponto, às vezes até dois.

E havia outros produtos a caminho. A Nintendo, empresa de jogos japonesa, entendeu o tamanho desse mercado quando lançou o Brain Age: Train Your Brain in Minutes a Day (Idade de cérebro: treine sua mente em minutos por dia), para ser jogado no portátil Nintendo DS. Pelo preço de 20 dólares cada (e mais, é claro, os 200 dólares pelo sistema Nintendo DS em que o jogo funciona), o jogo se tornou tão popular entre japoneses de meia-idade que a empresa vendeu 5 milhões deles e logo lançou outro título: Big Brain Academy (Grande academia do cérebro). Segundo a Nintendo, os jogos foram criados por um neurocientista japonês, cuja imagem pisca em várias telas enquanto ele faz traduções estranhas do que aparentemente seriam provérbios japoneses. Suspeito que esses jogos sejam mais uma onda de marketing do que de ajuda de verdade. Para começar, o desempenho na tela sensível ao toque depende da capacidade do Nintendo DS de decifrar sua letra ao escrever com uma caneta do tipo *stylus*, como as usadas em Palm Pilots, e da facilidade com que o sistema de reconhecimento de voz interpreta suas respostas. O foco do Brain Age é basicamente apenas na velocidade de processamento. Na primeira rodada, quase todo mundo recebe a preocupante notícia de que seu cérebro é pelo menos duas décadas mais velho do que diz a certidão de nascimento. Mas a Nintendo sabe que os consumidores de meia-idade gostam de gratificação instantânea. Se, com o treinamento, você consegue responder a vinte problemas simples de matemática em um piscar de olhos ou decorar rapidamente e escrever uma longa lista de palavras, uma melhora estranhamente fácil está bem ali. Após algum treinamento, você recebe a boa notícia: seu cérebro agora está mais jovem do que você. Não sei determinar a precisão do Brain Age — acho que é limitado demais para saber do que está falando. Mas ele é rápido e fácil de encontrar, e posso afirmar que é benéfico fazer alguns exercícios quando estou parada na entorpecente fila do correio, por exemplo.

Com o MBT, encontrara a Intervenção Número 3 e uma maneira de fazer meu cérebro se libertar, ainda que por poucos minutos de cada vez. Mas uma nova pergunta surgiu em minha mente: o que acontecia lá em cima que cansava tanto esses neurônios de meia-idade? Revirei os olhos tentando imaginar a natureza estrutural e bioquímica do meu cérebro.

MERGULHANDO EM ÁCIDO DE BATERIA
...

Níveis elevados de cortisol associados ao estresse crônico não são amigos do hipocampo

Você já sabe que a maioria dos problemas cognitivos da meia-idade surge das deficiências de atenção e da memória operacional. Mas a perda de memória "real" — a incapacidade para guardar informações que você sabe que seu lobo frontal sugou como uma esponja — também pode ocorrer na meia-idade. "Às vezes, presto a maior atenção possível", conta Jeanette, que faz pesquisa científica. "Realmente me concentro e demoro um bom tempo para registrar a informação, mas ainda assim não me lembro dela." Isso acontece a partir de uma dificuldade no hipocampo estressado, uma região do cérebro crucial para o aprendizado e a memória.

Seu hipocampo está mais ou menos atrás dos ouvidos, lá no fundo do lobo temporal do cérebro. É uma parte sensível, com grande importância na lembrança de acontecimentos do dia a dia e informações. Ele situa as coisas, coloca-as em contexto; permite que você saiba o que aconteceu antes e depois. É ele que situa você no tempo e no espaço, atualizando sempre suas coordenadas. Quando Sean, profissional de tecnologia da informação, se perdeu na própria cidade, provavelmente foi devido a uma falha do hipocampo. O hipocampo é uma estrutura central para a recordação consciente e voluntária de informações aprendidas previamente.

O estresse nem sempre é ruim para a memória; na verdade, um pouco de estresse no ambiente a deixa mais afiada. Um surto ocasional de estresse pode ser neuroprotetor — é como uma faxina, varrendo e jogando fora proteínas mal utilizadas e outros lixos celulares.

O modo como seu corpo reage ao que a vida traz — o "sistema de resposta ao estresse" — é que determinará se seu hipocampo continua robusto ou se começou a murchar como um pêssego ao sol. Muitas vezes dizemos que "estamos estressados", mas estar preso no ônibus a caminho da consulta do dentista não vale. Para atender à definição científica de estresse, sua fonte deve ser imprevista, imprevisível, recente e fora do controle individual. Pode ser pessoal — uma morte repentina na família — ou ambiental, como um terremoto. Pode ser global e abrangente — o 11 de setembro e subsequentes ataques terroristas se enquadram nessa descrição.

Seria ótimo se o estresse tivesse vida curta, se, como descreve o neurocientista Robert Sapolsky, de Stanford, você experimentasse "(...) três minutos de um terror absoluto, como se lutasse pela vida na savana, ao final dos quais, ou o estresse tivesse acabado, ou você estivesse acabado". Em vez disso, vivemos em um estado crônico de grande alerta e ansiedade, com a sensação de que o perigo pode atacar a qualquer momento, sem avisar. Quer estejamos ou não em perigo iminente, o cérebro toma sua decisão e abre as torneiras. Mas esquece de fechá-las. "A mente humana é tão poderosa, as conexões entre a percepção e as respostas fisiológicas são tão fortes, que somos capazes de desencadear uma reação do tipo mate ou morra apenas nos imaginando em uma situação ameaçadora", observa Bruce McEwen, neuroendocrinologista da Universidade Rockefeller.

A FISIOLOGIA DO ESTRESSE

Quando seu corpo entra em aceleração e passa semanas, meses ou até anos assim, seu hipocampo sofre. A resposta ao estresse reflete o esforço do corpo para manter o equilíbrio das coisas — para obter apenas o nível correto de oxigênio, glicose, acidez e temperatura. Esse processo começa na amígdala, uma pequena estrutura em forma de amêndoa localizada no centro do cérebro e ligada a outras regiões, inclusive o hipocampo, através das longas fibras axônicas revestidas de mielina. Quando a amígdala recebe a mensagem de que você precisa ter medo — seja da já esperada bronca do seu supervisor ou das notas dos seus filhos —, ativa o eixo HPA, que engloba o hipotálamo e as glândulas pituitária e adrenal. Ocorre uma descarga de hormônios, provocando a liberação da adrenalina, que aumenta o alerta e melhora a memória.

Instantes depois, a glândula adrenal manda outra onda de hormônios do estresse, conhecidos como glucocorticoides. Nos humanos, o glucocorticoide mais relevante é o cortisol, hormônio esteroide masculino feito de colesterol. Para fornecer combustível para o exercício que vem por aí — a resposta vida ou morte —, o cortisol transforma os carboidratos armazenados como glicogênio em glicose, e os envia ao sistema circulatório, mandando o máximo de glicose e oxigênio possível para o coração e outros músculos. Mais ou menos meia hora depois do início da resposta do estresse, o eixo HPA deve receber uma mensagem do exigido hipocampo de que tudo está muito bem e é hora de encerrar os trabalhos. Se o hipocampo está comprometido demais para mandar a mensagem, a resposta de "todos a postos" continua, e é aí que o problema começa. O cortisol não permite que a glicose faça seu trabalho direito. Ele impede a entrada da insulina nas células. Dessa forma, pessoas com produção extremamente alta de cortisol muitas vezes desenvolvem uma condição pré-diabética chamada de resistência à insulina, ou intolerância à glicose.

Mesmo poucos dias de níveis altos de cortisol podem danificar os neurônios do hipocampo. (Outros hormônios do corpo diminuem com a idade, mas não o cortisol — sua quantidade é sempre mais do que suficiente.) Em ratos, observa Bruce McEwen, três semanas de estresse repetitivo (no caso dos roedores, pequenas limitações à mobilidade

MERGULHANDO EM ÁCIDO DE BATERIA

nas gaiolas) fazem as células do hipocampo encolherem e mudarem de formato. Os dendritos, que normalmente ficam em volta das células neuroniais como a folhagem densa em torno do tronco de uma árvore, tornam-se esparsos. As sinapses nas pontas dos dendritos começam a secar, o que significa menos conexões sinápticas e oportunidades de transmitir as informações, tendo como resultado uma perda de memória de pequena a moderada. Altas taxas de cortisol também resultam em um declínio na formação de novas células cerebrais. Os cientistas acreditam que níveis cronicamente altos de cortisol podem prejudicar a produção do fator neurotrófico derivado cerebral (BDNF, a sigla do inglês que é também utilizada entre cientistas no Brasil), que atua como uma espécie de fertilizador dos ramos dendríticos e das células novas. Sem esse composto, que encoraja as células nervosas a crescer e formar novas conexões, o hipocampo rapidamente perde as tropas de reposição das células mortas e das sinapses. Quando um número grande de neurônios atrofia ou morre, o próprio hipocampo começa a diminuir, prejudicando muito o processo cognitivo.

A produção do BDNF é controlada por um gene específico. Infelizmente, cerca de um terço da população herdou uma variante fraca desse gene que faz o BDNF entrar no corpo da célula, em vez de ser transportado para a sinapse, o que provoca uma rede menos sofisticada — e, portanto, menos capaz. Quando você diz que herdou a péssima memória do seu pai, pode estar falando desse gene.

Estudos mostraram que, quando a resposta ao estresse cessa, a produção de BDNF é retomada, e a regeneração dos neurônios começa a florescer de novo. "A atrofia é reversível", diz Bruce McEwan, "quando o estresse é breve. Mas o estresse contínuo, que dura meses ou anos, pode matar os neurônios do hipocampo".

A RELAÇÃO ENTRE PERDA DE MEMÓRIA E DEPRESSÃO

Quando um paciente reclama de deficit de memória, médicos e psicólogos imediatamente suspeitam de depressão clínica como o catalisador. É uma pressuposição aceitável — se a pessoa estiver envolvida em uma nuvem cinza de melancolia, sua mente preocupada com certeza a impedirá de prestar atenção ao que está acontecendo ao seu redor. Na realidade, a associação é muito mais complexa. Novas pesquisas demonstraram claramente que, independente do que seu psicólogo pensa, a depressão, sozinha, não causa perda de memória. Uma das hipóteses sugere que o ciclo começa com um nível elevado de cortisol, que cria uma inibição do BDNF induzida pelo estresse, restringindo o nascimento de novas células nervosas e o crescimento de dendritos e axônios, acabando por deixar o cérebro travado. O hipocampo sofre, e a condição que conhecemos como depressão clínica emerge. Quanto mais duradoura for a depressão, maior será a probabilidade de diminuição do hipocampo. Pacientes que sofreram de depressão grave por anos têm o volume do hipocampo de 10% a 20% menor do que em indivíduos saudáveis submetidos ao mesmo controle. Curiosamente, os ácidos graxos essenciais podem fazer muita diferença no combate à redução da neurogênese induzida pelo cortisol. Os cientistas observaram que a depressão é sessenta vezes mais rara em países como Taiwan e Japão, onde as pessoas consomem muito mais peixes ricos em gorduras do que nos Estados Unidos e Alemanha, onde não é comum encontrar peixe nas mesas.

Quanto mais penso nisso, menos surpresa fico com o fato de danos ao hipocampo causarem os sintomas da depressão clínica. Quando sua função está prejudicada, é impossível contextualizar os acontecimentos, posicioná-los em termos de importância. Fica muito fácil mergulhar em uma bruma existencial. É o hipocampo que diz quem você é e por que você existe. Uma redução em sua função pode destruir sua noção de si mesmo.

Novas pesquisas sugerem que danos ao hipocampo estão relacionados a episódios depressivos recorrentes, e se a depressão não for tratada ou só for cuidada tarde demais, alguns aspectos da dificuldade cognitiva permanecem. O tratamento imediato com antidepressivos aparentemente protege o hipocampo. Antidepressivos que inibem a recaptação de serotonina, como Zoloft e Prozac, estimulam o cérebro a voltar a ativa e a produzir BDNF. (Embora tenham valor inestimável no tratamento de transtornos depressivos graves, as drogas antidepressivas não

MERGULHANDO EM ÁCIDO DE BATERIA

fazem nenhum bem. Tomar esse tipo de medicação, especialmente por longos períodos de tempo, pode desencadear vários tipos de problemas cognitivos, como descreverei em maiores detalhes no capítulo 15.) "Os antidepressivos inibidores seletivos da recaptação de serotonina demoram cerca de um mês para começar a aliviar os sintomas da depressão", segundo Fred Gage, cuja equipe no Instituto Salk de Estudos Biológicos de La Jolla, Califórnia, descobriu a natureza contínua da neurogênese, "porque é esse o tempo que as células recém-nascidas demoram para amadurecer por completo, ampliar os dendritos e se integrar com o circuito cerebral existente". Essa observação põe um ponto final na ideia especulativa de que os antidepressivos inibidores seletivos da recaptação da serotonina (ISRS) atuam pelo aumento do nível de serotonina no cérebro, que nunca teve qualquer respaldo científico. É provável que novas abordagens no tratamento da depressão envolvam remédios que intervenham muito antes nesse ciclo, talvez reprogramando o eixo HPA e reduzindo a produção de cortisol antes que ele danifique em demasia o hipocampo. Pesquisadores estão avaliando o potencial de drogas que manipulam os níveis de cortisol. Esses fármacos podem vir a substituir os antidepressivos no tratamento de vários transtornos de humor.

O transtorno do estresse pós-traumático é uma ameaça significativa ao hipocampo e, portanto, à memória. Afeta 8% das pessoas em algum momento de suas vidas. Os sintomas incluem lembranças desagradáveis, pesadelos, flashbacks, sobressaltos constantes, aumento do estado de vigilância, dificuldades de socialização e problemas de memória e concentração. "Pacientes com transtorno de estresse pós-traumático têm seu alarme de medo 'ligado' o tempo todo, e não possuem a capacidade de fazer as distinções que os ajudariam a determinar quando uma ameaça real entra em seu ambiente", observou J. Douglas Bremner, diretor do Centro de Tomografia por Emissões de Pósitrons da Universidade Emory. No transtorno por estresse pós-traumático (TEPT), os altos níveis de cortisol, com o tempo, acabam por danificar as células do hipocampo, e este encolhe, provocando dificuldades cognitivas. Em um estudo neuropsicológico com pacientes que sofriam de TEPT, Bremner verificou que a pontuação deles em uma bateria de testes era, em média, 40% abaixo do normal.

VOCÊ É PROPENSO AO ESTRESSE?

A "propensão ao estresse", como chamam Robert S. Wilson e seus colegas do Centro Médico da Universidade Rush, em Chicago, não é um sinal muito promissor. Em um estudo com quase oitocentas pessoas na faixa dos 70 anos, Wilson e seus colegas descobriram que aquelas propensas ao estresse sofrem uma redução de dez vezes na capacidade de lembrar de acontecimentos de suas vidas. No grupo, composto de freiras, padres e freis católicos, pessoas altamente propensas ao estresse (cerca de 90% delas) demonstraram duas vezes mais riscos de desenvolver mal de Alzheimer do que aquelas com baixo grau de vulnerabilidade ao estresse. Mesmo as que não desenvolveram mal de Alzheimer mostraram mais problemas de memória do que indivíduos com baixas taxas de estresse. Embora os detalhes continuem confusos, os cientistas consideram a teoria de que haja uma ligação entre o estresse crônico, a depressão e o desenvolvimento do mal de Alzheimer. As células do hipocampo que se tornam indefesas diante do ataque contínuo do cortisol podem ser especialmente suscetíveis à penetração dos agregados de proteínas que acabam por se transformar em placas amiloides.

Nos meus dias de mãe de pracinha, observei em primeira mão os diversos limites do estresse em crianças pequenas. Algumas choravam ao primeiro sinal de um caminhãozinho capturado por outra. Outras podiam cair de cara no chão, mas levantavam, sacudiam a poeira e saíam andando, sangrando um pouco, para brincar de outra coisa. Percebi a mesma discrepância em adultos: alguns demonstram grande ansiedade à menor provocação. Outros deixam a maioria das coisas para trás, sem dar grande importância para nada. Sem exceção, aquele grupo sensível e propenso ao estresse — do qual eu era um membro de carteirinha — reclama de mais problemas de memória do que os do tipo descansado.

Algumas dezenas das pessoas que responderam ao meu questionário explicaram que sempre foram vulneráveis à ansiedade; era como se o limite da calma delas fosse muito baixo. Coisas que não incomodavam outras pessoas as deixavam à beira de um ataque. Elas se perguntavam se tinham nascido assim. Era possível, eu lhes disse. Um estudo

MERGULHANDO EM ÁCIDO DE BATERIA

da Universidade de Columbia com grávidas estressadas ou depressivas mostrou que, quando recebiam uma tarefa de computador que induzisse ao estresse, o feto também reagia. Jerome Kagan, especialista em desenvolvimento infantil de Harvard, observou que, com 16 semanas, os bebês colocados em um ambiente desconhecido já demonstram uma alta e desconfortável sensibilidade aos novos estímulos ou um interesse calmo em explorá-los. Curiosamente, essa reação, aos quatro meses, é um sinal bastante confiável de quão corajosa ou tímida aquela criança será quando adolescente ou adulta.

O ESTRESSE PRECOCE RESULTA EM DEFICITS DE MEMÓRIA NA MEIA-IDADE

Eu estava folheando o grosso pacote de artigos científicos publicados em periódicos especializados que meu pesquisador me manda no primeiro dia de cada mês, quando um título me chamou a atenção: "Estresse psicológico precoce pode levar à perda de memória e diminuição das faculdades cognitivas na meia-idade." O estudo explorava a relação entre filhotes de ratos e suas mães. Tallie Baram, professor de anatomia e neurobiologia da Universidade da Califórnia, em Irvine, impôs limites aos materiais usados na construção de ninhos em caixotes habitados por filhotes recém-nascidos e suas mães. Os ratos gostam de muita palha fresca e algodão para se sentirem confortáveis, explicou Baram, e limitar esse material torna a maternidade um momento muito estressante.

No começo, os filhotes pareciam estar bem. Por alguns meses, durante a adolescência e a juventude, seu comportamento não foi diferente do de outros ratos. Então, alguma coisa mudou. À medida que o grupo se aproximava do que se considera a meia-idade para um rato, começaram a mostrar sinais de lapsos de memória. No teste do labirinto, esqueciam a localização de objetos vistos no dia anterior. Conforme envelheciam, o deficit de memória piorava e se desenvolvia a uma velocidade muito maior do que em ratos que passaram a primeira semana de vida em um ambiente cheio de material acolhedor.

Baram descobriu que o problema vinha do fundo do cérebro. As células do hipocampo, a região em forma de lua crescente responsável pelo processamento, armazenamento e recuperação de informação nova, não estavam agindo de forma apropriada, pois as conexões sinápticas haviam se deteriorado, e o número de sinapses, diminuído.

A rede hipocampal (chamada assim porque é formada de vários componentes interconectados) funciona de forma parecida com um jogo infantil chamado ratoeira. No jogo, você solta uma bolinha prateada em um pequeno balde de plástico e a observa enquanto percorre um circuito elaborado, descendo rampas e pulando escadas, até chegar ao final e fechar a armadilha. No cérebro, a informação dos lobos frontais desce até os axônios revestidos de mielina ao hipocampo, onde pula de sinapse em sinapse, caminhando do subículo ao giro dentado. Finalmente, ela volta ao subículo, onde é consolidada. Nesse momento, pronta para o armazenamento de longo prazo, a informação é mandada de volta ao lobo frontal, onde (nas circunstâncias apropriadas) é arquivada permanentemente.

As investigações de Tallie Baram foram pioneiras, pois revelaram que o estresse no início da vida danifica a rede hipocampal de tal forma que essa condição só se torna aparente na meia-idade. A natureza exata da associação permanece obscura: a falta de conforto seria apenas uma metáfora para outro tipo de privação? Baram levantou a hipótese de que a falta do algodão e da palha macios deixaram a mamãe rato em crise, alterando a maneira como criou seus filhotes. As pesquisas sugerem que uma alteração, ainda que sutil, na relação entre mãe e filho já é o suficiente para reprogramar a expressão dos genes específicos e acelerar o eixo HPA, causando danos ao hipocampo ao longo do tempo.

(As pessoas falam o tempo todo de "genes bons" e "genes ruins", supondo, incorretamente, que a predisposição genética é algo imutável, como um broche de camafeu que passa de geração em geração. Apesar de alguns códigos genéticos determinantes das características físicas, como o da cor dos olhos, a maioria dos genes oferece apenas uma sugestão, e o meio ambiente influencia o resto. É o ambiente que determina qual gene será "ligado" para "se expressar", e qual será "desligado". Existem

MERGULHANDO EM ÁCIDO DE BATERIA

genes específicos que influenciam a função do eixo HPA, que regula a reação do estresse.)

Michael Meaney, professor de psiquiatria da Universidade McGill, esclarece ainda mais esse tema. Em seu estudo sobre as "lambidas" dos ratos, conseguiu determinar com precisão a sucessão de passos moleculares através dos quais os fatores ambientais programam a expressão genética e, assim, regulam a resposta do estresse de toda a vida dos filhotes.

Como as mães humanas, os ratos têm diferentes maneiras de expressar o carinho — algumas lambem e arrumam os filhotes três a cinco vezes mais do que as outras, sendo mais carinhosas, enquanto outras são mais arredias. Do ponto de vista evolutivo, os dois estilos são igualmente eficientes: os filhotes de ratos sobrevivem e se reproduzem da mesma maneira. Mas Meaney dividiu sua população de roedores em dois grupos, de acordo com o comportamento das mães, e descobriu que os que recebiam mais lambidas se aventuravam mais, eram mais destemidos e menos estressados quando adultos.

Eles também se lembravam melhor das coisas. A principal tarefa incluía nadar através de um labirinto flutuante para procurar objetos submersos. As crias mais lambidas se saíram melhor do que as outras, aprendendo com maior facilidade a relação espacial. Elas guardaram o que aprenderam por mais tempo do que as menos lambidas. Quando os pesquisadores analisaram seus cérebros, descobriram que o hipocampo dos ratos mais bem-criados faziam mais sinapses. Os filhotes das entusiasmadas lambedoras tinham maiores concentrações dos receptores neurais hipocampais que determinam que o estresse já foi suficiente e que é hora de interromper o fluxo de hormônios, sugerindo que o gene que requisita os aminoácidos que constroem os receptores neurais estava em trabalho pleno. Quanto maior era a quantidade de carinho que o filhote recebia, menor a taxa de hormônio do estresse em sua corrente sanguínea.

Embora os ratos e os humanos tenham a constituição genética muito parecida — eles têm 90% do DNA operacional igual e todos os genes de doenças idênticos —, é sempre arriscado pular de roedores para humanos. Os primeiros, por exemplo, nascem cegos e dependem totalmente do tato, enquanto bebês humanos estão sujeitos a muitos outros tipos de influência. Ainda assim, cientistas se basearam nos estudos de Meaney e Baram para sugerir que o estresse emocional, associado à perda dos pais, maus-tratos e negligência na infância resultam em deficits de memória na meia-idade. As implicações foram fascinantes, ainda que insuficientemente exploradas. Se privações precoces podem desencadear a sequência de estresse, aumentar os níveis de cortisol e danificar o hipocampo, talvez seja possível, com intervenções, encontrar e alcançar o interruptor que detém esse processo.

O PAPEL DA LIGAÇÃO ENTRE PAIS E FILHOS

Quando escrevi o questionário no início de minhas pesquisas, nunca pensei em perguntar sobre a infância das pessoas. Ainda assim, muitos incluíram voluntariamente esse tipo de informação. Parece que, quanto mais instável for a infância, mais propenso o indivíduo será a ter problemas cognitivos na vida adulta. Pessoas com vidas inquestionavelmente estressantes, mas que cresceram em circunstâncias seguras e acolhedoras, observaram que "o estresse os deixa ainda mais afiados" ou "os ajuda a completar tarefas". Aqueles que tiveram um ambiente mais frio disseram que o estresse os "derruba", que ficam "burros e fora de si sob pressão", e acham "cada vez mais difícil lidar com o branco total que surge toda vez que estão na mira do fogo".

Aqueles que passaram por experiências estressantes cedo na vida muitas vezes observaram que tiveram problemas para contextualizar as coisas — o que vem antes e o que vem depois. Eles tinham apenas vagas lembranças da infância, mas mesmo acontecimentos recentes eram nebulosos. Seu mapeamento mental e habilidades espaciais eram fracos. Essas são todas funções do hipocampo e não se confundem com a falta de atenção que reflete alterações nos lobos frontais. Havia exceções, é claro, mas, em geral, quanto mais difíceis eram as circunstâncias do nascimento e da infância, mais danificadas pareciam as funções hipocampais.

"Não seria exagero", escreveu Anna, escultora, "dizer que eu quase não me lembro da minha infância. Não guardo nada do que aconteceu antes dos meus 10 anos, e depois disso, só fragmentos. Não me vejo nas minhas próprias lembranças. Na melhor das hipóteses, parecem quadros separados de um filme de Super 8, pequenos lampejos de quem eu fui. Nada completo sobre elas, nenhum conteúdo emocional. Eu mal me vejo lá".

Percebi que em cada um dos casos há um bloqueio significativo na relação entre mãe e filho — alguma doença mental ou física, incluindo alcoolismo e depressão, ou simplesmente uma ambivalência profunda com relação à maternidade. Minha própria mãe talentosa e ambiciosa, nascida uma década antes do tempo em que se podia optar por adiar a maternidade ou priorizar a carreira em detrimento da família, aos 24 anos se achava despreparada para a tarefa de cuidar de mim, um exigente bebê com cólicas. A julgar pelos comentários que ela fez ao longo dos anos — e por seu espanto diante do meu entusiasmo para cuidar de meus próprios filhos —, reconheço que deve ter sido um período difícil. Será que tivera um impacto?

Daniel Siegel, psiquiatra clínico e diretor do Centro para Desenvolvimento Humano da UCLA, passou a maior parte de sua carreira estudando os relacionamentos entre mães e filhos. Descobriu que, quando as mães não se dispõem emocionalmente, não respondem ou percebem as emoções e necessidades dos filhos, os rejeitam, ou são desorganizadas e desorientadas na relação com os filhos pequenos, estes acabam por se tornar adultos sem "ancoradouros conceituais que (...) lhes permitam acessar a memória, incluindo a fluidez narrativa e a capacidade de refletir sobre si mesmos".

Telefonei para Siegel e perguntei se poderia levar uma salada para comermos em seu consultório, na parte ocidental da cidade de Los Angeles, só para ter certeza de que tinha entendido corretamente. A hipótese dele parecia, bem... antimãe, para dizer o mínimo. Nos sentamos em torno de uma grande mesa redonda, com vista através de uma grande janela de vidro para as colinas de Brentwood, se estendendo até Bel Air.

Segundo estimativas dele, apenas 55% a 65% das crianças são abençoadas com vínculos seguros. "Os relacionamentos seguros", começou ele, "podem fornecer as fundações centrais para o desenvolvimento mental. Acredito que o padrão de funcionamento do cérebro é formado por essa relação. Quando um bebê se vê diante de um problema insolúvel, ou seja, quando o pai ou a mãe, que deveria protegê-lo, tem "um comportamento amedrontado, dissociado ou desorientado, sua parte cognitiva fica inerentemente desorientada".

"Como o senhor sabe que seu paciente teve uma mãe emocionalmente ausente ou ambivalente?", perguntei.

"O principal sinal", respondeu, "é a pessoa não se lembrar das experiências de infância. A vida é vivida sem o menor senso do passado. As pessoas acabam com uma total falta de recordação do que aconteceu em suas próprias vidas, especialmente no que diz respeito a relacionamentos. Suas lembranças são fracas ou inexistentes, e a noção do 'eu' é pobre".

Mães emocionalmente ausentes ou ambivalentes têm várias características diferentes, mas raramente infligem maus-tratos físicos, observou Siegel, o que exigiria mais envolvimento do que elas oferecem. Muitas vezes, a relação de ausência ou ambivalência surge de uma situação familiar mais complexa — a presença de um marido alcoólatra, por exemplo, pode tornar impossível para uma mãe humana, tão estressada quanto a roedora sem a cama macia, estabelecer um vínculo emocional com os filhos.

"O vínculo estabelece uma relação interpessoal que ajuda o cérebro imaturo [da criança] a usar um cérebro maduro [dos pais] para organizar seu próprio processo", explica Siegel. As crianças que não têm oportunidade de usar um cérebro maduro crescem incapazes de contextualizar as coisas, sempre lutando para encontrar uma maneira de juntar as peças do quebra-cabeça da vida. Por volta dos 10 anos, segundo as pesquisas de Siegel, essas crianças vivem "uma escassez única de conteúdo nas narrativas espontâneas de sua própria biografia", a história de suas vidas como percebida por elas mesmas. Em bebês sem o benefício de vínculos de segurança, é provável que o cortisol corra solto. O estresse surge ainda na infância e se torna inerente ao metabolismo da criança, danificando o hipocampo exatamente como aconteceu com os ratos de Baram. Quando o hipocampo está saudável, explicou Siegel, ele é uma notável máquina do tempo e permite que se viaje para a frente e para trás através da vida. Quando está inundado de cortisol, em especial já em tenra idade, não consegue ligar causa e consequência, expectativas lógicas, saber o que vem primeiro e o que vem depois e a forma geral dos acontecimentos.

— Sabe — me disse Siegel, gentilmente —, às vezes, quando as pessoas lidam com essas dificuldades de vínculo, os problemas cognitivos e de relacionamento íntimo começam a se resolver.

Fiquei pensando se ele não poderia me conceder mais uns cinquenta minutos, começando ali mesmo.

ÁVIDAS POR ESTROGÊNIO
...

Rejeitar a terapia hormonal pode deixar
seus neurônios em apuros

"Todos que me conhecem têm certeza de que desenvolvi um transtorno de deficit de atenção no dia em que completei 52 anos", disse Peggy, consultora, que reconhece a improbabilidade disso. "Luto para me concentrar, e é somente a ameaça de aniquilação que me ajuda a fazer o esforço necessário. Não me lembro do que leio ou do que as pessoas me dizem." Ela suspeitava de que a menopausa podia ter algo a ver com aquilo, embora a sua tivesse "chegado e ido embora em 45 minutos, sem nenhum sintoma específico".

Quando eu disse a Peggy que seus neurônios deviam estar implorando por mais estrogênio, ela ficou chocada. Como muitas mulheres na menopausa, ela rejeitou a terapia de reposição hormonal (TRH) por ser perigosa demais e, segundo tudo que ela tinha lido nas revistas, provavelmente desnecessária.

O papel do estrogênio no cérebro só agora começa a ter a atenção que merece. As neuroimagens permitiram que os cientistas conhecessem muito melhor o metabolismo cerebral. Níveis satisfatórios de hormônio são essenciais para que os neurônios utilizem corretamente o neurotransmissor acetilcolina, essencial para o bom funcionamento do hipocampo e dos lobos frontais. O estrogênio também aumenta a taxa de neurogênese, limitando os danos causados pela superabundância de cortisol na meia-idade. O hormônio também mostrou uma notável capacidade de combater a devastação causada pela proteína beta-amiloide, que forma as placas destruidoras dos nervos cerebrais que acompanham o aparecimento do mal de Alzheimer. O estrogênio também ajuda a proteger as células cerebrais contra os efeitos destrutivos da oxidação, ao mesmo tempo que estimula o metabolismo da glicose e o fluxo sanguíneo para o cérebro. Estudos recentes sugerem que ele também atrasa a diminuição da massa cinzenta, o tecido de cor escurecida do cérebro que é formado basicamente por células nervosas que são essenciais para o processamento da informação. Quando se pensa que, atualmente, uma mulher pode viver cerca de um terço da vida após a menopausa, fica difícil superestimar a importância do estrogênio.

"A literatura mostra com uma clareza absoluta que o estrogênio é essencial para impedir que os neurônios percam a função e morram", afirma Robert Sapolsky, neurologista de Stanford. A diferença nos testes de fluência verbal (em que mulheres têm que dizer, por exemplo, os nomes do maior número de animais do zoológico que conseguirem lembrar) entre mulheres pós-menopausa que fazem ou não a reposição hormonal varia de meio a um desvio padrão inteiro. Não é uma diferença muito grande, mas, para muitas mulheres, é significativa o suficiente para ser notada.

PESQUISAS QUE DEIXAM MÉDICOS ALARMADOS

"Mas aquele grande estudo sobre o estrogênio de alguns anos atrás não concluiu que tudo nele era perigoso?", Peggy perguntou, franzindo a sobrancelha, preocupada. Ela falava da Women's Health Initiative (Iniciativa para a saúde da mulher), a WHI, uma ampla pesquisa realizada com 16 mil mulheres no início dos anos 1990 para avaliar os benefícios e riscos da reposição hormonal e determinar se o tratamento de longo prazo combinado de Prempro (estrogênio e progesterona conjugados) e Premarin (estrogênio extraído da urina de éguas) poderia prevenir doenças coronarianas em mulheres.

Por vários anos, a partir de 2002, a WHI só deu más notícias. Diferentes aspectos dos testes foram interrompidos à medida que os resultados começaram a refletir um aumento moderado nos riscos de câncer de mama, derrame e coágulos cerebrais. As participantes não apresentaram redução na taxa de doenças cardíacas e, na verdade, demonstraram um risco duas vezes maior de desenvolver demência.

Compreensivelmente, os médicos logo interromperam a terapia de suas pacientes. Nos primeiros oito meses de 2002, antes que os resultados fossem amplamente divulgados, 45,2 milhões de receitas para terapia de reposição hormonal foram prescritas. No mesmo período, em 2005, esse número caiu para 24,7 milhões. Da noite para o dia, a TRH foi transformada de um tratamento amplamente aceito a uma terapia perigosa e de resultados questionáveis. Em caso de necessidade absoluta, a FDA (sigla da Food and Drug Administration, agência federal americana equivalente à Anvisa no Brasil, responsável pelo controle de alimentos e medicamentos, entre outros produtos) declarou que a reposição hormonal deveria ser prescrita na menor dose e pelo menor período de tempo possível.

Por um tempo, segui essa linha de raciocínio, como a maioria das mulheres que conheço. Estávamos lidando bem com os sintomas da pré-menopausa. Quando a grande "M" atacasse, estaríamos prontas, recusando-nos a ceder aos calores e alterações de humor. "Estou fazendo um estoque daqueles corpetes com sutiã", disse uma conhecida de corpo bem tratado. "Se precisar, é só tirar o que estiver por cima."

Mulheres que foram privadas do remédio durante a menopausa eram menos confiantes. Jill cuidava da mãe doente e de um casal de gêmeos de 6 anos que acabara de adotar quando saíram os resultados da pesquisa da WHI. "Meu médico me mandou parar com a terapia hormonal, e eu parei", disse. "Senti imediatamente as alterações no meu metabolismo. Eu tinha ondas de calor todos os dias, e fiquei um ano e meio sem dormir direito. Fiquei totalmente confusa."

Como muitas outras mulheres, Jill percebeu que tinha dificuldade para encontrar as palavras. Suas habilidades espaciais também diminuíram, deixando-a vulnerável ao que ela chamava de "Síndrome da Identidade Vazia". Frequentemente, vasculhava o carro ou a casa em busca do celular perdido (que ela tinha certeza de ter colocado na bolsa), para encontrá-lo dentro da pasta.

Também foi acometida pela síndrome do "O que estou fazendo aqui?", parando na frente ao armário do quarto sem conseguir lembrar do que tinha ido buscar no andar de cima. Seu hipocampo, a região do cérebro responsável por orientá-la no tempo e no espaço e por determinar o contexto das coisas, provavelmente sofria com a falta de estrogênio.

"Para mim, foi como passar do dia para a noite", disse Lucy, diretora de marketing. "Um dia, eu estava bem. Mal precisava de uma agenda. Então, fui bombardeada por todos os tipos de sintomas da perimenopausa, e o pior deles dizia respeito à memória e à concentração. A coisa ficou tão feia que começou a ficar difícil realizar meu trabalho. Eu não me lembrava de nada do que me diziam ou do que eu lia. Tive problemas horríveis com nomes de pessoas, até mesmo com aquelas que eu supervisionava há meses. Uma mulher, uma respeitada professora de neurociência cognitiva, observou: "Eu realmente sentia como se minha memória tivesse acabado. A mudança era tão assustadora, que achei melhor procurar um médico. Mas é claro que eu conhecia todos na cidade que eram capazes de me examinar. Então achei melhor procurar alguém em outra cidade próxima. Antes mesmo de fazer algo a respeito, minhas amigas começaram a comentar que tinham as mesmas dificuldades, e pensei: 'Graças da Deus, talvez não seja uma doença'."

Jane Gross, jornalista do *New York Times*, tentou se desmamar da TRH pouco depois que o estudo da WHI foi publicado. Ela lamentou a perda. "Pergunte para qualquer mulher que tenha uma menopausa difícil se ela considera que a senhora Rochester, trancada no porão em *Jane Eyre*, era realmente louca. É provável que a resposta seja 'não'. Ultimamente, tenho pensado muito na pobre senhora Rochester, que vivia em uma época em que a terapia de reposição hormonal não existia, enquanto tento, sem sucesso, me adaptar à falta do estrogênio. Como eu, ela provavelmente passou muitas noites em claro, assustada com as palpitações sem causa aparente e incapaz de se concentrar na simples tarefa de ler uma frase do começo ao fim."

As dificuldades cognitivas, muitas vezes vêm acompanhadas de ondas de calor, embora também possam acontecer sozinhas. Uma executiva de vendas relatou que pedira para sua secretária marcar uma reunião com toda a equipe para as nove da manhã. A presença era obrigatória. Quando chegou à sala de reunião, um ou dois minutos atrasada, viu uma dúzia de rostos sonolentos e percebeu que tinha esquecido o motivo da reunião. "Eu me senti tão humilhada", escreveu. "Eu sentia o calor subindo, os poros se abrindo. Expliquei que precisava de mais informações e corri para minha sala. Assim que olhei para minha mesa, descobri sobre o que queria falar."

Observei que algumas mulheres com carreiras de sucesso largavam tudo aos 50 anos. Sem dúvida, algumas apenas estavam fartas da ralação diária. Mas outras pareciam sentir a pressão cognitiva. Na Starbucks local, encontrei-me com aquela executiva que supervisionava quatrocentas pessoas e que um ano antes tinha me dito que sua memória continuava impecável. Ela não quis renovar o contrato com a empresa. Estava cansada. Na hora de sair, parou, com um olhar bem confuso, e disse: "Parece que estou sem meu bolo de banana." Apontei para a bolsa da Starbucks pendurada em seu braço. Ela bateu com a mão na testa, parecendo chateada.

REALIZAR OS TESTES ADEQUADOS

Gayatri Devi, neurologista que por muito tempo estudou a utilidade do estrogênio para o cérebro, dirige a Clínica de Memória de Nova York. Com frequência, ela atende mulheres profissionais na idade da menopausa que acreditam estar com os primeiros sintomas do mal de Alzheimer. "Eu as vejo o tempo todo", me disse em uma entrevista por telefone. "São editoras de revistas, pessoas que dirigem multinacionais, todas muito poderosas e na casa dos quarenta e tantos, cinquenta e poucos anos. Ficam muito assustadas com o que está acontecendo, desnecessariamente. Elas entram na sala de reuniões e de repente não se lembram das palavras corretas a usar, ou não têm ideia do que já foi dito. Isso é alarmante. É humilhante, e num momento em que suas carreiras estão no auge. Essas mulheres estão acostumadas a funcionar como carros esportivos, esperam ir de zero a cem em seis segundos; mas, de repente, isso leva um minuto. E às vezes, nem conseguem acelerar. Quando testamos essas mulheres, vemos que sua pontuação é muito elevada quando se trata de habilidades verbais e de linguagem, mas a memória operacional é muito fraca."

Para as gerações passadas, como observa Devi, essa mudança nas habilidades cognitivas na meia-idade não devia ser muito problemática. "As habilidades que uma dona de casa de meia-idade tinha — fazer o jantar, limpar a casa, cuidar dos netos — depois da menopausa permaneciam incólumes. As habilidades que vão embora são as que exigem rapidez de pensamento, necessárias no local de trabalho. A ironia disso tudo é que, quanto mais sagaz for na vida profissional, menos treinada para confiar em agendas e lembretes. Pessoas que sempre tiveram excelente memória, que eram capazes de citar capítulos e versos, nunca são muito organizadas, pois seus cérebros podiam aguentar tanta exigência. Quando essa agilidade desaparece, a infraestrutura entra em colapso.

Muitas pesquisas mostraram que a reposição hormonal após a menopausa melhora as funções cognitivas. Mas o que permanece mal-explicado é o que acontece com a função cerebral durante os anos imediatamente anteriores à menopausa, conhecidos como perimenopausa. Os resultados de várias investigações em mulheres nessa fase que se submeteram a testes neurofisiológicos mostraram que alguns tipos específicos de memória permaneciam perfeitamente intactos, e, em alguns casos, até melhoravam. Isso era confuso, até que uma equipe de pesquisadores do Centro Médico da Universidade de Rochester reuniu 24 mulheres na perimenopausa que se queixavam de problemas de memória e as submeteram a uma bateria de testes neuropsicológicos. Eles concluíram que elas não estavam imaginando coisas: havia evidentes deficits em sua capacidade de codificar informações novas.

Gavatri Devi não ficou nem um pouco surpresa. Suas pacientes geralmente passam por uma bateria de testes neuropsicológicos em que muitas vezes revelam deficits assustadores. "Por anos", disse ela, "os pesquisadores vêm aplicando os testes errados, em geral o MEEM, que é fácil demais. Para conhecer o efeito da falta de estrogênio, você precisa ministrar testes que desafiem essas mulheres ao limite. E tem que testar que habilidades são afetadas".

COM O ESTROGÊNIO, A IDADE IMPORTA

"Sinceramente", disse Grace, enfermeira, "os resultados publicados pela WHI me assustaram muito. Assim que os li, liguei para todas as mulheres em menopausa ou perimenopausa que eu conhecia, e até para outras mais velhas, que eu julgava que poderiam estar fazendo TRH, e disse que elas deveriam ligar para o médico e parar com o hormônio".

Na época, sua reação pareceu prudente. Como milhões de profissionais de saúde ao redor do país e do mundo, Grace não tinha todas as informações relativas ao estudo conduzido pela Women's Health Initiative.

As 16 mil mulheres recrutadas pela organização tinham em média 63,5 anos, mais de uma década mais velhas do que as que em geral fazem uso da TRH. Como mencionei antes, a intenção dos testes era descobrir se as terapias de reposição hormonal da Wyeth Pharmaceutical forneciam proteção de longo prazo contra o desenvolvimento de doença cardiovascular. Um estudo paralelo chamado WHIMS (sendo MS a sigla para Memory Study, estudo sobre a memória) examinou a hipótese de que a TRH poderia prevenir o mal de Alzheimer. As mulheres inscritas no WHIMS eram ainda mais velhas, tinham entre 65 e 79 anos. (Os pesquisadores escolheram mulheres com idade substancialmente superior à da menopausa, esperando obter resultados mais rápidos do que se tivessem que aguardar o envelhecimento de um grupo mais jovem.)

Há anos a Wyeth faz lobby para que a FDA amplie as bulas de seus remédios de TRH, para incluir informações sobre sua capacidade de prevenir doenças cardíacas. Como resultado disso, ela aumentaria sua participação no mercado, consolidando a TRH como um tratamento que as mulheres começariam a tomar para o alívio dos sintomas da menopausa, mas que continuariam a tomar por vários anos. A FDA se recusou a aprovar o medicamento para a prevenção de doenças cardíacas sem um amplo estudo clínico, e surgiu a pesquisa da WHI, em grande parte financiada pelo laboratório, que tinha poucas dúvidas sobre o resultado da investigação.

Francamente, eu não queria estar na reunião da diretoria da Wyeth quando os resultados começaram a aparecer. Um cientista que estava presente me disse que o choque era palpável — absolutamente ninguém da empresa esperava descobertas desfavoráveis. O ensaio clínico aplicado foi dos mais abrangentes: amplo, direcionado, duplo-cego e com uso de placebo. Os investigadores levaram vários meses para desenhá-lo.

Como disse antes, as mulheres selecionadas para participar do estudo da WHI, e da pesquisa paralela WHIMS, já tinham passado da menopausa e eram bem mais velhas do que as que geralmente recorrem à terapia hormonal. No início das pesquisas, mais da metade delas recebia tratamento contra hipertensão, 11% eram diabéticas e mais de 50% eram obesas. Elas faziam parte do grupo de alto risco para doenças cardiovasculares e cerebrais, que, por sua vez, influenciam o funcionamento cognitivo, independente do tratamento hormonal. Embora os resultados tenham sido assustadores, parece pouco provável que se aplicassem às mulheres mais jovens que iniciam a TRH na menopausa.

Ao longo do tempo, os cientistas descobriram que a idade era um fator crucial para o sucesso da reposição hormonal. Os pesquisadores acreditam que haja uma "janela de oportunidade" — um período de tempo crítico na vida da mulher em que o estrogênio é neuroprotetor. Eles sugerem que essa janela se abre aos quarenta e muitos anos, perto da perimenopausa, e se fecha um ou dois anos depois da perda da função ovariana. Especulam que, se o tratamento com estrogênio for iniciado tarde demais — bem depois da menopausa —, em vez de proteger, pode muito bem ser prejudicial e exacerbar a deterioração mental. A introdução tardia do estrogênio inibe a produção do BDNF, impedindo mais uma vez a neurogênese.

Há uma probabilidade significativa de que o resultado do estudo da WHI esteja mais relacionado aos efeitos tóxicos da progesterona sintética do Prempro do que com a administração do estrogênio. Três décadas atrás, quando pesquisas revelaram que a reposição hormonal feita apenas com estrogênio causava tumores uterinos em mulheres na pós-menopausa não submetidas à histerectomia, os médicos incluíram a progesterona — principalmente Prempro — ao coquetel, tornando a TRH muito mais segura. Infelizmente, o Prempro tem seus próprios efeitos colaterais. Pode ter efeito sedativo, causar alterações de humor e reduzir a atividade do neurotransmissor acetilcolina. Em um estudo da Universidade Rice, mulheres na pós-menopausa que usaram progesterona e estrogênio se saíram muito pior em testes cognitivos do que mulheres que só usavam estrogênio.

OS ESTROGÊNIOS SINTÉTICOS SÃO A RESPOSTA?

Pesquisadores já estão trabalhando para desenvolver estrogênios que não precisem ser equilibrados com progesterona ou que possam ser usados em ciclos e com pequena quantidade deste hormônio, limitando a exposição individual a ele. Existem dois tipos de estrogênios — alfa, responsável pelas características femininas e encontrado nos tecidos mamário, cardíaco e uterino; e beta, concentrado no cérebro e nos ossos. Os cientistas trabalham para "projetar" estrogênios que operem seletivamente, sem afetar o coração, os seios e o útero, mas fornecendo proteção para as células dos neurônios e ossos.

Roberta Diaz Brinton, professora na Faculdade de Farmácia da USC, e sua colega Liqin Zhao estão à frente dessa pesquisa. Elas formularam os neuroSERM — sigla do inglês para moduladores seletivos do receptor de estrogênio — que miram e ativam mecanismos estrogênios no cérebro, evitando, ao mesmo tempo, receptores de estrogênio de outras partes. Elas pretendem criar medicamentos que penetrem a barreira sanguínea cerebral e melhorem a função cognitiva, prevenindo a neurodegeneração associada à idade em homens e mulheres. Até agora, o laboratório de Brinton produziu 32 moléculas que satisfazem esse critério, extraídas de um total de 532 candidatos. "Para trabalhar de maneira correta", observa Zhao, "o neuroSERM tem que se comportar como um estrogênio, promovendo o crescimento dos dendritos e encorajando o desenvolvimento de novas sinapses nas regiões cerebrais envolvidas na função da memória. Ele também teria que ativar mecanismos de defesa dos neurônios, como faz o estrogênio, ao se deparar com um agente danificador, como o beta-amiloide.

Como os neuroSERM não têm os efeitos femininos dos estrogênios sintéticos atualmente produzidos pelos laboratórios farmacêuticos, podem ser úteis para homens e mulheres. Embora o mecanismo permaneça pouco definido, como sua contrapartida feminina, os neurônios masculinos também têm uma afinidade com o estrogênio, que no homem é extraído da testosterona, com o nome de estradiol.

Na verdade, em ambos os sexos, o desenvolvimento do mal de Alzheimer pode estar estreitamente ligado aos níveis de estrogênio presentes no cérebro. Um estudo publicado em 2005 relata que mulheres que morreram com Alzheimer tinham níveis bastante baixos de estrogênio no cérebro e muito mais placas amiloides do que outras pessoas da mesma idade e gênero. Homens que desenvolvem o mal de Alzheimer em geral têm metade da quantidade disponível de testosterona de homens saudáveis. Ainda é preciso pesquisar para saber se o efeito protetor vem da própria testosterona ou de sua transformação em estradiol.

PACIENTES VOLTAM À TERAPIA HORMONAL

Muitos dos médicos que mandaram suas pacientes suspenderem a TRH sugeriram que elas tentassem os chamados hormônios naturais, componentes bioidênticos geralmente feitos de inhame ou soja, mas também formulados a partir de ervas como a cimifuga. Na onda do estudo da WHI, os gastos com remédios para os sintomas da menopausa dispararam, chegando a 100 milhões de dólares. Por conter componentes estrogênicos, a soja não é considerada segura para mulheres com histórico familiar de câncer causado por esse hormônio. Embora a soja possa diminuir os demais sintomas da menopausa, os resultados de dois testes clínicos publicados no *Journal of the American Medical Association* mostram que as isoflavonas contidas nela não são eficazes na prevenção do declínio cognitivo. Tampouco há garantias de que a cimifuga seja o que diz o rótulo. Em pesquisas recentes da Universidade de Columbia, três de cada 11 amostras da erva estavam adulteradas e com o nome errado, claramente contrariando a legislação federal sobre bulas de medicamentos.

À medida que os médicos se tornam cada vez mais conscientes dos parâmetros pouco realistas do estudo da WHI, suas pacientes com ondas de calor, insônia e alterações de humor começam a voltar para a terapia hormonal. (O R, de "reposição", foi retirado da sigla, decisão da FDA que reflete seu caráter conservador.) "Eu tentei outras coisas", escreve Lucy, que abandonou a TRH assim que foram publicadas as descobertas da WHI. "Cimifuga, trevo-dos-prados, soja, mas os calores e a insônia estavam me matando, e minha perda de memória e falta de concentração estavam cada dia pior. Agora, que retomei, passando a usar um adesivo de estrogênio, eu me sinto muito mais parecida com aquela mulher em pré-menopausa que eu era. Meus pensamentos e atitudes estão muito mais ágeis. Acho que isso é uma escolha pessoal, como todas as que dizem respeito ao nosso corpo."

Nos primeiros meses de 2006, observei que os profissionais de saúde estavam repensando a ideia de que a terapia hormonal deveria ser evitada. Surgiu uma nova onda de estudos, relatando resultados que mostravam claramente que o momento é tudo. Dados do Nurses' Health Study (Estudo da Saúde de Enfermeiras) comprovaram que mulheres que passaram muito tempo sem estrogênio após a menopausa estão mais propensas a sofrer de arteriosclerose, entupimento, estreitamento ou endurecimento das grandes artérias, enfraquecimento dos neurônios, além de derrame e ataques cardíacos.

A terapia hormonal continua contraindicada para mulheres predispostas a câncer de mama, coágulos no sangue, doenças cardíacas e derrames. As outras estão livres para pegar ou largar. Se, como Lucy e Jill, escolhermos pegar, nós o faremos tanto para ajudar nossos cérebros e artérias quanto para aliviar os calores.

Para mim, que estou à beira dos 50, a janela de oportunidade acaba de se abrir, e preciso decidir.

10

O CÉREBRO VULNERÁVEL

• • •

O legado de concussões que você
sequer imaginava que existisse

Demorou, mas finalmente recebi o resultado da avaliação neuropsicológica que fiz na UCLA. Eu já sabia que meu diagnóstico tinha sido de "perda de memória normal, compatível com a idade", mas assim que abri o envelope percebi que aquilo não era tão simples quanto parecia. Alguns dos meus resultados, em testes de proficiência verbal, tiveram desempenho muito alto. Outros — cinco, para ser exata — se enquadravam na categoria marcada como "abaixo da média". Eu me perguntava — bem, fiquei obcecada — o que aquilo poderia dizer. Como é que eu podia ter ido tão mal?

Irritada, liguei para Gary Small para perguntar como ele pôde descrever meu desempenho como "dentro da normalidade". Era bem simples, explicou ele. Minhas pontuações altas e baixas compensavam umas às outras. Quando calcularam a média, fiquei bem no meio, o que me tornava uma participante viável do protocolo de pesquisa do Programa de 14 Dias de Prescrição da Memória. Ele assinalou que havia uma diferença entre "estar dentro da faixa de normalidade" e *ser* normal. "Você precisa compreender a diferença entre um protocolo de pesquisa e uma avaliação clínica", me disse. "Não é a mesma coisa que ir a um médico particular."

Sinceramente, eu não tinha compreendido isso: achei que, na UCLA, eu iria descobrir tudo o que havia para saber sobre a minha condição. No final das contas, não era isso que estava em jogo. Diante da dramática variação de meus resultados neuropsíquicos, Small sugeriu que faria sentido passar por uma avaliação clínica com um psicólogo especializado em identificar os sinais de comprometimento cognitivo. "Pode ser uma ajuda para compreender seus pontos fortes e fracos de forma que possa manter seu desempenho no máximo", ele me disse. Parei de enchê-lo de perguntas e decidi ir pesquisar em outro lugar.

UMA BATERIA COMPLETA DE EXAMES NEUROPSICOLÓGICOS

Dias depois daquela conversa, recebi uma ligação de um homem que recentemente se sentara ao meu lado em um jantar. Um de seus colegas, um neuropsicólogo, estava estudando pessoas bem-sucedidas que enfrentavam problemas cognitivos na meia-idade e na velhice. Disse para ele ir em frente e lhe passar meu telefone.

Pouco tempo depois, Jonathan Canick ligou. Ele explicou que era neuropsicólogo clínico especialista em avaliar e diagnosticar pessoas inteligentes cujas deficiências raramente eram identificadas com testes cognitivos típicos. Ao longo dos anos, criou uma bateria de testes capaz de mostrar as sutilezas da disfunção. Tinha procurado meu nome no Google e sabia qual faculdade eu fizera e a maioria de minhas realizações profissionais nos últimos 25 anos. A pedido seu, relatei os resultados de meus exames da UCLA, inclusive os três resultados que figuravam na coluna "muito superior" e os cinco resultados da coluna "abaixo da média". Como ele explicou, para a maioria dos adultos, as variações nos resultados desses testes giram em torno de 10% — entre meio desvio padrão e um desvio completo. Meu resultado correspondia a três desvios completos. Aquilo era, no mínimo, incomum. Ele tinha dúvidas se meus problemas eram consequência de um envelhecimento normal.

"Mas fiquei dentro dos limites da normalidade", lembrei a ele. — Está escrito bem aqui.

Sem fazer rodeios, ele me disse o que pensava do protocolo de Small e de seus testes: "Você passou pelo que se presume ser uma avaliação completa na UCLA, com a melhor tecnologia do mundo, e, pelo que vejo, eles erraram totalmente a mão", disse. "Um desempenho médio é um desempenho médio para uma pessoa mediana", explicou. Mas para uma pessoa que já tinha sido superior ou muito superior, um resultado médio indica que algo está errado. Se Albert Einstein tivesse uma perda de 20 pontos no QI, continuaria tendo um desempenho muito mais do que "normal", mas ele sentiria a diferença. "Muitas das áreas em que você está encontrando dificuldades em geral só mostram alterações por volta dos 60 ou 70 anos," disse. "É um grande absurdo sugerir que essa perda seja normal para a idade. Para alguém com sua formação acadêmica e profissional, que tenha chegado ao nível em que você chegou, o que você está sentindo vai muito além do normal."

Devo admitir que aquilo me perturbou. Já tinha me acostumado com a ideia de que meus lapsos cognitivos, embora irritantes, eram perfeitamente normais e apropriados à minha idade. Agora Canick me dizia algo diferente. Com os nervos abalados, enviei-lhe por fax os resultados que recebi da UCLA e marquei uma hora com ele na semana seguinte, no Centro Médico California Pacific, onde trabalhava como chefe da Neuropsicologia. Eu estava a caminho da Intervenção Número 4.

Assim que sentamos, ele sacou uma folha de papel de uma pilha amontoada em sua mesa e logo desenhou uma curva em parábola — basicamente, um grande U invertido. No meio, desenhou uma linha vertical. "Qualquer coisa em cima ou perto desta linha é a média", explicou. Então desenhou os pontos conforme meus resultados na UCLA. Alguns ficaram próximos do meio. Vários estavam bem à direita, na área acima da média. Então ele levou a mão até o lado esquerdo da folha — a área onde estavam os resultados abaixo da média — onde marcou mais alguns pontos. "Este último, na verdade, ficaria fora da folha", disse, "mas, por enquanto, vamos colocá-lo aqui na pontinha".

Quando terminou, inclinou a cadeira para trás, esticando as pernas. "Você está em todo lugar, do 25º percentil ao 95º. Em outras palavras, apresenta uma combinação de impressionante competência com incrível deficiência." Ele suspeitava que não havia nada de errado com minha memória, que definia como minha capacidade de recuperar informações já consolidadas. "Aposto que sua memória é pura dinamite", disse. "O que quer que esteja acontecendo com você, é mais provável que esteja relacionado à memória operacional e à atenção. Se as informações passam por você e não são registradas, nunca irá conseguir recuperá-las, pois não existem."

Nos dois dias seguintes, por mais de sete horas, Canick me fez gastar todo o meu arsenal cognitivo. Números, letras, palavras, figuras — não paravam, e eu não tinha tempo para descansar. Ele queria me exaurir, para que não pudesse compensar minhas deficiências. E conseguiu: a cada meia hora, meu desempenho caía. "Continue", dizia, quando minha energia e atenção davam sinais de esgotamento. "Vá até o fim." Ele exercitou meu cérebro como um treinador, buscando suas fraquezas.

Depois do almoço, tinha uma pilha de papéis no colo, bem como alguns resultados preliminares. Quando nos falamos pelo telefone pela primeira vez depois dos exames, ele reconheceu que inicialmente achara que meus problemas tinham a ver com a perimenopausa. Agora tinha mudado de ideia.

"Então, o que é?", perguntei. "Pânico? Ansiedade?"

"Nada disso", respondeu. "Pelo que vi até agora, o pânico e a ansiedade só aparecem quando seu cérebro desliga. De repente, sem mais nem menos, você se desconecta de tudo o que sabe, o que com certeza é perturbador."

Ele reviu a pontuação dos testes que aplicara naquela manhã. Então me mostrou um livro com dezenas de fotos de rostos em preto e branco. Minutos depois, mostrou um livro parecido, com as mesmas fotos e mais algumas que eu não tinha visto antes. Minha tarefa era identificar os rostos familiares. Eu não fazia ideia: se eu estivesse com uma venda nos olhos, os resultados não seriam diferentes. Não havia nada naqueles rostos de que me lembrasse. Não era de estranhar que eu não conseguisse identificar as celebridades que o resto dos Estados Unidos reconhecia só de vista. Meu desempenho no teste em que devia ligar os pontos em ordem crescente de letras e números não foi melhor: perdi a sequência e tive que voltar atrás para recuperá-la. Também não fui capaz de dizer ao contrário uma pequena lista de números.

Cada teste dizia algo sobre o funcionamento de uma parte específica do meu cérebro. No meu caso, os lobos frontais e o lobo lateral direito relutavam em se levantar para trabalhar. Eu processava as informações muito mais devagar do que ele esperava, o que sugeria uma interrupção nas conexões sinápticas.

"Por enquanto", disse, "é apenas uma hipótese, mas seus sintomas e seus resultados mostram a marca neurocomportamental específica de dano cerebral, do tipo decorrente de uma série de traumas cerebrais leves".

"Não acho que seja isso", lhe disse, certa de que ele estava enganado. "Eu nunca sequer cheguei a desmaiar devido a alguma batida."

DURO POR FORA, MOLE POR DENTRO

Canick explicou que as concussões nem sempre resultam em perda de consciência ou mesmo de amnésia. É possível ter uma concussão leve e se sentir "um pouco tonto" ou "ver estrelinhas" e ainda continuar consciente. Bastava uma rápida aceleração ou desaceleração da cabeça. O movimento muitas vezes vem acompanhado de uma rotação do cérebro dentro do crânio, cujo interior é formado por oito ossos craniais. Os ossos que envolvem o córtex pré-frontal, onde ficam os lobos frontais, têm superfície irregular, com protrusões salientes. Quando o cérebro, que tem a textura de manteiga mole, entra em contato com essas protrusões, pequenos vasos podem se romper. Isso causa uma liberação descontrolada de sangue no crânio, que, ao contrário de outras partes do corpo, não pode se expandir para compensá-la. Desenvolvem-se rasgos microscópicos na bainha de mielina em volta das fibras nervosas axônicas, que soltam seus lipídios, seguidos de inchaço e tecido de cicatrização. O verdadeiro dano aparece após semanas ou meses, muitas vezes, depois que o trauma foi esquecido, quando os axônios rompidos começam a morrer, tornando os impulsos cada vez menores e reduzindo a capacidade de processar a informação de maneira eficiente.

Como esse processo ocorre em um nível molecular, e não celular ou estrutural, é invisível à tomografia e à ressonância magnética. Novas tecnologias — principalmente a ressonância com tensor de difusão, que mede a facilidade com que as moléculas de água se movimentam em uma direção particular através dos axônios — são capazes de traçar partes de fibras de axônios no cérebro e detectar anormalidades estruturais em caminhos neurais específicos. Mas, até agora, essa tecnologia se restringe ao uso experimental. Eu teria que confiar na palavra de Canick.

Mesmo que um primeiro trauma causasse pouco dano, explicou ele, um segundo poderia aumentar exponencialmente o impacto. A "síndrome do segundo impacto" é comum entre os atletas e muitas vezes resulta em um perigoso aumento da pressão intracraniana, que pode causar danos permanentes.

NOVAS IDEIAS SOBRE TRAUMAS CEREBRAIS LEVES

Até uma década atrás, os cientistas viam os traumas cerebrais leves — aqueles em que os pacientes não perdem a consciência e não há dano estrutural — como algo sem sequela. Os pacientes se recuperariam rápida e totalmente, e qualquer um que apresentasse sintomas um ou dois meses depois era considerado "fingido", provavelmente interessado em ganhar uma ação judicial. Pesquisas extensivas, a maioria com roedores, realizadas no Centro de Danos Cerebrais da Universidade da Pensilvânia revelaram a falácia dessa pressuposição. Um trauma cerebral leve não só é capaz de ocasionar deficits cognitivos que se manifestam meses ou anos depois, mas também, como os pesquisadores descobriram, podem acelerar o surgimento do mal de Alzheimer, aumentando os danos causados pelos radicais livres, que são atraídos pelo alto número de lipídios liberados da mielina nos axônios rompidos. Eles também aumentam a formação de placas amiloides, acelerando a morte dos neurônios hipocampais. (Um estudo publicado em 2005 revela que jogadores aposentados da Liga Nacional de Futebol Americano têm um risco 36% maior de desenvolver mal de Alzheimer do que outros homens da mesma idade.)

Eu disse a Canick que já batera a cabeça várias vezes na vida. Sempre usei capacete de proteção, mas eu era ativa e já caí do cavalo, levei tombos patinando no gelo e de bicicleta, e todas as vezes me senti temporariamente tonta. Achava que fosse a consequência normal do choque causado por uma queda. Sobrevivi a anos de descidas agressivas de esqui sem ossos quebrados, mas após muitas quedas eu via estrelas enquanto estava deitada na neve, preparando-me para o árduo trabalho de juntar meus pertences espalhados pela montanha. E havia o problema da minha coordenação: tenho 1,75 m de altura e, como um adolescente em crescimento, não tenho muita noção de onde eu termino e onde começa o resto do mundo. Traves de portas baixas e ramos de árvore localizados acima do nível do olho já atacaram minha testa várias vezes.

Quando eu tinha uns 9 anos, estava brincando no porão e meu irmão mais novo, um garoto lourinho e agitado, enebriado pela força centrípeta, resolveu que seria divertido ficar rodando com uma vassoura esticada na mão. Eu estava no lugar errado. O impacto me derrubou. Nas três semanas seguintes, meu olho e minha testa mostraram todas as cores do arco-íris. Quando me lembrei deste incidente, peguei a vassoura no armário e fui para a rua. Comecei a girar cada vez mais rápido. Nunca tive aula de Física, mas mesmo sabendo que meus braços mais compridos, que aumentaram o raio da circunferência, eram um fator determinante para a velocidade do objeto, percebi que, quando minha testa de criança bateu naquela vassoura, o impacto deve ter sido imenso. Voltando aos anos após o acidente, me lembro de ter tido dores de cabeça que me derrubavam, consideradas psicossomáticas, que me deixavam pálida, suada e enjoada. Também lembro de vários sangramentos nasais, não daqueles estancados facilmente levantando a cabeça e com um lenço de papel, como meus filhos às vezes têm, mas grandes jorros de sangue que saíam sem qualquer razão aparente e eram difíceis de conter. Encontrei um estudo que sugeria que crianças pequenas atingidas na testa podem ter repercussões a longo prazo: o crescimento nas regiões frontais do cérebro continua na juventude, e lesões da infância podem comprometer a formação do isolamento de mielina protetor e dos neurônios.

Confessei a Jonathan Canick que eu não tinha cuidado excepcionalmente bem da minha cabeça. Pensava que, usando capacete, eu estava segura. O que estava por dentro tomava conta de si mesmo.

Ele explicou que traumas cerebrais leves eram muito mais comuns do que as pessoas pensavam. De acordo com o Centro Nacional para Prevenção e Controle de Danos, pelo menos 1,1 milhão de pessoas por ano sofrem alguma concussão leve. Esse número sem dúvida é baixo, disse Canick, porque a maioria das pessoas que sofrem danos "menores" não procura o pronto-socorro ou um consultório médico. Elas vão para casa, deitam no sofá com uma bolsa de gelo na cabeça, e quando o galo some, acham que estão ótimas. É impossível dizer quantos adultos de meia-idade receberam o diagnóstico de perda de memória relacionada à idade quando, na verdade, viviam a consequência de uma série de traumas cerebrais sofridos na infância.

UMA BOLSA DE GELO NÃO RESOLVE

Não foi dos pensamentos mais confortadores considerar a vulnerabilidade da cabeça, na frequência com que a batemos e na pouca atenção que damos a ela. No período de apenas um ano, meu filho mais velho caiu do skate e bateu a cabeça. Fez um drible invertido e bateu no poste que sustentava a cesta de basquete, acertando em cheio com as costas. Calculou mal e bateu com a cabeça no portão meio-aberto da garagem quando chegava de bicicleta (usando capacete, claro). E isso, só para começar. Todas as vezes, usei o saco de ervilhas congeladas que mantínhamos no freezer para essas batidas. Ele não perdeu a consciência. Não vomitou nem ficou notadamente sonolento. Como todas as mães que eu conhecia, imaginava que aquilo significava que ele estava bem.

E de forma alguma os adultos estão livres do risco: durante um fim de semana em que estava trabalhando num chalé isolado em Tahoe, parei de escrever para ir um minuto lá fora e encontrei um desconhecido de uns 50 anos deitado no pé de uma escada de uns 7,5 m de altura, piscando, confuso e esfregando a cabeça. Ele não tinha certeza de há quanto tempo estava ali. "Estou bem", disse, enquanto levantava cambaleante. Alguns meses depois, durante uma viagem em família a um hotel-fazenda, eu esperava meu cavalo junto com uma família de quatro pessoas — duas filhas, mãe e pai — todos de chapéu de caubói. Quando perguntei por que não protegiam melhor a cabeça, ouvi uma preleção. Capacetes são para os medrosos do Leste, explicou o pai, mas ele e a família eram de Idaho. Cinco minutos depois, vi a mulher perder o equilíbrio quando o cavalo se assustou e a mandou para o chão. O barulho quando a cabeça bateu no dormente do trilho da ferrovia foi horrível. Quando a ambulância chegou para levá-la ao hospital, ela ainda estava inconsciente. Vários dias depois, vi o pai e as filhas no saguão do hotel. Como estava sua mulher? Ela vai ficar bem, ele disse. Ainda estava no hospital, consciente, mas abalada e cheia de hematomas. Foi uma coisa chata para acontecer nas férias, mas as meninas continuavam a sair para cavalgar todos os dias — e ainda sem usar capacete.

Alexa, dona de uma agência de viagens, contou que, quando estava de férias, foi a uma galeria de arte e estava andando, lendo o panfleto sobre o artista, quando deu com a cabeça no galho horizontal de um baobá e caiu no chão. Mais recentemente, ela estava limpando a Coca-Cola que explodiu no frigobar embaixo da bancada de granito na sala de estar da família. Ao se levantar de repente, "bum" — voltou para o chão. Quando lhe contei sobre as estatísticas relativas a traumas na cabeça, ficou chocada. Não fazia ideia de que seus problemas cognitivos poderiam surgir desses traumas repetitivos.

Outras pessoas me contaram sobre pequenos incidentes que mudaram o curso de suas vidas. Peter, geofísico com vários trabalhos científicos publicados no currículo, disse que estava esperando o sinal abrir dentro do carro quando foi abalroado por trás, por uma motorista adolescente. "Ela não estava a mais de 10 quilômetros por hora", ele disse, "e o impacto não foi forte. Não bati a cabeça no para-brisa ou em qualquer outro lugar". O estrago no carro foi mínimo, mas não no cérebro dele. Em poucos meses, começaram os deficits cognitivos. Não conseguia pensar em várias coisas ao mesmo tempo, nem tinha memória o suficiente para executar os cálculos complexos que o trabalho requeria. "Eu perco o fio da meada", disse. "Não sei onde parei." Tinha dificuldades de leitura e também para falar. Passou um ano desempregado.

Trisha, produtora cultural, contou os detalhes de outro incidente automobilístico. Tarde da noite em um sábado, ela e o namorado, que a levava para casa depois de um jantar, quase não conseguiram desviar de outro carro que atravessou um cruzamento sem parar. O carro do casal rodou, batendo em vários carros estacionados; quando pararam, ficaram impressionados de terem saído sem um arranhão. No dia seguinte, Trisha teve uma forte enxaqueca. Demorou mais de três semanas para perceber que sua memória e atenção estavam claramente comprometidas. "Foi uma mudança enorme", disse. "Como todo mundo, eu também tinha os problemas relacionados à idade, como esquecer nome de pessoas e títulos de livros. Mas era muito diferente. Várias vezes ao dia, eu não me lembrava de onde tinha colocado as coisas dois segundos antes. Eu combinava um encontro com alguma amiga e esquecia antes mesmo de poder anotar. Sentava para trabalhar e, em dez minutos, sentia um cansaço que nunca tinha sentido antes."

TESTES QUE DÃO VONTADE DE CHORAR

No meu segundo dia de testes, Jonathan Canick sacou as armas de maior calibre. Ele me pediu para dizer todas as palavras que eu conhecia que começavam com C. Após vinte palavras, que vieram bem rápido, o poço se esvaziou, e eu fiquei confusa. (Existem, aliás, várias palavras obscenas que começam com C na língua inglesa. Pensei em todas elas, mas não disse nenhuma.) "Você começou dentro dos 99%", Canick me disse, "e terminou na faixa de 1%". Ele explicou que aquilo era muito comum em pessoas com lesões cerebrais. Chamava-se "inibição pró-ativa". Sob pressão, em vez de continuar trabalhando, o cérebro se desliga.

Testes posteriores revelaram que, embora minha compreensão verbal fosse muito boa, minha memória operacional, o processo que nos permite pensar em várias coisas ao mesmo tempo e manipulá-las, estava significativamente prejudicada. Minhas habilidades visoespaciais eram absolutamente patéticas.

Quando terminei o Pasat, Teste Auditivo Compassado de Audição Seriada, um exame de dar frio na barriga que teoricamente separa os cérebros danificados daqueles apenas matematicamente incompetentes, eu estava quase chorando. De início, o desafio parecia bastante simples. Uma voz gravada apresenta 61 dígitos em intervalos de três segundos. Só precisamos somar dois dígitos consecutivos, dar o resultado, esquecê-lo, voltar ao segundo dígito da soma e adicioná-lo ao número seguinte. Eu me peguei gritando o número que precisava somar, sussurrando o resultado e tentando manter todos os sistemas ligados. Eu parecia uma louca. Os números não paravam de chegar, até que desisti.

"Estou perdida", eu disse. "Vou só ficar sentada aqui até terminar."

Canick explicou que um cérebro sem danos leva poucos segundos para entender o padrão e aplicá-lo, mostrando melhoras significativas à medida que a tarefa avança. Eu comecei bem, duas vezes melhor do que a média das pessoas com a minha idade e nível educacional, mas, no final, minha pontuação estava na faixa dos altamente comprometidos.

"É uma metáfora bem clara de quem você é", ele disse. "Você é duas pessoas, uma muito inteligente, e outra que, na melhor das hipóteses, é mediana. É como se vivesse subindo e descendo de elevador entre dois andares, e honestamente não tem como prever como irá se sair em alguma tarefa cognitiva específica. Há um declínio grande, desproporcional, à medida que a exigência aumenta, e você responde cada vez menos."

"Eu não quero ser duas pessoas", protestei.

"Bem, essa é uma boa notícia", disse Canick. "Porque, se fosse apenas uma pessoa, você estaria irremediavelmente comprometida. Do jeito que está, você pode alavancar sua inteligência e a capacidade existente para compensar o deficit."

Assim eu esperava, falei. Mas como?

Lesões cerebrais tornam a pessoa muito mais vulnerável à fadiga mental, disse ele. "Você precisa se esforçar muito mais para realizar coisas que não requeriam qualquer esforço antes. O que um dia foi automático, agora precisa ser manual. Sua capacidade para atenção complexa — onde há várias coisas envolvidas em uma tarefa simples — ou no caso de ter que dividir a atenção, é muito limitada. Assim que sobrecarregamos sua atenção, você cai dois ou três pontos no desvio padrão."

Teria ele certeza — absoluta — de que meus problemas não advinham de estresse ou ansiedade? "Se eu fosse você, deixaria as interpretações psicológicas de fora", disse. "Na verdade, eu trataria de descartar todas as interpretações de que suas dificuldades têm esse tipo de origem. Você sofreu uma série de traumas cerebrais leves, e não é de surpreender que esteja como está.

Ele tinha alguns bons conselhos para mim: "Suas expectativas consigo mesma são muito elevadas", disse. "E você é sua pior inimiga ao não viver de acordo com elas; a perspectiva de fracasso afasta você ainda mais do caminho. Nesse ponto, ele definitivamente tinha acertado. Ele me alertou para o fato de que várias de minhas estratégias de vida preferidas — trabalhar longas horas e fazer exigências incessantes de mim mesma — só iriam me extenuar, me tornar menos produtiva e resultar em um dano ainda maior. A fadiga mental sempre seria um problema. Eu precisava pensar em contratar assistentes talentosos e sensíveis pelo resto da minha carreira. Além de excelente habilidade organizacional, precisariam ter a capacidade de ler minha mente e captar minhas necessidades antes de eu cair de um despenhadeiro cognitivo.

Nos meses seguintes ao meu encontro com Jonathan Canick, eu via ameaças de danos cerebrais em quase toda parte. Meus filhos brincavam, dizendo que eu iria fazê-los usar cintos de segurança e capacete mesmo quando estavam sentados no sofá da sala. Eu contava a cada pai ou mãe que encontrava, principalmente aqueles cujos filhos jogavam futebol americano, o que tinha aprendido: lesões esportivas são responsáveis por mais de 20% dos traumas cerebrais leves ocorridos a cada ano. Muitos, senão a maioria deles, não são registrados. Há uma pista de skate perto da nossa escola, onde muitas crianças admiram as acrobacias de nosso astro local de 13 anos em sua bicicleta. Sem dúvida, ele é um talento, subindo a três metros do chão, dando saltos mortais e girando sua bicicleta como se não fosse mais pesada que um pedaço de pau. Os pais, pelo que eu soube, são médicos, mas sua cabeça vive descoberta. As outras crianças, inclusive meu filho (salvo quando o pego), geralmente usam o capacete com a correia solta, para fazer moda. Não posso deixar de pensar que é só uma questão de tempo até que sofram algum trauma cerebral leve e suas vidas mudem para sempre.

De acordo com Jane Brody, que escreve para o *New York Times*, a cada temporada, um em cada cinco jogadores de futebol americano do ensino médio sofre uma concussão. Na maioria das vezes, são lesões repetitivas, que aumentam as chances de que o jogador sofra uma perda cognitiva de longo prazo resultante da síndrome do segundo impacto. Os efeitos sutis de uma concussão não podem ser mensurados com precisão durante uma avaliação superficial. Atletas em idade escolar se recuperam mais devagar do que os da liga nacional, mostrando deficits mais duradouros em testes de tempo de reação, concentração e memória. Um estudo recente relatou que quando atletas em idade escolar sofrem de enxaqueca após uma concussão até uma semana após o trauma, isso significa que o cérebro ainda não está totalmente recuperado e que ele, ou ela, corre o risco de sofrer um dano repetitivo. Até recentemente, poucos treinadores de times do ensino médio (e quase nenhum pai treinador de atleta jovem) sabiam que um jogador que "ouvia apitos", dizia "ver estrelas" ou sentia tontura deveria ser afastado, ainda que parecesse estar completamente recuperado e estivesse louco para jogar. A bateria de testes neurocognitivos computadorizados chamada Impact, criada por Mark Lovell, diretor de testes neuropsicológicos da Liga Nacional de Futebol Americano e diretor de medicina desportiva da Universidade de Pittsburgh, hoje está disponível para times escolares. Ela permite que os atletas se submetam a um teste individual básico antes da temporada de jogos e guardem os resultados para compará-los aos obtidos ao longo da temporada.

Muito pouco se sabe sobre a melhor maneira de reabilitar um paciente que sofre os efeitos de um trauma cerebral leve. Uma pesquisa nova da Universidade de Cambridge, na Inglaterra, sugere que drogas usadas nas fases iniciais do mal de Alzheimer, conhecidas como inibidores da colinesterase, que aumentam a disponibilidade do neurotransmissor acetilcolina, podem ser úteis para esses tratamentos. Está sendo desenvolvido outro teste para procurar restos celulares — fragmentos de fibras axonais que não pertencem ao fluido cerebroespinhal de seres humanos saudáveis — que indicam a gravidade do dano.

OUTRA OPÇÃO DE TRATAMENTO

Quando procurei Jonathan Canick de novo, ele disse que, embora tenha ouvido falar de pessoas com lesões cerebrais tratadas com inibidores da colinesterase, achava que eu ia conseguir melhores resultados com os psicoestimulantes que funcionavam muito bem para seus pacientes com leves danos cerebrais. Um ano antes de ser avaliada, uma de suas pacientes, uma brilhante mulher de sucesso de trinta e muitos anos, sofreu um sério acidente de carro. Depois disso, seus resultados na avaliação neuropsíquica ficaram em torno de 70%. Não parecia que ela iria se recuperar. Após alguns meses tomando estimulantes, Ritalina, no caso, ela repetiu o teste e sua pontuação chegou perto do desvio padrão, que era de 90%.

Mesmo sabendo que a Ritalina e o Adderall* eram comumente receitados para crianças pequenas com TDAH, relutei muito. Disse a Canick que odeio tomar remédio. Eu era muito sensível a medicamentos e costumava sofrer efeitos colaterais imprevisíveis. Uma vez passei a noite no pronto-socorro depois de tomar teofilina, um remédio muito receitado para asma, mas que me deu uma taquicardia tão forte que pensei que meu coração fosse pular para fora do meu peito. Eu já podia me ver de olhos vermelhos, agitada a noite toda: uma mãe drogada nos arredores da grande cidade. Nada disso me atraía. Francamente, não gostava da ideia de tomar algo quimicamente sintetizado para conseguir atravessar o dia. Eu conseguiria sozinha, disse a mim mesma. Usar algum remédio era como trapacear.

Canick me deixou à vontade. Ele disse ter visto pacientes que estavam estagnados fazerem grandes progressos com o estimulante. Se eu quisesse, ele poderia me indicar um ótimo jovem psicofarmacologista que conhecia e que poderia me examinar e dizer se eu era uma boa candidata para esse tipo de terapia. Eu disse que ia pensar.

---

* Não comercializado no Brasil. (N. da E.)

11

NEUROLOGIA COSMÉTICA

• • •

O potencial das melhorias cognitivas pelo uso de
fármacos é vasto e possivelmente irresistível

Esperando na fila da farmácia, enquanto me preparava para pegar uma receita perfeitamente legal de bolinhas, eu estava cheia de dúvidas. Uma semana antes, consultei-me com o psicofarmacologista que Jonathan Canick tinha indicado. Durante uma hora, ele me fez perguntas bem transparentes sobre meu humor. Eu já tinha passado por algum episódio maníaco? Já tinha tentado me suicidar? Mediu minha pressão sanguínea, que, como sempre, estava agradavelmente baixa. Eu já tinha usado alguma outra droga? Já tinha sido viciada em alguma coisa? Eu falei de meu programa de vitaminas e suplementos. E é isso, eu disse. Eu não tomava café porque a cafeína me deixava surtada. Na verdade, eu não gostava do efeito que a maioria das drogas tinha sobre mim. Após uma pequena cirurgia abdominal, tomei um único comprimido de Percodan* e fiquei três horas com a cabeça girando. Joguei o resto do frasco no lixo.

---

* No Brasil, comercializado como Oxycontin. (N. da E.)

O psicofarmacologista concordou com Canick que eu era uma boa candidata para o Adderall. Podia ser a coisa certa para dar uma sacudida nos meus neurônios lentos. Quase todos que o tomavam sentiam um aumento da energia e a sensação de maior capacidade. Mas pessoas com deficits de atenção vindo do lobo frontal, fosse em razão do TDAH ou de alguma lesão cerebral, apresentaram melhoras objetivas nos testes neuropsíquicos, especialmente nas partes relativas à memória operacional, à capacidade de processamento, ao mapeamento mental, à resolução de problemas e à organização.

A funcionária da farmácia me entregou meu Adderall XR (de ação prolongada) em uma sacolinha branca dentro da qual havia colocado um folheto explicativo que me advertia que as anfetaminas, que o FDA havia incluído na lista de remédios de classe II, poderiam causar dependência e que seu uso prolongado poderia ocasionar dependência psicológica e física grave. Mais uma vez, me perguntei o que diabos eu estava fazendo. Pensei em todos os escritores que haviam levado a dependência de anfetaminas às últimas consequências e senti um arrepio. Eu estava com a Intervenção Número 5 nas mãos e, francamente, ela me assustava.

Lembrei que eu não estava exatamente na linha de frente: em 2005, aproximadamente 1,7 milhão de adultos de 20 a 64 anos e 3,3 milhões de crianças tomavam psicoestimulantes, inclusive Adderall, para tratar TDAH. O número de adultos tratados com esse tipo de drogas subira 19% em relação ao ano anterior. Aquilo não me surpreendia. Ao longo de vários meses de pesquisas, dezenas de pessoas me perguntaram se havia um comprimido que resolvesse seus problemas cognitivos ou se seria lançado algum "antes que fosse tarde demais".

"Se existir algo assim", disse o meu oculista, enquanto eu admirava sua coleção de armações importadas, "eu com certeza quero". Por quê?, perguntei-lhe. Para que ele precisava daquilo? Ele tinha um negócio próspero, bem no meio da cidade. As pessoas admiravam seu bom gosto e sua habilidade, e nunca me incomodou o fato de ele não lembrar o meu nome quando lhe telefonava. "A pressão, o estresse, seriam muito menores", disse ele, esperançoso, "se eu pudesse confiar em minha memória".

Em minhas viagens, conheci várias pessoas que disseram usar remédios "inteligentes" — ou estimulantes cognitivos — há anos. Um deles foi Lawrence Roberts, um engenheiro de informática de 68 anos que, na juventude, fora um dos criadores da Arpanet, a tecnologia militar que levou à invenção da internet. Ele me contou que, aos 50 e poucos anos, sentiu que sua cabeça começava a mudar de uma maneira desconfortável. "Eu mal conseguia executar tarefas de engenharia que anos antes eram facílimas para mim", disse. "Minha criatividade ainda florescia, mas eu não tinha memória ou atenção suficientes para realizar o tipo de trabalho que eu fazia aos 30, 40 anos. Com a bênção da mulher, uma médica, ele começou um programa de suplementos dietéticos e vitaminas, além de uma dose a cada dois dias de piracetam, um fármaco muito usado na Europa para dar mais clareza aos pensamentos. Levando em conta as novas pesquisas acerca da relação entre os níveis de testosterona e o desenvolvimento do mal de Alzheimer, também tomou doses de hormônios. Ainda tomou DMAE, um composto que alguns alegam aumentar a produção do neurotransmissor acetilcolina. E usou Deprenyl,* fármaco que alguns estudos sugerem ajudar a proteger os receptores de dopamina contra o declínio típico relacionado à idade. A cereja desse coquetel foi um pouco de Adderall.

"Então", perguntei quando o visitei em sua casa nas colinas de Palo Alto, "melhorou"?

"Acabo de criar um roteador totalmente novo", respondeu, "diferente de tudo que há no mercado. É muito mais barato e rápido, e o trabalho foi todo meu, da concepção à construção. É difícil descrever o nível de exigência da memória que um projeto desses exerce. É preciso lembrar de tantas coisas a curto prazo, ao longo de semanas ou de meses, que muitos sujeitos da minha idade já teriam desistido. Mas acabo de aceitar 20 milhões de dólares como investimento de risco para dar continuidade à coisa. Então, sim, devo dizer que o que eu fiz deu certo."

---

* Comercializado no Brasil em forma de adesivo transdermal sob o nome de Emsam. (N. da E.)

EXPERIMENTANDO O ADDERALL

Na manhã seguinte à que busquei o remédio, fui ao meu escritório e peguei na mão uma cápsula em dois tons de azul. Observei-a cautelosamente. Avisei a meu marido que eu iria dar uma de Jean-Paul Sartre naquela manhã (ele tomava estimulantes todos os dias para conseguir escrever) e pedi que me ligasse em umas duas horas para se certificar de que eu não tinha pirado. Peguei um copo-d'água e engoli o comprimido. O brilhante jovem psicofarmacologista me garantira que, com uma dose tão pequena — apenas 10mg, quase a mesma quantidade que um pediatra prescreve para uma criança de 10 anos com TDAH —, eu não sentiria nada. Quinze minutos depois, percebi que ele estava enganado.

Eu já tinha visto muitos gráficos complicados ilustrando a transmissão nervo-célula e tinha uma boa ideia da festa que estava acontecendo no meu cérebro. Como a droga bloqueia a recaptação da dopamina e da norepinefrina e estimula a liberação de dopamina, havia mais desses neurotransmissores do que o normal passeando pelas brechas entre as sinapses. Os receptores nas superfícies dos neurônios aproveitam essa abundância agarrando as moléculas, abrindo canais de íons e informando o DNA para solicitar a fabricação de várias proteínas, que enviam sinais para células ainda mais abaixo na cadeia. O resultado: um aumento no nível de atenção e da capacidade de resistir à distração, que eu aparentemente estava levando ao extremo. Cada item no meu campo visual — o braço da cadeira, minha caneca de chá, o grande botão prateado do meu laptop — parecia tão fascinante quanto o diamante Hope. Senti minha atenção muito aguçada.

Nos primeiros dias, tive momentos difíceis. Às vezes, parecia que ia ter uma crise nervosa, e não imaginava como alguém tão mexida podia ter alguma melhora intelectual. Antes do final da semana, no entanto, comecei a ver os resultados. As engrenagens do meu cérebro estavam funcionando. Havia síntese. No trabalho, eu estava ótima. Descobri que era capaz de manipular várias fontes de informação ao mesmo tempo, de mover as frases pelo texto sem ter que lidar, no final de tudo, com um punhado de palavras esquecidas pelo caminho. Minha vida familiar seguia sem problemas. Eu era capaz de fazer compras em tempo recorde, sem esquecer de nada do que pretendia comprar. Em locais que antes considerava intoleráveis, como lojas das redes Blockbuster e a Best Buy, conseguia aguentar o ataque de estímulos auditivos e visuais por até 15 minutos de uma vez.

Para minha felicidade, eu parecia ter, pela primeira vez em várias décadas, algo parecido com um mapa mental. Aquilo era consequência, eu sabia, da quantidade extra de dopamina nos lobos frontais. De repente, eu tinha um executivo encarregado de minhas funções executivas. A transformação parecia evidente demais para ser efeito placebo, mas preferi esperar para ver.

Eu mantinha Jonathan Canick a par do meu progresso. Quando ouviu as boas notícias, ele me pediu para fazer mais alguns exames. Eu sabia que ele tinha grandes expectativas e tinha medo de decepcioná-lo. Numa bela tarde de sol, voltei ao consultório dele. Percebi imediatamente que não estava tão sonolenta quanto da última vez que estive lá. Na verdade, eu estava meio ligada, sentada na beira da cadeira, pronta para encarar o que quer que ele inventasse. Primeiro pegamos o caderno com fotos de rostos, para testar minhas habilidades de reconhecimento facial. Desta vez, não tive problemas. Nessa segunda rodada, ficou claro como o dia quem eu já tinha visto antes e quem eu desconhecia por completo. Era uma sensação estranha, algo como acordar de manhã, olhar no espelho e descobrir que você não é a pessoa que era quando foi dormir.

O teste seguinte, em que deveria ouvir uma série de números e repeti-los na ordem inversa, processo que joga um peso enorme na memória operacional, já tinha me destruído da primeira vez que o fiz. Desta vez, não tive nenhum problema parecido. Inverti a ordem de quatro números, então cinco, e seis, e sete, e até oito. Eu sabia exatamente o que fazer. Visualizei os números como se estivessem cada um em uma casa, algo parecido com a largada de uma corrida de cavalos. Então chegou o momento da minha tarefa preferida: dizer quantas palavras eu conseguisse começando com a letra C. De uma hora para outra, meu vocabulário havia se ampliado. Canick não esboçou reação, mas eu sorria.

Quando passamos aos problemas matemáticos, descobri que eu tinha memória operacional suficiente para me lembrar de números e objetos — seis bolinhos, quatro maçãs, três bananas — e de seus respectivos donos — Jim, Joan e John — e tempo suficiente para dar as respostas corretas. Eu estava louca para voltar para a quinta série e me exibir para a garotada. Meus lobos frontais finalmente faziam o que deviam, após um longuíssimo intervalo.

No fim da sessão, Canick me informou que no teste de reconhecimento facial meu resultado havia aumentado, de bem abaixo da média — no 19º percentil — ao 93º percentil. No teste em que eu tivera que repetir os dígitos ao contrário, fiz um salto semelhante, saindo do 50º percentil ao 90º percentil para pessoas de minha idade. Canick abriu um sorriso grande: eram esses exatamente os resultados que ele esperava conseguir. "Acho que você vai continuar a melhorar", me disse. "Construindo outros feitos com base nesse."

Abracei-o e lhe agradeci por trazer minha memória de volta. "Sua memória não tinha nada de errado", ele me lembrou. "A melhora foi na sua atenção e concentração, o que permite a você administrar a chegada de informação vinda de fontes múltiplas."

A história talvez terminasse aí, com minha salvação em um vidro de cápsulas de dois tons de azul. Mas algo me perturbava. Depois de tomar Adderall durante um mês, enquanto minhas habilidades cognitivas recuperadas deixaram de parecer um novo vestido de festa para se tornarem um bom par de tênis, reparei que faltava alguma coisa na minha existência cotidiana. Trabalhava furiosamente, mas me sentia desconectada daquilo que eu chamaria de necessidades normais de um ser humano. Não sentia fome, que podia ser um fator positivo para quem quisesse perder um ou dois quilos — mas eu definhava. Vi que certos prazeres, como passear na minha mente sem destino fixo, não estavam mais ao meu alcance. Estava ligadona, o tempo todo. Telefonei para Edward Hallowell, o psiquiatra especializado em TDAH (ele mesmo é portador), para saber se algum paciente dele experimentava estas sensações desconcertantes.

Ele reconheceu que alguns se sentiam assim e que, muitas vezes, era apenas uma questão de ajustar a dosagem. Perguntei se ele mesmo tomava a medicação. "Ah, não, de jeito nenhum", respondeu. "Estimulantes me deixam hipervigilante. Eu só tomo café." O fato de prescrever os remédios de maneira tão generalizada, mas de ele mesmo evitá-los me pareceu um tanto irônico.

Comecei a tirar miniférias do Adderall, só aos domingos, e assim, eu podia me esticar numa cadeira e ficar olhando meus filhos darem mergulhos malucos na piscina local. Aos poucos, comecei a desconfiar de que eu estava acelerando um motor de meia-idade a velocidades mais adequadas para modelos menos rodados, e que isso traria consequências. Como nunca experimentei um daqueles estados de euforia que leva as pessoas a desejar mais e mais drogas, ficar viciada não era uma preocupação. No entanto, pensei na dependência psicológica. Quando o Adderall perdia o efeito, em torno das 17h todos os dias, meu humor despencava. Eu estava exausta, tensa e, frequentemente, rabugenta. Meus filhos me disseram que eu tinha perdido o senso de humor, que a mãe que eles preferiam fora substituída por um modelo de eficiência robótica.

Na verdade, minha personalidade não havia mudado. No final do dia, lamentavelmente, me encontrava em um estado de privação de drogas. Acostumado com doses extras de dopamina e norepinefrina, meu cérebro entrava em depressão quando se via obrigado a trabalhar sem elas. Havia algumas pesquisas preliminares que sugeriam que, após algum tempo, essa situação poderia se tornar permanente. Meus receptores de dopamina podiam perder a sensibilidade para os níveis normais do neurotransmissor, o que afetaria ainda mais profundamente as funções do lobo frontal. Havia outros motivos para não tomar psicoestimulantes: em 2006, um painel consultivo da FDA, formado por especialistas em segurança medicamentosa, descobriu que as drogas eram potencialmente mais perigosas para o coração do que o Vioxx ou o Bextra, dois remédios que tinham sido retirados do mercado há poucos anos.

PESQUISANDO OUTRAS OPÇÕES

Fiquei pensando se não haveria uma maneira mais segura e menos cansativa de melhorar a minha atenção. Eu lera vários estudos que relatavam

NEUROLOGIA COSMÉTICA

resultados promissores de uma droga que estimulava a atenção, ou o estado de alerta, chamada modafinil, fabricada nos Estados Unidos pela Cephalon, sob o nome de Provigil.* Em 1998, a FDA tinha aprovado o Provigil para o tratamento da narcolepsia, um distúrbio genético do sistema nervoso que os cientistas acreditam ocorrer quando determinadas proteínas, chamadas orexinas, produzidas por um pequeno número de células nervosas no hipotálamo, são destruídas como parte de uma reação autoimune. Narcolépticos sentem um desejo irresistível de dormir. Mesmo sem sofrer de privação de sono extrema, adormecem sempre que aparece uma chance, o que torna impossível para eles manter um emprego ou mesmo dirigir um carro. Em 2004, a FDA também liberou o Provigil para o tratamento do sono diurno excessivo, relacionado a condições como apneia obstrutiva do sono ou por distúrbios devido a mudanças de turno de trabalho. Diferente do Adderall e da Ritalina, classificados pela FDA como *Schedule II* (Grade II) e que são acompanhados de todo o tipo de advertência sobre uso abusivo, o Provigil entra na classificação de *Schedule IV* (Grade IV), o que significa não ser considerado como causador de dependência ou vício. Os cientistas determinaram que, ao contrário do Adderall e outros psicoestimulantes, o Provigil não depende de percursos dopaminérgicos para funcionar.

Sabiam o que o remédio não fazia — mas ninguém, incluindo Jeffry Vaught, responsável pela pesquisa e desenvolvimento na Cephalon, conseguia saber, exatamente, como o Provigil melhorava a vigilância. "Isso não é tão incomum", explica Vaught, "existem várias drogas em que o mecanismo exato da ação não é compreendido — por exemplo o lítio e o paracetamol". Ele não parecia nem um pouco preocupado com essa lacuna na descrição do Provigil. Se ninguém conseguisse descobrir o segredo, a Cephalon continuaria a manter a liderança em um mercado amplamente inexplorado. Quando apresentei explicações de diversos cientistas sobre a ação do Provigil para Vaught, ele riu: "As pessoas dizem saber como ele funciona, mas garanto que não sabem", afirmou.

De certo modo, tomar Provigil não é muito diferente de tomar café. É como se sua ingestão de cafeína pudesse ser calibrada para uma

---

* No Brasil, é comercializado com o nome de Stavigile. (N. da E.)

dose ideal para o dia inteiro. "Existem dois sistemas de estimulação atuando em regiões diferentes do cérebro", explica Vaught. "Um deles, sobre o qual o Provigil atua, é altamente seletivo, promovendo a calma e um estado de vigília atenta. O outro sistema, sobre o qual age a cafeína, a cocaína e as anfetaminas, vem cheio de bagagem, e é por isso que as pessoas perdem o apetite, têm dificuldade para dormir e vivem à beira do colapso." Com o Provigil, disse Vaught, não há uma sensação de urgência. Não há euforia, tampouco, o que diminui a preocupação com a dependência da droga. Também não há sinais de síndrome de abstinência. Você pode tomar o Provigil quando precisar e parar quando quiser.

Um estudo da Universidade de Cambridge, na Inglaterra, realizado por Barbara Sahakian e Danielle Turner, ambas atuando na vanguarda das pesquisas para o aprimoramento cognitivo, mostra que, em voluntários saudáveis, o modafinil (nome genérico do Provigil) levou a melhorias confiáveis da memória de trabalho. Os cientistas submeteram os participantes a um teste chamado Planejamento de Tarefa em um Toque "Torre de Londres". O teste consistia em empilhar roscas coloridas de uma configuração para outra, em um número definido de movimentos. Quando tomaram o modafinil, os participantes constataram repentinamente uma melhoria em suas capacidades de planejamento, tomada de decisões e memória verbal e visual, essencialmente, todas as habilidades cognitivas de que precisamos ao longo do dia.

A droga também parecia reduzir a impulsividade. "As pessoas ficam mais reflexivas", disse Turner, "e menos propensas a agir antes de examinar a situação, o que aumenta as possibilidades de chegarem a respostas corretas". Na base da impulsividade está a incapacidade do cérebro de conter comportamentos — segurar as rédeas e manter o ritmo. A distração é uma das manifestações da impulsividade, refletindo a dificuldade do cérebro de deixar de dispersar a atenção. Não seria absurdo achar que o Provigil poderia dar fim à oscilação cognitiva que aflige tantos de nós.

Quando voltei ao psicofarmacêutico para meu check-up mensal, disse-lhe que não queria mais o Adderall. Tinha pesquisado e estava convencida de que valia a pena uma tentativa com o Provigil. Infelizmente, ele nunca tinha ouvido falar do remédio. Tampouco Jonathan

Canick. Devido a suas indicações altamente específicas — narcolepsia e sonolência diurna —, os representantes de vendas nunca o mencionam para os profissionais da área de saúde mental. Normalmente é prescrito por neurologistas ou especialistas em distúrbios do sono. Novamente, era chegada a hora de seguir em frente.

Enviei para o doutor Anthony Chen, pesquisador em neurociência cognitiva e reabilitação neurológica da Universidade da Califórnia, em São Francisco, o relatório do meu neuropsiquiatra antes de minha primeira consulta com ele. Quando nos encontramos, ele leu o documento de ponta a ponta, o que não era pouca coisa, pois tinha trinta páginas impressas em espaço um. Disse a ele que meu cérebro tinha funcionado bem melhor com o Adderall, mas que não gostei dos efeitos colaterais. Podia ser uma questão de mudar a dose, ele disse, mas, como eu já estava no limite mínimo de 10 miligramas, ele suspeitava que eu simplesmente não tolerava estimulantes.

Havia alternativas, ele disse. Esperei que ele mencionasse o Provigil, mas isso não aconteceu. Como vários médicos antes dele, afirmou que a minha insônia provavelmente era responsável pelos meus problemas de memória. Era algo que eu tinha que resolver. Eu aguardava a inevitável discussão sobre as pílulas para dormir, que foi, graças a Deus, bem rápida. Enfatizei que o principal era melhorar minha cognição, e não torná-la ainda pior pelo uso de sedativos, que, pela minha experiência, provocavam uma avassaladora névoa mental.

Em vez disso, ele recomendou enfaticamente que eu tentasse um programa de terapia de redução de estresse baseado na atenção plena, conhecida como *mindfulness*, essencialmente uma aula de meditação que se concentrava no relaxamento e deixava de fora o componente espiritual. Ele também achava que já era hora de fazermos um estudo do sono durante a noite, em que cada aspecto da fisiologia do meu sono seria identificado por meio da polissonografia. Eu poderia fazer o estudo na Universidade de Stanford, que tinha um excelente programa de medicina do sono.

Disse a ele que estava disposta a tentar as duas abordagens. Na verdade, eu já tinha feito algumas pesquisas em Stanford. Em seguida, comecei a falar sobre o Provigil. Contei a Chen que tudo que eu tinha lido sobre o remédio nos trabalhos científicos sugeria que ele melhoraria minha memória de trabalho e atenção, o que, como indicado no relatório neuropsíquico de Jonathan Canick, representava a maior parte do meu problema. O medicamento eliminaria a minha sonolência durante o dia, o que sugeria que eu poderia dormir a noite inteira. Se Chen ficou desconcertado pela quantidade de informações que apresentei, não demonstrou.

Concordou que o remédio poderia funcionar no meu caso. Antes de experimentá-lo, no entanto, eu teria de interromper o uso do Adderall e ficar sem medicamento algum durante um mês inteiro. Me lembrou que era preciso interromper o uso do Adderall gradualmente para não correr o risco de sofrer os sintomas da abstinência.

No final das contas, embora eu tenha reduzido gradativamente a dosagem, parar de tomar o Adderall não foi fácil. Aguentei firme a primeira semana inteira enquanto meu cérebro suplicava por dopamina e norepinefrina. Em retribuição, ele se comportou como uma criança exausta em um carrinho de supermercado, petulantemente jogando as compras pelos corredores. Sofri com a Síndrome dos Planetas em Colisão, em que os irreconciliáveis requisitos dos vários aspectos da minha vida profissional e pessoal colidiam em alta velocidade. Um dia, errei a mira da frigideira e derrubei um ovo recém-quebrado, que teria chegado ao chão, se não tivesse atingido antes o meu cachorrinho preto, para a festa do cachorro amarelo maior. O único consolo possível era que dias melhores estavam a caminho.

Assim que eliminei o Adderall do meu corpo, percebi que me sentia mais intuitiva e criativa. Me perguntei se seria possível que medicamentos como o Adderall e o Provigil, que inibem a impulsividade, também abalassem o aspecto da cognição que permite que as ideias fluam de formas inesperadas e maravilhosas. Para aquelas pessoas que confiavam no raciocínio lógico e linear, essas restrições poderiam ser úteis. E quanto a pessoas como eu, para quem a impulsividade — o repentino e irresistível lampejo mental — pagava as contas? Quanto teria se perdido, se Leonardo da Vinci, um homem que inegavelmente sofria de um deficit de atenção, tivesse sido capaz de conter seu cérebro e a livre associação de ideias?

Cinco semanas mais tarde, eu levei minha receita de Provigil para a farmácia, pronta para experimentar o remédio. O farmacêutico franziu a testa atrás dos óculos de leitura ao examinar a receita. Ele disse que a farmácia não tinha o remédio, que seria preciso pelo menos uma semana para consegui-lo. Sete dias depois, eu voltei para buscar o remédio e levei para casa o frasco marrom de alongadas pílulas brancas.

O Provigil e eu começamos nossa história de forma turbulenta. Tomei o que a maioria das pessoas consideraria uma dose extremamente conservadora — 100 miligramas, metade do que é prescrito para a narcolepsia, mas, em meia hora, me senti agitada demais, como se tivesse tomado dez xícaras de café. Na manhã seguinte, acertei a dose. Eu precisava apenas de meio comprimido, apenas 50 miligramas de Provigil, sempre em torno das 10 horas da manhã, depois de meu cérebro já ter enfrentado algumas horas de trabalho e começar a chiar e a esfumaçar, como um motor sem gasolina. Depois de alguns meses, comecei a tomar a outra metade do comprimido logo após o almoço, o que me manteve bem até o fim do dia de trabalho. Pela primeira vez em muitos anos, pude trabalhar oito ou nove horas por dia e me sentir produtiva na maior parte do tempo. Não vou negar que ficava completamente avoada desde o momento em que anunciava "Querido, cheguei" até a hora de dormir, mas foi muito diferente da minha experiência com o Adderall: tratava-se do resultado da bem merecida exaustão mental, e não um comportamento causado pela interrupção do uso do medicamento.

Era difícil comparar o Adderall e o Provigil. Em termos de reduzir minha distração, achei que ambos foram igualmente eficazes. O Provigil também parece ter melhorado minha memória operacional, embora eu não tivesse ficado tão empolgada quanto com o Adderall. Minha memória visoespacial, que melhorou com o Adderall, era a de sempre com o Provigil, o que não foi surpresa. Os domínios cognitivos que respondem seletivamente à dopamina, como a memória operacional para informações espaciais, não foram afetados pelo Provigil, que não utilizou caminhos dopaminérgicos para fazer o seu trabalho.

Voltei ao consultório de Jonathan Canick para descobrir qual seria minha avaliação nos mesmos testes que já tinha feito antes. Ele estava tão curioso quanto eu para ver o que o medicamento podia fazer para me ajudar. Na primeira vez em que pediu para listar o maior número de animais possível em um minuto, eu fiquei no 38º percentil. Com o Adderall, fiquei no 80º percentil. Com o Provigil, eu voltei ao 50º percentil. No teste de reconhecimento facial (que eu achei que seria moleza, pois já tinha visto aqueles sujeitos esquisitos duas vezes antes), o resultado foi o mesmo. Sem medicamento algum, fiquei no 19º percentil. Com o Adderall, fiquei na faixa dos 93%. Com o Provigil, fiquei no 27º percentil, praticamente de volta ao ponto de partida.

Sinceramente, fiquei perplexa. Talvez o impacto do Provigil fosse sutil. Talvez não se manifestasse nesse tipo de teste. Ainda assim, havia muitas horas do dia em que eu experimentava uma clareza de ideias sem precedente — um estado de atenção e tranquilidade que eu realmente apreciava. Eu fazia um jogo de palavras chamado "corrida ao sinônimo", em que pensava durante um segundo para encontrar a palavra certa e clicava no botão do meu teclado que me levava direto ao site Thesaurus.com. Se eu pudesse encontrar a palavra certa antes que as listas aparecessem na tela, eu venceria. Nos dias em que dormia bem e em que tomava Provigil, consegui marcar muitos pontos. Minha professora da academia de ginástica comentou que eu estava muito mais sintonizada com o restante do grupo. Uma noite, muito depois do Provigil ter deixado de atuar, os membros do meu clube do livro ficaram em profundo silêncio me ouvindo recitar os nomes de meia dúzia de personagens do romance de Zadie Smith, *Sobre a Beleza*. Obviamente, alguma coisa tinha mudado.

Quando recebi o relatório anual da Cephalon, verifiquei que, a não ser que o mundo tivesse de repente sido invadido por narcolépticos, eu não era a única pessoa a notar os benefícios deste medicamento. Entre 2002 e 2005, as vendas do Provigil subiram 51%, chegando a 439 milhões de dólares. Em comparação com o Adderall, com vendas de 1,16 bilhão de dólares em 2005, isso não era nada. Não havia como negar: no espaço de seis meses, o Provigil começou a parecer muito interessante. Barbara Sahakian e Danielle Turner, pesquisadoras de Cambridge, me disseram que sua expectativa era de que o remédio ficasse na história não como uma droga para a narcolepsia, mas sim como um pioneiro de uma nova classe de medicamentos direcionados para as moléculas específicas que formam a base da memória e da atenção. No segundo trimestre de 2006, as coisas se complicaram para o Provigil. Considerando seus excelentes resultados, a Cephalon pretendia ampliar a classificação do produto e comercializá-lo como tratamento para TDAH. No entanto, com todas as questões que emergiram sobre a segurança da Ritalina e do Adderall, foi um momento difícil para os medicamentos para deficit de atenção. Quando o ensaio clínico da Cephalon enfrentou uma dificuldade inesperada — uma das 933 crianças que participavam do estudo desenvolveu a síndrome de Stevens-Johnson, uma condição da pele com potencial risco de vida, pouco provavelmente relacionado ao medicamento, o FDA negou o registro para a empresa farmacêutica. A empresa abandonou seus planos de comercializar o Provigil para o tratamento de TDAH em futuro próximo.

NOVAS DROGAS A CAMINHO

Atualmente, existem cerca de quarenta medicamentos para melhorar a cognição em fase de ensaio clínico, todos eles voltados para aprimorar a vigilância, a atenção, a memória, a capacidade de tomar decisões e de planejamento. "A ideia do aprimoramento cognitivo é uma escolha de estilo de vida que, na minha opinião, vai mudar a sociedade", afirmou Martha Farah, diretora do Centro de Neurociência Cognitiva da Universidade da Pensilvânia e autora de várias publicações sobre o tema. "Os medicamentos usados atualmente para melhorar a atenção têm efeitos colaterais significativos; ainda assim, muita gente está melhorando a atenção com seu uso. Se projetarmos essa tendência para daqui a dez anos, é provável que esse tipo de medicamento seja muito comum. Certamente, eu investiria minha aposentadoria nesse tipo de empresa." Pelo menos uma dúzia de empresas de biotecnologia está trabalhando freneticamente para produzir medicamentos que possam tornar as deficiências cognitivas relacionadas à idade algo do passado. Essas empresas, juntamente com as empresas farmacêuticas que estão ansiosas para desenvolver os compostos mais promissores, estão com a atenção voltada para o que será um vasto mercado. Segundo Harry M. Tracy, autor do boletim *Neuroinvestment*, qualquer empresa que desenvolva um medicamento para melhorar a cognição aumentará as vendas para a casa dos bilhões. As empresas de biotecnologia estão correndo para identificar todos os genes envolvidos na formação da memória. O objetivo é descobrir compostos que possam modular a memória interagindo com os produtos proteicos desses genes. A maior parte dos medicamentos se enquadra em uma das seguintes categorias: reforçam os neurotransmissores que fortalecem a formação da memória ou bloqueiam aqueles que atrapalham o processo.

Embora não haja barreiras reguladoras inerentes que impeçam a aprovação por parte do FDA de medicamentos que "protejam e aprimorem a função da mente humana", nos termos da empresa de biotecnologia Saegis Pharmaceuticals, o órgão tende a barrar a liberação de remédios voltados unicamente para o tratamento de deficiências de memória causadas pela meia-idade. O FDA orientou as empresas que querem registrar medicamentos para memória que busquem primeiro a aprovação para o tratamento de distúrbios mais graves, tais como mal de Alzheimer e incapacidade cognitiva branda, uma condição mal definida que parece preceder o Alzheimer.

O problema com a determinação da FDA, conforme explica Tracy, é que o órgão está erroneamente partindo do pressuposto de que o mal de Alzheimer e as deficiências de memória relacionadas à idade responderão ao mesmo tipo de tratamento. Segundo Tracy, pode ser que um medicamento eficaz no controle de deficiência de memória relativa à idade não tenha aplicação alguma no caso do mal de Alzheimer, em que a bioquímica do cérebro está intensamente perturbada.

A maior parte dos compostos atualmente em desenvolvimento atua modificando os genes responsáveis por fazer com que as células nervosas movam itens da memória operacional para a memória de longo prazo, regulando um complexo caminho bioquímico que gera mudanças na força e na estrutura das conexões sinápticas entre os neurônios. Este processo, que grava conexões permanentes entre as células nervosas, é essencial para a consolidação da memória. A Cortex Pharmaceuticals está desenvolvendo um composto de ampaquina que promete melhorar a produção do fator neurotrófico derivado do cérebro (BDNF), que, como já discutimos, atua como fertilizador para as ramificações dendríticas e as novas células. Em um estudo recente com ratos, a análise do tecido do hipocampo mostrou que os ratos tratados tinham o dobro de BDNF no seu tecido cerebral do que os indivíduos do grupo de controle. Os elevados níveis de BDNF permaneceram por muitas horas após os fármacos terem sido excretados. A empresa, que já realizou vários ensaios clínicos em humanos, tinha planos de iniciar outro em 2007. Embora as pessoas de meia-idade enfrentem problemas de consolidação, como vimos, seus maiores problemas estão nos deficits de atenção e na memória operacional. Muitos dos fármacos atualmente em desenvolvimento podem, na verdade, piorar a memória operacional, de acordo com Amy Arnsten, neurobiologista de Yale. Certamente, nada fazem para aprimorar a atenção e a concentração. Portanto, é provável que mais de um medicamento venha a ser necessário para resolver os vários aspectos envolvidos na perda da memória.

Eric Wasserman, que é chefe da unidade de estímulo cerebral do Instituto Nacional dos EUA para Distúrbios Neurológicos e Derrame, chegou a um enfoque completamente diferente. Ele descobriu que uma pequena quantidade de corrente elétrica passando pelo cérebro, em um processo chamado de estimulação transcraniana por corrente direta, impulsionou as habilidades orais e motoras e melhorou a aprendizagem e a memória em pessoas perfeitamente saudáveis. O efeito geral, afirma Wasserman, é "como dar uma xícara de café a uma parte relativamente focalizada do cérebro". Quando a corrente foi administrada ao lóbulo frontal esquerdo, impulsionou em 20% a capacidade dos indivíduos de gerar uma lista de palavras começando com determinada letra.

É uma corrente pequena, entre um e 2 miliamperes, e Wasserman acredita que logo será possível comprar um "dispositivo do tamanho de um MP3 player" que poderá ser inserido em um chapéu, por exemplo. "Bastará ativá-lo e você se sentirá melhor", afirmou. "Desligue-o e você voltará ao ponto de partida."

A perspectiva de aprimoramento cognitivo chamou atenção para as preocupações éticas. Francis Fukuyama, autor de *Nosso Futuro Pós-humano*, sugere que as políticas públicas deveriam restringir pesquisas voltadas para aprimoramento. "O objetivo original da medicina", escreve o autor, "é curar os doentes, e não transformar as pessoas saudáveis em deuses." De minha parte, não pretendo desenvolver habilidades divinas. Eu me contento em poder me lembrar, com total clareza, do olhar no rosto do meu caçula quando ele atravessou correndo o quintal para me dizer que tinha acabado de derrubar um litro de *maple syrup*, ou xarope de ácer, no chão da cozinha.

O debate filosófico é cansativo demais para ser abordado aqui, mas levanta várias questões válidas. Será que temos o direito de comprar habilidades para suplantar aquelas com que nascemos? Se podemos viver 120 anos (e, até 2050, alguns de nós certamente irão), será que é essencial encontrarmos uma forma de melhorar nossa memória e atenção? Será que a disponibilidade de compostos melhores resultará na cisão permanente entre indivíduos com e sem habilidades cognitivas? Será que as pessoas se sentirão compelidas a tomar substâncias para melhorar o desempenho e se manterem competitivas diante das implacáveis exigências de uma sociedade em movimento 24 horas por dia? "Quando um método seguro e eficaz de melhorar a memória estiver disponível, isso realmente vai levar as pessoas ao extremo", afirma Martha Farah. "As pessoas terão de melhorar ou correr o risco de perder oportunidades de emprego ou situações competitivas na escola." Será que chegará o momento em que um piloto comercial ou um controlador de tráfego aéreo ou um motorista de ônibus — alguém responsável pelas vidas de centenas ou milhares de pessoas — serão obrigados a tomar esses medicamentos ou abandonar seu emprego? O aspecto mais interessante, pelo menos para mim, é: quais são as chances de que, tomando esses fármacos, não estaremos mexendo em um sistema meticulosamente projetado de esquecimento, nos condenando a virar repositórios de informações inúteis, prestando atenção à arvore, mas perdendo a floresta toda?

Eu me deparei com esses enigmas, mas minha visão pragmática sempre prevalecia, perguntando a quem eu estava enganando. Eu me perguntava se não havia um motivo pelo qual os humanos não evoluíram com uma imensa memória operacional e a capacidade de lembrar de tudo. Nossos cérebros maiores já consumiam boa parte de nossa energia na forma de glicose. Nas eras passadas, as demandas energé-

NEUROLOGIA COSMÉTICA

ticas de um cérebro ainda maior teriam roubado a energia que nossos ancestrais precisavam para o trabalho físico pesado, ou até para sobreviver. Mas, para nós que sentamos diante do computador, esses dias acabaram. O cérebro venceu, com toda certeza. Se esses medicamentos estão disponíveis e são considerados seguros (tão seguros como, por exemplo, o Adderall), as pessoas de meia-idade que planejam viver uma vida longa e intelectualmente ativa, que temem a perspectiva de décadas de dependência, certamente irão encontrar uma forma de incluí-los em sua lista de remédios preferenciais.

MEDITAÇÃO E *NEUROFEEDBACK*
...

Sintonizando as estações: por que um acerto nas
ondas cerebrais pode melhorar a atenção

O neurologista que prescreveu Provigil me pediu para participar de um programa de oito semanas de treinamento de atenção, denominado em inglês *mindfulness meditation*, ou meditação atenta. Disse que se sentiria melhor se soubesse que eu estava tentando fazer algumas mudanças básicas no meu estilo de vida.

Descobri que esse método de meditação era bem diferente da abordagem mais familiar dos mantras, em que nos concentramos em um objeto ou em uma palavra. Segundo essa abordagem, em vez de nos empenharmos em suprimir os pensamentos, ou relaxar, prestamos atenção no que pensamos e sentimos, à medida que as ideias manifestam em nossas mentes. Não fazemos juízos, nem consideramos as implicações ou pensamos se há necessidade de agir. Simplesmente, reconhecemos o pensamento e voltamos a nos concentrar na respiração. Como a ênfase é no que está acontecendo aqui e agora, o treinamento ensina a manter a atenção e a mudar de foco rapidamente de um pensamento muito distante para a questão mais pertinente no momento — a sua respiração. Com o tempo, a teoria daria lugar à prática e você deixaria de lado os padrões de reação automáticos. Em vez de nos prendermos a fluxos de pensamento elaborados e repetitivos — o que o chefe disse, o que isso pode significar, o que devemos fazer a respeito —, aprendemos a reconhecer o pensamento e deixá-lo guardado. Quando sua mente parar de se comportar como um cavalo em disparada, você terá mais recursos disponíveis para lidar com as experiências atuais. O importante é a maior resistência à distração e uma memória operacional ampliada.

Programas de meditação atenta estão se desenvolvendo em toda parte. Quatro amigos meus, nenhum deles particularmente ligado à Nova Era ou do tipo radical, tinham participado. Quando emergiram, contaram que se sentiram mais calmos, mais felizes e concentrados. Conseguiam até dormir melhor. Para eles, encontrar o instrutor certo era fundamental, caso contrário, a sessão poderia se transformar em terapia de grupo. Sinceramente, eu não estava interessada em passar oito semanas ouvindo os problemas de ansiedade e estresse de outras pessoas. Queria lidar com os meus próprios assuntos.

Alan Wallace, presidente do Instituto Santa Barbara para Estudos da Consciência, que muitas vezes trabalhou como tradutor para o Dalai Lama em conferências de neurociência, recomendou Margaret Cullen, uma psicóloga responsável pelo programa de redução de estresse baseado na meditação atenta no Centro Médico Kaiser Permanente, no centro de Oakland. Para mim, significava uma viagem de 45 minutos uma vez por semana na hora do rush e uma volta para casa um pouco mais curta, mas em completa escuridão. Wallace me garantiu que valeria a pena: Margaret era uma das melhores.

MEDITAÇÃO ATENTA NA PRÁTICA

Na primeira sessão da Intervenção Número 6, cheguei cedo ao local, em uma noite de abril, caminhando devagar em frente a um adorável jardim

ESCULPIDO NA AREIA

repleto de belas rosas inglesas e lírios cardenos, todas as flores banhadas pelo colorido de um belo entardecer. Uma mesa e uma cadeira em um canto do jardim pareciam me chamar: certamente, uma hora aqui me faria mais bem do que passar duas horas contorcida como um pretzel. No segundo andar, encontrei a sala de aula de Margaret. Os sete outros alunos estavam sentados em cadeiras colocadas em um semicírculo. Ao alcance de todos, havia vários exemplares do livro de Jon Kabat-Zinn, *Full Catastrophe Living* (A vida de catástrofe total), um texto indicado para leitura em sala. A instrutora, também de meia-idade, com cabelo e unhas impecáveis, entrou na sala vestindo um despretensioso traje de ioga, os lábios formando um sorriso gentil. Eu estava no final de um cansativo dia de trabalho e os demais alunos estavam exaustos, mas Cullen estava calmamente alerta e muito ligada. Considerei isso um bom sinal. Temia cair nas mãos de uma hippie patologicamente relaxada, vestindo uma bata e chinelão.

Ela pediu a cada uma de nós — cinco mulheres de meia-idade, duas na casa dos 20 anos e um homem de 30 e poucos anos — para explicar ao grupo os nossos objetivos para as próximas oito semanas. Nos desencorajou a entrar nos detalhes de nossas questões. Não era um grupo de terapia. Se alguém precisasse desse tipo de ajuda, ela estava disponível para conversar em particular depois da aula.

Eu era a única participante que tinha me inscrito na esperança de melhorar minha atenção e memória. As outras estavam ali para lidar com problemas de estresse e dor, psicológica e física. Bem, isso era de se esperar. Quando Jon Kabat-Zinn desenvolveu o primeiro programa de redução do estresse baseado em meditação atenta, em 1979, na Universidade de Massachusetts, sua meta era ajudar os pacientes cujos sintomas de dor não respondiam à medicina convencional.

A meditação atenta, explicou Margaret, era simplesmente uma questão de consciência do momento. Poderia ser cultivada através da atenção em coisas que normalmente não mereceriam sequer menção. Quando começamos a prestar mais atenção, tendemos a ver uma ordem e conexão intrínsecas entre tudo o que está ao nosso redor, coisas que antes não estavam aparentes. Prestando atenção, literalmente nos tornamos mais despertos.

MEDITAÇÃO E *NEUROFEEDBACK*

Depois de alguns outros comentários iniciais, ela deu, a cada uma de nós, uma única uva-passa, que deveríamos comer muito lentamente, saboreando sua doçura e acidez e observando a forma como as rugas se suavizavam em nossa boca. Só deveríamos engolir ao seu sinal. Fiquei bastante envolvida com essa uva-passa. Ao sinal para que a engolíssemos, eu a conhecia muito bem.

Quando chegou a hora de embarcar em nossa primeira meditação, chamada de varredura corporal completa, tiramos travesseiros, assentos de meditação e mantas de um armário bem abastecido. Assim que nos deitamos de costas, com os travesseiros sob os joelhos, percebi que eu teria problemas. Tinha madrugado. Tomara a segunda dose de Provigil logo após o almoço, como de costume, e seu efeito já tinha acabado fazia tempo. Assim que Cullen começou a guiar a meditação, em um tom casual, mas confiante, uma onda soporífica se abateu sobre mim. Nadei até a superfície, só para ser atingida pela próxima onda enorme. "É só não roncar", implorei a mim mesma, antes de perder a batalha e mergulhar na inconsciência.

Acordei com o som de um suave sino tibetano, que já soava há pelo menos trinta segundos.

"Como foi?", perguntou a instrutora. Levantei minha cabeça e olhei em volta. Todas pareciam plenamente satisfeitas, cheias de vivacidade e brilho, a caminho de uma nova e melhorada consciência. Será que fui a única a tirar uma soneca de vinte minutos?, me perguntei.

Queria poder dizer a Anthony Chen que sua abordagem estava funcionando — eu estava ficando mais concentrada e atenta, e não precisaria de uma receita vitalícia de Provigil, no final das contas. Todas as manhãs, como parte do programa, eu levantava cedo, colocava meus fones de ouvido e me preparava para fazer a prescrita meia hora de meditação guiada e suave prática de ioga. Nas semanas subsequentes, expandimos nossas atividades, acrescentando *chi gung*, uma fusão de meditação e exercícios suaves que tinha visto sendo praticado por octogenários chineses no parque Huangpu, em Xangai. Lembrar a ordem dos movimentos era difícil, mas pelo menos eu estava de pé e permanecia acordada.

Devia ser tão fácil — inalar e exalar. Mas eu estava me aproximando de maneira desconfortável da desordem conhecida como minha mente. Reconheci que ela era desesperançadamente oportunista, irremediavelmente ocupada. De volta às aulas, as pessoas falavam sobre seu excelente progresso, deixando-me relutante em falar sobre os meus fracassos. Eu suspeitava de que não tinha me envolvido o suficiente com o programa. Algumas alunas tinham realmente aderido, dedicando fins de semanas e horas extras à meditação, fazendo até mesmo retiros juntas. Chegavam cheias de notícias sobre melhor concentração e uma tranquilidade renovada.

Quando finalmente consegui reunir coragem para mencionar minhas preocupações para Margaret Cullen, ela me disse que era normal, em certos momentos, encontrar resistência. Cair no sono, ter a mente cheia de pensamentos — tudo isso fazia parte do processo e, se eu persistisse, eles iriam embora e me deixariam em paz.

Brinquei com a ideia de tomar Provigil antes de meditar, mas francamente parecia redundante. Qual seria o motivo de tomar um remédio para melhorar a atenção e o foco antes de praticar um exercício que supostamente tinha como objetivo melhorar a atenção e o foco? Em seguida, li um estudo que observava que, em geral, as pessoas que sofreram alguma lesão cerebral que as deixaram distraídas ou hiperativas não conseguem meditar. Acontece o mesmo com pessoas que têm problemas crônicos de insônia; assim que relaxam, ficam inconscientes. Eu queria que alguém tivesse me dito isso antes.

Soube dos esforços de Susan Smalley por Alan Wallace. Ela era codiretora do centro de pesquisa para a meditação atenta Mindful Awareness (Marc) na UCLA, onde desenvolveu um programa de meditação voltado para adolescentes e adultos com TDAH, como alternativa ao tratamento farmacêutico. Com seus colegas, ela retrabalhara a meditação atenta para os cérebros que estavam no mínimo tão rebeldes quanto o meu. O segredo, segundo ela, era encurtar o tempo das sessões de meditação. Eu não ia conseguir ficar sentada durante meia hora. Eu deveria tentar manter o foco por cinco minutos. Quando alcançasse esse objetivo, poderia passar para dez minutos. Valia a pena tentar, disse Smalley. Os resultados ainda estavam sendo calculados, mas o primeiro grupo mostrara melhoras significativas nos testes neurocognitivos que mediam a atenção, assim como a redução dos sintomas de ansiedade e depressão. O treinamento funcionava, disse ela, mas eu precisaria mudar de abordagem para atender às minhas necessidades.

Fui direto para o site do Marc, onde encontrei o guia rápido de meditação de Smalley, que fazia mais o meu gênero. Também encontrei outras coisas: uma descrição de um estudo piloto, ainda não fundamentado, que envolvia o uso de tratamento de *neurofeedback* baseado em eletroencefalograma (EEG) junto com a meditação atenta. Durante uma sessão de *neurofeedback*, eletrodos eram conectados ao couro cabeludo do paciente e um monitor exibia a atividade neurológica. Todo cérebro produz correntes eletrofisiológicas, que refletem a velocidade fulminante dos neurônios. São as chamadas "ondas cerebrais", oscilações alfa, beta, delta, teta e gama, mensuráveis pelo EEG. Em um estado meditativo, ondas gama de alta amplitude predominam nos lobos frontais. A hipótese do estudo piloto é a de que se os indivíduos com deficit de atenção não conseguem alcançar o estado meditativo por conta própria, talvez o *neurofeedback* pudesse levá-los a atingir os padrões certos.

Devo admitir que parecia trapaça, mas a verdade era que eu estava cansada de dormir, ou pior, de ficar totalmente absorta em minha lista de compras, quando deveria estar meditando. Talvez em uma cadeira confortável, com alguns eletrodos colados no couro cabeludo, eu conseguisse entrar em estado meditativo. Eu poderia aprender a controlar os ritmos cerebrais associados com a atenção e a vigilância. Susan Smalley admitiu que não tinha como me ajudar. O centro de pesquisa Mindful Awareness estava interessado em *neurofeedback*, mas no momento não dispunham de recursos para tal no orçamento.

Entrei na internet e comecei a procurar. Rapidamente, me dei conta de que poucos campos eram tão pouco regulados quanto o *neurofeedback*. São necessárias mais horas de treinamento para começar sua carreira como massoterapeuta certificado do que para pendurar alguns eletrodos na cabeça de alguém e mexer com os circuitos de seu cérebro. Havia muita conversa fiada e estava claro que muitos psicólogos tinham acrescentado *neurofeedback* à sua prática para incrementar a renda. Poderia ser um procedimento muito caro e demorado, exigindo em média 41 sessões de meia hora cada. Antes de começar, a maioria dos terapeutas pedia um eletroencefalograma quantitativo (QEEG), que coletava grande quantidade de dados definindo como as suas ondas cerebrais diferiam da norma.

O OTIMIZADOR

Eu não estava muito interessada em me arrastar toda semana até um psicólogo que faz bico com eletrodos. Quando encontrei Marvin Sams, um texano falante, especializado em eletroencefalogramas para estudos clínicos e pesquisa, fiquei intrigada. Dez anos antes, Sams desenvolveu e patenteou o Electro-Cap, uma espécie de touca de banho elástica de Lycra, com os eletrodos convenientemente costurados nos lugares certos. Essa nova touca imediatamente substituiu a versão caseira desconfortável de faixas elásticas, chumaços de algodão e peças de metal. Ele vendeu a empresa há alguns anos e abriu o Sams Center for Optimal Performance em Dallas para que pudesse voltar à sua paixão inicial — tratar pacientes.

Quando conversamos pelo telefone, gostei do seu fanhoso sotaque texano e do seu jeito respeitoso de me tratar. Na opinião dele, o *neurofeedback* não deveria ser praticado por psicólogos. Era uma questão técnica, que exigia significativa especialização nos meandros da eletroencefalografia. Nos últimos vinte anos, vários avanços ocorreram — equipamentos novos e mais fáceis de operar tinham sido lançados no mercado, possibilitando que qualquer um montasse seu consultório como se estivesse equipando a cozinha de casa. Mas o *neurofeedback* com EEG não era algo que se pudesse aprender em um fim de semana prolongado, ou mesmo em um ano de treinamento. "Estamos lidando com o cérebro, o sistema mais complexo do universo conhecido", disse Sams, "e existem pessoas por aí sem especialização alguma mexendo com isso. É como enviar seu filho de 16 anos para consertar a sua Ferrari".

"Quero ver como o seu cérebro está dando conta do serviço", ele me disse. "Quando eu terminar de conversar com o seu cérebro, vou

MEDITAÇÃO E *NEUROFEEDBACK*

saber tudo sobre ele." Seu trabalho, segundo disse, era remediar e otimizar o funcionamento do cérebro. "Estou interessado em desempenho, em eficiência *versus* ineficiência", explicou. Sentindo como se eu estivesse prestes a recauchutar o meu motor e trocar os amortecedores, marquei um voo para Dallas a fim de encontrá-lo e começar a Intervenção Número 7. Ficaria lá durante uma semana e faria duas sessões de *neurofeedback* por dia. Voltaria para casa por uma semana. Depois retornaria a Dallas para repetir o processo. Seria rigoroso, disse Sams. Às vezes, eu me sentiria exausta, desconfortavelmente hiperativa ou, como Sams gostava de dizer, "cansada e ligada" ao mesmo tempo. A maioria dos seus pacientes que vem de fora se hospeda em Bradford Suites, nos arredores da North Dallas Tollway. Eu acordava cedo, trabalhava pela manhã, caminhava devagar até o consultório de Sams depois do almoço e voltava por volta das 16h30, para trabalhar um pouco mais. Concordamos em começar no início de janeiro, assim que uma família de quatro pessoas, vinda da Austrália, concluísse suas sessões e estivesse pronta para voltar para casa. Isso me deu tempo suficiente para o meu sistema estar completamente livre do Provigil. Marvin Sams insistiu nisso: ele queria ouvir meu cérebro falando com ele, em alto e bom som.

Sams era um homem de meia-idade barrigudo e simpático, que vestia terno e gravata, com uma risada vigorosa, muito bem-educado e um gosto especial por metáforas envolvendo o futebol texano, que sem dúvida funcionava melhor para os seus pacientes caubóis de Dallas do que para mim. Sua assistente colocou o Electro-Cap e me conectou aos 13 canais da máquina de eletroencefalograma. Ele analisaria as minhas ondas cerebrais e depois as compararia com 45 anos de trabalho, que mostrariam quais eram os desvios do meu cérebro em relação à norma. Com essas informações nas mãos, ele partiria para corrigir o problema.

"Espere", eu disse. "E se você me 'otimizar' e eu sair da sessão tão normal a ponto de não conseguir mais fazer o meu trabalho?"

Ele já tinha ouvido essa pergunta antes, é claro. "Acredite em mim", ele respondeu, "não vou acabar com sua centelha criativa. Este procedimento só vai fazer com que seja mais fácil para você colocá-la em ação".

Sams descreveu os primeiros testes, IVA e TOVA, direcionados para as variáveis da atenção, como os "vídeos mais difíceis do mundo". Da forma como ele descrevia o procedimento ao qual eu estava prestes a me submeter, tudo parecia muito fácil: eu veria números — 1 e 2 — piscando no monitor. Simultaneamente, ouviria os números sendo pronunciados. Se ouvisse ou visse o número 1, eu deveria clicar com o botão do mouse. Se ouvisse ou visse o número 2, eu não deveria clicar. Haveria 125 dicas auditivas e 125 dicas visuais em 15 minutos, testando 38 variáveis de controle dos impulsos e atenção. De cara, percebi que eu parecia ter pouco controle sobre minhas respostas. O dedo que controlava o mouse pensava por si mesmo. Comecei a gemer. No final, Sams acendeu as luzes e me deu um tapinha solidário no ombro. Enquanto esperávamos, a impressora cuspia meus resultados: um diagnóstico provisório de transtorno do deficit de atenção com hiperatividade, causado, pelo menos em parte, por um trauma cerebral significativo na região frontal direita.

"Como é que dá para saber isso?", perguntei.

"Está bem aqui", ele respondeu. Mostrou duas páginas densamente impressas para mim. Olhei para as letras em corpo dois e o rol de palavras desconhecidas — "amplitude absoluta", "potência relativa", "matriz de espectro comprimido" — e decidi deixar a interpretação para ele.

Embora minha atenção visual só estivesse moderadamente afetada, minha atenção auditiva estava gravemente prejudicada. Não havia nada de errado com minha audição propriamente dita, explicou Sams; sem dúvida, eu passaria em qualquer teste de audição sem problemas. Era uma questão de processamento, muito difícil de detectar sem um teste como o IVA. Sams supunha que eu demorasse muito para processar instruções verbais. Provavelmente eu não fazia ideia, na maioria das vezes, do que as pessoas estavam me dizendo. Além disso, meu dedo sem controle refletia a incapacidade do meu cérebro controlar meus impulsos. Eu sabia que não deveria clicar naqueles números, mas fazia assim mesmo.

Depois de mais alguns testes, Sams me deu a notícia em uma pequena mesa redonda no canto da sala de treinamento. Ele mostrou que o meu cérebro estava mergulhado em um estado alfa. Eu tinha ondas alfa em toda parte, em regiões onde seria melhor ter ondas teta e beta. Ele não ficou surpreso com o resultado — pessoas com TDAH e lesões cerebrais tendem a ter excesso de ondas alfa nos lóbulos frontais, criando problemas de concentração e memória. Com tantas ondas alfa, meu cérebro estava preso em um modo neutro, relaxado e desligado; nem trabalhava, nem dormia. Eu também tinha muitas ondas delta na parte frontal e posterior, em uma frequência normalmente verificada durante o sono, e algumas ondas teta, que estavam associadas com ineficiência mental.

Ele apostava que em geral eu ficava presa em um estado de sonolência — e que demorava muito para ativar minhas forças. Ele arriscou um palpite de que eu tinha desenvolvido algumas técnicas para superar essa condição de confusão. Provavelmente, eu precisava chegar a um estado de ansiedade frenética para começar a trabalhar. O meu olhar provavelmente mostrou que ele tinha acertado em cheio.

"E as ondas gama?", perguntei com curiosidade. "As ondas gama devem estar presentes para que possamos entrar em estado meditativo."

"Você planeja ficar em uma caverna pelos próximos trinta anos?", ele me perguntou. "Porque este é o único motivo para você estar em estado meditativo. As ondas gama não têm nada a ver com otimizar o desempenho. Não estão relacionadas a se preparar para o que der e vier. Duvido que você precise de ondas gama. Se fizer o *neurofeedback* corretamente, não vai precisar de meditação."

Disse a ele que tinha ido até Dallas para melhorar minha capacidade de meditação. Sams disse para eu não me preocupar. Meu cérebro estava prestes a frequentar a sua academia de ginástica. Ele iria tonificá-lo. Ele ensinaria meu cérebro a se ligar, em vez de se desligar em ritmos alfa. Eu me sentiria mais esperta e mais atenta, o que me permitiria me concentrar e me fixar nas tarefas. Ele faria isso, segundo explicou, manipulando meus neurônios com vários tons de áudio enquanto eu jogava Tetris em um Game Boy tão velho que só estava inteiro por causa da fita adesiva. Era o mesmo que ele me dissesse que pretendia me tratar falando em vários idiomas e dançando pelado ao redor de uma fogueira.

Sams explicou que jogar Tetris era, na verdade, uma tarefa extremamente complexa. Envolvia memória, estratégia, planejamento e concentração, assim como a importantíssima capacidade de virar as peças do quebra-cabeças de cabeça para baixo e para diferentes posições na sua mente, tudo isso movimentando constantemente seus dedos.

Durante os dez dias do meu tratamento, joguei tanto Tetris que via as formas geométricas caindo no lugar diante dos meus olhos não só quando dormia, mas também quando dirigia. Um jogador experiente de Tetris consegue fazer pelo menos 25 mil pontos em uma partida, mas quando comecei, eu era tremendamente ruim, até mesmo para os meus padrões. Minha pontuação ficava na casa dos 90. Durante o jogo, Sams monitorava meu EEG na tela do seu computador. Eu me concentrava tanto no que estava acontecendo sob meus dedos que mal tinha consciência das atividades dele. Meus resultados seguiram ruins jogo após jogo e, de repente, conseguia chegar aos dígitos triplos. Minutos depois, eu estaria brigando para chegar aos 60 pontos antes do fim do jogo. Percebi que Sams ficava de olho na minha pequena tela Nintendo, mas foram necessários dias para eu entender o que acontecia: enquanto manipulava frequências, ele dava informações ao meu cérebro, dizendo a ele como melhorar o desempenho. Ele poderia melhorar ou diminuir o meu desempenho conforme desejasse.

No final de cada tarde, eu saía do consultório de Sams e me arrastava de volta para Bradford Suites tão zonza que trabalhar estava fora de questão. O máximo que eu conseguia era colocar meu jantar no micro-ondas e assistir a programas idiotas na televisão. Minhas noites foram ainda mais insones do que o normal. "Isso acontece", disse Sams, quando lhe contei. "Quando finalmente tiramos o cérebro do ponto morto e engrenamos, ele tende a escapulir de forma incontrolável por algum tempo."

Dez dias após o início do procedimento, Marvin Sams repetiu os mesmos testes que aplicara no começo do nosso tratamento. Desta vez, decidi buscar a precisão em vez da velocidade. Durante os testes IVA e TOVA, tentei controlar os movimentos do dedo sobre o mouse. Só clicava quando estava absolutamente segura de que estava vendo e tinha ouvido o número 1. Quando os resultados foram impressos, minha pontuação nos dois testes tinha melhorado muito, chegando à faixa normal em todas as áreas, exceto no teste de atenção auditiva. Mas tinha melhorado, até mesmo neste quesito: agora, eu só estava moderadamente debilitada. Os resultados não mais indicavam um diagnóstico de TDAH, disse Sams, mas eu deveria prosseguir com cuidado. Depois de duas semanas de treinamento intensivo, meu cérebro estava em um estado caótico. Nós só teríamos certeza da minha condição após algumas semanas, para que tivesse tempo de se adaptar. E resultados significativamente melhores seriam vistos se eu tivesse de seis a dez sessões adicionais. Na verdade, eu estava partindo em um estado semipronto.

Havia um carro do lado de fora, esperando para me levar ao aeroporto, eu disse. As sessões adicionais teriam de esperar. Não tinha problema, disse Sams. Nós poderíamos terminar o tratamento da próxima vez que eu fosse ao Texas. Prometi pensar a respeito de uma visita a Austin na primavera.

De volta à Califórnia, observei meu próprio comportamento para ver se algo tinha mudado. Depois de dez dias fora, encontrei o chão da cozinha por demais pegajoso e filhos cujas calças tinham ficado curtas. Como eu estava lidando com isso? Será que eu estava mais concentrada na hora de preparar as panquecas? Havia mais palavras à minha disposição? Achei que sentia uma desenvoltura neural que antes associava a estimulantes farmacêuticos. Talvez fosse apenas evidência do efeito placebo, mas eu acreditei. Tirei o Provigil da bolsa e o guardei no meu armário de remédios. Talvez eu viesse a precisar dele de novo, mas por ora eu estava bem.

Alguns dias depois de ter voltado, peguei meus fones de ouvido e sentei para ouvir a breve meditação preparada por Susan Smalley e colocada no site do MARC. Ouvi com cuidado as instruções. Inspire. Expire. Inspire. Expire. Evitei pensar se eu estava ou não produzindo uma quantidade suficiente de ondas gama. Cinco minutos se passaram rapidamente. Não pensei na minha lista de compras. Dez minutos se passaram, sem qualquer discussão intracraniana sobre a agenda do dia. Aos 11 minutos, eu ainda estava acordada, e as crianças e os cachorros também, e era hora de preparar o café da manhã. Quando Sams ligou para ver como eu estava, disse a ele que o tratamento tinha sido eficaz. Eu voltaria ao Texas assim que minha agenda permitisse. Tinha chegado a hora de encarar o maior de todos os desafios — o sono.

DEPOIS DE MORRER, EU DURMO

• • •

Sacrifique seu descanso e seu desempenho será tão bom quanto se você tivesse tomado umas e outras

"Meu maior desejo é dormir. Do fundo do coração. Só que não consigo", admitiu Kevin, que antes costumava dormir nove horas seguidas. "Com a idade, eu passei a dormir cada vez menos. Em uma noite típica, passo duas horas acordado, das 3 às 5 da manhã. Ainda bem que existe a CNN Headline News."

Como Kevin, você provavelmente já observou que dorme menos horas e não tão bem quanto há algumas décadas. Em média, o tempo que passamos dormindo diminui 27 minutos a cada dez anos — assim, se você dormia sete horas quando tinha 20 e poucos anos, provavelmente suas horas de sono cairão para cinco horas e meia por noite aos 50. Cerca de 42 milhões de receitas de pílulas para dormir foram emitidas em 2006, subindo quase 60% desde 2000, criando um mercado que atualmente vale 2,1 bilhões de dólares por ano. Nesse período, o número de receitas de pílulas para dormir para pessoas entre 44 e 65 anos aumentou 62%. Esses números certamente sugerem que muitas pessoas não conseguem manter os olhos fechados durante a noite por tempo suficiente.

Estudos recentes sugerem que as horas de sono diminuem na meia-idade porque nos tornamos mais sensíveis aos efeitos perturbadores do sono causados pelos hormônios do estresse. Uma dose de adrenalina (um telefonema à meia-noite) resultando em um nível ligeiramente elevado de cortisol, que não teria incomodado nos anos da faculdade, manterá você acordado na meia-idade. À medida que outros hormônios que equilibram o metabolismo (incluindo o estrogênio e a testosterona) começam a diminuir, o cortisol começa a predominar.

Diz a sabedoria popular que as pessoas precisam de menos horas de sono quando envelhecem. Não é verdade: a menos que você durma oito horas por noite, ou em torno disso, o seu cérebro se ressente. A privação do sono afeta a atenção, a aprendizagem espacial, a velocidade de processamento e a precisão, a memória de trabalho e o tempo de reação — resumindo, afeta todas as suas habilidades cognitivas.

"Uma noite inteira sem dormir é tão debilitante nos testes de direção simulados quanto o nível de embriaguez alcoólica estabelecido pela lei", reportou Mark Mahowald, professor de neurologia da Universidade de Minnesota. Você não precisa ficar acordado a noite inteira para agir como se estivesse bêbado: basta dormir tarde e acordar cedo duas ou três noites na semana (talvez antes do prazo final para uma grande apresentação) e você terá o mesmo nível de atenção de um sujeito que entornou três uísques com soda. "Quando estou cansado", explicou George, professor de matemática do ensino médio, "vejo que não tenho inteligência suficiente para pensar na matéria e no nível de entendimento das crianças ao mesmo tempo. Eu acabo esquecendo o que estou fazendo ou o que elas têm condições de aprender. Percebi que muitas vezes é melhor para mim dar aula descansado após uma boa noite de sono do que virar a noite corrigindo provas".

O adulto médio, atualmente, dorme 6,9 horas por noite durante a semana e uma hora a mais nos fins de semana, cerca de 20% menos do que dormia em 1900. Existem vários motivos para ficar acordado. Há o canto da sereia da internet, é claro, mas as academias de ginástica também abrem dia e noite, assim como, nos EUA, as 1.300 lojas Wal-Mart, 237 Home Depots e praticamente todas as instalações da FedEx Kinkos. Na loja da Apple, em Manhattan, você pode consertar seu computador ou comprar um novo iPod 24 horas por dia. Somos seduzidos o tempo todo — basta ignorar nossos ritmos circadianos e conseguiremos fazer mais coisas, tendo inclusive tempo para diversão. Em um estudo conduzido pela Fundação Nacional do Sono, dois terços dos participantes indicaram que a sonolência interferia em sua concentração e estimaram que a qualidade do seu trabalho, quando estavam com sono, caía 30%.

A sonolência durante o dia é tão comum que as pessoas passaram a considerá-la normal. Não deveriam, observou David Dinges, chefe da divisão de sono e cronobiologia da Universidade da Pensilvânia. "O que as pessoas estão sentindo", afirmou, "são episódios de microssono, que estão longe de ser normais". Toda vez que você precisa se policiar para prestar atenção e parar de operar no piloto automático, está sob o encanto de um cérebro que sucumbiu à compulsão irreprimível de dormir. "As pessoas encontram diferentes maneiras de explicar esses episódios para si mesmas", observou Dinges. "Dizem que caíram no sono porque a comida estava pesada, porque as luzes estavam suaves, porque estava quente demais na sala ou porque estavam entediadas. Estão redondamente enganadas. Estão caindo no sono porque têm um deficit de sono que os seus corpos estão determinados a consertar."

Embora tirar uma rápida soneca não seja equivalente a mergulhar em vários ciclos de sono profundo, não resta dúvida de que isso ajuda a se concentrar. Em vários estudos, os pesquisadores demonstraram que tirar uma soneca depois de aprender algo novo aumenta significativamente o domínio sobre aquela matéria. Em uma pesquisa realizada no Instituto Salk para Estudos Biológicos, os alunos que tiravam cochilos dominaram um jogo de computador 50% mais rápido do que aqueles que ficavam acordados. Os japoneses estão tão convencidos dos benefícios do cochilo que o Ministro da Saúde, Trabalho e Bem-estar Social daquele país recentemente recomendou que as pessoas tirassem uma soneca de vinte a trinta minutos antes das três da tarde para melhorar a saúde e a eficiência no trabalho. De fato, a soneca pode ser o símbolo da eficiência. Os alemães são os maiores adeptos da soneca — um em cinco tiram sonecas três vezes por semana. Uma soneca de menos de trinta minutos é a mais restauradora. Se passar de uma hora, você pode começar a se comportar como um espanhol que faz a sesta e fica acordado até as três horas da manhã.

Quer a privação do sono seja voluntária, resultante do desejo de acrescentar horas ao seu dia, ou originária de insônia crônica, o corpo interpreta as poucas horas de sono em um dia ou dois como um sinal de emergência. Assim, ele ativa a linha direta para o eixo hipotalâmico-pituitário-adrenal (HPA), acionando a resposta ao estresse, que pede a abordagem de alerta vermelho à regulação da glicose no sangue, inundando o coração e os músculos e ignorando o cérebro. Os neurônios estressados do hipocampo entram em modo de sobrevivência. Eles param de produzir o fator neurotrófico derivado do cérebro (BDNF), resultando em uma acentuada queda na neurogênese. O corpo privado de sono torna-se insensível à insulina, aumentando o risco de hipertensão, obesidade, diabetes e perda de memória.

A INSÔNIA É COMUM NA MEIA-IDADE

Saber disso foi alarmante para mim e meus colegas insones. Éramos tantos passando noites em claro que discutimos a possibilidade de criar um tipo especial de painel para a mesinha de cabeceira com luzinhas que indicassem quais de seus amigos estavam acordados e prontos para bater papo no meio da noite. De acordo com uma pesquisa da Fundação Nacional do Sono, 63% das mulheres americanas e 54% dos homens afirmam que apresentam sintomas de insônia pelo menos alguns dias por semana, enquanto a insônia crônica afeta cerca de 15% da população.

"Por que será que o cérebro não pode simplesmente apagar e seguir para a sonholândia, como antigamente?", perguntava-se Melissa, profissional autônoma, que começou a acordar às quatro da manhã com 40 e poucos anos. "Por que ele precisa se sentir responsável?"

"Claramente, existe um cantinho especial do cérebro dedicado a ansiedades desnecessárias", observou Robert Stickgold, que estuda o sono na faculdade de medicina de Harvard. "O que o cérebro acha que está conseguindo alcançar repetindo inúmeras vezes, sem resultado, o mesmo ciclo de pensamentos? Nenhum progresso é alcançado e, quando finalmente a pessoa se arrasta da cama de manhã, já perdeu horas de sono por causa do pensamento circular." A sua conclusão é de que esta cruel situação ocorre porque o indivíduo está em um estado semiconsciente em que o córtex pré-frontal está inativado, desabilitando capacidades úteis como a lógica e a tomada de decisões.

Para conseguir alcançar o sono REM profundo, é preciso passar pelos quatro estágios que os cientistas criativamente chamam de "não REM". Se a arquitetura de seu sono é normal, você pode passar pelo processo não REM, seguido por REM, de quatro a seis vezes por noite, em ciclos de 90 a 120 minutos cada. Se existe alguma interrupção em qualquer ponto, digamos, sua esposa chuta a sua canela e você acorda, ou o seu elevado nível de cortisol o desperta, você precisará começar de novo. Faça um rápido cálculo: cinco ciclos por noite de cem minutos cada representam quinhentos minutos. Divida por sessenta e verá por que são necessárias quase oito horas de sono.

Os estágios três e quatro do sono não REM são chamados "sono de ondas lentas". O sono de ondas lentas permite ao cérebro extrair significado da quantidade absurda de informações recebidas durante o dia. Ajuda o hipocampo a estabelecer lembranças de eventos — os detalhes e o fluxo da reunião com seu chefe — e a colocá-las em contexto. As ondas lentas são igualmente importantes para a cristalização das lembranças de procedimentos — como, exatamente, devo fazer o login daquele banco de dados e o que fazer em seguida. Como o cérebro é capaz de percorrer todos os eventos que ocorreram durante o dia e procurar justaposições interessantes, o sono de ondas lentas melhora a criatividade.

Assim é muito ruim saber que o sono de ondas lentas, que constitui quase 20% dos períodos de repouso de um adulto jovem, é reduzido para apenas 3% do sono na meia-idade. Em torno dos 45 anos, de acordo com os autores de um estudo da Universidade de Chicago, a maioria dos homens perdeu completamente a capacidade de gerar ondas lentas durante o sono. Os pesquisadores suspeitam que a queda nas capacidades cognitivas que percebemos aos 40 e poucos anos é principalmente resultante desta redução. Os níveis do hormônio da tireoide e do hormônio do crescimento, ambos secretados durante o sono de ondas lentas, caem no mesmo ritmo.

Ninguém sabe por que o sono de ondas lentas desaparece, mas uma coisa é certa: todos o querem de volta. Várias empresas farmacêuticas estão nos últimos estágios de desenvolvimento de medicamentos que prometem restaurar o sono de ondas lentas. Essa nova geração de pílulas para dormir não farão você dormir mais rápido nem por mais tempo — simplesmente melhorarão a qualidade do seu tempo de inatividade, aumentando o sono de ondas lentas em cerca de 20%. Teoricamente, podemos viver com menos horas de sono de qualidade muito superior, uma perspectiva que atrai os cronicamente ocupados.

O sono REM ocorre quando o cortisol está em seu nível mais baixo. Se o seu cortisol permanecer elevado durante toda a noite em vez de alcançar o pico nas primeiras horas da manhã como parte da resposta fisiológica ao despertar, você talvez também não esteja tendo sono REM. Você acordará cansado e não muito melhor do que estava quando foi deitar. O REM é a tropa da limpeza, trazida para limpar os detritos remanescentes depois que as ondas lentas terminam sua função. No sono REM, o cérebro examina o material recém-processado, decidindo o que manter e o que descartar. Se houve pouco ou nenhum sono de ondas curtas, os agentes da limpeza podem cometer erros terríveis, jogando no lixo o discurso do dia seguinte cuidadosamente preparado. O sono REM promove o reconhecimento de padrões; quando o indivíduo tem pouco sono REM, suas capacidades de mapeamento mental desaparecem e ele se perde, tanto no sentido literal quanto no figurado. A capacidade de tomar decisões também se beneficia do sono REM, provavelmente porque permite que o cérebro integre informações absorvidas durante o dia mas que só foram processadas mais tarde, na calada da noite.

No romance de Gabriel García Márquez, *Cem Anos de Solidão*, uma praga de insônia assola o vilarejo colombiano de Macondo. Gradualmente, ela faz com que as pessoas se esqueçam de tudo, inclusive dos nomes e usos da maior parte dos objetos comuns. Os insones aldeões acabam tendo que rotular tudo com pincel e tinta. Penduram até mesmo um cartaz na vaca: "Esta é a vaca. Ela deve ser ordenhada toda manhã para que produza leite, e o leite deve ser fervido para ser misturado com café, para se preparar o café com leite." Muitas vezes, eu sinto que deveria pegar uma dessas canetas marcadoras e começar a escrever minhas próprias etiquetas antes que seja tarde demais. Aparentemente, minha insônia funcionava como uma resposta condicionada clássica. Eu acordava ao menor ruído ou alteração do ambiente. Se a cortina batesse contra a janela, eu acordava. Se meus vizinhos voltavam de uma festa tarde da noite e as luzes do carro deles atravessavam a janela do meu quarto, eu acordava. Em geral, não conseguia voltar a dormir. Era difícil acreditar que eu era a mesma pessoa que durante anos tinha dormido feito pedra no 15º andar de um apartamento na West 72ⁿᵈst, em Manhattan, em que carros de bombeiro passavam a noite inteira com as sirenes a toda.

Várias noites por semana, eu ficava acordada até as cinco da manhã esperando o alarme tocar. Às vezes, levantava e lia ou — considerando que não havia motivo para perder tempo — ligava o computador e começava a trabalhar. Desenvolvi uma relação desconfiada com o sono. Nunca soube quando, ou mesmo se, apareceria. Se eu não dormisse, não poderia trabalhar, e eu precisava trabalhar.

O regime de vitaminas e suplementos de Dharma Singh Khalsa acabou com minha insônia — mas apenas durante alguns meses. Foi o suficiente para me lembrar como eu me sentia nos anos antes dos filhos, quando oito horas de sono eram a norma nos dias da semana. Com sono suficiente, a confusão mental diminuía e eu me sentia muito mais concentrada. Lembrei do prazer quase esquecido de escolher dentre uma gama de palavras apropriadas em vez de tentar arrancar parcas migalhas. Eu conseguia lembrar o que eu pretendia fazer por tempo suficiente para chegar até o fim.

De repente, tão rápido como tinha sumido, a insônia voltou. Como eu sabia o que era possível, minha reação foi pior do que antes. O sono era como um amante que me provocava, indo e vindo, entregando presentes que às vezes eram meus — e às vezes não. Eu podia sentir a diferença; novamente, a vida me deu uma rasteira. Eu tinha que "resolver o problema do sono", como tantos médicos me disseram.

Como se eu já não tivesse tentado.

Já tinha apelado para os banhos relaxantes e o leite quente. Pratiquei ioga restauradora — que achei estimulante demais — e meditação — que, como eu geralmente caía no sono, tinha quase o mesmo efeito de uma boa cochilada. Tentei melatonina, valeriana e L-triptofato, mas nenhum deles funcionou por mais de alguns dias. Nem o Zolpidem nem o Sonata funcionaram. São indicados para sete a dez dias, no máximo, mas para mim funcionaram por apenas três a cinco horas durante a noite antes de perderem o efeito. No terceiro dia, pararam de funcionar completamente, me deixando acordada e ansiosa, com um efeito adverso das pílulas para dormir altamente indesejado, chamado insônia de rebote. Quem tem alguma dificuldade para dormir uma ou duas vezes ao mês é um candidato ideal para as pílulas para dormir. No entanto, a insônia crônica é muito diferente: para que as pílulas façam efeito, elas precisam ser tomadas todas as noites. Mesmo se os sedativos hipnóticos tivessem surtido efeito, não eram uma solução de longo prazo para mim.

DORMINDO EM STANFORD

Eu marcara uma consulta com Tracy Kuo, uma psicóloga do Centro de Distúrbios do Sono da Universidade de Stanford, especializada em medicina comportamental do sono. A medicina do sono, desenvolvida de forma pioneira pelos cientistas de Stanford, já tem mais de três décadas de existência, mas a área de Kuo — a psicologia do sono — está em seus primeiros estágios de desenvolvimento. (Considerando as estatísticas sobre a insônia, não surpreende o fato de haver inúmeras clínicas particulares de medicina do sono. A maioria dessas clínicas é administrada por neurologistas e especialistas pulmonares que tratam de problemas relacionados ao sono como apneia obstrutiva do sono, síndrome das pernas inquietas e distúrbio do movimento periódico dos membros. Pelo menos até recentemente, os médicos nessas clínicas afirmavam que a insônia não existia como uma condição independente, mas emergia da depressão, da dor ou de algum outro distúrbio.)

Em 2000, Kuo veio para Stanford como aluna de pós-doutorado. Ela acabara de sair do laboratório de Richard Bootzin na Universidade do Arizona. Bootzin, professor de psicologia e psiquiatria do Centro do Sono do Arizona, e seus colegas tinham uma perspectiva diferente da insônia crônica. Consideravam-na um problema fisiológico com duração de 24 horas por dia, com um forte componente psicológico. Em vez de ficar sonolento na hora de dormir, Bootzin observou que os insones ficavam agitados. Seus níveis de adrenalina e cortisol disparavam. Seus corações batiam mais rápido. Ele o chamava de "hipervigilância condicionada". Mandá-los para cama em uma hora "decente" para que tivessem uma boa-noite de sono não era a solução. Mais horas na cama era a última coisa que um insone precisava. Bootzin e seus colegas pesquisadores (entre eles, Tracy Kuo) lançaram a hipótese de que a resposta estava, em vez disso, na restrição do sono — drasticamente limitando o tempo na cama, até a demanda homeostática do corpo pelo sono assumir o controle e surgirem ritmos circadianos normais, talvez pela primeira vez em anos. No laboratório de Bootzin, foram desenvolvidos os princípios da terapia cognitivo-comportamental para insônia. Kuo os reuniu e levou para Stanford, onde continua a explorá-los há pelo menos meia década.

A terapia cognitivo-comportamental é usada para tratar uma série de problemas, incluindo transtornos obsessivo-compulsivos e diversos tipos de fobias. A ideia por trás desta terapia é bem simples: basta mudar o comportamento que causa o transtorno (pare de lavar as mãos ou acender e apagar a luz) e o transtorno irá embora.

A terapia cognitivo-comportamental para insônia é tão rigorosa que o paciente deve estar altamente motivado. Um estudo dos programas desse tipo de terapia mostrou que 30% dos pacientes abandonaram o tratamento nas primeiras semanas. É fácil entender o motivo. No início, o tempo em que o paciente pode dormir em geral é limitado ao mínimo necessário — cerca de duzentos minutos ou um pouco menos de três horas. Quando o paciente consegue dormir 90% do tempo, é permitido aumentar esse intervalo em incrementos de 15 minutos. Teoricamente, é possível praticar essa terapia por conta própria. Você mesmo pode definir um cronograma e segui-lo à risca. No entanto, eu sabia que não conseguiria sem alguém torcendo do meu lado.

Poucos minutos depois de conhecer Tracy Kuo em Stanford, eu sabia que tinha encontrado essa pessoa. Seus pacientes, vários dos quais conversaram comigo, a chamavam de "deusa do sono", o que me gerou a expectativa de que conheceria uma figura alta, imponente e (apropriadamente) envolta em lençóis. Em vez disso, encontrei uma jovem inteligente, sensata e expressiva, com um sorriso grande e franco, que eu conseguia facilmente imaginar com um pompom colorido em cada mão pronta para ser a líder de torcida de que eu precisava para me estimular. Em Kuo, encontrei todo incentivo necessário e me vi pronta para começar a Intervenção Número 8.

Alguns dias antes da minha consulta com Kuo, entrevistei uma de suas pacientes, uma mulher de 54 anos chamada Maureen. Kuo me avisou que, quando eu terminasse a entrevista com ela, eu me sentiria como se tivesse acabado de assistir a um comercial informativo da terapia cognitivo-comportamental para insônia. Nem sempre funcionava assim tão bem, alertou Kuo. Envolvia muito esforço, e Maureen estava extremamente motivada. No entanto, ela achava que eu deveria saber como era um caso de sucesso.

Dois anos antes, o marido de Maureen, então com 50 anos, morrera de câncer no fígado. Ele falecera apenas alguns meses após o diagnóstico. Os pais dela morreram logo em seguida, deixando-a com uma insônia intratável. "Eu simplesmente esqueci como era dormir", disse ela. "Mas eu tinha um filho adolescente para criar e dirigia o dia todo em meu trabalho como representante de vendas de produtos farmacêuticos. Estava com muito medo de sofrer algum acidente. Eu não podia correr o risco de algo me acontecer. Tinha que estar em plena forma."

Ela já tinha escapado de alguns acidentes antes da primeira consulta com Tracy Kuo. "Era simplesmente inacreditável o que eu fazia. Esquecia os relatórios que meu chefe pedia. Perdia os arquivos que ele me passava. Um dia, estacionei o carro e fui para o supermercado, e em seguida me deparei com uma senhora correndo atrás de mim para dizer que eu tinha deixado a porta do carro escancarada com minha bolsa dentro."

Durante três meses, Maureen compareceu às consultas particulares com Tracy Kuo, uma vez por semana. Normalmente ela deitava às nove da noite e ficava olhando para o teto a noite inteira para se levantar às sete da manhã, mas Kuo diminuiu esse tempo para trezentos minutos, ou cinco horas na cama.

A primeira coisa que ela tinha que fazer, Kuo disse a Maureen, era aprender a proteger o seu sono. "É mais difícil do que se espera", disse Maureen, "especialmente quando se tem um adolescente que gosta de entrar no seu quarto às 23h45 para contar que tirou nota baixa no teste de matemática. Não é fácil dizer 'Boa noite, não vou falar sobre isso agora', especialmente quando todos sabem que os adolescentes só querem conversar com a gente à meia-noite".

Para Maureen, a terapia funcionou. Em poucos meses, ela estava dormindo direto, sete horas por noite. Seus sintomas cognitivos desapareceram. "Isso sim é a verdadeira fonte da juventude", ela disse. "Eu me sentia tão bem, tão mais leve e esperta. Meu sono é tão delicioso agora. Eu chegara ao ponto de ter medo da hora de dormir, e odiava a perspectiva de ter de acordar no meio da noite e pensar sobre tudo aquilo. Hoje em dia, eu espero ansiosamente pela hora de ir para cama. É melhor do que bolo de chocolate." Ela tinha tanta energia que passou a frequentar a academia, ter aula de canto e tocar piano. Teve de participar de sessões de treinamento de dois dos produtos de sua empresa, que envolveram um seminário de sete horas de duração repleto de informações técnicas. "Acertei 98% no meu teste", Maureen contou. "Sei que se não tivesse feito a terapia, teria continuado estressada noite e dia. Acho que acabaria me matando."

Kuo tinha razão: eu realmente me sentia como se tivesse participado de um comercial muito persuasivo.

"É importante passar esperança", Kuo me disse ao caminharmos pelo corredor até a sua sala. "Os pacientes que me procuram já passaram por vários médicos ao longo dos anos. Estão desiludidos e muito cansados. Eu quero que eles saibam que existe esperança para resolver o problema."

A maioria dos pacientes de Kuo — praticamente todos na faixa entre 45 e 50 anos — corresponde ao perfil que ela chama de "Clássicos do Vale do Silício". A pessoa leva uma vida profundamente irregular, com horários flutuantes para dormir e acordar. Para eles, "não há estrutura e não existe agenda", explicou Kuo, "exceto aquelas exigidas pelo trabalho, a família e a vida social. Essas pessoas estão sempre lidando com o tempo como um recurso limitado. Consideram o sono um tempo que podem empenhar, na expectativa de repô-lo em algum momento no futuro. Na verdade, eles se treinam para não conseguir dormir".

Quando os pacientes procuram Kuo, em geral, já sofrem com a insônia há dez anos. Como eu, há muito tempo abandonaram os remédios à base de ervas. A maioria já consumiu drogas mais pesadas — ingerindo benzodiazepínicos como Apraz e Lorax, assim como vários antidepressivos, não benzo-hipnóticos, como Zolpidem e Sonata, e medicamentos antipsicóticos, como Zyprexa e Neurontin. "Se você consultar um clínico geral", disse ela, "e reclamar de insônia, sempre sairá com uma receita na mão. É isso que eles sabem fazer. Os pacientes me procuram quando nada disso está funcionando, ou quando não suportam mais a confusão cognitiva associada a esses produtos farmacêuticos. Em geral, chegam tão carregados de remédios que leva tempo para que se livrem deles".

A maioria das pessoas consegue estabelecer um ritmo natural de sono e vigilância, explicou Kuo. "A primeira coisa que você precisa fazer", disse ela, assim que nos instalamos confortavelmente em sua sala, "é aprender a pousar seus helicópteros". Assim que o significado de sua metáfora tornou-se claro em minha mente cansada, entendi o que ela pretendia. Ao me deitar, eu usava o tempo ocioso como uma oportunidade para considerar várias possibilidades perturbadoras. Bem em cima da minha cabeça, os helicópteros circulavam, fazendo um tremendo estardalhaço. "Você não vai conseguir dormir com todo esse barulho na cabeça", ela explicou. "Você precisa pousar os helicópteros."

O sono, segundo ela, é um estado automático. Quando você se vê obrigado a ter que focar nele, já era. Você estará levando a consciência para a inconsciência, e esses dois estados são basicamente incompatíveis. Para voltar a dormir e permanecer dormindo durante o período adequado de horas, é preciso abandonar o controle, a vigilância e os sentimentos de medo e frustração que se sente depois de passar várias noites ruins. "Tudo isso representa o fenômeno da vigilância", explicou Kuo, "que é incompatível com o sono. Até mesmo 'tentar' dormir é frustrante. Não podemos simplesmente dizer para alguém parar de pensar. Mas a mente que resolve problemas não é uma mente que dorme".

O meu sono, que Kuo descreveu como muito ineficiente e curto, já não era mais minha responsabilidade. Ela o estava tirando das minhas mãos. Ela me designou um horário para dormir incrivelmente tarde 23h30, e disse para colocar meu alarme para exatamente seis horas depois. Eu anotaria meu progresso em um diário do sono, registrando as horas acordadas e as horas dormindo. Assim que eu conseguisse dormir seis horas seguidas, eu passaria a deitar 15 minutos mais cedo. Por fim, disse Kuo, eu iria dormir oito horas seguidas.

O verdadeiro desafio, explicou ela, era o que acontecia antes da hora de dormir. Minha tarefa era começar a dizer ao meu corpo que era hora de dormir, para ir desacelerando. Às 22h15, eu começaria a "diminuir o ritmo", baixando o luminosidade ao máximo, permitindo ainda alguma leitura. Até mesmo a menor exposição a luzes brilhantes — uma rápida visita ao banheiro, por exemplo — reativariam meu relógio corporal altamente sensível, inadvertidamente alertando-o de que tinha amanhecido.

"Você precisa aprender a proteger o seu sono", disse Kuo. "E verá que ninguém mais na sua casa vai achar que esta é uma boa ideia."

Ela estava certa, é claro. Na primeira noite em que expulsei todo mundo do meu quarto (incluindo meu marido e seu laptop, cujo monitor brilhava intensamente), pensei que causaria uma revolução. Meu filho mais velho não podia acreditar que eu não o ajudaria a estudar para a prova final de espanhol. O caçula, que chegou tarde em casa depois do treino de beisebol e tinha ficando fazendo dever de casa desde que chegara, reclamou aflito que não tinha me visto o dia inteiro. Kuo tinha razão: proteger o meu sono ia ser bem difícil.

Ainda assim, havia algo de fato encantador naquele momento de calmaria. Na verdade, eu gostava daquilo. Podia ler uma revista de decoração e descobrir todas as novas maneiras de organizar o banheiro sem me sentir culpada por não estar fazendo minha leitura noturna normal, o sempre estimulante *New York Times*, que Kuo tinha incluindo na lista proibida. O verdadeiro desafio veio depois que eu já estava lendo há uns dez minutos. Meus olhos ficavam cada vez mais pesados. Esse era um problema, pois eu não podia deitar e dormir ainda por mais uma hora. Durante algumas semanas, isso foi uma tortura. Levantei e caminhei pelo quarto escurecido. Quando finalmente chegou a hora, 23h15, e eu pude me deitar, adormeci em questão de segundos.

Dentro de poucas semanas, eu estava dormindo cinco horas e meia, tão pouco que estava acabada. Caía de sono na frente do computador às nove da manhã. Com a bênção de Kuo, tirei o Provigil do armário do banheiro para combater o que inegavelmente era um caso de sonolência diurna excessiva. Era hora, disse Kuo, de começar a me aproximar das seis horas de sono. Consegui, mas quando botei o relógio para seis horas e meia, travei. Novamente, comecei a acordar no meio da noite. Minha tarefa, quando isso acontecia, era levantar e ler algo ainda menos estimulante do que a revista de decoração, até sentir sono novamente. Algumas noites, eu ficava acordada durante horas.

Quando Kuo leu meu diário do sono em minha terceira consulta, vi em seu rosto que algo estava errado. "Você precisa de mais horas de sono", ela disse. "Você não vai conseguir resolver os seus problemas cognitivos com apenas seis horas. Se começar a acordar no meio da noite, voltará à estaca zero." Ela achava que algo mais estava acontecendo que perturbaria meu sono mesmo se eu passasse um pouco das seis horas. Eu não me encaixava no perfil de apneia obstrutiva do sono, que afeta 4% dos homens de meia-idade e 2% das mulheres de meia-idade, todos os quais roncam alto, se calam por até dez segundos (quando param de respirar), arfam ruidosamente e voltam a roncar. Quase todos os pacientes com apneia obstrutiva do sono são obesos ou pelo menos com papada e pescoços com uma grande circunferência. Eu era mais magra, e meu maxilar era tão bem delineado quanto qualquer outro esculpido no monte Rushmore. Não havia histórico de roncos do meu lado da cama.

Ainda assim, a síndrome da resistência das vias aéreas superiores poderia se manifestar em mulheres que não roncam como eu, com baixo índice de massa corporal e pescoço longo e fino, afirmou Kuo. Um estudo finlandês observou que esses problemas existem em 17% das mulheres, a maior parte das quais compartilhavam certas características físicas: pescoço muito fino, combinado com um palato arqueado muito alto e um queixo pequeno e triangular. Muitas dessas mulheres receberam o diagnóstico de síndrome da fadiga crônica, quando, na verdade, era a falta de ar que as acordava. Os principais sintomas eram idênticos aos da apneia obstrutiva do sono: sonolência diurna excessiva, falta de energia, baixa iniciativa, dificuldades de concentração e memória fraca, causados por uma combinação de privação de oxigênio e praticamente nenhum sono REM.

Kuo disse que queria que eu me submetesse a um estudo do sono para diagnóstico no Centro de Distúrbios do Sono em Stanford. Eu entraria por volta das 19h e eles conectariam eletrodos ao meu couro cabeludo e ao meu corpo. Enfiariam fios pelas mangas da minha camisa e pelas pernas das calças e me colocariam na cama. Durante meu descanso, testariam todos os aspectos da minha fisiologia do sono. Se houvesse problemas de respiração, mesmos os mais sutis, os técnicos poderiam indicá-los com o equipamento de monitoração polissonográfico. Os especialistas de Stanford analisariam detalhadamente a arquitetura do meu sono. Se eu tivesse problemas nas vias respiratórias, havia como tratá-los.

Um estudo do sono era o próximo passo, disse Kuo. A decisão estava em minhas mãos. Se eu não fizesse o estudo, ela avisou, eu poderia sofrer — na verdade, eu já vinha sofrendo — com o continuado estresse criado pela privação do sono. Nem por um instante eu deveria me iludir achando que seis horas de sono eram suficientes para qualquer ser humano. Eu não tinha resolvido ainda a "questão do sono", mas com o progresso que alcançara, sabia que seria fundamental continuar tentando. Esse caminho só seria um pouco mais demorado. Enquanto isso, listei alguns outros possíveis suspeitos capazes de causar as dificuldades cognitivas.

14

DROGAS RECREATIVAS, ÁLCOOL E OUTRAS NEUROTOXINAS

• • •

As consequências cognitivas do que
você fuma, bebe, come e respira

Mark, hoje professor de química do ensino médio e pai de dois filhos adultos, fumou maconha durante boa parte da década de 1970. "Todo dia, o dia inteiro", disse ele. "Fiquei fora do ar por quase uma década." Ainda fumava alguns baseados por semana, "apenas socialmente, da mesma forma que outra pessoa toma alguns drinques". Nos últimos anos, começou a apresentar problemas de memória. Foram necessários pelo menos os três primeiros meses do ano letivo para que ele conseguisse se entender com a chamada dos alunos. Se o plano de aulas não estivesse diante dele, ele esquecia os tópicos que tinha de abordar. Às vezes, quando esquecia como resolver um problema complexo, seus melhores alunos tinham de ajudá-lo. Ele achava que a maconha fosse benigna, especialmente se comparada com as bebedeiras que, na sua opinião, tinham acelerado a decadência precoce do pai devido ao mal de Alzheimer. Ele não tomava bebidas alcoólicas, mas começou a se questionar. Será que a grande quantidade de maconha fumada na sua juventude — ou os baseados eventuais que ainda fumava — explicava as falhas em sua memória?

Podia ser, eu lhe disse. Um estudo recentemente publicado na revista *Neurology* (Neurologia) demonstrou que usuários pesados de maconha, que fumaram quatro ou mais baseados por semana durante dez anos, tinham um desempenho significativamente abaixo da norma nos testes que solicitavam que eles lembrassem de uma série de palavras. Mesmo o uso moderado de maconha poderia afetar a memória operacional em até 20%. O tempo de resposta é mais devagar, assim como a capacidade de lembrar dos detalhes dos eventos. Usuários pesados de maconha tinham fluxo sanguíneo reduzido no hipocampo e apresentavam anormalidades nos pequenos vasos sanguíneos do cérebro, iguais às que existem em indivíduos com pressão arterial alta crônica e diabetes.

Novamente, o sempre vulnerável hipocampo sofria as consequências. Um hipocampo saudável é repleto de receptores de acetilcolina, prontos para receber esses neurotransmissores, tão cruciais para o aprendizado e a memória. O THC, o princípio ativo da maconha, confunde o hipocampo, levando-o a usar, em vez disso, as moléculas canabinoides. Com acetilcolina insuficiente, as informações eram interrompidas e não conseguiam completar o caminho dos lóbulos frontais ao circuito do hipocampo.

Mark teve sorte de ter se tornado adulto no início da década de 1970, eu disse a ele: se fosse mais tarde, ele poderia ter se tornado um frequentador assíduo de casas noturnas e se viciado em ecstasy, o que era consideravelmente mais perigoso. Em 1976, Alexander Shulgin, um pesquisador de psicofarmacologia, tirou da obscuridade a MDMA (metilenodioximetanfetamina), uma combinação sintética de psicodélicos e anfetaminas. Em 1985, era tão popular entre os estudantes americanos que a agência de repressão aos entorpecentes dos EUA proibiu a circulação da droga, instantaneamente tornando-a a preferida da vez. Aumentando drasticamente a produção de serotonina, o ecstasy gera uma onda de euforia que dura de seis e 24 horas. Em usuários frequentes, pode causar danos irreversíveis ao sistema nervoso central, resultando

DROGAS RECREATIVAS, ÁLCOOL E OUTRAS NEUROTOXINAS

na morte das células nervosas. A droga força a abertura da barreira hematoencefálica, permitindo a entrada de moléculas maiores que não pertencem ao cérebro. O hipocampo e os lóbulos frontais aparentam ser mais vulneráveis aos efeitos neurotóxicos da droga, provocando deficits na função executiva. Em 2003, uma equipe da Universidade de Newcastle no Reino Unido descobriu que aqueles que fizeram uso do ecstasy pelo menos dez vezes tinham 23% a mais de chances de apresentar problemas de memória do que indivíduos sem experiência com drogas. Segundo o estudo, o cérebro que sofre os efeitos do ecstasy parecia muito mais velho do que de fato era. Áreas significativas de tecido foram destruídas.

OS EFEITOS DO ÁLCOOL

Quando usado com extrema moderação — os maiores benefícios são alcançados com um copo a um copo e meio por dia — o álcool pode aumentar a possibilidade de chegarmos a uma idade avançada sem desenvolver o mal de Alzheimer. Em pequenas quantidades, o álcool pode diminuir o risco de ataques cardíacos, diabetes, osteoporose e outras formas de declínio mental. A verdade é que poucas pessoas com hábito de beber são tão precavidas e moderadas no consumo do álcool. O mais comum é derrubar umas duas latas de cerveja ou uma meia garrafa de vinho no jantar, algumas vezes por semana.

Isso pode ser um problema: a partir do primeiro ou segundo copo, o álcool já produz deficiências detectáveis de memória. "Para mim, está absolutamente claro", observa John, o cardiologista que esqueceu de ir ao enterro da tia, "que dividir meia garrafa de vinho entre duas pessoas no jantar todas as noites resulta em perda da memória de trabalho e da memória de longo prazo".

Aaron White, professor-assistente de pesquisa na Duke University, na faixa dos 30 anos, estuda blecautes alcoólicos, muito mais comuns entre os bebedores sociais do que se supõe. ("Blecaute", neste contexto, significa que, embora esteja bêbado, o indivíduo está perfeitamente consciente e, infelizmente, é capaz de completar tarefas voluntárias e muitas vezes complicadas, incluindo dirigir e fazer sexo. O blecaute não deve ser confundido com desmaios, que envolvem perda de consciência e podem ser até mesmo mais seguros.) Como parte desta pesquisa, White gravou sinais em ratos das células piramidais CA-1, que estão nas portas do hipocampo. "Verifiquei que o álcool basicamente desativa essas células", ele explicou quando os visitei na Duke. "Beba e é o equivalente a não ter um hipocampo. Você ainda pode manter as atividades ainda por algum tempo. Pode acessar lembranças antigas, ainda é perfeitamente capaz de desencavar algum ressentimento antigo e começar uma discussão. Mas certamente não conseguirá dominar as atividades em andamento, porque o hipocampo está morto, sem condições de continuar funcionando. O principal defeito é a incapacidade de transferir novas informações da memória de curto para longo prazo."

Nos camundongos, mesmo o consumo contínuo de álcool por apenas oito semanas gerou deficits cognitivos que duraram cerca de 12 semanas após a interrupção do consumo. Se um paralelo pode ser traçado com seres humanos, ele sugere que uma pessoa que bebe de seis a oito garrafas de cerveja, ou uma garrafa de vinho por dia durante seis anos, pode experimentar deficits de aprendizado e memória até nove anos após parar de beber.

Não é preciso estar bêbado, ou mesmo ligeiramente tonto, para que sua memória seja afetada; uma única dose forte de álcool — aquela geladinha que você tomou enquanto escolhia o prato de entrada — já é suficiente. Os deficits de memória operacional são comuns, assim como uma queda na função executiva. "Com uma concentração de 0,15% de álcool no sangue", observou White, "a debilitação é pequena, mas certamente existe, criando o que chamamos de deficits 'coquetel'. Evelyn, uma cantora-compositora, descobriu isso da maneira mais difícil em uma festa de ano-novo que deu junto com seu marido: "Tomei algumas taças de champanhe durante cinco horas ou mais", disse ela. "Vários dias mais tarde, encontrei uma amiga que esteve conosco aquela noite. Ela comentou um assunto que aparentemente tínhamos discutido bastante na festa. Não me lembro de ter conversado sobre o assunto e na mesma hora me senti muito tola e vulnerável."

"Acho que é bem evidente que o álcool reduz a memória e as nossas capacidades intelectuais", observou Kevin, que é roteirista. "Minha filha adora quando eu tomo uma taça de vinho enquanto jogamos xadrez." Com a idade, o efeito do álcool nos receptores neurais GABA torna-se mais pronunciado, desacelerando a comunicação entre os neurônios, em geral a um ponto em que a pessoa de meia-idade precisa lutar para permanecer acordada depois do segundo copo. Alguns ratos sofrem mutação genética que os tornam excepcionalmente sensíveis ao álcool, levando a uma intoxicação rápida e completa após uma única dose. A variante não foi identificada em humanos, mas quando for, explicará como determinadas pessoas cambaleiam depois de um só copo e outras resistem durante horas.

Os cérebros dos alcoólatras são menores, mais leves e contraídos do que os de indivíduos não alcoólatras. A atrofia cerebral se desenvolve mais rapidamente em mulheres, que parecem ser mais sensíveis do que os homens às consequências cognitivas do uso do álcool. Os estudos em ratos demonstram que, durante a intoxicação, a neurogênese no hipocampo dos adultos para imediatamente. Se os ratos passam por desintoxicação, a neurogênese começa novamente, mas se houver álcool na corrente sanguínea (mesmo em níveis mínimos), ela permanece estagnada. Segundo hipóteses científicas, nos humanos que sofrem de alcoolismo crônico, pode não haver células de substituição no hipocampo disponíveis em boa parte de suas vidas. Além disso, nos humanos, o abuso crônico do álcool altera a expressão dos genes que controlam a produção das proteínas que servem como a estrutura da bainha de mielina, afetando a função dos lóbulos frontais e no cérebro como um todo.

Se os alcoólatras forem também fumantes — e cerca de 80% dos indivíduos dependentes do álcool também fumam — apresentarão níveis ainda mais agudos de danos cerebrais induzidos pelo álcool, principalmente nos lóbulos frontais. As pessoas que fumam na meia-idade têm praticamente um terço a mais de chance de desenvolver o mal de Alzheimer do que as pessoas que nunca fumaram. Em um estudo na Universidade de Aberdeen que examinou as habilidades nos testes cognitivos de pessoas que fumaram no passado, que fumam no momento e que nunca fumaram, o desempenho dos fumantes atuais é significativamente pior do que o dos demais grupos em todas as capacidades.

GARIMPANDO A VERDADE

Quando você era criança e virava o nariz para aquele filé de linguado que sua mãe colocava na sua frente, ela talvez tenha lhe dito que peixe é bom para o cérebro. Muitos estudos comprovaram essa teoria. Como expliquei no capítulo 6, há poucos produtos melhores para o seu cérebro do que os ácidos graxos ômega 3 presentes nos frutos do mar. É claro que existe um lado negativo também: a exposição ao metilmercúrio consumido quando ingerimos peixes oceânicos grandes e predadores pode resultar em uma condição neurológica que a especialista em medicina interna Jane Hightower chama de *fish fog*, ou neblina de peixe. O metilmercúrio faz esse trabalho sujo ao promover a produção de radicais livres e a inflamação do cérebro — efetivamente acelerando os processos que causam o declínio neurológico relacionado com a idade.

O mercúrio é um elemento que ocorre naturalmente no meio ambiente, liberado na atmosfera quando os combustíveis fósseis são queimados. Quando volta para a terra, cai nos canais e oceanos, onde as bactérias na água iniciam mudanças químicas que transformam o mercúrio em metilmercúrio. Como os peixes se alimentam nessas águas, acumulam produtos químicos tóxicos. Os peixes muito grandes e preguiçosos que não fizeram nada em suas vidas além de papar espécies menores têm a maior carga de metilmercúrio.

Quando li a resolução da Associação Médica Americana sobre a toxicidade do mercúrio, percebi que talvez fosse a hora de parar com os almoços à base de sushi de atum. Mais preocupante era o fato de que eu preparava atum ou peixe-espada grelhado ou *halibute sauté* para o jantar pelo menos duas vezes por semana para minha família. No final das contas, esses peixes (aliás, os únicos que minha família realmente apreciava) estavam na lista das espécies que apresentam os índices mais perigosos de metilmercúrio.

DROGAS RECREATIVAS, ÁLCOOL E OUTRAS NEUROTOXINAS

No meu exame de sangue seguinte, pedi ao médico que incluísse uma avaliação do nível de metais pesados do Quest Laboratories. Assim que o exame chegou, vi que o meu nível — 10 microgramas por litro — era o mais alto dentro da faixa normal. Achei que fosse aceitável.

"O mercúrio não pertence ao corpo humano", disse Jane Hightower quando eu lhe informei os resultados dos meus exames por telefone. Os resultados de laboratório não são muito úteis, ela explicou, porque seus números baseavam-se na exposição ocupacional — se você trabalha em uma fábrica e sofre um acidente com mercúrio orgânico, por exemplo, o seu nível de mercúrio apareceria muito alto durante algum tempo. "Isso é diferente de estar com um nível constantemente elevado de mercúrio em função do consumo de metilmercúrio. Idealmente, o nível de mercúrio do sangue deve ser zero. A Agência de Proteção Ambiental dos EUA (a sigla em inglês é EPA) afirma que um nível seguro é de cerca de 5 microgramas por litro, mas digo a meus pacientes que 3 microgramas é o nível mais alto a que se pode chegar." Na área de São Francisco, onde muitas pessoas se descreveriam como vegetarianas que comem peixe, Jane Hightower encontra adultos com níveis acima de 20 microgramas por unidade. Um menino de 7 anos e 23 kg tinha níveis de mercúrio 14 vezes superiores ao recomendado pela EPA. Ele comera peixe duas vezes por dia durante boa parte de sua vida.

Na revista *Health* (Saúde), o jornalista Ben Raines descreve o caso de Will Smith, um geofísico que analisava dados para empresas de petróleo. Ele estava tendo dificuldades funcionais nos níveis mais básicos, escreve Raines. "Saía de casa para uma reunião e antes de chegar no carro já não lembrava para onde estava indo. Embora morasse em São Francisco há décadas, vivia se perdendo. Depois de uma carreira dedicada a pesquisas técnicas e científicas de alto nível, este senhor de 52 anos via-se frustrado diante de subtrações simples e era incapaz de juntar as palavras para formar frases coerentes." Os instrumentos normais para diagnóstico — testes da função cardíaca, tomografias computadorizadas, exames de sangue — nada revelaram. O médico de Smith disse a ele que era melhor encontrar um trabalho que exigisse menos esforço mental. Os especialistas que ele procurou suspeitavam de encefalite e da doença de Lou Gehrig. Um dia, depois de ler a resolução da AMA, seu médico ligou e perguntou sobre a frequência de seu consumo de peixe. Durante anos, ele comia uma lata de atum de lanche três vezes por semana, muito sushi, especialmente ahi, e outros tipos de peixe algumas vezes por semana. Imediatamente, parou de comer peixe e, em cinco meses, porque o metilmercúrio é rapidamente excretado pelo cabelo, unhas, pele e fezes, os seus sintomas tinham desaparecido. "Você para de comer peixe", disse Hightower, "e o problema desaparece".

Em março de 2004, o FDA e a EPA emitiram uma diretriz conjunta para orientar consumidores sobre a presença de mercúrio em peixes e mariscos. As mulheres em idade fértil, mães que amamentam e crianças pequenas devem evitar tubarão, peixe-espada, cavala ou perca por causa dos altos níveis de mercúrio. (Por algum motivo, atum, olho-de-boi, perca do mar, garoupa e halibute, que também têm altos níveis de mercúrio, não foram mencionados nesta diretriz.) A diretriz ao consumidor não sugeriu restrições para os adultos de meia-idade que passaram da idade reprodutiva: podemos continuar comendo todo o peixe que quisermos, especialmente as espécies "seguras", como camarão, atum enlatado light, salmão, pescada-polacha, lampreia, tilápia, hadoque, sardinhas e ostras do Pacífico. Só para confundir, novas orientações publicadas em 2005 pela National Oceanic and Atmospheric Administration (Admnistração Nacional dos Oceanos e da Atmosfera) recomendavam que *todos* os americanos comessem frutos do mar duas vezes por semana.

A EPA tem uma "dose de referência" que afirma que uma pessoa que pesa entre 45 e 70 kg pode seguramente ingerir de 5 a 7 microgramas de mercúrio por dia. Isso corresponde a 1 micrograma por cada 10 kg de massa corporal. Usando esses números, Barbara Knuth, uma estatística biológica em Cornell, estudou os níveis de mercúrio no salmão. Ela descobriu que o salmão criado na Escócia, Noruega e no leste do Canadá estavam tão saturados de mercúrio que só poderiam ser consumidos três vezes ao ano, no máximo. O salmão criado no Chile era seguro para seis jantares anuais. O salmão rosa, vermelho e prateado era aceitável duas vezes por mês. O salmão selvagem — o mais difícil de encontrar, a não ser que você mesmo o pesque — podia ser consumido uma vez por semana.

DROGAS RECREATIVAS, ÁLCOOL E OUTRAS NEUROTOXINAS

Se você está comendo um dos peixes conhecidos por ter altos níveis de metilmercúrio — digamos, o atum ahi —, a dose de referência da EPA indica que você pode consumir cerca de um oitavo de 459 g, ou seja, não mais do que um único pedido de sushi. Uma pesquisa com os principais restaurantes de sushi da Califórnia indicou que o nível de mercúrio no atum era em média o dobro do limite da FDA — assim, talvez seja bom restringir o consumo para uma única peça de maki de atum.

Os americanos ingerem cerca de meio milhão de quilos de atum enlatado e vendido em embalagens herméticas anualmente, o que representa um grande negócio. Eu acreditei piamente no boato de que ele possuía baixos níveis de mercúrio (que, admito, não fazia muito sentido, já que se tratava de um peixe grande e preguiçoso) e estava consumindo sanduíches de atum e maionese regularmente até ler que um cientista do comitê alimentar do FDA tinha testado pessoalmente dez latas de atum para verificar a presença de mercúrio. Ele descobriu que uma marca continha 1,24 partes por milhão de mercúrio, mais de 500% do que a média publicada pela FDA para atum enlatado, tão alto que, na verdade, os regulamentos do FDA de 480 microgramas de metilmercúrio em 500 g de peixe impediria a venda do produto ao público. Isso é suficiente para fazer você desistir do atum para sempre, mas o socorro está a caminho. Recentemente, em meu supermercado local, vi um cartaz no setor de peixe fresco que dizia: "Frutos de Mar Certificados pela Safe Harbor." Pesquisas adicionais indicaram que a Safe Harbor era a criação genial da Micro Analytical Systems, uma empresa fundada em 2002 para desenvolver tecnologias para analisar a pureza dos alimentos. Eu imaginei o pessoal do supermercado testando minha tilápia, mas, na prática, os peixes eram analisados no atacadista antes de chegar ao varejo. Os examinadores extraem uma amostra da carne do peixe com uma seringa e uma agulha de biópsia, e a inserem em um dispositivo do tamanho de uma máquina copiadora. Demora cerca de um minuto para analisar uma amostra. De acordo com Malcolm Wittenberg, o CEO da empresa, pelo menos metade dos peixes testados foram rejeitados por conter mercúrio. Somente aqueles com níveis de mercúrio bem abaixo do nível recomendado pelo FDA são aprovados.

A CARGA TÓXICA

Seu problema de memória pode estar mais relacionado com o trabalho do que você imagina. Se você trabalha em um prédio novo, construído com materiais de isolamento que economizam energia, e não pode abrir suas janelas, é bem provável que esteja respirando muito monóxido de carbono e pouco ar puro. O envenenamento por monóxido de carbono não precisa ser agudo. Pode ocorrer até mesmo quando pequenas quantidades são inaladas durante um longo tempo, por exemplo, em um escritório com pouca ventilação. Quando o monóxido de carbono é inalado, ele entra na corrente sanguínea e se liga à hemoglobina, a proteína que transporta oxigênio do sangue para o hipocampo, fazendo com que os neurônios percam vitalidade e acabem morrendo. Um investimento de 60 dólares em dois detectores de monóxido de carbono, um para o escritório e outro para a sua residência, podem informá-lo sobre o seu nível de exposição.

Não ingerimos deliberadamente os produtos tóxicos, mas acontece todos os dias. Quando me mudei de Nova York para Los Angeles, na década de 1980, descobri que a jardinagem, uma atividade que aproveitei durante breves verões na Nova Inglaterra, era um esporte competitivo no nosso bairro de casas. Não bastava apenas cultivar um grande número de peônias na primavera e fazer uma grande coleta de tomates e abobrinhas em agosto. A jardinagem no sul da Califórnia era mais como decoração de exteriores, e ainda durava 52 semanas ao ano. É claro que todo o jardim estava sujeito à invasão de pestes — afídeos presos às roseiras, caramujos devorando as prímulas, lagartas comendo as vagens. Uma vez por mês, o batalhão de jardineiros alterava sua rotina normal de trinta minutos e lançava mão do botijão preso às costas, cheio de pesticidas e herbicidas.

Quando saíam os jardineiros, entravam os exterminadores. Eles chegavam trimestralmente, pulverizando tudo à vista — as fendas onde a casa e a entrada para veículos se encontravam, as molduras das janelas, e o interior da casa, os rodapés e a argamassa ao redor da banheira. Meu marido me garantiu que no sul da Califórnia era assim mesmo e que eu não iria querer conhecer as criaturas que apareceriam caso a pulverização cessasse. Além das baratas, formigas e roedores, haveria aranhas,

DROGAS RECREATIVAS, ÁLCOOL E OUTRAS NEUROTOXINAS

disse ele sombriamente. Certamente, não eram os bichinhos engraçadinhos de pernas compridas que eu conhecia dos piqueniques da Nova Inglaterra. Na verdade, na nossa alameda, tomada por buganvílias e hera, vi uns tantos aracnídeos peludos e bojudos passando apressados.

Eu sempre sabia quando os exterminadores tinham passado. O ar dentro e fora exalava produtos químicos, com um cheiro que lembrava petróleo, mas com uma nota doce que o tornava ainda mais desagradável. Eu saía imediatamente, mas depois de alguns minutos de exposição, meus olhos ardiam, meu estômago começava a queimar e minha garganta fechava. Me sentia tonta e distraída. Minha cabeça doía e, ao longo de meia década, desenvolvi uma tosse seca que reverberava e fazia todo mundo se afastar de mim nos coquetéis. Não ajudava em nada o fato de que, em nome da proteção contra pragas, o cão e o gato usassem coleiras antipulga e tomassem banhos ocasionais contra os parasitas. Quando as coceiras atacavam para valer, salpicávamos pó antipulga em suas caminhas (e quando vinham se aconchegar, era nossa cama que ficava imunizada).

Não me pergunte o motivo, mas eu nunca atribuí os meus sintomas aos produtos que estavam sendo usados na pulverização dentro e fora da minha casa. Eu atribuía todos os sintomas — a tosse seca, as dores de cabeça, a tonteira — à poluição, com a qual precisamos aprender a conviver em Los Angeles. Quando já estava nessas paragens há dez anos, comecei a ter reações extremas não só aos pesticidas, mas também aos sprays de cabelo, cigarros, gasolina, desodorizantes, corantes de tecido, perfumes, sabonetes, esmalte de unha e limpador de fornos. O primeiro andar de uma loja de departamento era um labirinto que provocava irritação nos olhos e dor de cabeça, que eu tinha que atravessar o mais rapidamente possível. Comprei e devolvi um travesseiro Tempur-Pedic porque não consegui suportar o seu odor ácido. O mesmo aconteceu com o descanso para punho que comprei para o meu teclado: para mim, o treco fedia. Eu era a única a sentir o cheiro.

Só quando nos mudamos para o norte da Califórnia, onde as pessoas tiram os afídeos de suas roseiras em vez de embebê-los em pesticidas, eu me dei conta de que estivera vivendo em um mar tóxico de clorpirifós, um organofosfato que afeta o sistema nervoso quase da mesma forma que o gás de nervos. Absorvido pela pele, membranas, mucosas, trato gastrintestinal e pulmões, os pesticidas de organofosfato causam sintomas de perda de memória, perturbação do sono e depressão, assim como disfunção imune que resulta na síndrome da fadiga crônica e asma crônica. Quando os organofosfatos alcançam níveis tóxicos, bloqueiam a decomposição do neurotransmissor acetilcolina, interferindo com a transmissão dos sinais nervosos nos cérebros dos insetos, roedores, animais domésticos e humanos da mesma maneira. Nos insetos e roedores, os organofosfatos inibem a decomposição da acetilcolina a tal ponto que ela se acumula na junção neuromuscular e impede o funcionamento do diafragma, resultando em sufocamento. Além de bloquear a decomposição da acetilcolinesterase, os organofosfatos (e, nesse sentido, a maior parte das toxinas) causam danos oxidativos às células, iniciando o ciclo descrito no capítulo 6. Algumas pessoas possuem genes que as predispõem à sensibilidade aos agentes químicos, particularmente aqueles presentes nos pesticidas agrícolas. Eu achava, mas não podia provar, que eu era uma dessas pessoas geneticamente suscetíveis.

Poucas semanas após a mudança para o norte, muitos dos meus sintomas, incluindo a tosse seca asmática, desapareceram. Minha memória não melhorou e eu ainda estava altamente sensível a essas toxinas. Teria de tomar cuidado pelo resto da minha vida. Em um acampamento de férias de verão nas montanhas de Sierra Nevada, onde abundavam mosquitos, apliquei o repelente OFF! Deep Woods, com uma concentração de 23,9% de DEET, com garantia de três a cinco horas de duração. Depois de duas horas, os insetos já pousavam em mim, por isso apliquei o produto na minha camisa e nos shorts de caminhada. Menos de vinte minutos depois, achei que estava gripada. Sentia-me atordoada, com dor de cabeça e muito desorientada. Talvez tenha sido a dose dupla de DEET, ou o fato de que eu também estava tomando um anti-histamínico, com efeitos inibitórios semelhantes na decomposição da acetilcolina, mas o fato é que eu só me senti melhor quando entrei no "chuveiro solar", uma bolsa de 10 litros de água morna e me esfreguei para tirar o OFF!. Não é preciso dizer que os mosquitos tiveram um dia e tanto.

Quanto mais eu procurava, mais eu achava. Boa parte dos problemas cognitivos que atribuímos a deficits de memória relacionados à idade ou ao mal de Alzheimer incipiente, na verdade, tinham outros antecedentes.

15

O QUE SEU MÉDICO ESQUECEU DE CONTAR

...

Remédios com receita e remédios "seguros" vendidos sem receita podem ser responsáveis por seu esquecimento

Seu médico talvez não saiba que os medicamentos que você está tomando causam tanta névoa quanto um dia de verão em São Francisco. Na maioria dos casos, a FDA não exige que os efeitos colaterais cognitivos sejam mencionados na bula ou nos anúncios do produto, por isso há pouco incentivo para as empresas farmacêuticas investirem em pesquisas que certamente não impulsionarão as vendas. Mesmo quando os médicos têm conhecimento das implicações cognitivas dos medicamentos prescritos, eles acabam sendo relegados a segundo plano em função de outras prioridades, como, por exemplo, manter o paciente vivo.

Jack, um veterinário, sofreu um ataque cardíaco e foi submetido a uma cirurgia de ponte de safena aos 46 anos. Entre os muitos medicamentos receitados estava o Inderal, um betabloqueador anti-hipertensivo, e o Lozol,* um diurético. "Em todos os anos em que fiz uso desses remédios", disse ele, "nem um médico sequer mencionou a possibilidade de perda de memória". Ele tinha procurado Inderal no site Physician's Desk Reference algumas semanas antes, só por curiosidade, é lá estava, em letras garrafais, listado como efeito colateral: "perda de memória de curto prazo." Em outras palavras, este é sabidamente um efeito adverso relacionado ao tratamento. "Desconfio que já sofro disso há anos", disse, "sem nunca ter ouvido nada a respeito". Esses remédios eram essenciais para a sua saúde cardíaca, por isso não podia interromper o uso. Mas o mero fato de conhecer seus efeitos trouxe algum alívio a ele. "Quanto tenho problemas de memória, não vou mais supor que é por causa da idade ou do mal de Alzheimer incipiente. Ajuda conseguir colocar meus lapsos de memória em perspectiva." À medida que as moléculas do medicamento se deslocam na corrente sanguínea, elas apresentam sua própria forma de Síndrome da Identidade Vazia. Encontram receptores neurais ligeiramente semelhantes aos alvos identificados e se unem facilmente a eles, provocando todo tipo de problema cognitivo.

Boa parte do problema surge quando as pessoas têm dificuldade para seguir instruções. Sobretudo com os medicamentos sem receita médica, adotam a tática "quanto mais, melhor". Com as drogas de receita médica, optam pela atitude "Puxa, esqueci, por isso vou dobrar a dose", uma maneira infalível de produzir efeitos colaterais cognitivos relacionados aos medicamentos.

Entre os medicamentos que tendem a causar problemas: antidepressivos e ansiolíticos, sedativos e hipnóticos, antiácidos, anti-histamínicos, corticosteroides, betabloqueadores, remédios para tosse, diuréticos e quimioterapia, assim como remédios para prevenir incontinência, úlceras, colesterol alto e diabete. Como eu descobri dezenas de anos atrás, a medicação usada para prevenir enjoos causados pelo movimento também são capazes de afetar a sua memória.

Ao me preparar para uma viagem para a região noroeste dos Estados Unidos, na costa do Pacífico, pedi a meu médico uma receita de

---

* No Brasil, remédios semelhantes seriam Higroton ou Tenadren. (N. da E.)

Transderm Scop,* um adesivo contra enjoo que achei que iria me ajudar a fazer a travessia de barca de Seattle a Vancouver. Com meu filho de 4 anos viajando junto, eu não podia passar mal e ter que me debruçar sobre a amurada. Antes de embarcar, grudei o adesivo atrás da minha orelha conforme as instruções, encontrei bons lugares para nós dois e me preparei para uma longa e bela travessia. Essa é a última coisa de que me lembro. Em menos de dez minutos, eu tinha caído em um sono profundo, do tipo que faz a gente abrir a boca e babar.

Quando acordei duas horas depois, foram necessários vários segundos para que eu entendesse que eu estava em um barco grande e mais alguns minutos em pânico para encontrar meu filho, que estava adorando as maravilhas de queijo em spray sobre biscoitos. Ele estava jogando cartas com outras três crianças, cujos pais estavam bem acordados e chocados com o meu comportamento. Ainda me sentindo como se estivesse tentando sair de um balde cheio de areia molhada, eu apontei para o adesivo cor da pele na minha nuca. Em seguida, levei meu filho para o convés para pegar um pouco de ar puro. Aparentemente, um grupo de baleias orcas emergiu para a superfície ao nos aproximarmos do guarda-corpo. A verdade é que não me lembro de nada.

Foi frustrante e assustador, mas também galvanizante. Em nome de que um médico me daria um remédio com consequências tão obliterantes para a minha memória? Eu tinha pedido o remédio, tudo bem, mas não era função dele me informar sobre os efeitos colaterais do produto?

"Não exatamente", disse ele, quando liguei para contar o que tinha acontecido. "Se eu fosse mencionar todos as possíveis reações adversas que os pacientes podem ter a qualquer medicamento... bem, isso seria absolutamente impossível."

Descobri que os medicamentos usados para enjoo — o adesivo transdérmico de escopolamina, ou seus primos mais velhos, Dramine e Meclin — eram famosos por induzir amnésia temporária. Esses medicamentos (e muitos outros) funcionam prevenindo a liberação de acetilcolina, que regula a atividade no hipocampo.

---

* O remédio Buscopan, no Brasil, contém o mesmo fármaco. (N. da E.)

Os medicamentos que bloqueiam a produção ou a absorção de acetilcolina são chamados de "anticolinérgicos" e existem vários deles no mercado. Causam boca seca e visão borrada, além de provocar sonolência. Geram dificuldades no aprendizado e no armazenamento da memória, na atenção e na velocidade de processamento.

A anestesia que você recebe durante uma cirurgia ou durante procedimentos longos e dolorosos tem potentes propriedades anticolinérgicas — na verdade, essa é a ideia. Se você só recebesse analgésicos, não sentiria nada, mas para seu eterno desgosto, se lembraria de cada detalhe do aspecto, cheiro e sons de quando tivesse a barriga aberta por um cirurgião ou um dentista serrando um dente pelo meio. Ao envelhecermos, os medicamentos usados para anestesiar, em geral com alguma combinação de óxido nitroso, cetamina e isofluorano, tornam-se cada vez mais obliterantes, especialmente se você ficar inconsciente por um período de tempo prolongado. Esses medicamentos às vezes geram amnésia anterógrada — falta de memória do que aconteceu antes da cirurgia — e amnésia retrógrada, uma ausência de lembranças do que ocorreu depois que levaram você para dentro da sala de cirurgia. Uma pessoa que respondeu à minha enquete, que tinha sido submetido a uma cirurgia da coluna, observou que do seu leito, no dia seguinte à operação, ele encomendou várias peças para o seu computador. Após chegar em casa, apenas 48 horas mais tarde, atendeu a porta e jurou para o motorista da entrega que a Best Buy cometera um grande erro.

LADRÕES DE MEMÓRIA MÁGICOS

A difenidramina, o ingrediente ativo no Benadryl e de alguns outros medicamentos para alergia vendidos sem receita nos EUA, assim como o indutor do sono no Tylenol PM,* certamente diminuirão suas capacidades cognitivas. "Eu confio muito no Benadryl para controle do sono e da alergia", observou Leslie. "Eu tomo quase todas as noites." Ela tinha acabado de me contar que não conseguia entender por que era tão difí-

---

* Não comercializado no Brasil. (N. da E.)

cil se levantar da cama de manhã, ou por que ela se sentia meio fora do ar até a hora do almoço. Contei a ela sobre um estudo da Universidade de Iowa, que descobriu que a difenidramina causava mais incapacidade de dirigir do que a embriaguez dentro dos limites da lei.

Nem é preciso dizer que é má ideia usar remédios "noturnos" (cheios de difenidramina) durante o dia, mas as pessoas o fazem. Pouco tempo atrás, eu estava em uma longa fila de uma loja de remessas e transportes local, enquanto o atendente, dolorosamente lerdo, explicava a cada cliente que ele estava com uma gripe horrível e que estava tomando muito Nyquil,* um antigripal que contém sedativo indicado para uso noturno, uma prática que ele descrevia como "letal, dia e noite". Quando meu pacote se extraviou, pois o sujeito o tinha enviado para Nova Jersey em vez de Nova York, não foi surpresa alguma.

Alguns medicamentos que suprimem acidez estomacal também são anticolinérgicos. Famoset ou Antak demais podem fazer você esquecer até mesmo o que comeu. O Lansoprazol e o Nexium aparentemente não têm efeitos colaterais cognitivos.

Apesar de alegar o contrário, os mais recentes medicamentos de alergia "antissonolência" como Claritin, Allegra e Zyrtec talvez causem esse efeito: em um ensaio clínico, 14% dos usuários do Zyrtec sentiram sonolência. Por outro lado, os indivíduos com rinite alérgica consistentemente apresentaram quedas significativas no processamento cognitivo, na velocidade psicomotor, nas habilidades de aprendizado oral e de memória durante a temporada de alergia. Sempre que você toma medicação contra alergia ou consegue ficar sem ela, pode acabar como o meu motorista de táxi em Boston, cujos espirros eram tão fortes quando ele me buscou num dia de primavera para me levar até o aeroporto que eu achava que sofreríamos um acidente na estrada Memorial Drive. Quando sugeri que um aspecto inerente ao espirro — fechar os olhos — talvez não fosse seguro a 80 km por hora em tráfego pesado, ele concordou. Ele que tinha experimentado todos os medicamentos para alergia, disse: "Mas todos me derrubavam. Não fico alerta, quase sofri alguns acidentes e não consigo lembrar como chegar ao meu destino."

---

* Não comercializado no Brasil. (N. da E.)

Os corticosteroides, como a prednisona, são outra classe de medicamentos que não ajuda em nada a sua memória. Usados para tratar asma, artrite, alergias e dor, afetam a memória de longo prazo além das lembranças imediatas sufocando o hipocampo com cortisol. (Quando os pesquisadores querem induzir a perda de memória em roedores, injetam corticosteroides nos animais.) Apesar de vários estudos demonstrarem os efeitos amnésicos da cortisona, os médicos adoram prescrever esses medicamentos porque funcionam feito mágica. O otorrinolaringologista do meu filho nos disse que poderia acabar com as nossas alergias ao pólen antes do café da manhã do dia seguinte se tomássemos uma injeção de cortisona. "Mas o que acontece com a memória?", perguntei a ele. E o efeito sobre o hipocampo? Ele deu de ombros. Já tinha aplicado mais de 10 mil injeções dessas ao longo da carreira, sem problema algum. "Talvez porque os pacientes não atribuam seus problemas de memória às injeções", sugeri. Ele deu de ombros mais uma vez. "É melhor do que espirrar durante quatro meses seguidos", respondeu ele.

Kristin, uma executiva e mãe de três filhos, tomou prednisona, um corticosteroide, para acalmar uma alergia a protetores solares. Em geral bem organizada, em um mês ela conta que perdeu a carteira três vezes, assim como seu laptop, celular, bolsa, chaves e óculos escuros. "Três vezes me ligaram do supermercado para pegar minha carteira vermelha, porque tinha ficado no carrinho de compras", contou. "Eu já tinha renovado minha fé na humanidade quando o mês de tratamento chegou ao fim e minha cabeça voltou ao normal."

Como Jack, o veterinário, descobriu, os medicamentos para hipertensão, como os betabloqueadores (Inderal e Lopressor) e outras drogas para a pressão (Aldomet e Metildopa), podem levar ao esquecimento. Eles são prescritos para pressão baixa, assim como para outras indicações, e, nos relatórios dos estudos clínicos, constam efeitos colaterais cognitivos, incluindo perda de memória e dificuldades com a memória verbal. Peggy, a consultora de empresas, revelou que durante anos ela tomou Inderal para prevenir enxaquecas, uma indicação que não constava da bula do produto. Após anos de dor excruciante, a droga a salvou, mas seu médico nunca mencionou que o Inderal afeta a capacidade de consolidar a memória de curto prazo.

O cloreto de oxibutinina — a medicação para "bexigas superativas" utilizada por muitas mulheres na meia-idade — é um potente anticolinérgico destruidor da memória. Os diuréticos, muitas vezes usados para reduzir o inchaço pré-menstrual, têm efeito semelhante. O seu médico não mencionou isso? Por que isso não me surpreende?

QUIMIOTERÁPICOS

Durante décadas, as pacientes de quimioterapia que reclamavam de problemas de memória ouviam que suas dificuldades eram resultado da depressão, ansiedade ou insuficiência ovariana relacionada ao tratamento. Recentemente, em estudos de imagens do cérebro, os pesquisadores observaram que em algumas mulheres o cérebro tratado com quimioterápicos aparenta ter 25 anos a mais do que a idade real. Havia também uma redução da atividade metabólica nas partes do cérebro que envolviam a linguagem. De acordo com um artigo do *Wall Street Journal*, estudos com pacientes de câncer de mama demonstraram que quase dois terços das mulheres tratadas com quimioterapia desenvolveram algum nível de problema cognitivo, embora a maioria tenha se recuperado ao longo de semanas ou meses. Cerca de um quarto das pacientes desenvolveu problemas que nunca foram superados. Andrew Saykin, da faculdade de medicina de Dartmouth, sugere que os efeitos neurotóxicos da quimioterapia podem levar à atrofia da matéria cinza cerebral e à eventual destruição da bainha de mielina que protege os nervos e permite a transmissão ininterrupta dos impulsos nervosos.

"Os médicos falam sobre todo o resto — a náusea, a perda de cabelo —, mas acho que pensam que não vale a pena mencionar a perda de memória", disse Katya, que se submeteu a meses de quimioterapia antes e depois de uma substituição de células-tronco. "Tive de juntar todas as peças do que tinha acontecido na minha vida. Durante muito tempo, sentia-me uma estranha em minha própria casa e bairro. É um pequeno preço a pagar, é claro, para continuar viva. Mas é ruim para a sua autoestima; você já se sente desamparada, e não conseguir lembrar de nada só serve para reforçar este sentimento. Podem ter sido os quimioterápicos que provocaram tudo isso, mas eu estava tomando vários remédios, inclusive o Lorax para ansiedade e náusea, Antak e Omeprazol (antiácidos estomacais) e altas doses de Benadryl para ajudar com a reação alérgica aos medicamentos químicos. Durante muito tempo fiquei paralisada — uma espécie de pesadelo semiconsciente, em que é preciso fazer um esforço deliberado para entender o que está acontecendo com você. Eu esquecia de todos os meus compromissos. Esquecia onde eu estava, em lugares por onde andei durante toda minha vida adulta, e tinha que estacionar e ligar para alguém que conhecesse a região para me ajudar a chegar ao meu destino. Meus amigos aguentaram firme. Eu tratava todo mundo mal o tempo todo. Combinava alguma coisa e esquecia completamente da existência deles."

BRINCANDO COM GABA

Medicações psiquiátricas (antidepressivos e medicamentos ansiolíticos) e sedativos hipnóticos (soníferos) são os mais comumente usados dos produtos farmacêuticos que afetam a cognição. Frequentemente, as pessoas tomam simultaneamente vários medicamentos que mudam o humor, agravando o problema. As benzodiazepinas, os fármacos que os médicos prescrevem para reduzir a ansiedade, incluem Lorax, Apraz, Halcion, Temazepam e Valium. Lançados no início da década de 1960, esses medicamentos substituíram os barbitúricos, que eram objeto frequente e fácil de superdosagem. Em 1979, uma em cinco mulheres e um em dez homens estavam tomando benzodiazepínicos, que funcionam melhorando a atividade do neurotransmissor inibidor GABA (ácido gama--aminobutírico), cuja função é reduzir a comunicação sináptica e que provoca dificuldades em absorver novas informações. Para as pessoas que sofrem de graves problemas de ansiedade, esses medicamentos oferecem alívio imediato, no entanto, afirma Richard Friedman, um psicofarmacologista do Hospital de Nova York, "definitivamente, afetam a memória operacional. Seu principal efeito clínico é induzir a sedação. Têm enorme potencial para causar abuso e dependência".

Friedman acrescentou que esses medicamentos são prescritos de forma exagerada. "Talvez sejam úteis no início do tratamento, como medicação para dor em casos como de uma perna quebrada, mas pelo menos 30% das pessoas que me procuram já estão fazendo uso desses produtos há bastante tempo." Um editor muito conhecido disse a Friedman que estava tendo problemas terríveis de memória, tão radicais que não queria encontrar ou conversar com ninguém porque era constrangedor demais. No final das contas, ele vinha tomando Lorax há 25 anos. "Ele já não sabia o motivo de o estar tomando", disse Friedman. "Tornara-se um hábito. Quando parou de tomar o remédio, sua memória voltou."

Gerações anteriores de antidepressivos, incluindo o Amytril, um tricíclico popular, eram sabidamente prejudiciais à memória. No entanto, os novos inibidores seletivos da recaptação da serotonina — ISRS (e uma categoria mais recente chamada de ISRSN) também podem fazer algumas pessoas se sentirem bem incapazes de pensar. O romancista John Irving parou de tomar os medicamentos depois de concluir que eles o faziam se sentir isolado e diminuíam sua vontade de escrever. Charles Nemeroff, coordenador do centro de psiquiatria e ciências comportamentais da Emory University, estima que entre 15% e 20% de seus pacientes reclamam que se sentem entorpecidos com o uso dos medicamentos. Não foi comprovado, mas os cientistas suspeitam que os antidepressivos à base de serotonina entrem nos receptores de dopamina desalojando seus ocupantes naturais, os neurotransmissores de dopamina, que são fundamentais para a função do lobo frontal. Você se sente melhor, pois o cérebro começa a gerar mais BDNF (fator neurotrófico derivado do cérebro) e novas células florescem no hipocampo, mas sem dopamina suficiente na circulação você perde a inclinação para sentar e prestar atenção, e o mundo todo fica envolto em uma espécie de névoa. Mesmo sem a serotonina suplementar, os níveis de dopamina despencam com a idade. A cada década da idade adulta, um receptor específico para dopamina — o que atua como um comitê de boas-vindas para a química, aprofundando-se no interior da célula — cai cerca de 6% a 7%. À medida que o número de receptores de dopamina diminui, escreve Nora Volkow, cientista do Laboratório Nacional Brookhaven, o mesmo acontece com a capacidade de resolver problemas, de pensar abstratamente e de realizar diversas tarefas simultaneamente.

Uma mulher de quase 50 anos, que tinha tomado Benepax durante dez anos, observou que tinha sido reprovada em vários cursos universitários recentemente, apesar de dedicar quarenta horas por semana aos deveres de casa e aos estudos. "Na escola, eu estava sempre entre os melhores alunos, com uma memória visual eficientíssima, quase fotográfica. Parece que não consigo guardar mais nada, e fui reprovada em todas as minhas provas." Ela não estava sofrendo de depressão, disse. Na verdade, se sentia bem desde o divórcio, sete anos antes. Continuava tomando o remédio como medida preventiva, explicou — caso mais alguma coisa desse errado.

Não me entenda mal: para pessoas com tipos específicos de problemas psiquiátricos recorrentes, inclusive transtornos depressivos profundos, esses medicamentos são eficazes e seu uso é imprescindível. Para os demais pacientes, aqueles que sofrem de depressão branda ocasional, ou que sofrem de ansiedade em situações específicas, como em casos de divórcio, doença ou morte na família, os medicamentos, se tomados durante um período prolongado, podem ser mais debilitantes do que o episódio original que motivou a depressão. O cérebro é um órgão altamente integrado, observa Peter Breggin, que se opõe à prescrição "imediata e irrefletida" de antidepressivos, especialmente para uso de longo prazo. "O sofrimento emocional não pode ser atenuado", explicou, "sem afetar outras funções, como a concentração, o estado de alerta, a sensibilidade e a autoconsciência".

No capítulo 13, observei que os soníferos não funcionavam para insones crônicos. Por outro lado, para pessoas que apresentam dificuldades ocasionais de pegar no sono, hipnóticos não benzodiazepínicos podem ajudar, como o Zolpidem e o Sonata. Como as benzodiazepinas, esses fármacos agem no neurotransmissor GABA. Fazem a ligação com as estruturas da superfície celular conhecidas como receptores GABA e as colocam em trabalho pleno, desacelerando nosso sistema nervoso central a tal ponto que é impossível ficar acordado. Teoricamente, os hipnóticos não benzodiazepínicos não afetam a arquitetura do sono. Na prática, a história é diferente. "Basta olhar para a polissonografia", afirma Michael Perlis, pesquisador do sono na Universidade de Rochester, "e pode verificar facilmente que existe uma diferença, no sono de ondas curtas e no REM". Os hipnóticos mais novos têm menos efeitos colaterais cognitivos do que as benzodiazepinas. Ainda assim, para algumas pessoas, eles possuem propriedades amnésicas que podem deixá-las em sérios apuros caso não estejam debaixo das cobertas poucos minutos depois de tomar o comprimido.

Existe um aviso no frasco da versão norte-americana do Zolpidem e, ultimamente, há também uma determinação na bula do produto: "Depois de tomar este medicamento, deite-se imediatamente e durma, e esteja preparado para dormir uma noite inteira." Aparentemente, as consequências de não ir direto para cama devem ter sido sentidas por um número suficiente de pessoas para tornar a advertência necessária. O Zolpidem e o Sonata têm uma meia-vida curta, o que significa que você pode acordar no meio da noite e fazer coisas estranhas.

"Tomei Zolpidem quase todas as noites durante seis semanas, o que é mais do que o recomendado — de sete a dez dias é o que a bula recomenda, mas o meu médico disse que não tinha problema e que o medicamento continuaria eficaz. Acordei algumas vezes diante de restos de refeições que não lembro de ter feito", escreve Lisbeth. "Escondi dinheiro e só consegui encontrá-lo depois de revirar minha casa toda. Cancelei um compromisso e mudei outro sem lembrar do que tinha feito".

Existe um grupo de discussão na internet dedicado a comentários de pessoas que têm experiências de zumbi com o Zolpidem, algumas das quais são conversas estranhas com parceiros de cama confusos, por exemplo, e outras obviamente muito perigosas, incluindo acidentes de carro e fogões acesos. Algumas pessoas afirmam que essas experiências amnésicas continuaram até o dia seguinte, deixando-as com lacunas em suas lembranças. "Minha memória diurna está gravemente prejudicada", escreveu Jana. "Liguei a cafeteira e esqueci de colocar o pó de café. Esqueci se já tinha tomado meus outros remédios e de colocar alguns ingredientes na comida que estava preparando. Nada de muito extraordinário por si só, mas se multiplicado várias vezes ao dia, são situações alarmantes. Sinto como se tivesse matado algumas células do cérebro responsáveis por 'ligar os pontos'."

ESCULPIDO NA AREIA

Como já observei, uma nova geração de produtos farmacêuticos que pretende aumentar a qualidade, em vez da quantidade, do sono está em fase de desenvolvimento. Ainda demoram para aparecer no mercado, mas versões aprimoradas dos hipnóticos não benzodiazepínicos já estão disponíveis. O Zolpidem em fórmula de liberação lenta* pretende evitar que as pessoas acordem no meio da noite e ataquem a geladeira. Após seis meses de ensaios clínicos, o Eszopiclone, o medicamento para dormir com mais horas de ação (até oito horas de sono) que a Sepracor lançou nos EUA em 2005 sob o nome de Lunesta, recebeu aprovação do FDA para uso prolongado. O comercial chamou minha atenção: a eficácia de longo prazo do Eszopiclone tornou-o útil para o tratamento da insônia crônica.

Apesar de ter tido experiências horríveis com o Zolpidem e o Sonata, queria testar o Eszopiclone. Liguei para minha médica e disse a ela que não conseguia dormir à noite por causa do trabalho: minha mente era um verdadeiro parque de diversões de palavras rodopiando e pulando rapidamente, e não me deixavam dormir. Como se estivesse fazendo um pedido em um restaurante drive-through qualquer, disse a ela que queria testar o Eszopiclone na dose de 2 miligramas. Eu não deveria usá-lo durante mais de duas semanas, ela me alertou, e prometi que não abusaria. A primeira noite foi ótima — apaguei durante oito horas e acordei me sentindo renovada, como as pessoas dos comerciais de TV. Naquela manhã, diante do monitor do computador, inspecionei meu cérebro para identificar sinais reveladores de confusão. Não encontrei nenhum. Na verdade, sentia-me ótima: tinha dormido duas horas a mais do que o normal. Três dias mais tarde — quando o Zolpidem sempre falhava — o Eszopiclone ainda estava funcionando. Dez dias depois, eu ainda estava dormindo oito horas por noite.

Então, chegou o dia de comemorar o aniversário de 50 anos de uma amiga. O álcool (devido às propriedades para estimular o GABA) é estritamente proibido com o Eszopiclone, e eu queria uma taça de vinho. Considerando que a experiência tinha sido um sucesso, decidi que era hora de parar. Esperei pela desagradável insônia de rebote que pode

---

* Não disponível no Brasil. (N. da E.)

surgir quando o GABA não está mais sendo artificialmente aumentado. Na primeira noite, fiquei um tanto inquieta, o que era esperado. Na segunda noite, dormi bem, acordando uma única vez às quatro da manhã.

Percebi que minha atitude em relação ao sono tinha passado por uma mudança sutil. Ele não era mais um amante provocador: eu poderia tê-lo sempre que quisesse. Seria possível treinar o meu corpo a dormir duas horas a mais todas as noites usando religiosamente o Eszopiclone para reconfigurar meus ritmos circadianos? Coloquei este item na lista de tópicos que pretendia conversar com Tracy Kuo na minha próxima visita a Stanford. Pelo menos, isso a deixaria interessada: em minha última visita, disse a ela com todas as palavras que nunca mais usaria um hipnótico sedativo porque detestava os efeitos colaterais cognitivos. Como seria gratificante, pensei, se eu pudesse tomar um remédio que sabidamente pode causar problemas cognitivos, mas usá-lo a meu favor.

ONDE VOCÊ MENOS ESPERA

• • •

Hipotireoidismo? Pressão alta? Uma variedade de distúrbios comuns na meia-idade se juntam para um ataque cognitivo

A deficiência cognitiva em geral acompanha patologias graves como diabetes, lúpus, mal de Parkinson, epilepsia e doença de Cushing. Mas várias outras doenças também resultam em deficits de memória e atenção. O seu médico pode dizer que não é nada, apenas um declínio relacionado com a idade — ou, que é sério, o início do mal de Alzheimer —, quando, na verdade, algo inteiramente diferente está acontecendo.

Amy Tan, autora de *O Clube da Felicidade e da Sorte* e de *A Mulher do Deus da Cozinha*, sofreu durante quase cinco anos com a doença de Lyme antes de um hematologista especializado em doenças transmitidas por carrapatos apontar a causa de seus problemas cognitivos. Seu clínico geral e vários neurologistas não achavam a causa. Solicitaram uma ressonância magnética e descobriram 15 lesões em seu cérebro, nos lobos frontal e medial temporal. Seu pai, irmã e irmão tinham morrido de tumores no cérebro, e a mãe tinha falecido recentemente, após uma longa batalha contra o mal de Alzheimer. A suposição dos médicos, disse Tan, e a sua, era de que ela estava sofrendo de um tipo de demência não identificada. "Eu não conseguia pensar e não conseguia escrever. Por quatro anos, não tinha a menor ideia do que estava acontecendo comigo... Quando temos esse terrorista em nosso corpo, não temos mais controle."

Ela não apresentou as reveladoras erupções circulares na pele, a marca da doença de Lyme. Também não lembra de ter desenvolvido sintomas associados à gripe. Ela acreditava que o que quer que tivesse tomado conta de seu corpo e mente acabaria com sua carreira. (Não foi o que aconteceu: ela publicou uma coletânea de ensaios de não ficção, *O Oposto do Destino*, em um dos quais detalha sua experiência com a doença de Lyme.) Amy se sentia como se estivesse por um fio, palavra por palavra. Seu marido observou que a mente da esposa estava ficando desorganizada; quando ela foi ficando mais fraca, ele tinha que fazer praticamente tudo. No final das contas, ela encontrou uma referência na internet para os sintomas neurológicos da doença de Lyme em estágio final e procurou Raphael Stricker, um hematologista de São Francisco, que trata de doenças transmitidas por carrapatos. Um período de uso prolongado de antibióticos a ajudou com os outros sintomas, mas os deficits neurológicos parecem ter ficado para o resto da vida. Se ela tivesse sido diagnosticada e tratada logo, nunca teria sofrido com eles.

Também muito incômoda e difícil de diagnosticar, a síndrome da fadiga crônica causa exaustão debilitante, vertigem, febre baixa, insônia grave, dores musculares e confusão mental. Recentemente, os cientistas identificaram um fator provável desse distúrbio pouco compreendido (frequentemente confundido com hipocondria ou depressão), que afeta quase um milhão de pessoas e pode emergir no final de uma infecção viral. Na primavera de 2006, um estudo revolucionário do Centro para o Controle de Doenças dos EUA sobre a síndrome da fadiga crônica revelou diferenças nos genes relevantes ao sistema imune e ao sistema nervoso simpático. Dentre eles estavam genes ligeiramente anormais que regulam o eixo HPA (hipotálamo-pituitária-adrenal). Os pesquisadores postulam que a síndrome da fadiga crônica representa uma resposta geneticamente mediada e exagerada a um estresse emocional ou físico muito brando. Daqui a três ou cinco anos, haverá um teste diagnóstico e um tratamento.

Certamente, nem todos os diagnósticos "perdidos" e explicações têm consequências graves assim. De qualquer modo, é bom saber o que estamos enfrentando. Dois exemplos: a disfunção cognitiva conhecida pela expressão inglesa *pump head* (cabeça de bomba), que dura de seis meses a um ano, é uma complicação comum da cirurgia de revascularização cardiopulmonar com circulação externa e afeta um quinto dos pacientes que receberam uma bomba cardíaca. No entanto, ninguém diz nada aos pacientes. "O meu cardiologista nunca mencionou nada para mim, nem meu cirurgião", disse Justin, advogado de uma organização sem fins lucrativos que colocou três pontes de safena. "Não tenho certeza se eles estão interessados no cérebro — realmente não faz parte de suas prioridades. Mas eu estava confuso e realmente me sentindo burro durante tanto tempo que não sabia mais se poderia continuar trabalhando. Achamos que era Alzheimer. Eu teria me sentido melhor se alguém tivesse me dado alguma dica do que estava acontecendo."

É sabido que os médicos já diagnosticaram um caso de derrame quando o verdadeiro problema tinha a ver com a vida sexual. É raro — afeta menos de 25 a cada 100 mil pessoas todos os anos —, mas se você desenvolver amnésia global transiente, em que não consegue se lembrar do que aconteceu nas últimas seis a 12 horas e as novas lembranças não permanecem, considere a possibilidade de ter executado o que chamamos de "manobra de Valsalva" com entusiasmo exagerado. Fazer muita força, como ocorre com algumas pessoas durante o sexo, ao limpar neve ou mesmo defecar, cria uma pressão intensa nos vasos sanguíneos cerebrais, resultando na perda temporária do fluxo sanguíneo para os lobos temporais. As lembranças das horas logo antes, durante e após aquele momento se perdem para sempre, e o indivíduo também pode perder a memória de eventos que ocorreram dias, semanas ou meses antes.

OBESIDADE, GLICOSE E INSULINA

Até alguns anos atrás, os cientistas achavam que o cérebro estava em uma posição privilegiada. Não importava o que acontecesse ao corpo, ele receberia o que precisasse. Não é bem assim. O cérebro muitas vezes é o último da fila. Outros tecidos podem usar os aminoácidos, mas para o cérebro, é glicose ou nada.

Quando o seu médico diz que você precisa controlar seu peso e perder alguns quilos, em geral se discute o risco de doenças coronarianas. O risco cognitivo é igualmente significativo, mas raramente mencionado, como afirma a pesquisadora da Universidade da Califórnia em São Francisco, Kristine Yaffe, porque "o médico típico não está pensando que a gordura pode afetar o cérebro". Dois terços dos homens norteamericanos estão acima do peso. O mesmo vale para mais de 50% das mulheres americanas. Em geral, quilos demais são acompanhados pela "síndrome metabólica", um grupo de fatores de risco que inclui tecido adiposo em excesso no abdômen e em torno dele (o clássico "pneuzinho"), altos níveis de colesterol, pressão arterial alta e proteína C reativa de alta sensibilidade no sangue, indicando inflamação. Novos estudos demonstram que a síndrome metabólica acelera significativamente o ritmo do declínio cognitivo e aumenta dramaticamente a probabilidade de desenvolvimento da doença de Alzheimer.

Ganhar peso é o primeiro passo para desenvolver uma condição que os cientistas chamam, dependendo de sua perspectiva, de resistência à insulina ou tolerância falha à glicose.

No centro do problema está a capacidade do organismo de lidar com a glicose ou com o açúcar no sangue. Para manter nossos sistemas funcionando bem em termos fisiológicos, o nível de glicose no sangue deve permanecer na faixa de 70 a 100 miligramas por 100 mililitros. Para mais de 40% dos adultos norte-americanos acima de 40 anos, os níveis de glicose no sangue são altos demais, fazendo com que o pâncreas, que produz insulina, trabalhe demais. A insulina age como uma chave, desbloqueando os receptores que retiram a glicose da corrente sanguínea e a levam para a célula, onde pode ser tornada em energia. Quando a pessoa é resistente à insulina (ou apresenta problema de tolerância à glicose), a insulina não pode abrir as portas. A glicose permanece na corrente sanguínea. Enquanto a glicose estiver no sangue, o pâncreas não recebe o sinal de que a necessidade imediata de insulina foi satisfeita. Em vez de interromper o processo, continua a produzir mais e mais insulina. O cérebro, que, como sabemos, utiliza a glicose como seu principal combustível, se encontra gravemente debilitado e reconhece a falta de glicose como o pior tipo de estresse. As células do hipocampo sensível sofrem, cortando a produção de BDNF e a produção dos neurotransmissores necessários para a memória. Para piorar as coisas, a glicose que permanece no sangue é armazenada como gordura, principalmente na parte central de nosso corpo.

Antonio Convit, um pesquisador da Universidade de Nova York, estuda problemas de tolerância à glicose e sua relação com disfunção cognitiva. Não existem sintomas para esta condição, ele me disse. Não sabemos se sofremos disso ou não. Nada tem a ver com aquela sensação de tontura que temos quando não comemos o suficiente. Entretanto, é relativamente fácil verificar. Você precisa de um teste de tolerância à glicose, que não deve ser confundido com o exame de glicose que o seu médico pede quando solicita um hemograma completo como parte do seu exame físico. O teste de tolerância à glicose requer jejum de 12 horas, seguido de um exame de sangue logo pela manhã. Em seguida, com o estômago vazio, o indivíduo ingere uma bebida com 75 gramas de açúcar. Duas horas mais tarde, outro exame de sangue é realizado. Se o valor deste teste for inferior a 140, a tolerância à glicose é normal. Se estiver entre 140 e 200, o indivíduo tem problemas de tolerância à glicose. Se for acima de 200, trata-se de um entre 17 milhões de casos de diabetes tipo 2 nos Estados Unidos.

As pessoas com problemas de tolerância à glicose — que notavelmente representam quase a metade da população adulta dos EUA — em geral estão prestes a desenvolver diabetes tipo 2, com os riscos associados de hipertensão, ataque cardíaco e derrame, explicou Convit. De acordo com o *New York Times*, 41 milhões de pessoas nos EUA são pré-diabéticos, e os epidemiologistas preveem que uma em três crianças americanas nascidas em 2000 desenvolverão diabetes tipo 2. Muito antes da diabetes aparecer, os deficits cognitivos serão evidentes. "Quanto maior o nível de açúcar no sangue", explicou Convit, quando nos encontramos em seu consultório, "pior é o desempenho da pessoa nos testes de memória que envolvem lembranças passadas e imediatas". Nas tomografias do cérebro, Convit verificou que os hipocampos dos pacientes com problemas de tolerância à glicose eram significativamente menores do que aqueles dos pacientes com níveis normais.

A boa notícia, segundo Convit, é que os problemas de tolerância à glicose são relativamente fáceis de resolver. "Perder peso", explicou, "perder cerca de 10% da sua massa corporal e fazer exercícios de musculação com pesos leves e treinamento de resistência, na maior parte dos casos, fará com que os níveis de glicose voltem ao normal e que os problemas cognitivos sejam resolvidos".

Para a maior parte das pessoas, 10% da massa corporal é bem menos de 11 kg. Fazer exercícios com pesos leves, vários dias por semana, sequer precisa de academia. Então, porque os problemas de tolerância à glicose continuam existindo para uma grande parte da população? Não há estatísticas equivalentes para mulheres, mas dois terços dos homens americanos (além de estarem acima do peso) não fazem exercícios regularmente. Um quarto não participa de atividade física alguma. À medida que aumentam as taxas de obesidade, os problemas de tolerância à glicose começam a aparecer em adolescentes e em jovens na faixa dos 20 anos, o que sugere que quando estiverem na meia-idade poderão experimentar uma queda substancial de sua função cognitiva. "Esperamos que a identificação dessas implicações para o cérebro", explicou Convit, "possa mobilizar pessoas que de outro modo não fariam exercício para perder os quilos extras".

Roger, o controlador de tráfego aéreo que você conheceu no capítulo 2, tem todos os fatores de risco para a síndrome metabólica. Ele tem um problema significativo de peso desde os 8 anos. Até o ano passado, nenhum médico lhe disse que a sua obesidade, o colesterol alto e a pressão alta tinham provavelmente causado os problemas cognitivos que no final o fizeram largar seu trabalho altamente estressante. "Para falar a verdade, não fiz força para perder peso", ele me disse. "Para mim, não tinha problema algum. Comia o que eu queria comer, e era muito, e tomava os remédios que os médicos mandavam, achando que estava tudo sob controle. Não me dei conta que os meus altos níveis de glicose estavam acabando com a minha memória." Seis meses depois de saber sobre a síndrome metabólica, Roger perdeu 39 kg. Planeja perder mais 9 quilos. "Meus níveis de glicose estão se aproximando dos números normais", disse ele. "Mas não seria terrível se os meus adorados *chee-secakes* e sorvetes Häagen-Dazs fossem os culpados pela aceleração da minha decadência mental?"

Existem motivos para emagrecer e começar a malhar que vão além do esquecimento da meia-idade. Na Universidade de Washington, a pesquisadora Suzanne Craft acredita que quando a insulina é mal controlada durante um período de tempo, isso pode causar uma série de reações no cérebro que levam ao desenvolvimento do mal de Alzheimer. Nesta reação em cadeia, a resistência à insulina (a descrição preferida de Craft da incapacidade do corpo de levar glicose para as células) causa a elevação de proteínas que são semelhantes às encontradas nas placas dos cérebros de indivíduos com Alzheimer. A resistência à insulina de longo prazo também está associada a níveis mais altos de inflamação do sistema nervoso central. A combinação de níveis elevados de proteínas no cérebro com inflamação poderá ser um importante fator de risco para o desenvolvimento da doença.

HIPERTENSÃO

A hipertensão crônica, também conhecida como pressão alta, está associada ainda a um declínio mensurável na função cognitiva em uma ampla gama de tarefas. Novamente, não existem sinais identificadores. Está intimamente associada à obesidade, mas muitas pessoas de peso normal ou magras também são hipertensas. Mais de 20% da população adulta dos EUA sofre de hipertensão — e um terço, aqueles que não praticam exercícios regularmente, não sabem disso. A pressão arterial normal é de 12/8. A hipertensão é caracterizada quando a leitura sistólica (o primeiro número) é superior a 14, e a leitura diastólica (o segundo número) é superior a 9. Os médicos começam a emitir alertas com leituras em torno de 13/8,5, mas, na verdade, o problema deve ser tratado assim que fica evidente que a pressão está começando a subir. A leitura limítrofe feita no consultório médico não é absolutamente definitiva: o que conta cognitivamente é se a pressão arterial cai de 10% a 20%, como deveria, quando deitamos para dormir. Se a sua pressão arterial é limítrofe, o seu médico deveria solicitar a leitura com um monitor de pressão ambulatorial, do tamanho de um baralho, com um pequeno punho que verifica a pressão arterial a cada trinta minutos. Não demorará muito para saber como está a sua pressão longe do consultório médico. Se durante o sono você ultrapassar o limite, é preciso agir imediatamente. A hipertensão limítrofe responde rapidamente a um aumento de exercício aeróbico. Quanto antes você identificá-la, maiores serão as chances de preservar o seu cérebro.

ESTÁ NO SANGUE

Em condições ideais, o corpo repõe as hemácias velhas do sangue fabricando 2 milhões de novas células por segundo. Essas novas células sanguíneas são ótimas para fazer a ligação com o oxigênio e distribuí-lo onde e quando ele é necessário no corpo. A anemia é uma condição caracterizada pelo baixo número de hemácias, em geral medida por uma queda na quantidade de hemoglobina. A hemoglobina é o pigmento vermelho das hemácias, que transporta o oxigênio pelo corpo. Quando estamos anêmicos, há uma deficiência de moléculas de hemoglobina e uma quantidade insuficiente de oxigênio chega aos pulmões e ao cérebro, resultando em exaustão, palidez, perda de força muscular e deficits cognitivos. É bem comum — 12% das mulheres na pré-menopausa são anêmicas, assim como 13% das pessoas acima de 70 anos. Não existem dados para pessoas de meia-idade, mas os médicos confundem anemia com uma série de outros problemas e, erroneamente diagnosticam casos de depressão, síndrome da fadiga crônica e mal de Alzheimer. Os fatores de risco para a anemia incluem períodos menstruais intensos, gravidez e idade avançada, assim como doenças graves que causam anemia, como, por exemplo, doença renal crônica, diabetes, doenças cardíacas, câncer, artrite reumatoide, doença inflamatória do intestino e HIV. Atualmente, doses de suplemento de ferro altamente oxidativas não são mais prescritas. Maior consumo de carne vermelha, gema de ovo, feijão, peixe, aves e pão integral em geral resolvem o problema. Nos idosos, o deficit em geral resulta de níveis insuficientes de vitamina B-12 e ácido fólico, ambos necessários para a produção de novas hemácias.

HIPOTIREOIDISMO SUBCLÍNICO

Às vezes, o que suspeitamos desde o início acaba se concretizando. Vários anos antes de pensar em escrever este livro, mas logo depois que minha família se mudou para a Califórnia, fiz um balanço sério da minha vida. Tinha 42 anos. Estava tão cansada e magra que dava para achar que eu mesma tinha carregado as caixas de mudança rua acima. Meu cabelo louro de repente tinha ficado branco e sem vida, e minhas sobrancelhas, sempre saudáveis e viçosas, estavam sumindo. Minha pele estava seca e com coceiras. Eu sentia frio. Minhas articulações doíam. Minhas mãos e pés formigavam. Minha digestão tinha ficando muito lenta. Não conseguia dormir e não tinha praticamente apetite para nada, a não ser sushi, especialmente maki de atum. Meus problemas de memória ainda estavam começando, mas ganhavam força.

Achei que sabia o que estava acontecendo comigo. Minha mãe e irmã tinham desenvolvido condições de hipotireoidismo várias vezes ao longo da vida. Achei que o mesmo tinha acontecido comigo. Peguei a indicação de um endocrinologista local e marquei uma consulta. Essa médica, especializada em diabetes, não demorava muito com seus pacientes. Na verdade, ela marcava uma consulta a cada dez minutos.

Fiquei muito tempo na sala de exame, tremendo naquele avental de papel azul. Quando a médica finalmente apareceu, deu um passo para trás e olhou bem para mim. Em seguida, fez um comentário que acho que nunca esquecerei: "Bem, você aparenta estar na casa dos 50 anos, em vez dos 42", disse ela. O que ela disse? Lágrimas brotaram em meus olhos. "Você está meio chorosa", observou a médica. "Talvez fosse bom tomar um antidepressivo." Pediu um hemograma completo, incluindo testes complementares de tireoide e de hormônios reprodutivos. Prescreveu Prozac e me pediu para voltar em algumas semanas.

Quando voltei, ela disse que tinha boas notícias — meus exames estavam bons. O nível de TSH, ou hormônio estimulante da tireoide, estava na faixa normal, perfeitos 3,8. Ela tinha certeza que o Prozac iria me fazer bem. O que ela não sabia era que eu tinha jogado a caixa do remédio no lixo porque me fez sentir que nada era importante e detestava isso. Escutei o que ela tinha a dizer e, durante os seis anos seguintes, não prestei mais atenção à minha tireoide. Em vez disso, revirei cada pedra, procurando a fonte de meus problemas cognitivos.

O hipotireoidismo foi chamado de "o grande imitador" por causa do grande número de condições médicas que ele imita. Desequilíbrios na tireoide podem causar fadiga, depressão, sensação de frio, prisão de ventre, problemas de pele, dores de cabeça, TPM, dismenorreia, retenção de fluidos, perda ou ganho de peso, ansiedade ou ataques de pânico, memória e concentração deficientes, dores musculares e das articulações e baixa libido, entre outros sintomas. Nas mulheres, que têm dez vezes mais risco de sofrer de hipotireoidismo do que os homens, a condição normalmente aparece em momentos em que existem mudanças nos níveis dos hormônios reprodutivos — particularmente durante a gravidez ou a menopausa. O culpado é uma glândula minúscula na forma de uma borboleta na base do pescoço. Quando você sofre de hipotireoidismo, significa que a glândula não está produzindo hormônios suficientes para cumprir sua tarefa — e suas tarefas são inúmeras.

Simplificando, a tireoide é o acelerador para cada órgão e célula do nosso corpo. O hormônio da tireoide ajuda a regular praticamente todas as células do corpo, incluindo as do cérebro. Uma de suas funções mais importantes é controlar o metabolismo no nível celular, afetando o ritmo em que as células utilizam oxigênio e queimam energia. Quando sofremos de hipotireoidismo, muitas funções do corpo — incluindo a função cerebral — desaceleram. O nível da tireoide afeta como o seu organismo usa os carboidratos e proteínas e como armazena gordura. Determina a utilização de vitaminas, a função mitocondrial, a digestão, a atividade muscular e dos nervos, o fluxo sanguíneo e a utilização de oxigênio, a secreção hormonal e a saúde reprodutiva.

Os cientistas especulam que o cérebro utiliza o hormônio estimulante da tireoide no hipocampo para armazenar e codificar a memória; quando não há hormônio suficiente, ou o corpo não o metaboliza adequadamente, os problemas cognitivos começam a aparecer. Uma possível explicação para a deficiência cognitiva relacionada com a tireoide é que, como o hipotireoidismo desacelera o metabolismo, ele diminui o fluxo sanguíneo para o hipocampo e os lóbulos frontais. Os hormônios da tireoide afetam a taxa de crescimento celular no cérebro, assim como o ritmo de deslocamento dos impulsos sinápticos.

O hipotireoidismo resulta da produção inadequada do hormônio estimulante da tireoide (TSH)* pela glândula tireoide ou de sua sub-utilização pelas hemácias. Estima-se que afeta 13 milhões de pessoas nos Estados Unidos, ou talvez um número muito maior. Entre os endocrinologistas que em geral tratam problemas de tireoide, existe considerável controvérsia sobre qual seria o nível normal de TSH e o que é que sugere uma disfunção da tireoide com necessidade de tratamento. Os laboratórios de exames consideram que os níveis de TSH são normais quando estão entre 0,4 miliunidade e 4,5 miliunidades — mas 95% dos americanos apresentam níveis de TSH abaixo de 2,5, o que sugere que 4,5 é alto demais e os meus 3,8 talvez estivessem chegando perto do limite. Alguns médicos, entre eles o professor da Universidade de Georgetown Leonard Wartoffsky, encontrou sinais crescentes de que um nível de TSH acima de 2,5 é anormal e requer tratamento. Abaixar a faixa de TSH aumentaria a percentagem da população com diagnóstico de hipotireoidismo de 5% para 20%, um salto e tanto. Muitos médicos acham que não há necessidade de fazer tanto alarde sobre os níveis de TSH — isso beneficiaria apenas a Abbott Laboratories, a empresa que fabrica o Synthroid (levotiroxina), o fármaco que a maioria dos médicos prescreve quando tratam hipotireoidismo.

---

* A sigla que vem do inglês é utilizada no Brasil. (N. da E.)

OBSERVAR E ESCUTAR

Foi mais ou menos por acaso que conheci Richard Shames. Estava procurando pesquisas sobre hipotireoidismo. Ele escreveu alguns livros sobre tireoide e disfunções hormonais, e estava sempre dizendo coisas que eu achava revolucionárias. Escreveu sobre a tirania do TSH, como era impreciso e como impedia que os médicos tratassem de sintomas importantes. Desta vez, não precisei atravessar o país para encontrá-lo. O seu consultório ficava pertinho da minha casa.

Shames transformou em ciência (e em arte) o desenvolvimento de planos de tratamento individuais para pacientes cujos sintomas sugerem desequilíbrio da tireoide, quer os testes reflitam isso ou não. Ele e um número crescente de especialistas em tireoide acreditam que não é possível confiar nos testes — ou seja, que a única maneira de avaliar com precisão determinado paciente é observar e escutar.

No meu caso, ele observou e escutou durante mais de uma hora. Ele estava presente e focado, tanto que me perguntei se ele não seria adepto do treinamento em meditação atenta. Shames obviamente estava acostumado a prestar muita atenção às pessoas que passaram anos tentando descobrir o que havia de errado com elas. Não havia nada de egoísta ou grandioso nele. Após meia hora em seu consultório, percebi que a endocrinologista que disse que meu nível de TSH estava normal e que eu estava ótima, na verdade, estava totalmente por fora. Eu agora estava em busca da Intervenção Número 9.

"Ela tinha acertado, sabe", disse o médico, folheando a grossa ficha médica que eu tinha solicitado da endocrinologista anterior. "Ela identificou o problema. Cabelos mais finos, mãos e pés gelados, pressão baixa, problemas de memória e concentração, dificuldades para dormir", disse ele, sacudindo a cabeça. "Depois, ela ignorou o próprio diagnóstico por causa dos resultados dos exames." Isso me deixou impressionada. Shames começou a me examinar atentamente.

"Alguma dificuldade respiratória?", perguntou. Disse a ele que tinha dificuldades em realizar um simples exercício aeróbico. Eu podia caminhar durante quilômetros, mas se fizesse esteira, arfava como um cachorro em poucos minutos.

ESCULPIDO NA AREIA

Ele me disse que essa "ansiedade respiratória" — a sensação de que falta ar para os seus pulmões — é um sintoma comum do hipotireoidismo. Fez um exame físico, ouvindo meu coração e pulmões e verificando meus reflexos, que não tinham qualquer vivacidade. Solicitou uma longa lista de exames de sangue, muito mais abrangentes do que o hemograma normal. Além do TSH tradicional, pediu o TRH,* que mede o hormônio liberador da tirotrofina, que, conforme explicou, era como ir direto ao chefe, ou seja, a glândula pituitária, que manda na tireoide. Outro teste mediu o anticorpo antitireoide peroxidase (antiTPO**), que impede que o corpo sintetize o hormônio da tireoide. O médico achava que todos os exames estariam na faixa normal; suspeitava que eu tinha hipotireoidismo subclínico. "Os testes não são a palavra divina", disse ele. "Com a ênfase na redução dos custos da medicina e os médicos encurtando o atendimento e evitando processos judiciais, os exames assumiram uma importância que não merecem. Eu sou um daqueles médicos que acham que é importante observar os sintomas." Ele sentiu nódulos na minha tireoide, mas eram comuns; queria ver se havia mais alguma coisa acontecendo, por isso solicitou uma ultrassonografia da glândula.

E quanto à minha memória, perguntei? Lentidão da memória, me disse, é muito comum, sendo um dos primeiros sintomas do hipotireoidismo, aparecendo antes de qualquer outro indício, e por isso os pacientes nunca viam a relação. Normalmente, ele disse, há dificuldades para recuperar palavras e "brancos" de memória. "Você perde a acuidade mental", disse ele. "Isso pode acontecer porque não há oxigênio suficiente chegando ao seu cérebro ou porque a síntese proteica não está ocorrendo no ritmo correto no seu hipocampo." Ele deixava para os cientistas a descoberta do mecanismo exato, disse. Enquanto isso, ajudaria as pessoas a voltarem para o ritmo normal. "O que eu sei é que é uma condição muito exasperante. Vejo isso o tempo todo. As pessoas me procuram e dizem que perderam a acuidade. Felizmente, com o tratamento apropriado, esta é uma das primeiras funções recuperadas."

---

* Também essa sigla, que vem do inglês, é utilizada no Brasil. (N. da E.)
** Idem.

Contei a ele sobre minha experiência com a melhoria cognitiva — que o Adderall e depois o Provigil tinham funcionado bem o suficiente para me convencer de que eu ainda tinha salvação. Eu só os tinha usado mal. Concordamos que iríamos tratar a disfunção da tireoide e ver o que acontecia. Enquanto isso, eu deixaria o Provigil no armário de remédios.

A maioria dos médicos, afirmou Shames, só prescrevia T-4 sintético (Synthroid), que é convertido pelo fígado em T-3. Algumas pessoas não podem converter T-4 em T-3, por maior que sejam as doses ingeridas e um indicador comum dessa insuficiência é a confusão mental continuada. Ele suspeitava de que eu era uma dessas pessoas "não conversoras". Depois dos exames de sangue, eu começaria com uma dose minúscula de T-3 (Cynomel). Eu deveria aumentar a dose nas próximas semanas e voltar para uma nova consulta. Se o remédio funcionasse, seria naquele período. Obteríamos os resultados rapidamente — antes do fim do mês. "Se você não precisar do Cynomel", disse o médico, "ele será estimulante demais e saberemos que temos que procurar outra solução". Quando terminou a consulta, ele olhou demoradamente para mim. "Tenho a impressão que você não está a todo vapor. Está um pouco abaixo das suas possibilidades", me disse. "Acho que podemos mudar isso."

Conforme previsto por Shames, meu exame de TSH estava dentro da faixa normal, ainda perto dos 3,8. Comecei a tomar o Cynomel, na menor dosagem disponível, ou seja, 5 miligramas. Não fiquei superestimulada — na verdade, me senti muito calma. Como instruído, depois de alguns dias dobrei a dosagem para 10 miligramas. Ainda assim, nenhum sinal de agitação. Aparentemente, meu corpo gostou do T-3.

Na minha próxima consulta com Richard Shames, contei a ele as novidades. Eu estava dormindo sete horas por noite, sem acordar às quatro da manhã. Sete horas de sono pode não parecer grande coisa, eu lhe disse, mas para mim, era uma melhora. Ele tomou nota e me perguntou sobre minha memória. Houve menos perda de palavras, respondi. Não precisava consultar o dicionário de sinônimos on-line a cada dois minutos. E quanto à minha resistência? Conseguia suportar mais horas de trabalho sem sentir que meu cérebro tinha entrado em greve? Agora que ele mencionava o assunto, lembrei que o almofadão que eu mantinha debaixo da minha mesa de trabalho no escritório e tirava para a soneca de emergência permanecera sem uso durante semanas.

"OK", disse ele, "está funcionando. Mas olhando para você, vejo que ainda podemos melhorar mais". Nos próximos meses, ele aumentou a dose do Cynomel para 20 miligramas e acrescentou uma pequena dose de T-4, levotiroxina (Synthroid). Em poucos dias, eu estava nadando algumas voltas de forma rápida e fácil, sem sentir falta de ar, um problema que me perturbava há anos. Mas nem tudo estava bem: como logo descobri, perdi a capacidade de dormir. Shames sabia o que tinha acontecido: "esta dose do Synthroid é alta demais para você", disse ele, "mas é a menor disponível". Ele mandou fazer um composto personalizado de levotiroxina, com um oitavo da potência, e começamos a aumentar a dose a partir daí. Eu tinha energia sobrando, suficiente para trabalhar o dia inteiro, sair com os cachorros e passar quatro horas felizes na biblioteca local com meu filho, ensinando-o a redigir um trabalho da escola, contei a Shames. "Tudo ótimo", ele disse com um sorriso. "E a sua memória?"

Era difícil dizer, eu respondi. As palavras vinham mais facilmente, mas sem o Provigil, minha memória operacional continuava deficiente. Naquela manhã, na pesquisa para elaborar um artigo, esqueci o que eu estava procurando em uma questão de segundos. Minhas habilidades espaciais, se é que existiam, estavam piorando. Embora eu já tivesse comparecido a duas consultas, tive de dar algumas voltas pelo estacionamento até chegar ao prédio certo da consulta. A maior frustração continuava sendo a falta de um mapa mental. Onde eu tinha colocado a lista de convidados da festa de aniversário do meu filho era uma incógnita.

"Com um pouco mais de tempo", disse Shames, "parte desses problemas podem ser resolvidos. Você precisa entender que o seu cérebro está lutando com uma tireoide inadequada há muitos anos, e a função tende a voltar em estágios". Iria demorar um pouco para resolver o que tinha acontecido comigo, ele disse gravemente.

"Quer ver algo bem louco?", perguntei a ele. Tirei um grampo do meu outrora cabelo ralo e embaraçado e deixei-o cair pelos meus ombros. "Está crescendo loucamente", eu disse a ele. "Seu rosto está mais corado", ele observou. "Não está mais tão pálida." Ele testou meus reflexos do joelho novamente, e deu um passo para trás ao ver minha perna outrora hesitante pulando em sua direção.

"Sabe", eu disse, "muitos médicos consideram que tratar disfunções subclínicas da tireoide não é adequado. Também me disseram que tireoide funcionando demais pode ter um efeito profundo no metabolismo ósseo, que pode causar osteoporose".

"Sei de tudo isso", ele disse suavemente. "Espero que um dia a controvérsia se resolva e os médicos possam realmente tratar os pacientes, e não números." Mais tarde, ele me enviou um estudo sobre o efeito do T-4 (Synthroid) na densidade mineral dos ossos. Não há prova conclusiva de que o hormônio da tireoide cause esses problemas, mas essa possibilidade me preocupava. "O problema", disse Shames, "surge quando o TSH está muito fora de controle, na zona do hipertireoidismo. Uma dose muito maior do que esta seria necessária, e eu não vou deixar isso acontecer".

Acreditei nele. Durante muito tempo, fiquei com raiva daquela endocrinologista, pelo que me pareceu ser uma negligência grosseira de todos os sintomas que a paciente apresentava diante dela. Se ela tivesse tratado meu hipotireoidismo subclínico quando eu tinha 42 anos, eu poderia ter evitado muita coisa. Ela estava ocupada demais para perder tempo, observar e escutar, ansiosa demais para atender o próximo paciente na sala de exame ao lado. Mas por fim, percebi que não tinha sido inteiramente culpa dela. Eu desistira rápido demais. Eu não tinha tido confiança suficiente, ou dados científicos suficientes, para contestá-la. Havia uma lição a ser aprendida por todos nós, pensei: entender que os médicos são humanos. Não são infalíveis. Muitas vezes são desinformados ou mal informados. Eles têm suas prioridades. Então, precisamos pesquisar. Aparecer com os documentos nas mãos. Ser bem claro nas nossas colocações — pular aquela parte de que o Médico é Deus, que está enraizada em todos nós. Se não funcionar, procure outro médico.

17

CARA A CARA COM A FERA

. . .

Imersa nas garras do mal de Alzheimer, aos 60 anos,
Joanna gentilmente nos convida a entrar em seu mundo

Ao sair da autoestrada em meu Chevy Malibu alugado, em Laguna Canyon Road, entendi que o que me esperava não era uma entrevista comum. Quando Joanna e eu conversamos ao telefone, sua gentileza e inteligência eram óbvias. No entanto, sua fala hesitante e a busca constante por palavras eram difíceis para nós duas. Seria mais fácil, disse ela, se pudéssemos nos encontrar pessoalmente. Ao planejar minha visita, eu não tinha ideia do que esperar. Como seria o mal de Alzheimer de brando a moderado em uma mulher de 59 anos? Será que ela lembraria o motivo da minha visita?

Ela estava do lado de fora da casa, esperando pacientemente por mim quando finalmente encontrei o caminho, após uma série de erros que me atrasaram vinte minutos para nosso encontro no beco sem saída em Leisure World.* Rapidamente, pensei em dizer algo sobre meu

---

* Mundo do Lazer em inglês, uma comunidade reservada para aposentados. (N. da E.)

mapa mental ausente, mas felizmente reconsiderei. Bem penteada e muito elegante, ela vestia um conjunto de malha preto e vermelho e sapatos de salto que combinavam, com a mesma aparência de respeitada advogada de família cultivada há mais de vinte anos. Seu filhote branco, mestiço de maltês e poodle, nos acompanhava pela rua, passando pelas casas e construções clássicas da década de 1960. "Detesto este lugar", disse Joanna com veemência. "É tão feio. Você devia ter visto a minha linda casa. E eu mal conheço alguém. A idade média aqui é de 78 anos. Sou a mais nova de longe e ninguém conversa comigo." Ela vendeu sua elegante casa em Orange County, com seus ambientes espaçosos e quintal grande, perfeito para seu cão de grande porte, Karlee, algumas semanas após o diagnóstico. "Tive de fazer isso", ela me disse. "Eu não tinha feito poupança para a aposentadoria porque não esperava me aposentar. Todo o dinheiro que tenho para o resto da minha vida vem dessa casa." Dias depois da mudança para Leisure World, Karlee exagerou na amizade com um residente idoso e Joanna teve que mandar o cão para viver com seu neto na Carolina do Norte.

Embora suas frases fossem simples e às vezes ela parasse e tivesse que esperar que eu suprisse uma palavra, ainda se parecia com qualquer outra mulher da sua idade, pronta para sair para almoçar com as amigas. Na pequena sala, ela me apresentou a Theo, um senhor gentil que trabalhou na Lockheed durante quarenta anos como engenheiro estrutural. Os dois se apaixonaram alguns anos antes de Joanna ficar doente. Passando por momentos extremamente difíceis, que ambos sabiam que só podiam piorar, Theo permanecera ao seu lado. Foi fácil ver quanto afeto compartilhavam. "Eu só queria não ser tão mais velho que Joanna", ele disse quando Joanna saiu do quarto por alguns instantes, "porque provavelmente eu vou morrer bem antes do que ela e sinceramente não sei quem vai cuidar dela depois disso".

Enquanto Joanna e eu nos sentávamos no sofá, Theo ficou em seu lugar na poltrona. Eu odiava ter que fazer perguntas difíceis que os fizessem esquecer a saudável negação que os permitia seguir em frente com a vida. Eles estavam contentes, prevendo um agradável almoço em um bom restaurante, e eu não queria entristecê-los por demais.

"É difícil explicar como eu soube", disse Joanna. "Alguma coisa estava diferente. Algo de errado com a minha mente. Eu ficava irritada com os médicos. Eles... me empurravam. Ficavam repetindo: 'não, não há nada de errado com você, são os hormônios, é depressão', mas eu sabia que havia algo mais. Tudo ficava muito confuso na minha cabeça. Eu não conseguia me organizar, como antes." Sua voz falhava. "Desculpe", disse ela. "Minha voz está sumindo agora, e estou realmente frustrada com isso. É a pior parte. Realmente, não sou mais eu."

Gentilmente, Theo a interrompeu com seu suave sotaque grego, dizendo a Joanna que era hora de tomar os remédios. Fomos juntos para uma cozinha do tamanho de um ovo. "Ela esta fazendo parte de um teste para um medicamento", disse ele, "e a dosagem é realmente complicada. É preciso tomar determinado remédio no dia e na hora certa e ele vem nestas doses exatas. Seria impossível para alguém com Alzheimer tomar essa medicação sem supervisão". Ele me mostrou as duas caixas que ele tinha rotulado para ela. Uma dizia "Noite" e a outra dizia "Manhã". "Houve alguns problemas com as pílulas esta semana", ele disse muito casualmente. "Tive que tomar algumas providências para resolver o problema." Ele queria contratar uma enfermeira, mas Joanna preferiu ser cuidada pelo companheiro e relutava em gastar o dinheiro. Sem supervisão, Joanna já tinha tomado os remédios errados nas horas erradas. Ela também tinha deixado a grande caixa de pílulas na mesa da cozinha, onde o cãozinho tinha alcançado. Ele apontou para uma lista de instruções colada no lado de dentro da porta do armário. O primeiro item da lista era: amarre o cachorro. Era um problema, ele disse, quando se tem tão pouca memória. Joanna não conseguia mais fazer o que todos nós fazemos o tempo todo — refazer mentalmente seus passos.

Depois que ela tomou os remédios, voltamos para a sala, onde vi uma grande coleção de fotos do filho, da filha e dos netos. Considerando o número de fotos, eu esperava ouvir histórias de uma família grande e carinhosa, mas Joanna explicou que nenhum dos filhos a visitava. Olhei para Theo. Era comum os pacientes de Alzheimer anunciarem que ninguém os visita ou liga quando, na verdade, a pessoa esteve lá no dia anterior. Theo confirmou que Joanna estava certa: os filhos a tinham abandonado.

"Eu era a matriarca do mundo inteiro", anunciou Joanna. "Durante muitos anos, tomei conta de toda a família. Agora, ninguém mais quer ficar perto de mim, porque não sou quem eu era. Até minha sócia no escritório, minha melhor amiga durante trinta anos, não quer mais me ver. Eu entendo. Ela está tão ocupada quanto eu era. E... acho que talvez seja difícil para as pessoas me verem assim. Elas sofrem. Sou orgulhosa demais para pedir a companhia deles, mas realmente os amo muito e sinto falta deles."

Quando Joanna saiu da sala para se preparar para o almoço, Theo confessou que a solidão e a depressão eram uma parte significativa do problema. Era bom que eu tivesse vindo, disse ele. Era terrível sofrer dessa doença em uma idade tão precoce, quando todos os seus amigos ainda estão trabalhando e vivendo suas vidas. Ela precisava sair mais, mas quem estaria disposto a levá-la? Ele queria que ela entrasse para um grupo de apoio para pessoas com Alzheimer — existem vários, afinal de contas, em Leisure World —, mas ela não sentia afinidade alguma com eles.

Prendemos o cachorro no banheiro e entramos no carro de Theo. No caminho para o almoço, Joanna me contou sobre uma viagem que ela e Theo fizeram em uma barca descendo o rio, na Borgonha. Dançaram todas as noites no convés. Agora, quando viajavam — breves viagens dentro dos EUA —, Theo pendurava uma identificação no pescoço dela, onde escrevia cuidadosamente o nome dela e o nome e o telefone do hotel. "Ainda é bom", disse Joanna. "Mas não tanto quanto antes. Realmente, não consigo acompanhá-lo. Mesmo assim, ele é o homem mais perfeito do mundo." Nessa hora, Theo sorriu com tristeza.

No restaurante King's Fish House, ficamos em uma mesa em meia-lua, com Joanna entre nós. Ela ria bastante, especialmente quando não conseguia entender o que um de nós dizia. Ficou em silêncio, ouvindo Theo falar sobre como eles sofreram nas mãos dos médicos. Theo tinha relutado muito em envolver Joanna em testes clínicos altamente experimentais, embora ela fosse exatamente o tipo de participante de estudo que os pesquisadores estivessem procurando. "Para a pessoa comum, tentar combater essa doença é como penetrar em uma floresta

ESCULPIDO NA AREIA

escura e densa. Você não sabe em que direção seguir e qualquer direção escolhida o colocará em perigo", disse Theo, segurando a mão macia e bem tratada de Joanna. "É uma responsabilidade enorme. Sou realista. Sei o que vem pela frente, e Joanna não tem muito a perder. Mas olhe para ela — ainda jovem, bonita e saudável sob qualquer outro aspecto. Se eu a inscrevesse em um teste que a machucasse ou piorasse sua condição, não conseguiria me perdoar. Por isso, acabamos sendo muito conservadores em seu tratamento, o que, em retrospecto, talvez tenha sido um erro." Eu lhes disse que entendia como devia ser difícil para eles — ou para qualquer outro paciente de Alzheimer e seu cuidador também — se manter à parte das novas terapias. Todo centro de pesquisa universitário tem sua própria agenda — pesquisas a serem preenchidas com participantes, artigos para publicar, bolsas para financiar. Não há absolutamente garantia alguma de que um paciente que se apresente para participar de uma terapia experimental seja enquadrado no ensaio que melhor atenda às suas necessidades.

O médico de Joanna, um clínico geral, a inscreveu em um ensaio clínico de 18 meses do Alzhemed,* da Neurochem, um medicamento novo para o tratamento do mal de Alzheimer que se mostrou promissor nos testes europeus. Em vez de funcionar como os medicamentos antigos, bloqueando a enzima que degrada a acetilcolina, o Alzhemed interfere na capacidade de as proteínas beta-amiloides se manterem unidas. Se elas não conseguem se agregar, não formam placas. Quando o teste do Alzhemed chegasse ao fim, Joanna teria direito de continuar a tomar o medicamento gratuitamente pelo resto da vida.

"Acho que pode estar funcionando", disse Theo. "Não percebi declínio neste período." Joanna também tomou o Namenda** da Forest Lab, um medicamento que foi receitado durante anos na Alemanha para o tratamento do mal de Alzheimer de moderado a grave, mas somente foi aprovado para uso nos Estados Unidos no final de 2003. O Namenda funciona regulando os níveis de glutamato, o neurotransmissor excitatório que é parte integrante do processamento, armaze-

---

* Não comercializado no Brasil. (N. da E.)
** Idem.

namento e recuperação de informações. Talvez as placas amiloides que se desenvolvem no mal de Alzheimer causem a morte dos receptores de glutamato nas células nervosas, impedindo o neurotransmissor de entrar na célula em quantidades suficientes. O Namenda aumenta o número de receptores de glutamato, garantindo que o neurotransmissor encontrará uma porta aberta para a célula.

Implicitamente, a conversa indicava o desejo de que Joanna tivesse estabilizado no estágio brando da doença. Talvez a sua doença não progredisse para os estágios moderado e depois grave, que são caracterizados pela maior dependência, dificuldade de linguagem e memória e um período de atenção drasticamente reduzido, antes de chegar aos estágios profundos e terminais que precedem a morte. Só o tempo diria.

Theo e eu estávamos plenamente satisfeitos com nosso peixe, espinafre e batata, mas Joanna pediu uma enorme taça de sorvete de baunilha de sobremesa. Estava tão bom, ela disse com entusiasmo, que eu tinha que prová-lo. Peguei minha colher e a mergulhei no sorvete, me sentindo parte da família.

Theo me pediu para contar a eles o que eu sabia sobre as pesquisas mais promissoras na área. Será que existia algum novo ensaio clínico que eles pudessem considerar para Joanna, quando o estudo do Alzhemed terminasse, especialmente se o estado dela começasse a piorar?

ENSAIOS CLÍNICOS

Como mencionei acima, os cientistas hoje acreditam que um acúmulo de proteínas ainda solúveis possa representar os primeiros sinais do mal de Alzheimer. Essas proteínas são capazes de bloquear a comunicação entre as células, resultando em uma tendência moderada ao esquecimento que associamos à meia-idade. Em algumas pessoas, a doença não avança mais, mas em outras, essas minúsculas proteínas acionam uma série de eventos, chamados de cascata amiloide, que levam ao desenvolvimento de placas beta-amiloides e emaranhados neurofibrilares, novelos grossos e aderentes de proteínas celulares que estrangulam as células nervosas. É um processo molecular contínuo que envolve um lento acúmulo de resíduos celulares — proteínas mal revestidas, aminoácidos não ligados — que o administrador neuronal não conseguiu limpar.

A primeira geração das medicações para o Alzheimer, os inibidores de acetilcolinesterase, Donepezil entre eles, quebra a enzima que destrói a acetilcolina do neurotransmissor, aumentando temporariamente a comunicação entre os neurônios debilitados.

O verdadeiro alvo para intervenção situa-se bem antes — muito possivelmente nas proteínas solúveis que começam a se acumular na meia-idade. Existem medicamentos em desenvolvimento que poderiam evitar que essas proteínas se agregassem, e até mesmo ajudar a limpá-las depois que começam a se unir, muito antes de as células nervosas começarem a morrer.

Havia pelo menos meia dúzia de ensaios clínicos em humanos em andamento que valiam a pena investigar, eu disse a Theo e Joanna. Alguns eram estudos pequenos de Fase 1 ou Fase 2, em que a segurança é o foco principal. Outros tinham chegado à Fase 3, em que os medicamentos e as terapias estavam sendo testados para verificar se o que funcionou nos camundongos também será eficaz nos seres humanos. Esses ensaios não eram para todos. As coisas podiam dar errado. Raramente erravam tanto a ponto de causar a morte dos participantes. Mas eu achava que valia a pena correr o risco para tratar a doença da forma mais agressiva possível, eu disse a eles. Não acho que deveríamos ficar esperando esse trator passar por cima da gente.

Havia, por exemplo, o estudo COGNIshunt, iniciado na Universidade da Pensilvânia e que continua com resultados promissores em Stanford. Uma pequena válvula, cujo objetivo é filtrar substâncias indesejáveis do sangue, era colocada sob a pele na base do crânio. Mais tubos iam daquele ponto até o peritôneo, um espaço no abdome em que os fluidos se acumulam antes de fluir para os rins para filtração e eliminação na urina. O dispositivo, que tem a capacidade seletiva de filtrar as toxinas de peso e tamanho molecular específicos, reduz os níveis de isoprostanos e de proteínas incorretamente enoveladas em cerca de 50%. Os resultados do Miniexame do Estado Mental (MEEM) dos pacientes tratados desta forma permaneceram estáveis, embora aqueles que não receberam tratamento tenham sofrido uma piora de cerca de 20%.

CARA A CARA COM A FERA

Com os anos, os pesquisadores observaram que durante os primeiros estágios do mal de Alzheimer, os níveis de insulina e os receptores de insulina caem dramaticamente. A insulina e uma proteína relacionada, IGF-1,* parecem ser responsáveis por estimular a expressão da enzima que produz a acetilcolina, que, como você pode lembrar, também cai acentuadamente nos estágios iniciais da doença. Quando o paciente está no estágio terminal do Alzheimer, os níveis de insulina chegam a ficar aproximadamente 80% abaixo do que em um cérebro normal. Suzanne Craft, que estuda a relação entre insulina, níveis de acetilcolina e mal de Alzheimer, está desenvolvendo tratamentos que utilizam gotas nasais para fornecer insulina diretamente ao cérebro. Os voluntários que receberam insulina intranasal apresentaram melhora da memória em três testes neuropsicológicos diferentes. Estudos de seguimento examinarão se a administração diária de spray de insulina pode ser útil a pessoas com problemas de memória.

Outro enfoque ao tratamento da doença comanda o sistema imunológico do corpo a limpar as placas e os emaranhados. Nos centros de pesquisa universitária em mais de 18 estados norte-americanos, a Elan Pharmaceuticals está testando o bapineuzumab, um anticorpo monoclonal (também chamado de AAB-001) que se liga à proteína beta-amiloide e a depura em seu estágio inicial. A nova vacina se mostra promissora ao eliminar as formas solúveis e depositadas da proteína amiloide em camundongos e em humanos submetidos à necropsia após a conclusão do ensaio. Na Universidade da Califórnia, em Irvine, Frank LaFerla está testando o AF267B, um composto modificador de doenças que funciona impulsionando o nível de uma enzima chamada alfa-secretase, que impede a produção de beta-amiloide. O medicamento também aprimora a atividade dos receptores de acetilcolina. Até agora os resultados são promissores: o fármaco parece reduzir a gravidade das placas e emaranhados no hipocampo, o que pode torná-lo o primeiro composto capaz de reverter o dano já causado.

Os cientistas do Hospital Presbiteriano de Nova York/Centro Médico Weill Cornell estão realizando um teste da terapia com imunoglo-

---

* A sigla do inglês é utilizada no Brasil. (N. da E.)

ESCULPIDO NA AREIA

bulinas intravenosas, IVIg, na sigla em inglês, que já provou ser adequada para o tratamento de doenças imunes e hepatite. Envolve a infusão de anticorpos derivados do plasma humano que se prende a proteínas anormais e as eliminam do sistema nervoso. Na fase preliminar do ensaio, oito pacientes de Alzheimer foram tratados com IVIg durante seis meses e depois submetidos a testes da função cognitiva, que melhorou em seis participantes do estudo e permaneceu estável para um deles. Os testes do fluido cerebroespinhal em cada um dos participantes demonstraram uma redução de 45% do nível de beta-amiloide, em média. Esses números, eu disse a Joanna, eram bem impressionantes, especialmente por que a terapia com imunoglobulinas intravenosas foi aprovada pelos requisitos de segurança do FDA para o tratamento de outras doenças e portanto, não seria tão arriscada como algumas outras terapias.

No ano anterior, muito mais perto de minha casa, outro estudo foi iniciado, talvez o mais ousado de todos, envolvendo terapia genética. Desde 1987, os cientistas da Universidade da Califórnia em San Diego (UCSD) vêm aperfeiçoando uma técnica de terapia gênica que permite inserir cópias extras de um gene, acopladas em um vírus da terapia genética, nos cérebros de pacientes com Alzheimer. Os participantes recebem os enxertos implantados nas áreas alvo por meio de dois orifícios feitos em cada lado do crânio. Assim que inserido, o vírus ativa o gene que expressa o fator de crescimento neural (NGF), uma proteína de ocorrência natural que impede a morte celular e estimula a função dos neurônios produtores de acetilcolina. Tomografias por emissão de pósitrons (PET) mostram que com essa terapia os neurônios recuperam sua função. Curiosamente, os testes que medem a condição mental demonstraram uma redução no declínio cognitivo de 36% para 51%. Os melhores resultados dos testes foram apresentados mais de seis meses após a cirurgia, o que significa que são necessários vários meses para que as células recebam todo o benefício do nível elevado do fator de crescimento neural. Quando os pesquisadores examinaram o tecido cerebral de uma participante que morrera de outras causas, descobriram um crescimento significativo emergindo de células que produzem acetilcolina, as mesmas células que são as primeiras a degenerar nos primeiros estágios do mal de Alzheimer. Nos últimos meses, a pesquisa foi transferida do laboratório UCSD de Mark Tuszynski — que desenvolveu o procedimento — para a Universidade de Georgetown, onde o ensaio clínico aberto e randomizado de Fase 2 está sendo realizado. Neste estudo, um grupo de pacientes recebe cópias extras do gene do fator de crescimento neural, enquanto o grupo de controle é submetido a uma cirurgia falsa, na qual é feita uma incisão no couro cabeludo, mas nenhuma agulha é introduzida no cérebro. No próximo ano, o estudo incluirá outras situações clínicas. Eles obtiveram bons resultados, mas a cirurgia tem suas limitações, avisa Tuszynski. Como os neurônios que produzem acetilcolina ainda precisam estar vivos para se beneficiar do elevado fator de crescimento neural, a cirurgia só é eficaz nos primeiros estágios da doença. A terapia genética também não vai curar a doença. "Ela desacelera o processo de decadência durante vários anos", afirma Tuszynski, "e isso é muito importante. No entanto, no final das contas, as proteínas amiloides envolverão outros tipos de neurônios e os matarão".

"Isso parece bom", Joanna disse a Theo após eu terminar a descrição do processo de implante, como se estivesse falando de algo para breve, como passar um fim de semana em Los Angeles. "Será que devemos tentar?"

"Você teria realmente coragem?", perguntei, lembrando do que Theo tinha dito sobre manter o tratamento o mais conservador possível. "Você tentaria algo que mexesse com seus genes dessa forma?"

"Com certeza, sim", ela respondeu. "Acho realmente importante para mim participar como voluntária dessas pesquisas. Eu quero continuar vivendo. Eles vão achar a cura e, se eu puder ser a primeira a consegui-la, isso é bom, não é?"

Quando disse a Theo que eu poderia passar para ele todas as informações disponíveis sobre novos ensaios e avanços promissores, vi que Joanna registrou minha suposição de que ela não conseguiria entender. Imediatamente, me arrependi. Tentei imaginar como seria sofrer esse tipo de humilhação — por mais inadvertida que fosse — todos os dias.

"Sou uma pessoa determinada", disse Joanna. "Estou saudável. Nunca estive mais saudável em minha vida. Só estou perdendo a mente. Mas não vou desistir. Nunca desisto."

Depois do almoço, Joanna me contou algo que ninguém sabia, exceto Theo. Desde a infância, seu hipocampo vivia sitiado. Quando menina, fora vítima de abuso sexual pelo padrasto. Passou o restante da infância, até os vinte e poucos anos, cuidando de sua mãe alcoólatra e criando duas irmãs mais novas. Passou a vida sofrendo com o transtorno de estresse pós-traumático e depressão clínica. Perguntei a ela se os médicos tinham mencionado que o estresse pós-traumático e a depressão aumentam o risco de desenvolver o mal de Alzheimer. Ela disse que não.

Theo nos levou de volta para a casa de Joanna. Já era hora dela descansar. Eles tinham uma noitada pela frente: iriam a um concerto de música clássica da South Coast Symphony. Ao nos aproximarmos da rua sem saída, Theo me perguntou onde eu tinha parado meu carro alugado. Embora eu tivesse reparado cuidadosamente o modelo e a cor do carro, percebi que não tinha a menor ideia do seu aspecto, ou, aliás, por que ele não estava estacionado na frente da casa de Joanna. Como um vídeo, eu tive que rebobinar, voltando todo o filme neural até chegar ao ponto em que Joanna estava do lado de fora com o cãozinho, me mostrando onde ficava uma vaga para visitantes, a um quarteirão de sua casa. E se eu não conseguisse mais fazer isso? E se a função de rebobinar simplesmente não estivesse mais disponível para mim? Esta era a vida de Joanna agora, e a situação iria piorar.

Ao me preparar para a longa viagem que eu sabia ter pela frente na hora do rush para Los Angeles, Theo me deu instruções. "Para ir embora, você vira à esquerda e depois à esquerda de novo; depois, vira à direita e vai chegar a uma guarita. Vire à esquerda quando passar pelo portão. Quando vir o shopping onde almoçamos hoje, fique à direita e verá a autoestrada, que você deve pegar na direção norte." Suas instruções foram claríssimas, mas daria no mesmo se ele tivesse falado em seu grego nativo. Quando pisei no acelerador, elas já haviam abandonado meu cérebro para sempre.

A DOENÇA TOMA CONTA

Mantive contato próximo com Theo ao longo de um ano. Enviei a ele informações sobre o estudo LaFerla em San Diego, e sobre o estudo da terapia genética. Joanna ainda estava inscrita no ensaio Alzhemed, o que a impedia de entrar na maioria dos ensaios de outros medicamentos, e para Theo, o estudo da terapia genética parecia drástico demais. Mas o tempo chegava ao fim. Aos 60 anos, a condição de Joanna piorava visivelmente, ele escreveu em um e-mail. Sua capacidade de se comunicar e seguir instruções simples tinha diminuído muito. Ele me avisou que ela estava sucumbindo rapidamente à doença. Ela exigia cuidados constantes — há pouco tempo, tinha esquecido como usar a chave pendurada no pescoço, o que a fez esperar muito tempo do lado de fora da porta de sua própria casa. Isso marcou o fim de sua liberdade.

Eu queria vê-la novamente, por isso combinei com Theo uma visita em uma tarde de domingo, depois que ele pegasse Joanna na igreja, um dos únicos lugares onde ela ainda podia ir sozinha. Lembrei de como ela tinha gostado de nosso almoço no restaurante de peixe, por isso sugeri que fôssemos direto para Laguna Beach para tomar uns drinques no amplo terraço com vista para o mar no Montage Resort. Depois nós sairíamos para jantar, a meu convite.

Joanna e Theo estavam esperando na calçada quando saí do trem. Theo me cumprimentou educadamente como sempre, insistindo em segurar minha bolsa de viagem e minha pasta de trabalho, mas eu via a dor em seu rosto. Joanna parecia ótima. Tinha emagrecido e o novo corte de cabelo lhe caía muito bem. Ela sorriu bondosamente e percebi que não me reconhecera, embora eu soubesse que Theo tinha avisado sobre a minha visita várias vezes. Depois de alguns minutos de conversa sobre a minha última visita — o almoço de peixe, o sorvete de baunilha — ela lembrou de mim. Mas aquela conversa agradável, como a que tivéramos antes, era impossível. Faltavam tantas palavras que ela mal conseguia construir uma frase curta.

"Quero meu carro", ela disse zangada. "Sinto falta do meu carro." Theo já tinha me explicado: ela não podia mais dirigir — tinha ficado perdida durante cinco horas, a caminho do supermercado, e precisou ser resgatada pela polícia. "E tem gente estranha entrando e saindo da minha casa o tempo todo, remexendo as minhas coisas", ela disse.

Olhei para Theo para entender do que se tratava. Ele disse que a frequência dos delírios estava aumentando.

"Estão mesmo, querida?", ele perguntou vivamente. "Como entram lá?"

"Pela porta, é claro", ela respondeu, transbordando de irritação. "Todos têm a chave. Eles pegam os meus óculos e minha maquiagem e tiram tudo do lugar, por isso eu não consigo achar nada... nunca." Percebi que ela estava chorando e passei uma caixa de lenços de papel do assento de trás.

Antes mesmo de chegarmos ao Montage, eu já percebera que tinha sido um erro. O estacionamento estava cheio de carros bacanas e pessoas elegantes, e Joanna, em seu traje prático de calças jeans e camiseta, apertava firmemente a minha mão ao passarmos pelo lobby. Surpreendentemente, conseguimos logo uma mesa. Quando a convidei para ir ao banheiro comigo, Theo pareceu aliviado. Pelo menos ele não teria de lidar com isso. Ela segurou minha mão o tempo todo até chegarmos lá, e fiquei preocupada — como costumava ficar quando meus filhos eram pequenos — se ela resolvesse sair do banheiro enquanto eu ainda estivesse ocupada.

De volta à mesa, falamos sobre nossos lugares favoritos. Theo amava sua terra natal, a Grécia, e ele e Joanna estavam planejando fazer uma última viagem para lá no próximo verão. Minha sobrancelha deve ter se levantado em sinal de surpresa.

"Vou fazer 80 anos no mês que vem", ele disse simplesmente. "E não vou deixá-la em casa, por isso ela vem comigo. Nós vamos dar um jeito."

Joanna falou sobre Mount Shasta, no norte da Califórnia, lembrando das muitas viagens para pescar em uma área que eu também tinha visitado, chamada Castle Crags Wilderness. Ela costumava entrar no carro com os filhos, contou, e dirigir dez horas seguidas, sozinha.

"Eu adoraria ir para lá de novo", ela disse saudosa. "Se eu tivesse meu carro, eu iria".

Theo e eu trocamos olhares. Seria possível? Será que poderíamos levá-la? Se o fizéssemos, será que ela lembraria que queria ir, que já tinha estado lá antes, ou simplesmente ficaria apavorada?

"Talvez Theo e eu pudéssemos levar você lá", eu arrisquei, com medo de prometer algo impossível de cumprir.

"Eu dirijo", ela se voluntariou. "Adoro dirigir. Você sabe que eles levaram meu carro embora e eu o quero de volta."

Ao anoitecer, Joanna ficou cansada. As palavras a abandonaram e sua irritação piorou. Houve mais discussão sobre as pessoas que entravam na sua casa — mulheres jovens, na sua maioria — e que pegavam as suas coisas. Sugeri que talvez fosse uma boa ideia trocar as fechaduras; com certeza isso resolveria o problema. Joanna balançou a cabeça tristemente e disse que isso não resolveria — essas pessoas encontrariam novas chaves, ou, como ela observara de vez em quando, elas conseguiam passar pelas paredes.

Percebi que Theo estava ficando sem energias. Não era assim que ele havia pretendido passar seus últimos anos. Porém, ele permanecia com ela. Havia ainda algumas horas até a hora do meu voo, mas ele e Joanna me levaram até o aeroporto de Orange County, aquele palácio de mármore e metal dourado, parecendo mais com um shopping de luxo do que um terminal de transporte. Lá, despenquei em uma das cadeiras de couro do saguão, abalada e exaurida. Em um ano, apesar do ensaio com o Alzhemed, e da receita de Namenda, a doença tinha causado um estrago indescritível. Na época em que eu conhecera Joanna, ela tinha passado de um estágio brando de Alzheimer para outro estágio muito mais avançado da patologia. Na próxima vez que nos encontrássemos, suspeitava de que ela não me reconheceria e nenhuma reminiscência seria capaz de restaurar a sua memória.

QUER MESMO SABER?
...

À medida que novas abordagens e intervenções precoces surgem, você se disporia a experimentá-las?

À medida que cresce a consciência sobre o mal de Alzheimer, e novas oportunidades para intervenção precoce aparecem, é provável que mais pessoas de meia-idade busquem avaliações. "Eu gostaria de saber sobre o Alzheimer o quanto antes", escreveu Rudy, fabricante de equipamentos de áudio, "para poder documentar a essência de quem eu sou para meu filho e amigos mais jovens, antes que seja tarde demais".

Algumas pessoas preocupadas terão acesso a excelentes centros de pesquisa universitários, mais a maioria irá conversar de seus problemas com seus clínicos gerais. Estes talvez não tenham informações atualizadas ou corretas sobre as novidades de diagnóstico e tratamento da doença. Um médico, cujos pacientes são principalmente profissionais de alta renda profundamente preocupados em manter suas habilidades cognitivas, me contou que quase todos os seus pacientes de meia-idade comentavam que suas memórias pioravam. De maneira imprecisa, ele me explicou que era fácil distinguir os sintomas do mal de Alzheimer das deficiências de memória "normais" relacionadas com a idade. "Se alguém está preocupado com sua memória, significa que o problema é estresse ou depressão", disse ele. "Quem sofre de Alzheimer não sabe que alguma coisa está errada. Estão convencidos de que está tudo bem."

"Isso é tão típico", disse Ron Peterson, que dirige o departamento de neurologia do Centro Mayo para o Mal de Alzheimer, em Rochester, no estado de Minnesota. "Você finalmente consegue coragem para se abrir com seu médico. Diz a ele: 'Olha só, estou tendo uns problemas com as palavras e os nomes das pessoas', e o médico diz: 'Imagine só, eu também, bem-vindo ao clube'. Estamos tentando aumentar a conscientização entre os médicos para que essas preocupações não sejam descartadas."

Pensando em Joanna, Stuart, Ralph e Bruce, todos eles há meses passando pelas mãos de médicos que garantiam que apenas estavam trabalhando demais, eu tinha vontade de socar aquele médico por sua falta de noção. Ele nunca aprendeu que as sementes do mal de Alzheimer eram plantadas na meia-idade e que um paciente que reclamava de deficiência cognitiva deveria ser levado a sério.

Mas como podem os clínicos gerais fazer a triagem de dezenas de pacientes preocupados com o esquecimento, para chegar naqueles que realmente precisam de ajuda? Certamente, não era viável encaminhar esses pacientes de meia-idade, saudáveis em todos os aspectos, para testes neuropsicológicos, ressonâncias magnéticas ou tomografias computadorizadas, que são exames caros e sujeitos a erros de interpretação.

PROCURANDO BIOMARCADORES

John Q. Trojanowski, diretor do Instituto Penn de Envelhecimento e Mal de Alzheimer da Universidade da Pensilvânia, está bem ciente desse problema. "Precisamos de maior precisão no diagnóstico", disse ele, "um enfoque que seja muito mais específico. Precisa ser simples, barato e preciso — o equivalente a um teste de gravidez". Essa é sua meta, como pesquisador da Iniciativa de Neuroimagem do Mal de Alzheimer, um estudo de cinco anos e 60 milhões de dólares conduzido em cinquenta locais nos Estados Unidos e Canadá e envolvendo oitocentas pessoas entre 55 e 90 anos. Financiado pelo Instituto Nacional para Envelhecimento e os Institutos Nacionais de Saúde dos EUA e mais meia dúzia de importantes companhias farmacêuticas, a iniciativa pretende encontrar um método infalível de diagnosticar o mal de Alzheimer no estágio mais precoce possível. "Se conseguirmos encontrar isso de forma segura e não invasiva", disse Trojanowski, "os pacientes insistirão em fazer o exame".

Trojanowski é chefe da busca da Iniciativa de Neuroimagem por biomarcadores do Alzheimer, que medem o nível de determinada substância no sangue, urina, plasma ou fluido cerebroespinhal. Tais marcadores existem em vários níveis de sofisticação para muitas doenças — para diabetes existe a hemoglobina A1c, e para doenças cardíacas, o exame para colesterol e da proteína reativa C.

"Estamos procurando", explicou Trojanowski, "exames de laboratório para diagnósticos que diferenciem o mal de Alzheimer de outro tipo de degeneração neurológica que pode ser muito semelhante a ele". O Alzheimer pode ser confundido com demência vascular, demência de Parkinson, demência frontotemporal, demência com corpos de Lewy, doença de Pick e afasia primária progressiva. "Precisamos de um exame que não leve em conta fatores relacionados com a idade", continuou ele, "o que quer dizer que o exame pode ser administrado a um paciente de 40 ou 80 anos, sem que os resultados sejam confundidos por fatores relacionados à idade". Um biomarcador único, ele acrescentou, provavelmente não resolveria. Uma série de marcadores, incluindo um biomarcador, uma tomografia do hipocampo e um exame neuropsicológico para atrasos de memória poderiam indicar o problema antes da situação se instalar de maneira avassaladora.

Ele e seus colaboradores já encontraram alguns biomarcadores promissores, que medem os níveis de isoprostano, tau, beta-amiloide, sulfatide e homocisteína. Até agora, os marcadores mais promissores existem no fluido cerebroespinhal, que flui pelos espaços extracelulares no cérebro. Neste fluido, já é possível monitorar alguns biomarcadores com alta sensibilidade. No entanto, como esses marcadores só aparecem no fluido, obtidos por meio de um procedimento invasivo e doloroso, conhecido como punção lombar, eles não estão prontos para uso geral. Trojanowski é extremamente otimista. "Em alguns meses, ou no máximo alguns poucos anos, encontraremos o que precisamos e a avaliação precoce será realidade. Isso é muito importante, porque as empresas farmacêuticas estão abrindo caminho para a intervenção precoce com a próxima leva de medicamentos antiamiloides."

NOVOS ENFOQUES PARA A TOMOGRAFIA

O exame do hipocampo ao qual Trojanowski se refere é ideia original de uma equipe de pesquisa da Universidade de Nova York, chefiada pelo médico Mony de Leon. Ele e seus colaboradores desenvolveram uma técnica de análise de imagens que mede, de forma rápida e precisa, o volume e a atividade metabólica do hipocampo, compara os resultados com os valores de referência e gera uma resposta. O programa permite que os pesquisadores padronizem e automatizem a amostragem de tomografias do cérebro computadorizadas. "No momento", observa Leon, "podemos mostrar com grande precisão quem desenvolverá o mal de Alzheimer nove anos antes de os sintomas aparecerem, e nossas projeções sugerem que possamos estender isso para até 15 anos de antecedência. Isso é revolucionário. Não se trata apenas de obter as imagens — qualquer pessoa que saiba operar o equipamento consegue isso. Trata-se de obter os resultados já inteiramente interpretados". A meta de De Leon é coletar informações suficientes para definir padrões que possam permitir aos médicos identificar os primeiros estágios da doença, mesmo em pessoas jovens e saudáveis em termos gerais.

Em que posição isso deixa as tomografias por emissão de pósitrons de Gary Small? "Não acho que eles estejam preparados para se manter sozinhos", afirmou John Trojanowski. "Gary vai dizer que sim, é claro, mas eu e meus colegas que trabalham nesse campo sabemos que isso não passa de pensamento positivo. Claramente ainda não chegamos lá."

Ouvindo este e outros comentários semelhantes de vários pesquisadores renomados na área, fiquei imaginando se a tomografia PET que

ESCULPIDO NA AREIA

fiz na UCLA foi realmente capaz de prever alguma coisa ou se a minha exposição aos isótopos radioativos tinha sido em vão. Depois de uma longa entrevista em seu consultório no hospital universitário de Nova York, perguntei a Mony de Leon se ele poderia examinar as duas ressonâncias magnéticas que eu fiz e me dizer o que achava de meu hipocampo. Ele aceitou muito gentilmente. Quando voltei à Califórnia, mandei pelo correio o enorme envelope marrom contendo meus exames, de quase um metro de comprimento. Algumas semanas se passaram e depois ele ligou.

"Nada de mais, apenas boas notícias", ele disse. "O seu hipocampo está ótimo. Na verdade, é um cérebro de aspecto bastante normal. Para falar a verdade, não vejo sequer o desgaste que seria esperado em pessoas mais jovens do que você. O exame mostra que você está normal, saudavelmente normal, e, acredite, a ressonância magnética é tão sensível que mostra os mínimos detalhes, até mesmo se você acordou de mau humor." Por alguns instantes, senti como se alguém tivesse me achado dez anos mais jovem. "Quando existem problemas verificáveis de memória — como seus resultados ruins no exame neuropsicológico —, em pelo menos 70% das vezes vemos um problema na tomografia. O fato de seu hipocampo ter um aspecto tão perfeito me leva a acreditar que, qualquer que seja o seu problema, ele tem outra fonte."

Outro grupo na Universidade de Nova York está desenvolvendo um método de avaliação que parece bastante promissor, usando tecnologia de eletroencefalograma. Sorri quando li o artigo na *Neurobiology and Aging* (Neurobiologia e Envelhecimento): o bom e velho Marvin Sams, o eletrofisiologista que fez meu treinamento em *neurofeedback* certamente ficaria contente em saber que as máquinas e eletrodos relativamente pouco sofisticados que ele adotava agora estavam na moda, prevendo com 90% de precisão em pessoas saudáveis na casa dos 60 e 70 anos quem iria desenvolver Alzheimer nos próximos sete anos, e com 95% de precisão aquelas cujas capacidades cognitivas permaneceriam praticamente inalteradas. O procedimento durava trinta minutos, e não exigia injeções ou restrição de movimentos em barulhentas máquinas de ressonância magnética. A descoberta mais importante? Queixas subjetivas — a sensação do indivíduo de que sua memória estava falhando — mostraram ser um fator significativo para prever o declínio. "As anormalidades detectadas não foram nem um pouco sutis", disse o principal pesquisador da equipe Leslie S. Prichep. "Eram tão diferentes dos valores normais que não havia dúvida de que, se analisássemos dados mais anteriores, ainda estaríamos encontrando anormalidades."

UM MARCADOR GENÉTICO

Embora continue altamente controverso, existe pelo menos um fator adicional que pode determinar quem irá desenvolver o mal de Alzheimer. O gene apolipoproteína, conhecido como ApoE, reside no cromossomo 19. Todos nós temos duas cópias deste gene, um do pai e outro da mãe. O gene ApoE, como todos os outros, está sujeito a polimorfismos, ou a ligeiras variações, que os cientistas chamam de alelos. Neste gene especial, os alelos são chamados E2, E3 e E4. As pessoas que têm um único variante E4 — entre 20% e 30% da população — apresentam de duas a cinco vezes o risco de desenvolver o mal de Alzheimer em comparação àqueles que apresentam a variante E2 ou E3. Aqueles que têm duas cópias do alelo E4 correm um risco 15 vezes maior de desenvolver a doença do que quem não apresenta essa variante. Em média, as pessoas portadoras de E4 apresentam sintomas de declínio de memória sete anos antes do que as portadoras dos alelos E2 ou E3.

Seria, portanto, esperado que um marcador genético dessa natureza pudesse prever com exatidão quem desenvolverá a doença. No entanto, não é bem assim: o ApoE é um gene de susceptibilidade, em vez de um gene determinista, o que significa dizer que ele aumenta a probabilidade de que alguém desenvolva o mal de Alzheimer, mas não é garantia de que isso vá acontecer. Algumas pessoas que apresentam dois alelos E4 nunca ficam doentes, enquanto um terço das pessoas que desenvolvem Alzheimer não tem a variante E4. Resumindo, como prognóstico, o ApoE está longe de ser perfeito.

O ApoE é uma proteína que ajuda a deslocar o colesterol e outras partículas de lipídio não solúveis por todo o corpo, movendo essas substâncias para onde elas são necessárias para fornecer energia rápida, armazenar gordura para uso posterior ou reparar machucados. No cérebro, o ApoE funciona como um gari. Recolhe os lipídios e outro material que resulta do desgaste cerebral ou de trauma, e o transporta para onde possam ser utilizados ou eliminados. Estudos recentes sugerem que, em comparação com o comportamento ativo dos alelos E2 e E3, o E4 é preguiçoso, permitindo que agregados de proteínas e outros detritos se acumulem.

O alelo E4 no momento está sendo considerado responsável por toda espécie de estrago celular. Ele aumenta o risco de diabetes, eleva o colesterol total e torna o fumo muito mais perigoso. As pessoas que apresentam o E4 e consomem bebidas alcoólicas têm quatro vezes mais probabilidade de desenvolver demência do que as pessoas que não bebem. Embora o estrogênio complementar eleve consideravelmente as capacidades de aprendizado e memória em mulheres com os alelos E2 e E3, ele aparentemente não tem efeito em mulheres com o E4. As pessoas com a variante E4 também apresentam mais sintomas depressivos, assim como evidências de nascimento reduzido de novas células e menos proliferação saudável de dendritos no hipocampo. A mielina, uma capa de gordura que protege os axônios, é quebrada mais rapidamente na presença do E4, diminuindo a comunicação entre os neurônios.

A proteína mutante também pode interferir na capacidade dos neurônios de utilizar a glicose. Em tomografias cerebrais por emissão de pósitron de indivíduos cognitivamente normais — na adolescência, aos 20 e poucos anos e na meia-idade —, as pessoas com a variante E4 consistentemente demonstraram metabolismo de glicose reduzido nas mesmas regiões do cérebro que aqueles que já haviam sido diagnosticados com um provável mal de Alzheimer. Os portadores da variante E4 também demonstram maior deficiência funcional do lobo frontal quando estão em situações de estresse: se estiverem sob pressão excessiva, não conseguem pensar direito.

Considerando as amplas implicações desta lista, acho difícil imaginar por que os médicos não solicitam esse exame de sangue como padrão para todos. Certamente, seria útil poder dizer a um paciente: "Você é portador de vários genes E4, por isso, se acha que aquela taça de vinho tinto no jantar está lhe fazendo bem, é melhor pensar duas vezes."

A genotipificação de ApoE parece tão lógica e prática que fiquei chocada em saber que pouquíssimos cientistas ou médicos acreditavam que este teste era uma boa ideia. Até mesmo Allen Roses, o cientista da Universidade de Duke que descobriu o alelo E4 em 1995, aconselhou os cientistas a solicitar o exame apenas como um método para confirmar a patologia do Alzheimer em pacientes que já apresentam um diagnóstico de demência progressiva não especificada. Na verdade, os regulamentos federais proíbem que pessoas comuns saibam seu genótipo ApoE. As informações não são reveladas com medo de que sejam mal compreendidas e gerem consequências psicológicas adversas. Em várias conferências, os especialistas chegaram ao consenso de que o risco de mal-entendidos supera os potenciais benefícios.

Lentamente, à medida que os cientistas se aproximam do desenvolvimento de terapias viáveis para o Alzheimer, os pesquisadores estão começando a questionar essa posição paternalista. À frente desse movimento está Robert Green, professor de neurologia, genética e epidemiologia e diretor associado do Centro de Mal de Alzheimer na Escola de Saúde Pública da Universidade de Boston. Green divide seu tempo entre cuidar de pacientes com Alzheimer e suas famílias em um ambiente clínico e administrar o que é claramente um dos programas de pesquisa mais controversos do país. Eu o encontrei em seu consultório e gostei dele imediatamente. Contrastando com o acadêmico suéter de losangos coloridos que usava sobre uma impecável camisa social, usava um cavanhaque muito engraçado e peculiar.

Como principal pesquisador e diretor do REVEAL, financiado pelo Projeto Genoma Humano, Green e sua equipe divulgam o genótipo ApoE aos participantes do estudo. "Temos todo o tipo de dispositivo de segurança", ele me disse, "incluindo conselheiros genéticos especializados que fornecem as informações". Os participantes recebem um cuidadoso monitoramento psicológico antes de fazer o exame de sangue e depois de obter os resultados.

"Certamente é verdade", explicou Green, "que o seu genótipo ApoE não determina se você vai ou não desenvolver o mal de Alzheimer. Mas ter essas informações disponíveis poderá nos ajudar a selecionar indivíduos com maior risco, para que recebam novos tratamentos com potencial de retardar ou prevenir o desenvolvimento do Alzheimer. O ApoE é o mais potente fator de risco pré-sintomático já descoberto para o mal de Alzheimer, e é evidente que ele representa um enorme fator de risco para a transformação de problemas de memória leves em uma patologia completa".

No processo de montar o protocolo para o REVEAL, um estudo que já está em andamento há seis anos, a equipe de Green entrou em contato com pessoas inscritas em um enorme banco de dados, na sua maioria da meia-idade ou mais velhos, que tinham parentes de primeiro grau com Alzheimer. Mais de 20% dos indivíduos contatados chegaram até a etapa do exame de sangue, um total de quinhentas pessoas em duas fases do estudo. "Este é um exame genético que não é uma medida muito precisa do risco de desenvolver a doença", observou Green, "para um distúrbio para o qual não existe cura e, ainda assim, 23% de uma população contatada sistematicamente se prontificou a comparecer, se inscrever no estudo, receber aconselhamento e fazer o exame. Para mim, esse é um resultado espetacular. Significa que existem potencialmente milhões de pessoas que querem saber se são ou não portadores desse marcador genético".

Mencionei minha conversa com Robert Green a um dos muitos participantes de minha pesquisa, uma mulher de Boston perto dos 50 anos, cuja mãe estava no estágio final de Alzheimer. Sua tia materna tinha falecido sob as garras da doença e outra tia mais jovem estava começando a apresentar os sintomas de declínio. Caroline estava em pânico. Durante a longa doença da mãe, ela nada descobriu sobre formas de diagnóstico precoce, inovações no tratamento ou o que ela mesma poderia fazer para não ter o mesmo destino. Quando ela compartilhou suas preocupações com seu médico, "ele foi estranhamente indiferente", disse ela, "como se fosse algo que não devesse ser mencionado". Eu disse a Caroline que o estudo REVEAL de Robert Green poderia ajudá-la a definir seu nível de risco, e ela pediu o número dele.

"Isso não é incomum", disse Robert Green quando lhe contei que gostaria de indicar Caroline para participar do estudo. "Quando uma filha vem acompanhada de um dos pais, ela não é a paciente identificada.

Quando a mãe entra em declínio e entra num asilo, a filha nunca mais vê o médico. Os médicos não enxergam o iceberg do medo no filho adulto, e os filhos adultos não falam sobre isso porque parece egoísmo e neurose."

Vários meses mais tarde, liguei para Caroline para ver se ela tinha se inscrito no estudo REVEAL. Ela tinha ido ao laboratório, onde fizeram o exame de sangue, um exame neuropsicológico e outro para medir os níveis de ansiedade e depressão. Em duas semanas ela soube que seus resultados estavam prontos. Caroline voltou ao laboratório e um pesquisador mostrou a ela um gráfico de sua probabilidade estatística de desenvolver Alzheimer. "Era de 52%", disse Caroline. "Francamente, achei que meu risco seria bem maior — que era mais ou menos inevitável que eu tivesse a doença também. Pela primeira vez em muito tempo, senti que havia esperança. Não era um fato consumado que eu morreria da mesma maneira que meus parentes. Até certo ponto, passei por tudo isso para sair da fase da negação e funcionou. Isso me forçou a encarar o problema e cuidar melhor de mim mesma, perder peso e manter meu nível de estresse sob controle, ter mais interação social, ou seja, tudo que devo fazer para manter meu cérebro em bom funcionamento. Foi muito estimulante."

Perguntei a Robert Green se eu poderia fazer o exame de ApoE. Descobri um novo estudo mostrando que os portadores do E4 que sofreram algum trauma na cabeça tinham um risco significativamente maior de desenvolver o mal de Alzheimer do que as pessoas com alelos E2 e E3. Depois de perguntar sobre meu histórico genético — três avós morreram antes de chegar aos 65 anos, de derrame, insuficiência cardíaca e suicídio, um permaneceu relativamente saudável até os 90 anos, e meus pais estavam plenamente saudáveis —, ele me disse que sem um parente de primeiro grau que morrera por causa do Alzheimer, ele não poderia me inscrever no estudo REVEAL. Era improvável, disse ele, que eu conseguisse fazer o exame por conta própria. Eu precisaria de um diagnóstico de demência não especificada, o que por vários motivos — como manter minha carteira de habilitação e um seguro-saúde, entre outros — eu não queria.

Meu clínico geral, que já estava acostumado aos meus pedidos para fazer estranhos exames laboratoriais, simplesmente anotou "problemas de memória" na coluna apropriada do formulário do laboratório e enviou o pedido via fax para o Quest, o laboratório de exame de sangue local. Dali, ele seguiu para o Athena Diagnostics, um laboratório em Worcester, no estado de Massachusetts, que, em 1995, licenciou os direitos de patente exclusivos em nível internacional para os usos diagnósticos do exame de ApoE4 da Universidade de Duke. Por várias semanas, recebi telefonemas e cartas do Athena, o que certamente perturbaria um paciente que sofresse de demência. Queriam informações adicionais do meu seguro. Precisavam de um código diferente do meu médico. Queriam falar da cobertura do seguro — eu estaria disposta a pagar a taxa fixa de 90 dólares como parte de sua associação de doentes? Eu paguei e eles me garantiram que os resultados seriam enviados pelo correio. Uma semana mais tarde, como a papelada não chegou, liguei para o laboratório Athena novamente. Eu me apresentei como jornalista e fiz perguntas específicas para uma assessora de imprensa, que aparentemente tinha sido nomeada para se esquivar das respostas. Várias vezes, ela recomendou que eu visitasse o site, onde estava especificamente indicado que o que eu estava tentando fazer era impossível. Presumi que tinha perdido a batalha, mas uma semana depois da minha conversa com a assessora, a secretária do meu médico ligou para dizer que os resultados tinham chegado. Eu não tinha alelos E4, estava com a turma do E2 e E3. Eu podia tomar aquela taça de vinho tinto no jantar sem me preocupar com nada mais além da dor de cabeça do dia seguinte. As minhas várias cabeçadas não aumentavam o meu risco de desenvolver Alzheimer em relação a outras pessoas. Fiquei imaginando se eu me sentiria diferente se dois alelos E4 tivessem aparecido. Será que saber teria me feito fraquejar?

Eu estava grata pelas duas vivazes variantes do gene ApoE. Também apreciei o atestado de saúde que Mony de Leon tinha dado sobre o meu hipocampo. Desconfiava de que já tinha até começado a recuperar parte das capacidades cognitivas que achara perdidas para sempre. Agora, tudo que eu precisava fazer era garantir que o meu cérebro continuaria na melhor forma possível durante as próximas décadas.

19

EMERGINDO TRIUNFANTE

• • •

Como armazenar neurônios: os hábitos
dos cognitivamente bem-dotados

O que, além de uma preocupação materna, fez com que Eleanor de Aquitânia, aos 78 anos, liderasse um exército em uma batalha para acabar com uma rebelião contra o reinado de seu filho, o rei James? Por que, com a idade avançada de 86 anos, a coreógrafa Martha Graham conseguiu levar para o palco seu último trabalho, *Maple Leaf Rag*? O que manteve George Bernard Shaw escrevendo com toda lucidez aos 90 anos e permitiu que Oliver Wendell Holmes presidisse o Supremo Tribunal dos EUA até se aposentar aos 91? Que excepcionais segmentos de DNA permitiram que Alan Greenspan permanecesse presidente do Banco Central americano durante 18 anos, até se aposentar aos 79 anos? É pouco provável (com a possível exceção de Greenspan) que qualquer uma dessas pessoas tenha ingerido doses diárias da coenzima Q-10 ou de ácido alfalipoico.

Por que o cérebro de algumas pessoas permanece extremamente afiado mesmo com a idade avançada? É possível: 5% das pessoas entre

85 e 89 anos apresentam os mesmos resultados nos testes de memória verbal que jovens de 17 anos. O vencedor do Prêmio Nobel Eric Kandel, de 76 anos, amplamente reconhecido como o pai da pesquisa sobre aprendizagem e memória, me apresentou a explicação em seu espaçoso consultório na Universidade de Columbia. Esbelto e de gravata borboleta, a elegância refletindo suas raízes austríacas, ele me observava por trás de seus enormes óculos com aros de tartaruga. Mechas de rebelde cabelo branco saíam por cima de suas estupendas orelhas. O laboratório de Kandel tem sido fundamental para revelar boa parte do que sabemos sobre a plasticidade do cérebro. A Memory Pharmaceuticals, a empresa que ele fundou em 1998 e onde atua como diretor de pesquisa, está à frente da corrida para desenvolver fármacos que possam combater problemas de memória associados com a idade e seu parente mais grave, a deficiência cognitiva leve.

"Em breve, poderemos chegar a uma pílula vermelha a ser tomada todos os dias, como uma aspirina", disse ele. "Mas seria um grave erro confiar nisso na meia-idade ou em qualquer outro momento. A genética desempenha um papel nisso. No entanto, o que fazemos com nossa mente ao longo da vida determina, em grande medida, como envelheceremos.

"Se você me perguntasse como garantir que suas funções intelectuais continuarão intactas aos 80 ou 90 anos, eu sugeriria continuar trabalhando", ele observou. "Na verdade, você deve assumir tarefas difíceis em áreas que não conhece. Aprender outro idioma, estudar uma área da matemática ou engenharia ou artes." Além dos desafios enfrentados diariamente na universidade, administrando uma entidade científica tão famosa que é conhecida simplesmente como "o laboratório Kandel", e definindo os rumos da Memory Pharmaceuticals, ele nada várias vezes por semana e faz alongamento e levantamento de pesos leves praticamente todos dias para se manter em forma para jogar tênis nos fins de semana. Ele e a esposa visitam museus e galerias de arte uma vez por semana, para aprimorar sua coleção de arte expressionista austríaca e alemã, e de móveis e vasos *art nouveau*. Também assinam a Metropolitan Opera. "Não faço nada de excepcional", ele me diz, mas entendi a mensagem: se não estamos subindo, provavelmente estamos caindo.

ACUMULANDO NEURÔNIOS

Bem próximo, no Instituto Taub, um outro cientista da Universidade de Columbia, o neuropsicólogo Yaakov Stern, dedicou boa parte de sua carreira a revelar os fundamentos da hipótese "subir-cair". Ele estuda como as pessoas desenvolvem uma "reserva cognitiva", que ele descreve como uma espécie de amortecedor neuronial, adicionado ao longo dos anos. Sua pesquisa mostrou que, embora o QI da infância e as oportunidades ocupacionais e educacionais desempenhem papéis significativos na determinação da reserva cognitiva, as atividades de lazer também são importantes.

Os estudos de Stern sugerem que os indivíduos que são equipados com níveis melhores do que a média de reserva cognitiva mantêm altos níveis de função apesar da progressiva degeneração dos neurônios que acompanha o envelhecimento normal. Observando que os roedores expostos a estímulos físicos e mentais mais fortes mostram maiores níveis de neurogênese, assim como ramificação dendrítica mais densa e um aumento substancial no número de conexões sinápticas, ele teorizou que os mesmos eventos ocorrem em humanos, embora não haja forma direta de medir a densidade e a conectividade neurais. "Parece", disse ele, "que os indivíduos que estão equipados com os níveis mais altos de reserva têm um software cerebral mais flexível. Não ficam encurralados tão facilmente quando enfrentam um desafio cognitivo complexo, talvez porque estejam acostumados a considerar vários enfoques. Podem mudar de rede, transferir operações rapidamente dos lobos temporais para os lobos frontais, caso os lobos temporais não consigam mais fazer o trabalho com eficiência. Tudo está relacionado à capacidade do cérebro de mudar para o plano B. O que confere uma vantagem às pessoas com alta reserva é a capacidade de criar a resposta compensatória". O neuropsicólogo Elkhonon Goldberg, autor de *O Cérebro Executivo*, um livro sobre a função do lobo frontal, observa que "uma maior longevidade funcional dos lobos frontais é importante para uma mente sadia na idade avançada. Quem preserva uma boa condição de trabalho de seus lobos frontais são as pessoas com melhores chances de permanecer bem na terceira idade". Goldberg observa que as pessoas com histórico de tomar decisões executivas complexas tendem a ter melhor desempenho na terceira idade do que "aquelas 'maria vai com as outras' que exercem sua função executiva de forma relativamente modesta".

Na juventude, quando diante do desafio de uma tarefa de memória, o seu hipocampo, nas profundezas do lobo temporal, passou a trabalhar chamando de vez em quando o hemisfério direito do lobo frontal. Com a idade, à medida que a função do hipocampo cai, e o lobo frontal direito está trabalhando o tempo todo, o lobo frontal esquerdo também deve ser recrutado. As pessoas que conseguem alcançar ativação bilateral em geral são especialmente perspicazes, e também chamadas de sábias. Têm acesso à extensa biblioteca de padrões armazenados ao longo dos anos. A ativação bilateral permite que vejam coisas quase imediatamente e que pessoas com cérebros menos integrados não conseguem perceber. Mas existe uma desvantagem na ativação bilateral da qual possivelmente neste momento você esteja ciente. Em determinadas tarefas que envolvem concentração e múltiplas funções, é como se os dois hemisférios estivessem brigando entre si para serem os primeiros na fila. Não é à toa que acabamos distraídos.

Stern e seus colaboradores estudaram cérebros de pessoas com Alzheimer submetidos à necropsia, cujos estados cognitivos foram cuidadosamente acompanhados por anos antes de morrerem. "Descobrimos", disse ele, "que, quando comparamos os cérebros de duas pessoas que clinicamente estavam no mesmo estágio da doença na hora da morte, a pessoa com maior reserva cognitiva demonstrava maior acúmulo das placas e emaranhados que são parte da patologia do mal de Alzheimer". Isso sugeriu que a pessoa com alta reserva foi capaz de "ocultar" os sintomas debilitantes da doença, possivelmente durante anos.

Tenho de admitir que essa hipótese me intrigou até eu encontrar um exemplo surpreendente na excelente publicação científica britânica *New Scientist*. O artigo descrevia o caso de Robert Wetherill, um professor universitário aposentado "insuportavelmente bom no xadrez (...) capaz de antecipar oito complexas jogadas". O professor ficou apavorado, conta a repórter Lisa Melton, quando sua aguçada mente começou a enfraquecer e ele só conseguia prever cinco jogadas. Estava certo de que algo muito errado estava acontecendo e procurou ajuda do neurologista

Nick Fox, do Instituto de Neurologia da University College London. A bateria de exames de Fox não revelou nada demais; de acordo com Melton, o "paciente passou bem em todos os testes desenvolvidos para identificar demência". Dois anos mais tarde, em 2003, quando Wetherill morreu de repente, Fox realizou uma necropsia e descobriu um cérebro cheio de placas e emaranhados. "As provas anatômicas indicavam doença em estágio avançado", escreveu Melton, "com um nível de dano físico que teria reduzido a maior parte das pessoas a um estado de confusão total". Ainda assim, para Wetherill — que tinha desenvolvido um alto nível de reserva cognitiva — o único impacto era que ele não poderia mais jogar xadrez tão bem. A vida intelectualmente estimulante do professor aparentemente tinha permitido que ele continuasse trabalhando normalmente e permanecesse lúcido até morrer, apesar dos altos níveis de toxinas que se acumulavam em seu cérebro.

Comparado a indivíduos com níveis mais baixos de instrução e de QI, aqueles com um alto nível de reserva cognitiva têm 46% menos risco de desenvolver demência. "A ideia", afirmou Stern, "é que uma alta reserva cognitiva impeça o desenvolvimento da doença durante um período de anos longo o suficiente para a pessoa morrer de outra coisa".

Vale a pena observar uma triste ironia. Os indivíduos com alto nível funcional como Wetherill invariavelmente superam as avaliações neuropsicológicas simples que os médicos utilizam para diagnosticar a demência. Confiantes de que suas mentes estão em forma, eles perdem a oportunidade de se beneficiarem da intervenção precoce. Quando esses indivíduos efetivamente demonstram algum sinal de demência, já estão fora do alcance do tratamento. A patologia cerebral é tão extensa que seu declínio é mais rápido do que de outros pacientes de Alzheimer, tornando-se dependentes em uma questão de meses.

As raízes da reserva cognitiva parecem ser estabelecidas muito cedo na vida. Marcus Richards, um pesquisador da University College London, determinou que a cognição na infância — basicamente, o QI infantil — era o maior determinante da função cognitiva do adulto. Um alto nível de inteligência herdada ajuda, mas igualmente importante é a exposição precoce a atividades mentalmente estimulantes. Yaakov Stern mencionou que ele achou que seria interessante acompanhar a saúde cognitiva de pessoas que participaram no programa de pré-escola Head Start,* para ver se seus cérebros demonstrariam mais resiliência do que um grupo de controle que não se beneficiara de tal programa. Eu revelei meu viés quando perguntei se ele achava que a atual geração de crianças, que tende mais a deitar na frente da TV ou bater papo pelo computador do que andar de bicicleta, ler ou aproveitar brincadeiras reais com amigos de carne e osso, poderia apresentar menor reserva cognitiva do que os adultos. Para minha surpresa, ele citou estudos demonstrando que os videogames, assim como as técnicas de mensagens instantâneas que demandam grande destreza em teclados minúsculos, promoviam certos tipos desenvolvimento cognitivo, embora ele não tivesse nada a dizer a favor da televisão.

HORIZONTES RESTRITOS

Os jovens enfrentam grandes desafios mentais ao longo dos anos escolares, ressaltou Stern. No entanto, o maior obstáculo — aquele que muitas pessoas não conseguem superar — vem na meia-idade, quando as responsabilidades da carreira e da família tornam-se massacrantes, deixando pouco ou nenhum tempo para buscar atividades recreativas. Quando as pessoas começam a observar deficits de memória e de atenção, a tendência é se adaptar a horizontes restritos. Quando fazer planos para uma viagem familiar até a praia começa a parecer tão complicado quanto os preparativos de Napoleão para sua marcha até a Rússia, é mais fácil retroceder. As pessoas param de ler, abandonam hobbies e cortam sua vida social a favor das responsabilidades para com a família. Até escolhem uma rotina de exercícios que não exija esforço mental, trocando o desafio de uma caminhada de três horas no fim de semana por vinte minutos olhando para uma tela de TV num aparelho de ginástica aeróbica. É compreensível que cheguemos a fugir de novidades,

---

* Um programa federal nos EUA, datando de 1964, que proporciona educação, saúde, nutrição e participação dos pais em escolas públicas, para crianças de lares de baixa renda. (N. da E.)

porque a maior parte do que é "novo" na meia-idade é indesejado, como lidar com a doença de um dos pais, enfrentar a depressão do companheiro ou um adolescente problemático. O que queremos, acima de tudo, é manter o status quo.

À medida que as crianças saem de casa e as responsabilidades diminuem, alguns de nós voltam a atividades estimulantes em termos neuronais. Conheço muitas pessoas com quase 60 anos que, finalmente livres, estão procurando via Google amigos há muito perdidos, fazendo caminhadas pelos Pirineus e embarcando em novas carreiras. Conheço outros tantos, no entanto, que continuam a se sentir restritos. Eles relutam muito em alterar as estruturas familiares de suas vidas. Esses, observa Stern, são aqueles que podem sentir que sua reserva cognitiva está perigosamente baixa. "Sem perspectiva", escreveu Simone de Beauvoir, "a mente da pessoa torna-se débil, rija, esclerótica".

Fiquei impressionada quando um casal que conheço, com quase 60 anos, me contou que eles em hipótese alguma poderiam jantar às 19h30 e ir ao cinema às 21h40, porque precisavam estar na cama às 22h30, mesmo num sábado à noite. "Constrangedor, mas verdadeiro", me escreveu o marido em um e-mail. "É assustador, mas muito relaxante." Eu não conseguia imaginar que um dia meus horizontes poderiam ser tão reduzidos, mas penso neles quando me vejo bocejando incontrolavelmente ainda no começo da noite.

Manter o cérebro em condições de combate exige uma combinação de estímulo mental, atividade física e interação social, e, para muitas pessoas na meia-idade, todos esses três fatores são escassos. Mesmo ocupações imensamente desafiadoras nos primeiros anos podem se tornar repetitivas e monótonas. "Na prática", afirmou um advogado que sempre lidou com imóveis ao longo de sua carreira, "eles mudam as leis tributárias de vez em quando e eu preciso me atualizar, mas, fora isso, neste ponto na minha carreira, eu já vi tudo que há para ver e é bem entediante". Os estudos demonstram que os animais que aprendem novos comportamentos e enfrentam novos desafios todos os dias não ficam senis no mesmo ritmo do que os que vivem em ambientes estáticos. Como o cérebro precisa de novidades para construir novas conexões sinápticas, fazer a mesma tarefa várias e várias vezes é uma receita certa para a estagnação. Se você acha que ler um livrinho qualquer atenderá a esses requisitos sinápticos, pense duas vezes.

Antes de me sentar e somar os pontos, eu achava que a minha reserva cognitiva seria bastante respeitável, um saldo bem positivo. Não há registro de um teste de QI na infância, o que não é surpresa — eles só eram administrados em circunstâncias excepcionais na década de 1960. Se contarmos o tempo de creche e pré-escola, eu somaria 18 anos na arena acadêmica. Isso foi mais do que suficiente para mim, mas de acordo com os teóricos da reserva cognitiva, eu teria de subtrair alguns pontos por parar no bacharelado, já que estudos demonstram que aqueles que buscam graus de especialização desenvolvem resiliência adicional. Eu poderia me dar alguns pontos por ter uma carreira como jornalista que em geral era estimulante e felizmente livre de atividades improdutivas, mas perderia alguns pelos dez anos que perdi para a confusão mental não especificada, a maior parte dos quais passei em casa cuidando dos filhos. (Em seu livro de 2005, *Inteligência de Mãe*, Katherine Ellison defende muito bem os benefícios da maternidade para o aprimoramento mental. Embora eu não duvide que a minha presença em casa tenha melhorado muito o nível de reserva cognitiva dos meus filhos, suspeito que esses extensos benefícios maternais que Ellison descreveu em seu livro me escaparam completamente.) Mais pontos foram subtraídos do total devido à probabilidade de eu ter sofrido uma leve lesão cerebral traumática. Os anos de insônia, minha inclinação natural para a ansiedade, minha exposição a substâncias tóxicas e a condição da minha tireoide, que ficou tanto tempo sem tratamento, também me fizeram perder pontos.

No final, percebi que o saldo não estava tão positivo assim. Em um estudo de 2005, publicado no *American Journal of Epidemiology* (Revista Americana de Epidemiologia), Constantine Lyketsos observou que os maiores benefícios cognitivos resultavam da participação em uma série de atividades, em vez da dedicação exclusiva a uma única vocação. Uma pena, já que minha única atividade para desenvolver a reserva cognitiva envolvia escrever e pesquisar para este livro. À medida que o prazo se esgotava, minha rotina de exercícios, antes bastante intensa, tinha caído para algumas caminhadas com os cães por semana. Minha vida social não estava muito melhor — como a maioria das esposas, sou a responsável por essas atividades e tinha ficado mais interessada na distribuição das vírgulas pelo texto do que no lugar dos convidados ao redor da mesa de jantar. Passava a maior parte do tempo enfiada em um pequeno escritório com as cortinas fechadas, trocando o mundo exterior pela tela do meu computador. Quando ia para casa, gastava com as crianças a parca energia mental que ainda me restava. Meu marido sabia que não devia esperar conversas animadas. Percebi que tinha deixado minha vida se contrair; eu tirei de minha mente muitas das coisas que antes a deixavam viva.

Disse a mim mesma que isso era apenas temporário, uma questão de concentração para terminar o livro. Mas minha existência não iria crescer se eu não agisse. Comecei a pensar sobre as coisas que eu gostava e tinha deixado de lado, uma a uma, em favor da responsabilidade adulta e da obrigação cívica. Eu gostava de andar a cavalo, viajar sem planos, fazer longas caminhadas e passeios de bicicleta de longa distância, praticar esqui *cross-country*, cozinha exótica, fotografia e atuar em peças comunitárias, cada uma dessas tarefas oferecendo seus próprios benefícios especiais para o cérebro. Mas quem tinha tempo para qualquer coisa dessas?

Consultei quem respondeu minha pesquisa para ver o que eles estavam fazendo para melhorar sua reserva cognitiva. Eu esperava ouvir que estavam jogando muito xadrez, o que requer enorme flexibilidade mental, planejamento e memória, especialmente se você jogar de olhos vendados como muitos especialistas fazem. Não exatamente. "Já chega de aprender", me disse um deles. "Agora eu só quero me divertir."

A resposta de Fran agitou meu e-mail.

"REVIGORAR MEU CÉREBRO?", ela escreveu. "Não é isso que vou fazer na aposentadoria, quando estiver velha e tiver tempo para fazer palavras cruzadas ao tomar café? Não tenho tempo agora. Mal tenho tempo para manter os músculos das pernas e o coração em forma. Ainda não consegui chegar aos músculos do braço. Será que não serve para nada tudo aquilo que eu tenho que lembrar?"

Nas respostas, algumas pessoas mencionaram como atividades para estimular o cérebro algumas horas obrigatórias na esteira, jogos de tênis regulares ou passeios de bicicleta ao amanhecer, até mesmo aulas de violão, mas eu sempre detectei um tom de culpa em suas palavras. Alguns minutos longe do trabalho ou da família eram roubados, arrancados das mãos de um adolescente que realmente precisava aprender a estacionar o carro antes da prova de direção final. "Em relação ao tênis", respondeu uma mulher que joga várias vezes por semana, "não tenho tanta certeza sobre sua utilidade. Temos dificuldades em acompanhar o resultado e, em geral, precisamos relembrar cada ponto entre nós quatro".

Somente uma pessoa, Victor, podia dizer que tinha considerado seriamente esta perspectiva. "Estou sempre fazendo exercício intelectual", disse ele. "Todos os anos contratamos uma nova tropa de recém-formados e preciso ser capaz de me comunicar com eles, por isso eu me desafio a aprender coisas novas. Recentemente, aprendi uma nova linguagem de programação. Também sou fã do History Channel, e leio muitos livros de não ficção. Tiro pelo menos dois períodos de férias por ano envolvendo algum tipo novo de aprendizado. Participei intensamente de grupos sem fins lucrativos e também estou começando a dar aula. Quisera fazer tantos abdominais assim."

LIBERDADE

Então, como sair do que se tornou uma rotina muito repetida? Charles Baxter, romancista e ensaísta, hoje professor na Universidade de Minnesota, escreveu em um e-mail que ele e a esposa se mudaram para Minneapolis, "em parte porque os anos estavam começando a pesar e ele queria fazer algo que estimulasse a sua memória". Carly, que levanta fundos para uma importante universidade, e seu marido também se mudaram da casa da infância dela em New Haven para uma cidade pequena nos arredores de Boston. Esta mudança, segundo ela, pode representar o último desafio cognitivo. "Depois de conviver com as mesmas pessoas minha vida inteira, cada coisa que eu fazia era nova, incluindo meu trabalho, no qual eu precisava aprender os nomes, cargos e inclinações de toda a equipe. Eu precisava de um novo bombeiro e de um novo eletricista. Eu não sabia a quem recorrer para coisa nenhuma. Os professores dos meus filhos eram todos novos, assim como seus colegas. Eu atribuo boa parte do meu esquecimento a esta incessante novidade, mas não duvido que tenha dado um ímpeto muito grande para o meu cérebro cinquentão. Pode ter sido melhor para nós, embora houvesse momentos em que eu estivesse tão profundamente confusa que duvidei que conseguiríamos sobreviver." George, cuja mãe sofreu com o mal de Alzheimer, explicou que ele tinha mudado de carreira, deixara de ser empreiteiro para se transformar em professor de matemática, "porque exigia mais energia mental. Eu não me limito a dar minhas aulas de matemática, também gosto de resolver problemas apenas pelo prazer".

Decidi verificar o que as outras pessoas estavam fazendo — sem ser mudar de casa — para melhorar seus níveis de reserva cognitiva. Eu estava no mundo real, apreciando algumas taças de vinho em um evento para angariar fundos para a 826 Valencia, uma organização de São Francisco que oferece aulas de redação gratuitas para jovens, quando conheci Richard Lang, 56 anos. Mais precisamente, conheci a estrutura que temporariamente o abrigava. Ele estava dentro, da cabeça até os joelhos, do que, quando vi mais de perto, revelou-se uma *jukebox* poética encrustada de joias. Uma janela recortada no nível dos olhos permitia que ele manobrasse pela multidão. "Escolha um poema", ele pedia, "e vou recitá-lo para você".

"Bem", eu perguntei, "você conhece o poema de Billy Collins chamado 'Forgetfulness'?"

Ele conhecia e começou a recitá-lo como se fosse muito importante para ele. (Se você quiser lê-lo, é o poema que está no início deste livro.)

Richard, que é dono de uma litografia ao sul de São Francisco, tinha começado a memorizar poesia como forma de se acalmar depois de vários anos difíceis. Seus pais tinham morrido, ele sofrera alguns acidentes de carro e submetera-se a uma cirurgia de câncer. Sua casa tinha se incendiado, e, compreensivelmente, ele não conseguia dormir. Começou memorizando um poema de Wallace Stevens chamado "Sunday Morning" (Manhã de domingo).

"Eu me dediquei a ele", disse Richard, "e realmente entrei no espírito do poema. Foi um grande alívio para a insônia, para aquele momento às 3h15 da manhã, quando o quarto se transforma no pátio de manobra dos trens de carga da ansiedade". Quando ele conseguiu memorizar sessenta poemas, a esposa, a artista Judith Selby, que construiu a *jukebox* poética, a deu de presente para ele. "Por fim", disse ele, "aprendi 104 poemas e tornou-se um truque nas festas; mas, para mim, sempre foi mais do que isso. As imagens em um poema formam uma escada em minha mente. Para lembrá-las, eu penso sobre como um elemento leva ao outro. Acho que estendi essa prática para o restante da minha vida. Estou mais ciente de como as coisas estão ligadas entre si e isso facilita a lembrança do que eu tenho que fazer, onde e por quê".

Certamente, memorizar poesia era um excelente exercício mental e uma opção interessante em minha busca para desenvolver a reserva cognitiva. Eu poderia me juntar ao meu pai e seus inesperados recitais de "Gunga Din", de Kipling, que era um de seus favoritos. "'You may talk o' gin and beer, / When you're quartered safe out here'",* esbravejava ele, e todos calavam a boca e ouviam.

No entanto, se eu quisesse maximizar meus esforços, talvez recitar poesia fosse sedentário demais. A menos que eu realmente fizesse os gestos dramáticos que acompanhavam as palavras, ainda precisaria de mais exercício físico. Vários estudos — mais do que eu conseguia acompanhar — apontavam para os benefícios imediatos e de longo prazo a serem alcançados por alguns tipos específicos de exercícios. O exercício aeróbico levava sangue adicional para o cérebro, liberando oxigênio e glicose. O corpo respondia construindo novas capacidades e impulsionando os elementos químicos protetores do cérebro, como o BDNF, que ajudam a fortalecer as conexões neuronais. Uma pesquisa conduzida pelo professor Arthur Kramer da Universidade de Illinois revelou que um grupo de idosos que participava de atividades aeróbicas demonstrou melhora significativa na função executiva, no planejamento, na organização e na realização de múltiplas tarefas, mas outro grupo, envolvido em treinamento de força e flexibilidade, não demonstrou esses efeitos. Vários novos estudos demonstram que quem pratica alguma atividade física apenas duas vezes por semana tem 60% menos chances de desenvolver o mal de Alzheimer. Segundo Miia Kivipelto, uma pes-

---

* "Vocês podem falar de gim e cerveja, / Quando estão sãos e salvos nessas redondezas." (N. da E.)

quisadora do Instituto Karolinska, o benefício ainda é mais acentuado entre indivíduos portadores do gene ApoE4.

Fred Gage, o cientista que revelou ao mundo a existência da neurogênese no cérebro adulto, corroborou os achados de Kramer em 2005, e aumentou a aposta. Em um estudo publicado na *Neuroscience*, ele revelou que os camundongos que começaram a se exercitar com idade avançada — cerca de 19 meses — conseguiram reduzir a queda no ritmo de crescimento de neurônios novos, tipicamente relacionada com a idade. Depois que os camundongos correram voluntariamente na roda durante um mês (imaginava os roedores em minitrajes de corrida da Nike, com longos e brilhantes rabos cor-de-rosa), apresentaram um surpreendente aumento de 50% em novos neurônios em comparação com a quantidade que geravam em estado sedentário. Gage observou que um grupo de camundongos mais jovens que se exercitava regularmente apresentou o maior crescimento de neurônios de todos os grupos, um achado que sugere que um efeito semelhante pode estar presente em seres humanos na meia-idade.

Quando vi na revista *Health* uma foto de Nan Wiener, uma editora de 53 anos que mora em São Francisco e parecia estar se divertindo horrores ao dançar com um belo acompanhante, tive uma ideia. Eu tinha lido recentemente um estudo que afirmava que a dança de salão reduz em 76% o risco de desenvolver demência. O pesquisador líder Joe Verghese, da faculdade de medicina Albert Einstein, mostrou que as exigências da dança — lembrar dos passos, mover-se em perfeita cadência com a música e adaptar os seus movimentos aos do parceiro — ofereciam considerável proteção, provavelmente desenvolvendo a reserva cognitiva. Os resultados que Verghese obteve sugerem que este era um exercício mental melhor do que aprender um idioma ou um instrumento musical, ou fazer palavras cruzadas ou mesmo fazer uma aula que exigisse estudo ou memorização.

Tudo isso era novidade para Nan. Ela tinha se apaixonado pela salsa sete anos antes e, a não ser pelo ano em que levou um tombo na cozinha e quebrou o tornozelo, dança uma ou duas vezes por semana nas aulas e em clubes. O marido, um crítico musical, ficava bem satisfeito em ficar em casa com a filha e deixar que ela fizesse o exercício. "Na verdade, é um ótimo hobby, se você tem filhos pequenos", ela observou. "Você só sai depois que eles vão dormir, por isso não afeta tanto o tempo familiar." Dançar noite adentro ocupava algumas horas de sono, mas a onda de energia que ela obtinha ao aprender um novo passo ou dançar com um parceiro talentoso valia a pena.

Ficamos de nos encontrar em Sausalito, no Horizons, um bar-restaurante na baía que em geral está lotado de turistas. Neste dia em especial, no entanto, o Horizons estava recebendo uma conhecida banda de salsa, e a multidão que normalmente aparecia nos outros locais conhecidos por salsa — o Allegra Ballroom em Emeryville e o Jelly's, perto do estádio de beisebol — estava a caminho.

Nan tinha olhos brilhantes e era extremamente elegante, vestia uma insinuante calça jeans preta, salto alto e uma blusa vistosa. No Horizons, pagamos nosso couvert e fomos para o bar, que já estava lotado. Em segundos, desenvolvi um caso terminal de timidez. Da última vez que estivera num local desses com uma amiga, estava com vinte e poucos anos.

"O que acontece agora?" Eu sussurrei. "A gente fica esperando que alguém nos tire para dançar?"

Antes que pudesse responder, Nan já estava longe, nos braços de um jovem musculoso cuja cabeça estava adornada com tranças curtas e pontudas. Pela conversa animada, deduzi que eles já se conheciam de outras festas de salsa. Estavam em perfeita sintonia, ambos exibindo impressionante destreza na difícil arte de balançar os quadris mantendo a parte superior do corpo totalmente parada. Eles iam e vinham, seus pés em constante movimento, em pequenos passos pelo salão.

"É isso!", eu pensei. "Achei o que eu queria!" Se eu conseguisse aprender salsa e merengue e, quem sabe, um tango sexy — e acumular conexões neuronais ao mesmo tempo — certamente essa seria a Intervenção Número 10.

Na manhã seguinte, liguei para uma escola de dança em São Francisco especializada em aulas de salsa e descobri que se eu fosse lá na segunda-feira à noite, às 19h30, com dez dólares e um par de sapatos de sola de couro, poderia começar uma nova sessão. O instrutor, Evan Margolin, nos orientou a formar meia dúzia de filas que se espalharam pelo salão, para que ele nos ensinasse alguns passos. Eu tinha que pensar em muitas coisas. Era preciso ouvir a música, ficar no ritmo, lembrar dos passos, me concentrar no que o instrutor estava dizendo e, mais importante, não atropelar o meu parceiro ou qualquer outra pessoa. Perder a concentração definitivamente não era uma opção. Em meia hora, senti algo mudar. Eu não precisava mais contar em voz alta ou prestar atenção a cada batida. Algumas novas conexões sinápticas obviamente tinham sido feitas: meu corpo sabia o que estava fazendo.

Na segunda sessão, aprendemos passos muito difíceis que eu só conseguia guardar por uns dois segundos. Era nessas horas que eu reconhecia a extensão do deficit da minha memória operacional. "Concentre-se", eu dizia para mim mesma. "Ouça o professor." Foi mais difícil do que eu esperava.

Após seis sessões, senti que estava moderadamente pronta para a salsa. Enviei alguns e-mails para uns conhecidos locais, explicando que era possível aumentar nossa reserva cognitiva e beber margueritas ao mesmo tempo. Nesta época, foi publicada uma pesquisa da McGill University mostrando que dançar tango provavelmente era até melhor para o cérebro do que a salsa. Havia mais elementos envolvidos: os deslocamentos para a frente, para trás e laterais, a posição em uma perna só, caminhar para a frente e para trás em linha reta e girar em um espaço reduzido. Agora, eu só precisava de um argentino de meia-idade como parceiro de dança e estaria tudo resolvido. Recomendei que fôssemos ao Jelly's, onde oferecem aulas de tarde, antes da ação começar para valer. Daria no mesmo se eu tivesse sugerido fazer *bungee jumping*. Algumas das mulheres se animaram, mas os maridos se recusaram terminantemente. Apresentei o argumento da reserva cognitiva, mas ninguém comprou a ideia. Este segmento do meu grupo ávido por memória estava evidentemente encontrando seus reforços em outras paragens.

DE VOLTA À ESCOLA

Os participantes de minha pesquisa observaram que sabiam que voltar à escola seria bom para os seus cérebros, mas as dúvidas com relação à sua capacidade de absorver e reter novas informações os deixaram relutantes em começar um curso de idiomas ou aprender um instrumento musical. Embora poucos estudos tenham sido realizados para avaliar os benefícios desse treinamento na meia-idade, foi comprovado que em crianças o aprendizado de música e idiomas aumenta a memória visual e verbal, assim como o QI. Uma pesquisa, conduzida por acadêmicos da Universidade da Flórida, examinou o efeito de aulas de piano individuais na função executiva de um grupo de voluntários adultos, todos novatos. Nos testes neuropsicológicos administrados antes e depois de três meses de treinamento, melhorias específicas foram observadas na memória operacional, no planejamento, na concentração e na capacidade de selecionar uma estratégia e de se ater a ela.

Jacob, um editor de revistas que começou a estudar violão seriamente aos 40 e poucos anos, me disse que foi mais fácil do que ele esperava. "Acho que quando eu me sento sossegadamente, tenho muito mais foco do que tinha quando criança", ele observou, "embora minha memória continue ruim como antes. O que aprendi com minhas aulas de violão é que os meus dedos têm memória própria. Sinto algo acontecendo no meu cérebro, como se os dedos se tornassem automáticos. Assim, quando estudo uma canção, mesmo que não faça sentido no começo, sei que a repetição *ad nauseum* vai me ajudar a dominá-la. Evidentemente, esse domínio pode ser bom apenas para aquele dia — eu posso esquecer tudo completamente depois. Mas consigo pegar de novo, apenas com um pouco de esforço".

Grace, cujos dois filhos são músicos talentosos, brinca que depois de seu profundo envolvimento ao longo de 12 anos de aulas de violino, ela pensava poder pegar o instrumento e sair tocando perfeitamente. Na verdade, ela não tinha a destreza necessária. Recentemente, aos 58 anos, ela começou a estudar piano, e ecoou os sentimentos de Jacob: "Quando me sento diante do piano e começo a tocar, estou muito menos distraída do que quando tinha 17 anos, quando meu coração e energia estavam em outro lugar. Acho que consegui compensar qualquer possível morte das células cerebrais que tenha ocorrido ao longo dos anos. Para mim, aprender a tocar um instrumento é diferente de qualquer outra tarefa. Exige não só que eu aprenda algo em nível intelectual, mas também que o aprendizado seja absorvido pelo meu corpo, meus dedos, mãos e pés, para que eu possa ler a música e interpretar o que ela está me pedindo para fazer e fazê-lo, de forma instantânea. Tive que me conscientizar do que meus dedos estavam fazendo, onde colocar minhas mãos no piano, sem olhar para elas. Praticamente, posso sentir novas conexões sinápticas sendo geradas à medida que eu avanço nos estudos."

Nan, e também Jacob, Grace e Richard Lang, o da *jukebox* poética, confirmaram o que eu tinha sentido: que era inteiramente possível impulsionar o seu nível de reserva cognitiva e se divertir ao mesmo tempo. Na meia-idade, especialmente, não precisamos nos matar de tédio com exercícios para memória. Existem milhares de alternativas mais divertidas.

Encontrei alguns adultos de meia-idade que levaram a ideia de continuar seus estudos tão a sério que corajosamente se matricularam na faculdade de direito e de medicina. Todos perceberam, desde o início, que seria um grave erro achar que tinham as mesmas capacidades dos alunos tradicionais. Em algumas áreas, eles eram muito mais fracos, mas em outras, encontravam forças inesperadas.

Dawn Swanson, hoje com 50 anos, tinha 40 quando decidiu que já tinha trabalhado muito como gerente de uma clínica de repouso. Ela sempre quis ser médica, mas me contou que quando teve o primeiro filho aos 17 anos, aquilo tinha acabado com o seu sonho de uma vez. Aos 43, largou o emprego e se inscreveu em um programa de graduação de uma faculdade local. "Eu nunca tinha ouvido falar de problemas de memória associados à idade", disse ela, "por isso não levei isso em conta. Eu só sabia que tinha três filhos em casa e que nunca tinha sido a mais esperta da turma, por isso teria que estudar o tempo todo".

Os jovens alunos das suas turmas deixavam para estudar para as provas de véspera. "Quando chegavam para fazer a prova", disse ela, "pareciam saber tudo. Mas na hora que terminavam, esqueciam cada palavra". Ela organizou grupos de estudo que se reuniam duas ou três vezes por semana. "Continuamos estudando, até a matéria entrar na memória de longo prazo", disse ela.

Dawn percebeu que sua maior vantagem era a capacidade de parar e analisar as coisas em perspectiva. "Eu era boa em identificar as ligações entre as ideias", ela explicou, "e isso me permitia estabelecer conexões e fazer inferências. Ainda assim, eu era terrivelmente lenta. O professor explicava um conceito de álgebra e a garotada aprendia instantaneamente. Eu levava horas remoendo o assunto. Mas esses mesmos garotos não passavam na prova final, porque não fixavam nenhum conteúdo".

Quando ela completou os créditos para terminar a graduação básica e se candidatou à faculdade de medicina, o marido pediu o divórcio. "Ele era totalmente contra minha decisão", disse Dawn. Em um esforço para economizar dinheiro, ela não contratou um advogado. Sua incapacidade de se lembrar dos fatos durante os quatro dias da audiência de divórcio a fez pensar se sua inscrição na faculdade de medicina tinha sido um erro. "Meu nível de ansiedade estava nas alturas", conta ela. "Eu estava completamente estressada, produzindo toneladas de cortisol — eu chamo de droga do 'esquecimento' —, e havia muitas informações que eu não conseguia acessar. Embora tenha lido e relido os documentos legais, simplesmente não conseguia registrar o que diziam."

Ela se inscreveu apenas em faculdades do México e do Caribe. De acordo com Dawn, é praticamente impossível entrar em uma faculdade de medicina nos EUA como "aluno não tradicional". "A Associação Médica Americana quer que você esteja vivo para atender pacientes durante pelo menos 50 anos, de modo que as pessoas com mais de 40 realmente não são candidatos", explicou.

Quando ela foi aceita no programa de Guadalajara, ela empacotou tudo da vida anterior, mandou a filha do meio para a faculdade dois anos mais cedo e convenceu o ex-marido que seria uma experiência incrível de aprendizado se a filha mais nova a acompanhasse. "Eu era um dos cerca de oitenta americanos, a maioria dos quais estava na faixa dos 30 anos de idade", contou Dawn, "o que me trouxe um certo alívio. Eu sabia que eles deveriam ter problemas semelhantes e que nós os resolveríamos juntos".

Um dos colegas era um dentista que tinha se aposentado aos 65 anos e logo se inscreveu na faculdade de medicina. Outro era um piloto da força aérea que tinha quatro filhos adultos, todos superastros. Ele queria ser psiquiatra. "O que todos nós descobrimos", explicou Dawn, "é que a memória operacional é legal, mas conseguir avançar em um curso de medicina realmente envolve consolidação e raciocínio de longo prazo. É preciso ter um fluxograma na sua mente que leve você até a resposta. Você percebe que existem padrões para tudo — a experiência de vida mostrou isso. Basicamente, você está usando a mesma técnica que permite que você, como adulto, conheça uma nova pessoa e saiba imediatamente com quem está lidando — você já viu isso antes e sabe que verá novamente. Às vezes, havia materiais aos quais eu não tinha acesso — uma fórmula, por exemplo — mas entendia o conceito, por isso podia avançar".

Em seu segundo ano na faculdade, a irmã gêmea idêntica de Dawn, diabética, morreu do coração. "Tive de fazer tudo o que era possível para diminuir meu estresse", disse ela, "porque não conseguia lembrar de nada. Fiz muito exercício. Gravava tudo e saía andando com os fones de ouvido. Andava e lia ao mesmo tempo".

"As pessoas querem uma desculpa para não vencer", disse Dawn, que terminou a faculdade de medicina em 2003, concluiu o estágio em medicina de família perto de Spokane, no estado de Washington, e deve ter concluído sua residência em 2007. "Não sabia se iria conseguir ter forças para receber ligações de pacientes 24 horas por dia. Isso é considerado um trabalho apropriado para jovens de 25 anos. Imaginava que com tão pouco sono, minha memória estaria arruinada. Mas depois entendi que o que era uma nova experiência para os jovens plantonistas — ter que ficar acordado 24 horas para cuidar de outras pessoas — eu já fazia há vinte anos. Mães ficam de plantão 24 horas por dia. E não tem ninguém para render você quando está cuidando sozinha de uma criança doente, muito menos de duas ou três.

"Acho até que minha memória de curto prazo está melhor agora do que quando eu era mais jovem e tinha crianças pequenas por perto. Estou muito concentrada. Tenho muito mais energia. Sei do que sou capaz e estou muito ciente dos perigos, porque não posso me dar ao luxo de errar. Não tento encher minha mente de coisas desnecessárias. O que lembrar de uma lista de compras realmente prova?

"Não estou interessada em desculpas, embora tivesse realmente muitas. Fui a primeira da turma a passar nas provas. O fato de eu ter filhos ajudou. Foram eles que mais me encorajaram, e muitas vezes, foram os únicos. Eu não iria decepcioná-los. Sem eles, talvez eu nunca tivesse chegado lá."

ARTÍFICES DA PALAVRA

A menos que você não estivesse no mundo ocidental em julho de 2003, seria impossível fugir das notícias. Joe Verghese, o pesquisador da faculdade de medicina Albert Einstein que estudava dança de salão, produziu resultados que mostravam que pessoas que resolviam palavras cruzadas quatro dias por semana tinham 47% menos chances de desenvolver demência do que aqueles que só o faziam de vez em quando.

Quando a notícia se espalhou, as palavras cruzadas de repente viraram moda. O mesmo aconteceu com o Sudoku, um quebra-cabeças de números que virou uma febre. Sidney, um diretor editorial de 55 anos, contou que começou a fazer palavras cruzadas em suas viagens de trem até o trabalho na cidade. "Como muitas pessoas semi-instruídas da minha idade", ele escreve, "consigo terminar as palavras cruzadas de segunda e terça em vinte minutos e, mais recentemente, completo as de quarta e quinta-feira de vez em quando. Nem me preocupo com a sexta-feira. Não tenho paciência para as de domingo. Faço os mais fáceis, e em geral paro por aí".

Houve épocas, ele confessou, em que as palavras cruzadas lhe causavam mais angústia do que satisfação. "Esta manhã", ele me escreveu em um e-mail, "a pista era 'o nome do meio do presidente'. Então, comecei a percorrer a lista de presidentes de trás para frente. Infelizmente, empaquei logo depois de George Bush. Embora eu conseguisse visualizar Bill Clinton, seu nome me escapou por mais de um minuto, muito tempo para alguém que está acostumado a lidar com rios de informações obscuras. Naquele momento, o medo aflorou. Achei que fosse um caso certeiro de Alzheimer precoce."

Admiti para Sidney que o fato de ele conseguir resolver os quebra-cabeças já era impressionante. "Eu não consigo", confessei. "Acho que é toda a questão visoespacial. Só de olhar para eles, fico tonta. Não consigo me concentrar nas configurações das palavras e das letras." Acho que o sucesso nas palavras cruzadas exige um tipo específico de mente — aquela capaz de facilmente acumular e manter quantidades do que eu chamo de trivialidades, e que outros chamam de informação factual.

Parecia claro também que é preciso ter uma grande capacidade de memória operacional à disposição. Se, como eu, a pessoa mal consegue lembrar da pista para uma palavra de dez letras na vertical até identificar os quadradinhos certos na página, ela vai estar em apuros.

Liguei para Will Shortz, o editor de 53 anos da seção de palavras cruzadas do *New York Times*. Ele cria palavras cruzadas desde que desenvolveu sua própria área estudos em enigmatologia — a ciência da construção desses quebra-cabeças — na Universidade de Indiana. Perguntei o que ele achava do resultado de Joe Verghese. Sua seção no jornal diário tinha se tornado atraente para anunciantes de peso?

Nada muito importante tinha mudado no jornal, ele explicou, mas as assinaturas das palavras cruzadas do *New York Times* on-line, disponíveis por um ano a 39,95 dólares, estavam vendendo feito água. Ele sempre soube que as palavras cruzadas eram ideais para desenvolver a flexibilidade mental. "São um exercício mental perfeito", disse ele entusiasticamente. "Elas mexem com partes diferentes do cérebro, testando conhecimentos de todos os tipos e sobre todas as áreas — coisas que você aprendeu na escola, o que está acontecendo no mundo hoje, nos filmes, nos esportes, nos eventos atuais. É preciso ter flexibilidade para ver uma pista e imaginar os muitos caminhos aos quais ela pode levar, porque as palavras cruzadas estão cheias de trocadilhos, pegadinhas e jogos de palavras. São ótimas para treinar o cérebro."

Perguntei a ele que tipo de personalidade era particularmente boa em resolver palavras cruzadas. "Você precisa amar as palavras, é claro", respondeu ele. "Mas a pessoa que realmente é boa nisso em geral tem uma mente matemática, o que permite que ela veja como as palavras podem se encaixar em uma grade."

"Ah", eu disse, começando a entender por que eu nunca tive tanto sucesso. (Logo depois que entrevistei Shortz, *Wordplay*, um documentário sobre a sua carreira como enigmatologista foi ao ar. Boa parte do filme foi feito no torneio anual de palavras cruzadas de Shortz, realizado em Stamford, no estado de Connecticut. As habilidades usuais de resolução de problemas não são suficientes para vencer em Stamford. Também é preciso ser muito rápido. Muitas pessoas de meia-idade e bem mais velhas, que participavam há décadas, apareceram no filme, mas o campeão foi um prodígio de quebras-cabeças de 20 anos, ainda na universidade.)

Shortz me levou ao fórum de discussão do *New York Times* sobre palavras cruzadas, onde ele garantiu que eu encontraria mais aficionados por palavras cruzadas do que eu conseguiria imaginar. Enviei uma mensagem curta, perguntando se alguém tinha aderido à prática de resolver as palavras cruzadas com o único objetivo de melhorar a memória e a atenção.

Uma hora depois, minha caixa de correio estava repleta de respostas. Um homem observou que, embora ele fosse um campeão das palavras cruzadas — tendo competido no Torneio Americano Anual de Palavras Cruzadas organizado por Will Shortz —, isso não tinha ajudado com seu principal problema, a prosopagnosia. Eu não me surpreendi por ele saber a palavra certa para designar a incapacidade de reconhecer rostos de pessoas perfeitamente conhecidas.

A resposta que mais me chamou atenção, entretanto, veio de Courtenay "Co" Crocker, de 56 anos. CEO de uma metalúrgica, passou a vida resolvendo palavras cruzadas ocasionalmente, mas recentemente o passatempo o ajudou a vencer momentos muito difíceis. Seis anos antes, quando sua filha recebeu o diagnóstico de leucemia, ele passou muito tempo com ela no quarto do hospital e na sala de espera antes dos procedimentos.

"Eu só tinha 50 anos, pelo amor de Deus", ele escreveu no e-mail, "mas estava esquecendo datas de aniversário, reuniões, nomes das pessoas, o que eu estava fazendo e, muitas vezes, para onde eu estava indo. Tenho certeza que estava hipersensível em relação à minha perda de memória, porque o meu pai na mesma época estava sofrendo os efeitos debilitantes do mal de Alzheimer em estágio avançado". Começou a levar as palavras cruzadas com ele para o hospital. Enquanto a filha dormia, resolvia as cruzadas, uma atrás da outra.

"Muito tarde uma noite, desenhei uma grade de seis por seis em uma folha de papel em branco", ele disse, "e comecei a preencher palavras, construindo um jogo de palavras cruzadas próprio pela primeira vez. Achei que quanto mais desafios eu resolvesse, melhor eu seria na construção de novos jogos, por isso empenhei-me com vigor nesta tarefa, fazendo de oito a dez palavras cruzadas por dia. Embora minha capacidade de construir novas palavras cruzadas não tenha melhorado significativamente, minha mente parecia mais atenta e mais centrada. Posso garantir que, se você exercitar a mente com este tipo de ginástica mental, ela pode ser treinada para manter a lucidez". Quando Co finalmente criou uma palavra cruzada que o deixou orgulhoso, ele a mandou para Will Shortz, que a selecionou para publicação no *New York Times* em 23 de junho de 2005. "Foi uma tremenda emoção", reconheceu Co, "ver minhas cruzadas publicadas".

Como vimos, o estímulo mental e atividade física são importantes para estabelecer altos níveis de reserva cognitiva, mas o terceiro fator — a interação social — também é extremamente importante. Quando as pessoas interagem, entram em ação processos básicos como memória operacional, velocidade de processamento e conhecimento verbal. Todos os sentidos são acionados — visão, audição, toque e até mesmo cheiro, observou o cientista da Universidade de Michigan Oscar Ybarra, que encontrou uma estreita relação entre a quantidade de contato social reportada pelas pessoas e o seu desempenho na realização de vários testes neuropsicológicos. Laura Fratiglioni, do Centro de Pesquisas de Gerontologia de Estocolmo no Instituto Karolinska, concluiu um estudo que demonstrava a importância do envolvimento social, que no grupo observado reduziu o risco de demência em 40%.

"Você talvez não perceba", afirmou Lawrence Katz, da Duke, o cientista que me fez entrar vendada em minha própria casa, "mas a interação social está em baixa. Nós nos acostumamos a mandar e-mails para a sala ao lado. Agora é considerado invasão telefonar ou aparecer pessoalmente quando é possível enviar um e-mail, e isso é realmente uma mudança sociológica. Há poucos motivos para nos encontrarmos pessoalmente, o que limita nossa capacidade de criar novas associações. Mas quanto mais novas associações conseguimos estabelecer, mais ativamos as sinapses, e mais BDNF nós produzimos, por isso é realmente uma situação difícil de resolver. Quanto mais forte e mais rica for a rede de associações, mais o cérebro estará protegido.

"Estamos realmente nos enganando, com toda essa conversa sobre como a internet nos permitiu maior conexão. A melhor coisa que podemos fazer para o nosso cérebro é simplesmente estar com as pessoas de uma maneira significativa. Isso não significa apenas trabalhar com as pessoas — significa interações face a face genuínas. Se eu mostrasse uma imagem do que o seu cérebro está fazendo quando você está envolvida com outra pessoa, você certamente não acreditaria no que vê. Existem áreas especializadas que estão dedicadas a essa interação. E a ausência de interação humana é simplesmente mortal para o cérebro."

Edward Hallowell, o psiquiatra especializado em deficit de atenção e hiperatividade, observou que o isolamento é um perigo mortal. "É preciso ter um plano para garantir que você fique ligado verdadeiramente a seres humanos que conhece e de quem gosta", ele escreveu em seu mais recente livro, *CrazyBusy* (LoucoOcupado). "Fácil? Conte quantos minutos você gasta por dia com seres humanos de verdade, de carne e osso... Compare este número, digamos, com vinte anos atrás ou mesmo dez anos atrás." Ele observou que os momentos humanos, em grande medida, foram substituídos por momentos eletrônicos. "As pessoas passam menos tempo fisicamente umas com as outras. Jantares em família, conversas cara a cara e encontros pessoais foram substituídos por refeições solitárias, conversas ao telefone, mensagens instantâneas e teleconferências. O momento eletrônico é altamente eficiente, rápido e fácil. Entretanto, o momento humano transmite mais informações: tom de voz, linguagem corporal, expressões faciais e todas as pistas não verbais que constituem uma parte tão vital da comunicação humana". Em 1960, 40% das pessoas que tinham 65 anos ou mais viviam na casa de um filho adulto. No final da década de 1990, esse número tinha caído para 4%. Quando consideramos que 71% dos idosos acima de 65 anos nos EUA moram sozinhos e muitos passam mais de sete horas por dia sem qualquer contato social, talvez a taxa em que eles sucumbam ao Alzheimer não seja tão surpreendente assim.

Estive pensando sobre isso enquanto dirigia pela ladeira até a casa em Larkspur onde os Dannenburgs vivem há 41 anos. Zvi, o fenômeno de 80 anos, tinha me convidado para conhecer sua esposa, Marjorie, que, aos 82, ainda tocava seu negócio de consertos domésticos. "Ela dirige uma caminhonete e faz serviços de encanamento, fiação e marcenaria leve", disse ele. "Recentemente, substituiu um vaso sanitário sozinha. Acho que não aguentou esperar por ajuda."

Quando cheguei, conversei com Marjorie por alguns minutos, mas pude observar que Zvi mal podia esperar para me levar para o seu "pequeno império", o quarto em que ele guardava suas músicas. Saímos da cozinha, descemos alguns degraus desafiadores, cruzamos um quintal pedregoso e entramos no pequeno império, onde as paredes estavam forradas, do chão ao teto, com álbuns e CDs. Ele encontrou boa parte das suas gravações em brechós e ainda procurava em pontos de venda do Exército da Salvação e lojas especializadas em música em toda a Bay Area. Ele passava pelo menos três horas por dia no seu império, ouvindo música e estudando os encartes dos CDs. Catalogar tanta música dava muito trabalho, disse ele. "Mas eu organizei de tal modo que consigo encontrar praticamente qualquer coisa em questão de segundos", ele observou, selecionando um CD da prateleira e tirando o encarte de dentro. "Vê este aqui?", ele perguntou, apontando para o nome em letras pequenas. Observei que ele não precisava de óculos. "Eu estava conversando com um sujeito na rua outro dia e percebi, pelo que ele me contou sobre o seu pai recém-falecido, que o velho devia ter sido o primeiro violinista desta orquestra. Então, vou dar a ele o CD de presente. Eu realmente interajo com a música com todas as minhas forças", ele disse. "Cada molécula do meu corpo vibra."

Fiquei alguns meses sem encontrar com Zvi depois daquela noite. Eu estava novamente fazendo minha caminhada quando identifiquei seu chapéu azul torto, bem à frente. Comecei a correr, surpreendendo os cães, esperando que antes de alcançá-lo eu conseguisse de alguma forma lembrar do nome da sua esposa. "Cathryn! Não Cathleen", ele gritou quando me viu. "E Rosie, e Radar! E como vai o seu filho com o professor particular de matemática? E o seu novo livro, como está indo?"

"Você é incrível", eu disse a ele quando o alcancei, dando-lhe um beijo no rosto.

"Bem", disse ele, "você conhece o meu segredo. Estou muito ocupado para envelhecer".

CONCLUSÃO

•••

Sei o que você está pensando. Está tentando decidir qual a melhor intervenção para você. Talvez você já tenha entrado na farmácia e saído de lá com um carregamento de vitaminas e suplementos, que agora estão enfileirados na bancada da cozinha, prontos para dar uma de trenzinho. Quem sabe já se inscreveu na meditação atenta ou, como Nan, inscreveu-se em aulas de salsa. Pode ainda ter ido atrás de um enorme volume de palavras cruzadas, ou, como Bill McGlynn, tornou-se um aficionado do sistema MyBrainTrainer.

Por outro lado, pode apenas estar por aí, se perguntando o que aconteceu comigo no final das contas. Será que eu alcancei um estado mental diferente?

É uma pergunta válida. As pessoas sempre me perguntam se estou "melhor" e, honestamente, posso dizer que sim. Mas isso não significa que eu não concorra de vez em quanto ao grande prêmio do esquecimento. Há pouco tempo, fui de carro para a cidade e esqueci minha carteira e o celular, ambos ficaram em casa, em cima da minha mesa. Vasculhei o fundo da minha bolsa e consegui os cinquenta centavos do parquímetro. Almoçar estava fora de questão. Só soube que meu filho mais velho estava ligando insistentemente para mim ao chegar em casa.

CONCLUSÃO

Melhor assim: eu também tinha esquecido de encomendar a pizza para uma reunião ao meio-dia do grêmio do colégio dele. Pedi desculpas, é claro. E assinalei que, obviamente, ele tinha um dedo perfeitamente saudável para usar o telefone e, na próxima vez que precisasse pedir pizza com antecedência, que o fizesse por seus próprios meios.

Esses festivais de esquecimento costumavam ser a regra. Agora, são a exceção.

Ainda que fosse imensamente gratificante dizer qual das dez intervenções foi a que deu certo, não tenho como fazer isso. Não é surpresa: desde o princípio, eu sabia que as falhas da minha metodologia de ser cobaia de tudo, o que implicava ir atrás de diversos protocolos de pesquisa que se sobrepunham, levaria a um resultado confuso. Na verdade, não havia outra opção. Mesmo que eu tivesse dez anos para cada intervenção, não seria possível afirmar com toda a certeza que os medicamentos para a tireoide fizeram diferença e que os suplementos vitamínicos não tiveram o menor efeito, pois a variável principal, a fisiologia do cérebro, adapta-se infinitamente, reagindo aos fatores ambientais e bioquímicos. Consumir menos gordura trans? Cérebro diferente. Dançar até gastar o sapato três vezes por semana? Cérebro diferente, de novo.

Mesmo assim, a resposta é "Sim, estou melhor". Eu tomo as vitaminas e suplementos. Quando é preciso, tomo o Provigil, que prefiro encarar como uma ferramenta mental mais do que como uma muleta. Estou planejando novas sessões de *neurofeedback*, que acredito ser capaz de manter a promessa para aqueles que querem melhorar a atenção e o foco. Apesar da atenção cuidadosa que Richard Shames dedicou à minha glândula tireoide e do grande empenho de Tracy Kuo no Centro de Distúrbios do Sono de Stanford, ainda sofro com o sono curto e ineficiente. Sei que "resolver o problema do sono" é essencial para que minhas funções cognitivas funcionem bem, mas para mim isso continua a ser um projeto em andamento. Daqui a algumas semanas, voltarei a Palo Alto para colocar uns fios na minha cabeça e retomar o estudo do meu sono. Isso vai permitir o exame mais íntimo possível do que acontece com meu cérebro quando estou com a cabeça no travesseiro e, assim espero, revelará algumas respostas.

Não posso identificar claramente o que fez a diferença, mas sei que a neblina se desfez e, no lugar daquela massa branca e impenetrável que vem do Pacífico, cobrindo a ponte Golden Gate em São Francisco todas as tardes de verão, na maioria dos meus dias a névoa tem sido leve, não mais do que uma fumacinha saindo pela chaminé de uma casinha de campo. Nada de que eu não possa dar conta. Atualmente, vejo que estou atenta a situações que, em outras épocas, podiam me escapar. No verão passado, sentei-me com as pernas cruzadas na praia, meu comprido filho caçula enrolado no meu colo, antecipando a nostalgia: logo, logo, ele não caberia mais. Conscientemente, registrei o momento: seu cheiro, seu cabelo emaranhado e cheio de sal, a cor e o calor da pele dele, a areia áspera em suas costas. O momento era meu para sempre, mas só porque eu decidi me concentrar nele.

Descobri que a resposta reside em reconhecer o problema. Isso parece simples, mas não é, pois também significa que é preciso reconhecer o fato de que, gostando ou não, estamos envelhecendo. Não dá para abater os problemas como se fossem mosquitos, ou enfiar a cabeça num buraco. Também não se pode generalizar e culpar sua "péssima memória" porque, como já vimos, é bem mais complicado do que isso. É preciso estar disposto a dissecar a "anatomia de uma grande burrada" com tanto cuidado quanto o exame dos órgãos de um sapo numa aula de biologia. Só depois de descobrir o que deu errado é que se pode chegar a uma classificação. Seria uma questão de privação do sono? Ou de ter esquecido de almoçar? Uma autêntica falha do hipocampo? Atenha-se aos fatos e você automaticamente vai alterar seu comportamento, o que, pela minha experiência, ajuda a evitar o mesmo erro nas próximas vezes. De fato, não há uma escolha. A não ser que você esteja disposto a dedicar seu tempo e ir buscar as raízes do problema, não vai adiantar nada fazer aquela lista enorme de tarefas e colar post-its por toda parte. Inevitavelmente, a lista será esquecida. E a enorme coleção de papeizinhos amarelos colados por todo o escritório funcionará apenas como expressões de arte abstrata.

Minha contraofensiva foi bastante eficiente. Consegui me recuperar a tempo, as ideias se concatenavam, os nomes surgiam prontamente e as palavras fluíam do meu cérebro para os meus dedos no teclado e de lá para a tela do computador. Lentamente, galguei meu caminho de volta para uma mente confiável. Isso significa dar fim ao pensamento positivo de que um dia simplesmente eu acordaria sem qualquer deficit. Pelo resto da minha vida, eu teria que reconhecer a minha fraqueza. Insistir em fazer as coisas da mesma maneira de sempre seria uma vaidade tola, como me recusar a usar os óculos de leitura e pedir a alguém para ler o cardápio do restaurante para mim. É preciso adotar estratégias de segurança para cada aspecto do meu trabalho e da vida familiar. Não seria possível adiar mais o problema. Não havia esse lugar, tive que reconhecer, chamado "no fundo da minha mente". Não dava para tentar adivinhar, pois eu estava sempre errada. E, infelizmente, não haveria mais condições de ser multitarefa. Na meia-idade, aprendi a minha lição. Se eu resolvesse dar um passo maior do que as pernas, por mínimo que fosse, certamente teria que passar as próximas horas limpando a lambança resultante da inevitável besteira.

Se isso aparenta ser um estilo de vida ascético e inflexível, na prática é justamente o contrário. É muito mais fácil e, em vários aspectos, é libertador saber que se quero mesmo ir trocar a calça do meu filho na loja, será preciso mais do que apenas pensar nisso. Será preciso pôr a sacola com o nome da loja bem grande no carro, e no banco do carona, nada de colocar no bagageiro. Com a calça ali, do meu lado, fico livre para pensar em outras coisas. Não há necessidade de me lembrar o tempo todo, sempre que passar em frente à loja, de que esqueci da calça novamente.

Ao longo dos vários meses da minha pesquisa, percebi que, algum dia no futuro, eu deixaria de me incomodar tanto. Apesar de diversas habilidades cognitivas essenciais, como reconhecer rostos e lembrar nomes, por exemplo, seguirem ladeira abaixo ao longo das décadas, as impressões das pessoas refletem uma percepção diferente. "Pergunte como descreveriam suas memórias", diz o psicólogo Thomas Crook, que pesquisa o assunto, "e verá que as pessoas na faixa dos 40 são as mais críticas. Aos 50, sentem-se um pouco melhores sobre suas capacidades e, ao chegarem aos 60, estão tão satisfeitas quanto na entrada dos 30".

Por que é assim? Matthew, um advogado sessentão, tentou explicar para mim. "Já deixei de me preocupar com isso", ele diz. "Se eu tivesse 40 anos, tentando dar conta do trabalho, isso iria realmente me incomodar. Depende do ponto em que se está da vida. Mas estou me aproximando da aposentadoria. E, para mim, é apenas mais um sinal de que preciso pensar em fazer coisas diferentes. Preciso parar de ficar insistindo. O sentimento é bem mais desesperador quando se é mais jovem.

Quando ele disse essas palavras, eu o olhei atentamente. Ele não estava de brincadeira. Aí estava um homem para lá de inteligente. Suas notáveis capacidades cognitivas lhe garantiram uma vida animada por quase quarenta anos. Diferente de algumas pessoas, ele não negava o problema e reconhecia que já não era tão sagaz quanto antes, nem tão rápido. Mas também não se preocupava. Para ele, apenas chegara a hora da maré baixa, parte do fluxo contínuo das correntes. Ele e sua esposa estavam apreciando o processo de simplificar suas existências. Os filhos tinham crescido e voado para longe. Os anos frenéticos da meia-idade chegavam ao fim. Já não havia mais necessidade de distribuir a atenção entre milhares de coisas. Matt e a esposa dificilmente adotariam uma aposentadoria do tipo ficar de pijama em casa. Ele estava pesquisando diversas organizações sem fins lucrativos para escolher alguma a qual se associar.

Pensei em Matt muitas vezes quando terminei de escrever esse livro. Eu sabia que ele era um advogado durão, o tipo do cara que nunca se acomodava e que procurava aproveitar ao máximo tudo o que tinha nas mãos. Mesmo assim, estava em paz diante do que entendia ser uma transição natural. Em que momento eu poderia parar de insistir no que já perdera, me perguntei, e começar a pensar no que havia ganhado com a idade? Ao menos para Matt, a perspectiva e a percepção, combinadas com aceitação, eram o fundamento da sabedoria. O resto, provavelmente, ele conseguiria achar no Google.

AGRADECIMENTOS

...

Sabendo como minha memória pode me pregar peças, iniciei esta lista bem antes de começar a escrever. Olhando em retrospecto, foi uma jogada inteligente. Eu não fazia ideia de o quanto ela cresceria. Ao olhar para trás, fico surpresa e tocada pelo número de pessoas que contribuíram com seu tempo, habilidade, amor e apoio.

Obrigada à minha agente, Suzanne Gluck, e à sua equipe dedicada na William Morris. Sinto-me imensamente afortunada por tê-la ao meu lado na mesa de negociação. Minha gratidão à extraordinária editora literária, Gail Winston. Calma, decidida, hábil e esperta, ela tem uma misteriosa compreensão da psiquê desta autora, sabendo quando forçar e quando elogiar, e quando deixar tudo de lado e sair para um longo almoço ou algumas horas na Saks. Obrigada a outras pessoas da HarperCollins — Rachel Elinsky, Tina Andreadis, Jamie Brickhouse, Julie Elmuccio e Sarah Whitman-Salkin. Um enorme muito obrigada a Camille McDuffie, cuja empresa, a Goldberg McDuffie, gentilmente apresentou *Esculpido na Areia* para a mídia, e ao entusiasmado Steve Bennett, cuja empresa, a AuthorBytes, criou o website.

Diante das circunstâncias descritas nestas páginas, é justo se perguntar como eu consegui escrever um livro, especialmente algo com

AGRADECIMENTOS

tamanha complexidade. Se eu não tivesse aprendido a delegar, teria sido impossível. O universo concedeu-me uma imensidão de bênçãos. Entre elas, está Elizabeth Crane, que funciona como meu cérebro sobressalente. Qualquer coisa com a possibilidade de ser esquecida por mim (e que não são poucas, como se pode imaginar), eu jogo para dentro de seu "disco rígido". Fazemos muitas trocas animadoras todas as semanas, mas a que eu guardei com mais carinho veio na forma de um e-mail, um dia em que o esquecimento dominava. Conclui minha mensagem com "Assunto esquecido". A resposta dela foi curta e objetiva: "Assunto guardado". O que dizia tudo.

Uma estranha realidade de nossos dias é podermos trabalhar intimamente com pessoas que estão a centenas de quilômetros de nós ao longo de vários anos. Foi assim que funcionou com outro membro da equipe, a pesquisadora Cathy Dunn. Encontrei com ela uma vez, para almoçar em Los Angeles, mas desde aquele dia nos falamos só por e-mail. Se uma muralha de concreto fosse erguida entre mim e a compreensão de algum conceito, por mais simples ou inalcançável que fosse, Dunn logo surgia com a explicação, em geral em uns poucos minutos depois de receber minha consulta eletrônica. Em três anos, acho que só a deixei sem resposta uma vez. Todos os meses, ela me enviava um pacote enorme de pesquisa, repleto de notícias de periódicos especializados. Eu podia estar certa de que, se fosse importante, estaria naquelas páginas.

Elisha Yang, aluno de último ano da escola de ensino médio de Tamalpais, administrou impecavelmente as centenas de livros que o sistema gratuito de bibliotecas de Marin County enviou zelosamente, recebendo e devolvendo todos eles, registrando as informações de *copyright* e operando a máquina de fotocópias por horas. Talleah Bridges auxiliou a reunir os dados, ao lado de Roxane Assaf e Melanie Haiken. Jan Stoner ofereceu seu apoio e estímulo contínuos desde cedo, assim como Catherine Valeriote. A incrível empresa de Ben Winter, a Letter Perfect Transcription, transformou centenas de horas de gravações digitais em entrevistas cuidadosamente digitadas, quase que imediatamente após eu enviar os arquivos de áudio por e-mail. E além disso, apesar de parecer estranho agradecer a um objeto inanimado, não posso esquecer do gravador digital Olympus, um aparelhinho reluzente de meio palmo que permitiu registrar centenas

ESCULPIDO NA AREIA

de entrevistas, que podiam ser reproduzidas diretamente a partir da área de trabalho do meu computador. Tão essencial quanto e merecedor de todos os elogios, o site de sinônimos Thesaurus.com, um depósito on-line onde eu encontrei todas as palavras que brincavam de esconder comigo no momento em que eram mais necessárias.

Com certeza deve existir gente que escreve livros com a liberdade de um astronauta no vácuo, livre das exigências ordinárias do dia a dia, como lavar roupa, cozinhar e cuidar da casa, mas, com toda a certeza, não me incluo entre esses. Os que compareceram para me ajudar nessas tarefas merecem todo o mérito: Delmy Arevalo, Mark e Pam Chavez logo me vêm à mente. Estavam sempre prontos para ajudar, cobrindo minha família de carinho e sorrisos, tornando possível para mim permanecer por longos turnos diante do teclado.

E não posso esquecer dos Writer Friends, sem os quais teria sido quase impossível chegar ao fim de cada dia. Tenho uma dívida de gratidão com Jason Roberts, autor de *A Sense of the World* (Um sentido do mundo), que me ajudou a resolver questões literárias "intransponíveis", mesmo com o filho de dois anos no colo, um bebê nos braços e seu próprio livro a caminho. Sinto-me em débito igualmente com Michelle Slatalla, autora de *The Town on Beaver Creek* (O vilarejo no riacho Beaver), que me emprestou seus ouvidos por horas em nossos almoços no Toast, nosso ponto de encontro. Corajosamente, ela assumiu a tarefa de ler uma versão preliminar, para não falar da preparação e acolhida em dois jantares de Ação de Graças com seu marido, Josh Quittner. Apresento-lhes a minha mais sincera gratidão e desejo de que tenhamos muitas horas pela frente de camaradagem profissional e pessoal. Meu muito obrigado a Katherine Ellison, autora de *Inteligência de Mãe*, disposta e apta a conversar sobre neurociência. Sou grata a Alan Deutschman, autor de *Mude ou Morra*, que generosamente me ajudou a encontrar esse caminho com alguns e-mails pontuais e alimentou este projeto da infância à maturidade. Também não posso deixar de lado Jeffrey Trachtenberg, que me ajudou a destrinchar os meandros do marketing editorial, ou sua esposa, Elizabeth Sanger, cujo bom-senso me ajuda desde que trabalhamos juntas na Barron's, há cerca de 25 anos. Obrigada também a Andrew Solomon, autor de *O Demônio do Meio-*

AGRADECIMENTOS

dia, cujos conselhos por e-mail, vindos dos mais remotos cantos do globo, mostraram-se de valor inestimável. Obrigada também a Jody Winer por suas incríveis habilidades de revisão. Finalmente, é preciso expressar minha gratidão a Carolyn Meyer, que me mostrou, ao longo de trinta anos, o que significa ser uma escritora profissional.

E então chegamos aos editores das revistas, cuja atenção generosa ajudou a dar forma ao meu trabalho. Muito obrigada a Ilena Silverman e Vera Titunik da *New York Times Magazine*, que publicaram "In Search of Lost Time" (Em busca do tempo perdido), um artigo que delineou as ideias que se desenvolveram para formar este livro. Escrever para Titunik e Silverman é aprender o que é bom: elas vão podando o que você considera seu melhor trabalho e exigem algo que vai além, até o dia em que o material está pronto, com tudo no lugar certo e nada a melhorar. E, se você tiver sorte, acaba nas mãos de Renee Michael, uma apuradora de fatos de primeira, que ensina o verdadeiro significado da palavra precisão. Meu especial muito obrigada para Liz Brody, editora da *O, The Oprah Magazine*, por seu trabalho atento com o meu artigo sobre os efeitos colaterais cognitivos dos antidepressivos, a pesquisa que forneceu as sementes para o capítulo 15, "O que seu médico esqueceu de contar". Outros editores, de tempos que já se foram, também merecem minha gratidão: Peter Herbst, Betsy Carter, Michelle Stacey, Judith Daniels e Jane Amsterdam, entre eles.

E também os amigos e parentes hospitaleiros, que gentilmente me receberam sempre que eu precisei passar por suas cidades para realizar entrevistas ou pesquisas. Obrigada a Tom e Amy Jakobson, Stacey Spector, Margaret e Alan Metcalf-Klaw, Jim Wilson e Janet Shur, Julie e Jeremy Levy, Cindy Albert-Link e Carol Hopkins, por suas camas confortáveis, mesas fartas, e sobretudo pela disponibilidade de lidar com meus horários avançados e pedidos de orientação e caronas.

Meu reconhecimento aos membros da minha família ampliada, que aturaram minha ausência em festas de aniversários e datas comemorativas, para não falar dos cancelamentos de última hora para planos até então bem elaborados. Eles conseguiam tempo para estar comigo sempre que eu podia encaixá-los em meio aos meus compromissos. Obrigada, em especial, aos meus sogros, Sid e Gloria Ramin, que demonstraram interesse e orgulho incansáveis por todos os aspectos deste projeto, para minha mãe e meu pai, e minha tia, Helen Mintz, que regularmente enviou-me mensagens de animação, conselho e conforto. Obrigada aos amigos que se tornaram parte da família, especialmente Diane e Gary Tsyporin e seu filho Jeremy, que ajudaram de infinitas maneiras. Obrigada à minha cunhada, Lisa Jakobson, que dirigiu as enormes lentes de sua máquina fotográfica para mim e produziu a foto da orelha e muitas das imagens do meu site.

Muito obrigada também a Pat Carroll Marasco, que tratou de garantir que a equipe de pesquisa recebesse seus pagamentos e que os serviços de eletricidade e telefone se mantivessem funcionando, e Kim Holmes, cujo programa de exercícios físicos impediu que eu desenvolvesse doenças ocupacionais debilitadoras, como a síndrome do túnel do carpo, cotovelo de escritor e corcunda de autor. Obrigada também a Kevin Chriss, que me mostrou que o tipo certo de back-up permite a realização de milagres. E um agradecimento especial para toda vida a Kay Cessna, que sabia muito bem o que eu estava enfrentando e me convenceu não só a iniciar mas também assegurou que eu tivesse o que precisava para chegar ao fim.

Minha gratidão à MacDowell Colony, onde comecei a escrever esse livro e ao Virginia Center for the Creative Arts, onde o concluí. Minhas estadias nesses refúgios tranquilos me garantiram a maior das bênçãos, de não sofrer interrupções. Uma dívida de gratidão ao San Francisco Writers' Grotto e a todos os seus membros — meu status de locatária nômade oficial permitiu que eu tivesse privacidade e espaço. Aguardo ansiosamente pela oportunidade de escrever um novo livro em meu próprio escritório no Grotto. E obrigada também à Biblioteca Pública de Mill Valley, aninhada em meio a um bosque de árvores absurdamente altas, onde refleti e escrevi, e ocasionalmente, parei para tomar fôlego e respirar profundamente.

Muitos escritores influenciaram minha maneira de pensar, e as ideias que aparecem neste trabalho têm suas origens nas leituras de David Shenk, Steven Johnson, Sharon Begley, Floyd Skloot, Daniel Schacter, Carl Honoré, Denise Grady, Jane Gross, Sandra Blakeslee, Diane Ackerman, Lisa Melton, Will Shortz, James Gleick, Rebecca Rupp, Tara Parker-Pope, Christen Brownlee, Alison Motluck, Gina Kolata, Laurie

AGRADECIMENTOS

Tarkan, Natalie Angier, Roni Rabin, Claudia Kalb, Christine Gorman, Jerome Groopman, Ben Harder, Kate Murphy, Ronald Kotulak, Susan Aldridge, Billy Collins, Jared Diamond, Stephanie Saul, Ben Raines e, muito postumamente, Simone de Beauvoir.

Tenho uma sorte enorme pelo fato de que a multidão dos ávidos por memória insistir, nervosamente, em preservar o anonimato. Caso contrário, eu me sentiria compelida a expressar minha gratidão para cada uma das pessoas que perderam alguma horas de suas vidas para responder uma pesquisa ou participar de um grupo de discussão por três horas. Algumas pessoas, é claro, optaram por se revelar: assim, posso apresentar minha mais profunda gratidão a Lawrence Roberts, Zvi Dannenberg, Richard Lang, Nan Wiener, Dawn Swanson, Courtenay "Co" Crocker e William McGlynn.

Acho que vale a pena registrar que, ao longo de três anos de pesquisa, exatos três cientistas, de um total que certamente ultrapassou trezentas pessoas, recusaram-se a me conceder entrevistas. Todos os demais, fossem medalhões ou profissionais promissores, simplesmente me perguntaram quando eu gostaria de visitá-los ou conversar pelo telefone. Para uma jornalista, acostumada a receber portas e telefones desligados na cara, esses convites tão calorosos foram notáveis. Em todas as vezes, fiquei impressionada com a precisão, paciência e dedicação de cada um deles. Muitos cientistas passaram horas comigo, explicando-me pacientemente o seu trabalho, entendendo que eu iria, assim como qualquer repórter de ciências que escreve para leigos, fixar-me no que parecesse ser o mais importante e, inevitavelmente, esquecer num canto do laboratório alguns detalhes valiosos. Outros trabalhadores de laboratório merecem minha gratidão: as pequeninas criaturas de rabos compridos. Cada menção sobre um estudo com roedores representa dezenas ou centenas de pequenos animais sacrificados pela busca do progresso científico. Ninguém nunca vai me ver usando luvas de forro de pele, mas reconheço como esses animais são cruciais para a compreensão e cura do Alzheimer, uma doença que, de outra forma, irá nos esmagar.

Em ordem alfabética de sobrenomes, desejo reconhecer as importantes contribuições dos seguintes cientistas, médicos e profissionais especializados em saúde mental: Marilyn Albert, a Alzheimer's Association of America (Associação do Alzheimer dos EUA), Karen Ashe, Tallie Baram, Samuel Barondes, George Bartzokis; Gordon Bell, David Bennett, Jan Born, Peter Breggin, Douglas Bremner, Robert Diaz-Brinton, Randy Buckner, Stephen Bunker, Larry Cahill, Jonathan Canick, Anjan Chatterjee, Anthony Chen, Antonio Convit, Carl Cotman, Suzanne Craft, Thomas Crook III, Margaret Cullen, Ward Dean, Mony de Leon, Gayatri Devi, David Dinges, Deborah Dorsey, Richard Doty, Martha Farah, Steven Ferris, Steven Fowkes, Laura Fratiglioni, Bruce Friedman, Richard A. Friedman, Fred Gage, Michaela Gallagher, Joseph Glenmullen, Paul Gold, Elkhonen Goldberg, Elizabeth Gould, Cheryl Grady, Joe Graedon, Robert C. Green, Margaret Gullette, Edward Hallowell, Davis Hasker, Stephen Hauser, Jeff Hawkins, Jane Hightower, James Joseph, Marcel Just, Eric Kandel, Andrea Kaplan, Lawrence Katz, Claudia Kawas, Dharma Singh Khalsa, Miia Kivipelto, William Klunk, Peter Kramer, Jeffrey Kreutzer, Tracy Kuo, Ray Kurzweil, Margie Lachman, Virginia Lee, Harriet Lerner, Ed Levin, Elizabeth Loftus, Sonia Lupien, Constantine Lyketsos, Kate Mahaffey, Chester Mathis, Mark McDaniel, Bruce McEwen, James McGaugh, Tracy McIntosh, Michael Meaney, Michael Merzenich, David Meyer, Peter Meyers, Karen Miller, John C. Morris, Charles Nemeroff, Maud Nerman, Denise C. Park, Michael Perlis, David Perlmutter, Ronald C. Petersen, Dorene Rentz, Jacqueline Rogers, Benno Roozendaal, Steven P. Rose, Anthony Rostain, Ronald Ruff, Henry Rusinek, Oliver Sacks, Barbara Sanakian, Marvin Sams, Robert Sapolsky, Judith Saxton, Andrew Saykin, Daniel Schacter, Richard Shames, Barbara Sherwin, Daniel Siegel, Gary Small, Scott Small, Susan Smalley, Yaakov Stern, Robert J. Sternberg, Robert Stickgold, Rudolph Tanzi, Pierre Tariot, Harry M. Tracy, John Q. Trojanowski, Tim Tully, Danielle Turner, Mark Tuszynski, Eve Van Cauter, Jeffry Vaught, Joe Verghese, Norma Volkow, Alan Wallace, Michael W. Weiner, Polly Wheat, Aaron White, Robert S. Wilson, Cody Wright, Bruce Yankner e Liqin Zhao.

E, por fim, com amor e do fundo do meu coração, agradeço ao meu marido, Ron Ramin, e aos meus filhos, Avery e Oliver, por se manterem convictos de que essa era uma história que valia a pena ser contada, mesmo considerando que, em diversos dias, eu esquecia bem mais do que lembrava.

RECURSOS

• • •

Para uma lista de médicos especializados em tireoide, visite http://thyroid.about.com/cs/doctors/a/topdocs.htm.

Para uma lista de consulta de ensaios clínicos, visite http://www.clinicaltrials.gov.

A Alzheimer's Disease Neuroimaging Initiative (ADNI) procura participantes para suas pesquisas. Para mais informações, ligue para o Centro Alzheimer's Disease Education and Referral (ADEAR) no telefone 1-800-438-4380, nos EUA.

NOTAS

• • •

PREFÁCIO

15 "No relatório Starr": Daniel Schacter, *The Seven Sins of Memory: How the Mind Forgets and Remembers.* Boston: Houghton Mifflin, 2001, p. 4-5.

17 "Gary Small (...) ligou": Gary Small, entrevista com a autora, 1 de dezembro, 2003.

20 "corria de 13 a 24 quilômetros por dia": Zvi Dannenberg, encontrando a autora, 6 de setembro de 2005.

1. O CÉREBRO NÃO CONFIÁVEL

25 "normal": palavra definida conforme o dicionário *The American Heritage Stedman's Medical Dictionary.* Boston: Houghton Mifflin, 2002.

27 "a redução da memória (...) iniciado lá pelos 20 anos": Denise Park, em um estudo apresentado em uma reunião da American Psychological Association, 24 de agosto de 2001.

28 "O problema não é a questão do deficit de memória": Harriet Lerner, entrevistada pela autora, 21 de junho de 2006.

29 "o mal de Alzheimer atinge 35% das pessoas com mais de 80 anos": Gina Kolata, "Live Long, Die Young? Answer Isn't Just in Genes", *New York Times,* 31 de agosto de 2006, http://www.nytimes.com.

NOTAS

29 "A demência é como o avanço cada vez mais profundo da brancura invernal": George F. Will, "A Mother's Love, Clarified," *Washington Post*, 13 de julho, 2006, A23.

29 "Conheci Phyllis": Phyllis, entrevistada pela autora, 8 de setembro de 2006.

31 "Atualmente, 4,5 milhões de americanos têm mal de Alzheimer.": Richard J. Hodes, "Public Funding for Alzheimer Disease Research in the United States", *Nature Medicine*, 12 de julho de 2006, p. 770-773.

31 "os números são quase os mesmos no Japão e na Europa": Ibid., p. 778, 774.

31 "Em 2005, a doença custou ao tesouro federal": Ibid., p. 780.

31 "Quando os primeiros sintomas de Alzheimer são detectados": John C. Morris, entrevistado pela autora, 20 de julho de 2004.

31 "Se conseguirmos identificar a doença nos estágios iniciais": John Trojanowski, entrevistado pela autora, 27 de abril de 2004.

32 "David Bennett, diretor do Centro de Mal de Alzheimer" David Bennett, entrevistado pela autora, 7 de agosto de 2006; David Bennett *et al.*, "Mild Cognitive Impairment Is Related to Alzheimer Disease Pathology and Cerebral Infarctions", *Neurology* 64, 8 de março de 2005, p. 834-841.

2. FALHAS, BRECHAS E GAFES

40 "ensaio para a *Atlantic Monthly*": Ian Frazier, "If Memory Doesn't Serve", *Atlantic Monthly*, outubro de 2004, p. 103.

43 "homens se recusam a parar para pedir informações": Daniel Schacter, *Os sete pecados da memória*, p. 21.

44 "desenvolvendo um programa que procura certas características de um e-mail": "See Attachments (No File Attached)", *New Scientist*, 29 de julho de 2006, p. 25.

3. SOBRECARGA DO LOBO FRONTAL

47 "lobos frontais organizam e priorizam": Edward Hallowell, "Overloaded Circuits: Why Smart People Underperform", *Harvard Business Review*, 1º de janeiro de 2005, p. 54-61.

48 "*Homo sapiens* negociaram uma boa parte da memória operacional": "What Only a Chimp Knows", *New Scientist*, 10 de junho de 2006, p. 48.

48 "a memória operacional é 'a cola mental'": Daniel Goleman, "Biologists Find Site of Working Memory", *New York Times*, 2 de maio de 1995, C1.

49 "a neurocientista Denise Park chama de 'ruído de fundo'": Denise C. Park e Michele L. Meade, "Everyday Memory", in D. Ekerdt, ed., *The MacMillan Encyclopedia of Aging*, 4ª ed. (Nova York: MacMillan Reference, no prelo).

49 "psiquiatra e escritor Edward M. Hallowell": Edward Hallowell entrevistado pela autora, 24 de abril de 2006.

ESCULPIDO NA AREIA

51 "do grupo conhecido como Blue Man Group": David Shenk, *Data Smog: Surviving the Information Glut.* Nova York: HarperEdge, 1997, p. 36.

52 "desligamos nossos ouvidos, fechamos o nariz": Ibid., p. 102.

52 "diagnóstico de 'neurastenia'": Michelle Stacey, *The Fasting Girl: A True Victorian Medical Mystery.* Nova York : Tarcher/Penguin, 2002, p. 9.

52 Vannevar Bush, Shenk, *Data Smog*, p. 62.

53 "No livro *Devagar*": Carl Honoré, *In Praise of Slowness: How a Worldwide Movement Is Challenging the Cult of Speed.* San Francisco: Harper-SanFrancisco, 2004, p. 35.

54 "Robert Archibald, um historiador": Robert Archibald, *A Place to Remember: Using History to Build Community.* Walnut Creek, CA: Altamira Press, 1999, p. 125.

55 "Adam Bryant escreveu uma emocionante carta de adeus ao seu BlackBerry": Adam Bryant. "Feeling All Thumbed Out", *New York Times*, 28 de maio, 2006, p. 5.

56 "*oyayubizoku*, 'turma do polegar'": James Gleick, *What Just Happened: A Chronicle from the Information Frontier.* Nova York: Pantheon, 2002, p. 283.

56 "diretor de tecnologia da Palm": Jeff Hawkins, entrevistado pela autora, 26 de agosto de 2004.

57 "'O verdadeiro desafio da vida moderna'": Edward M. Hallowell, *CrazyBusy: Overstretched, Overbooked, and About to Snap! Strategies for Coping in a World Gone ADD.* Nova York: Ballantine, 2006, p. 101.

57 "quantificar o número de distrações e interrupções": Alison Motluk, "Got A Minute?", *New Scientist*, 24 de junho de 2006, p. 46-49.

57 "interrupções consumiam duas horas": Ibid., p. 48.

58 "Usando neuroimagens, o psicólogo do MIT": Yuhong Jiang *et al.*, "fMRI Provides New Constraints on Theories de the Psychological Refractory Period", *Psychological Science* 15 (6) p. 390-396.

58 "Estudos conduzidos por David E. Meyers": Melissa Healy, "We're All Multitasking, but What's the Cost?", *Los Angeles Times*, 19 de julho de 2004, F1.

58 "Se ambas as tarefas exigem um pensamento estratégico": Marcel Just, entrevistado pela autora, 20 de abril de 2004.

4. BLOQUEIOS, BRANCOS E PEDIDOS DE MISERICÓRDIA

62 "explica que os bloqueios de nomes e palavras": Schacter, *Os sete pecados da memória*, p. 51.

62 "Schacter observa que o conceito de bloqueio existe": Ibid., p. 72-73.

63 "pessoas mais velhas usam mais pronomes não específicos": Deborah Burke; "Memory and Aging," in Gruneberg & Morris, eds., *Aspects of Memory*, 2ª ed. Vol. 1: *The Practical Aspects.* Rutledge, 1992, p. 126.

307

NOTAS

63 "PPLs (palavras na ponta da língua)": William Safire, "On Language. Whosit's Whatchamacallit: The Unexplored World of Tongue-Tippers", *New York Times*, 9 de janeiro de 2005, seç. 6, p. 20.

63 "Para evitar um incidente do tipo 'na ponta da língua'": Daniel Schacter, entrevistado pela autora, 25 de outubro de 2005.

63 "as pessoas são capazes de dizer quase tudo": Schacter, *Os sete pecados da memória*, p. 74.

63 "'irmãs feias', palavras indesejadas e intrusas": *Os sete pecados da memória*, p. 75.

64 "transformar um conceito (...) em palavra": Susan Kemper e Reinhold Kliegl, eds., *Constraints on Language: Aging, Grammar, and Memory*. Kluwer Academic Publishers, 1999, p. 89.

64 "no nível do lexema, você consegue montar os componentes": Burke "Memory and Aging", p. 127-128.

65 "um nomenclador, um escravo cuja tarefa era": Rebecca Rupp, Committed to Memory: How We Remember and Why We Forget. Nova York: Crown, 1997, p. 198-199.

65 "devemos apresentar duas pessoas, mas esquecemos seus nomes": Barbara Wallraff, "Word Fugitives", *Atlantic Monthly*, Julho/Agosto 2005, p. 160.

66 "A comediante e apresentadora de talk show Joan Rivers": Bob Morris, "Nice to Meet You ... Again", *New York Times*, 15 de dezembro de 2002, seç. 9, p. 4.

67 "Arthur (...) não se lembra de rostos": Arthur, entrevistado pela autora, 23 de novembro de 2004.

68 "a falta de reconhecimento facial": Rusiko Bourtchouladze, *Memories Are Made of This: How Memory Works in Humans and Animals*. Nova York: Columbia University Press, 2002, p. 60.

5. ENTRANDO PELO CANO

70 "Gary Small (...) é autor do livro *The Memory Bible*": Gary Small, *The Memory Bible: An Innovative Strategy for Keeping Your Brain Young*. Nova York: Hyperion, 2002.

71 "passei as linhas gerais de meu estado cognitivo": Gary Small, entrevistado pela autora, 12 de dezembro de 2003.

71 "A atividade metabólica das células cerebrais": Gary Small, entrevistado pela autora, 1º de dezembro de 2003.

71 "Consegue perceber se o comprometimento está piorando?": Ibid.

72 "Existem duas formas de mal de Alzheimer": Apoorva Mandavilli, "The Amyloid Code", *Nature Medicine*, julho de 2006, p. 748.

72 "Depois dos 65 anos, atinge uma em cada dez": http://www.alz.org/AboutAD/statistics.asp.

ESCULPIDO NA AREIA

72 "o Alzheimer, na verdade, começa na meia-idade": Alice Dembner, "Tests Will Predict Who Is Developing Alzheimer's and Who Will Benefit Most from Treatment", *Boston Globe*, 6 de julho de 2004.

73 "chamado Miniexame do Estado Mental": M. F. Folstein, S. E. Folstein e P. R. McHugh, "Mini-Mental State: A Practical Method for Grading the State of Patients for the Clinician", *Journal of Psychiatric Research* 12 (1975), p. 189-198.

73 "o MEEM só é sensível à demência instalada": John C. Morris e D. T. Villareal, "The Diagnosis of Alzheimer's Disease", *Alzheimer's Disease Review* 3 (1998), p. 142-152; Pauline Spaan *et al.*, "Early Assessment of Dementia: The Contribution of Different Memory Components", *Neuropsychology* 19, nº 5 2005: p. 629-640; Janet Duchek *et al.*, "Failure to Control Prepotent Pathways in Early Stage Dementia of the Alzheimer's Type: Evidence from Dichotic Listening", *Neuropsychology* 19, nº 5 2005, p. 687-695.

79 "A tomografia mediu a velocidade da taxa": Andrea Kaplan; e-mail para a autora, 12 de outubro de 2005.

82 "Gary Small me disse que as notícias eram ótimas": Gary Small, entrevistado pela autora, 14 de maio de 2004.

6. ENGULA ESSA

84 "Na forma de suplementos, a maioria dos antioxidantes": Lisa Melton, "The Antioxidant Myth", *New Scientist*, 5 de agosto de 2006, p. 40-43.

85 "23 bilhões de dólares por ano": Ibid., p. 40.

85 "cerca de 210 milhões de dólares são gastos em micronutrientes": Pat Rea, entrevistado pela autora, 7 de janeiro de 2004.

85 "ginkgo biloba": Stephen S. Hall, "The Quest for a Smart Pill", *Scientific American*, setembro de 2003.

85 "Os principais consumidores de estimulantes mentais": Don Summerfield, entrevistado pela autora, 7 de janeiro de 2005.

85 "Os antigos gregos": http://www.paghat.com/rosemary.html.

85 "bálsamo de limão nos dias em que sua mente seria muito requisitada:" http://www.bbc.co.uk/1/hi/engiand/2848655.stm, 14 de março de 2003

85 "Aristóteles preferia aplicar um composto": Marius d'Assignyr, *The Art of Memory*. Nova York: AMS Press, 1985.

85 "Os indianos, adeptos da medicina aiurvédica": http://www.raysahelian.com/bacopa.html.

86 "Cotman, diretor": Resultados de um estudo de três anos apresentados na conferência da American Association for the Advancement of Science, Seattle, fevereiro de 2004.

86 "o Programa de 14 Dias de Prescrição da Memória": Deborah Dorsey, entrevistada pela autora, 16 de dezembro de 2003.

NOTAS

88 "algumas mordidas em um sanduíche de manteiga de amendoim": Paul Gold, "Fluctuations in Glucose Concentration During Behavioral Testing: Dissociations Both Between Brain Areas and Between Brain and Blood", *Neurobiology of Learning and Memory* 75, 2001, p. 325-337; Paul Gold e Ewan C. McNay, "Age-Related Differences in Hippocampal Extracellular Fluid Glucose Concentration During Behavioral Testing and Following Systemic Glucose Administration", *Journal of Gerontology Series A: Biological Sciences and Medical Sciences* 56, maio de 2001, p. B66-B71.

88 "os níveis de glicose no sangue influenciam": Paul Gold, entrevistado pela autora, 16 de fevereiro de 2004.

88 "Os carboidratos complexos": Bijal Trivedi, "The Good, the Fad and the Unhealthy", *New Scientist*, 23 de setembro de 2006, p. 42-48.

89 "James Joseph, diretor do laboratório de neurociência": entrevistado pela autora, 26 de março de 2004.

89 "ratos alimentados com extrato de mirtilo": J. A. Joseph *et al.*, "Anthocyanins in Aged Blueberry-Fed Rats Are Found Centrally and May Enhance Memory", *Nutritional Neuroscience*, 8, (2) abril 2005, p. 111-120; J. A. Joseph *et al.*, "Modulation of Hippocampal Plasticity and Cognitive Behavior by Short-Term Blueberry Supplementation in Aged Rats", *Nutritional Neuroscience* 7 nº 5/6, 2004, p. 309-316.

89 "várias frutas e verduras de tons claros": "Compound in Apples May Help Fight Alzheimer's Disease," informe de imprensa da American Chemical Society, 16 de novembro de 2004.

90 "Pesquisas mostram que os indianos": "Curry Ingredient May Stop Alzheimer's", informe de imprensa do Yomiuri Shimbun sobre uma pesquisa apresentada na Japanese Society of Dementia Research, em Tóquio, 30 de setembro de 2004.

90 "Os amendoins (descascados)": Jun Tan *et al.*, "Green Tea Epigallocateden-3-Gallate (EGCG) Modulates Amyloid Precursor Protein Cleavage and Reduces Cerebral Amyloidosis in Alzheimer Transgene Mice". *Journal of Neuroscience*, 25, 21 de setembro de 2005, 25, p. 8807-8814.

90 "maçã e seu suco": "UMass Lowell Research Shows Benefits of Apple Juice on Neurotransmitter Affecting Memory", informe de imprensa da University of Massachusetts-Lowell, 1º de agosto de 2006.

90 "o ômega-3 se subdivide em dois ácidos graxos": David Perlmutter, *The Better Brain Book*, Nova York: Riverhead Books, 2004, p. 111.

91 "Os AGEs tornam a membrana mais fluida": Trivedi, *New Scientist*, p. 48.

91 "facilitam a produção do fator neurotrópico derivado do cérebro": Christen Brown-lee, "Eat Smart: Foods May Effect the Brain as well as the Body", *Science News*, 4 de março de 2006, p. 136.

91 "AGEs são muito importantes": "This Transgenic Little Piggy Boosts Your Brain", *New Scientist*, 1º de abril de 2006, p. 20.

ESCULPIDO NA AREIA

91 "seria preciso comer cinco ovos enriquecidos": Alison Motluck, "Aisle Spy: The Hot New Health Foods", *O Magazine*, maio de 2006, p. 156.

92 "ácidos graxos essenciais (...) uma curva natural": Perlmutter, *Better Brain Book*, p. 26.

92 "gorduras trans podem atrapalhar": Jane Brody, "Butter or Margarine? First, Study the Label", *New York Times*, 5 de setembro de 2006, D7.

92 "Brain Sustain": http://www.inutritionals.com.

93 "O magnésio é importante": "Magnesium Shown to Boost Learning, Memory", informe de imprensa do MIT, 2 de dezembro de 2004; "Magnesium May Reverse Middle-Age Memory Loss", informe de imprensa do MIT, 17 de dezembro de 2004.

94 "Andrew Weil respondeu a perguntas": http://www.drweil.com.

94 "Na primeira vez em que nos encontramos": Khalsa Singh, entrevistado pela autora, 15 de março de 2003.

94 "antioxidantes na forma de suplementos": Tara Parker-Pope, "The Case Against Vitamins", *Wall Street Journal*, 20 de março de 2006, R1.

94 "Khalsa sorriu por trás da barba branca": Dharma Khalsa Singh, entrevistado pela autora, 20 de fevereiro de 2004.

95 "B-12 é essencial": Perlmutter, *Better Brain Book*, p. 106.

95 "A deficiência de B-1": http://www.whfoods.com/genpage.php?tname=nutrient&dbid=100.

96 "A niacina, também do grupo de vitaminas B": M. C. Morris *et al.*, "Dietary Niacin and the Risk of Incident Alzheimer's Disease and of Cognitive Decline", *Journal of Neurology, Neurosurgery and Psychiatry* 75, 2004, p. 1093-1099.

96 "O ácido fólico (também conhecido como folato)": "Leafy Green Vegetables May Help Keep Brains Sharp Through Aging", informe de imprensa da Universidade de Tufts, 22 de setembro de 2005.

96 "indivíduos idosos tomaram duas vezes a dose de ácido fólico recomendada": "Folic Acid Improves Memory and Protects the Brain from Aging", *Medical Study News*, 22 de junho de 2005.

96 "Quando o ácido fólico se reúne à B-12": J. Durga *et al.*, "Folate and the Methylenetetrahydrofolate Reductase 677C-T Mutation Correlate with Cognitive Performance", *Neurobiology of Aging* 27 (2), fevereiro de 2006, p. 334-343.

96 "Níveis elevados de homocisteína": Perlmutter, *Better Brain Book*, p. 47.

96 "consequentemente, diminuição do fluxo sanguíneo cerebral": M. A. McDaniels *et al.*, "Brain-Specific Nutrients: A Memory Cure?" *Psychological Science in the Public Interest* 3, 2002, p. 12-13.

96 "Altos níveis de homocisteína no sangue": Merrill F. Elias, "Homocysteine and Cognitive Performance in the Framingham Offspring Study: Age Is Important", *American journal of Epidemiology* 162 (7), 2005, p. 644-653.

NOTAS

96 "1.000 UIs de vitamina C com 1.000 UIs de vitamina E": Peter Zandi, "Reduced Risk of Alzheimer's Disease in Users of Antioxidant Vitamin Supplements", *Archives of Neurology*, nº 61, janeiro de 2004, p. 82-88.

96 "resultados de um estudo que mostrava que altas doses de vitamina E": "Effects of Long-term Vitamin E Supplementation on Cardiovascular Events and Cancer: A Randomized Controlled Trial", *Journal of the American Medical Association* 293 nº 11, 2005, p. 1338-1347.

96 "Embora as provas de sua eficácia sejam poucas": Peter A. G. M. DeSmet, "$283 Million Reimbursed by German Health Insurance", *New England Journal of Medicine* 352, 24 de março de 2005, p. 1176-1178.

97 "Recentes avaliações apresentadas": P. R. Solomon *et al.*, "Ginkgo for Memory Enhancement: A Randomized Controlled Trial", *Journal of the American Medical Association* 288, nº 7, 2002, p. 835-840.

97 "fosfatidil serina, conhecida como FS": McDaniels, "Brain-Specific Nutrients".

97 "O aminoácido chamado acetil-L-carnitina": Ibid.

97 "Havia também a vimpocetina": Ibid.

7. AERÓBICA MENTAL

100 "tinha tido tão pouco sucesso com a aeróbica mental": Deborah Dorsey, entrevistada pela autora, 27 de janeiro de 2004.

102 "pessoas comuns podem usar o imaginário": Daniel Schacter, *Os sete pecados da memória*, p. 34.

102 "ceticismo em relação às lembranças": Lawrence Katz, entrevistado pela autora, 22 de abril de 2004.

103 "tente chegar à porta da frente com os olhos fechados": Lawrence Katz, *Keep Your Brain Alive-83 Neurobic Exercises*, Nova York: Workman, 1998.

104 "O mundo é mesmo a melhor academia": entrevista com Katz.

104 "Quando estiver arrumando as coisas de que vai precisar no dia": Ibid.

105 "desenvolvera um programa chamado HiFi", Michael Merzenich, entrevistado pela autora, 20 de abril de 2005.

105 "O cérebro tem 100 bilhões de neurônios": Nicholas Wade, "Brains and Brawn: One and the Same", *New York Times*, 25 de janeiro de 2004, D7.

105 "A plasticidade reflete a capacidade do cérebro de se reorganizar": Randy Buckner, entrevistado pela autora, 12 de setembro de 2005.

105 "Os grupos de neurônios": entrevista com Merzenich.

106 "A tropa existente está sempre recebendo reforços": Ibid.

106 "O aumento no exercício físico e mental": Ibid.

106 "'É por isso que se perde a memória na meia-idade'": Ibid.

106 "Uma perda auditiva não corrigida muitas vezes é um fator determinante (...) esquecimento": Arthur Wingfield *et al.*, "Hearing Loss in Older Adulthood: What

ESCULPIDO NA AREIA

It Is and How It Interacts with Cognitive Performance", *Current Directions in Psychological Science* 14 nº 3, 2005, p. 144-148.

107 "O programa de computador custa 495 dólares": Kerry A. Dolan, "Sharp as a Tack", *Forbes*, 27 de março de 2006.

107 "diretor-científico da Posit Science": entrevista com Merzenich.

108 "versão em áudio do Concentration:" Ibid.

109 "resolveu atrair não só pessoas do *baby-boom*, nascidas no pós-guerra, como também membros da chamada *geração X*": Bruce Friedman, entrevistado pela autora, 12 de fevereiro de 2006.

109 "Eu tinha a sensação de que minha mente estava perdendo velocidade": Bill McGlynn, email para a autora, 13 de fevereiro de 2006.

110 "resolve o Desafio MBT": Ibid.

111 "Brain Age": Walter S. Mossberg, "Survived the '60s? You May Want to Try This Nintendo Game", *Wall Street Journal*, 23 de março de 2006. Visto em http://ptech.wsj.com/archive/ptech-20060323.html.

8. MERGULHANDO EM ÁCIDO DE BATERIA

113 "'Às vezes, presto a maior atenção possível'": Jeanette, entrevistada pela autora, 19 de abril de 2004.

113 "Ele situa as coisas, coloca-as em contexto": Bruce McEwen, *The End of Stress As We Know It,* Washington, DC: National Academies Press, 2002, p. 62.

114 "Um surto ocasional de estresse pode ser neuroprotetor": Lyle E. Bourne Jr. e Rita A. Yaroush, "Stress and Cognition: A Cognitive Psychological Perspective", *National Aeronautics and Space Administration*, 1º de fevereiro de 2003, 23 e seguintes.

114 "Para atender à definição científica de estresse": Sonia Lupien, "New Research Stresses the Responses to Stress", *Brain Work*, Março/Abril de 2004, p. 1.

114 "três minutos de um terror absoluto": Robert Sapolsky, *Monkeyluv and Other Essays on Our Lives as Animals,* Nova York: Scribner, 2005, p. 101.

114 "A mente humana é tão poderosa": Bruce McEwen, entrevistado pela autora, 7 de dezembro de 2005.

115 "Mesmo poucos dias de níveis altos de cortisol:" Ibid.

115 "Outros hormônios do corpo diminuem": Robert Sapolsky, *Why Zebras Don't Get Ulcers: A Guide to Stress, Stress-Related Diseases, and Coping,* Nova York: W. H. Freeman, 1994.

115 "três semanas de estresse repetitivo": McEwen, *End of Stress*, p. 123.

116 "níveis cronicamente altos de cortisol": Robert Sapolsky, "Taming Stress", *Scientific American*, setembro de 2003, p. 92.

116 "quando a resposta ao estresse cessa": entrevista com McEwen.

NOTAS

117 "o ciclo começa com um nível elevado de cortisol": McEwen, *End of Stress*, p. 122-123.

117 "a depressão é sessenta vezes mais rara": Trivedi, *New Scientist*, p. 48.

117 "danos ao hipocampo estão relacionados a episódios depressivos recorrentes": Sapolsky, "Taming Stress."

118 "Os antidepressivos inibidores seletivos da recaptação de serotonina demoram cerca de um mês": Fred Gage, "Depression and the Birth and Death of Brain Cells", *American Scientist* 88 nº 4, 2000, p. 340.

118 "O transtorno do estresse pós-traumático": R. C. Kessler *et al.*, "Posttraumatic Stress Disorder in the National Comorbidity Survey," *Archives of General Psychiatry* 52 nº 12, 1995, p. 1048-1060.

118 "Pacientes com transtorno de estresse pós-traumático têm seu alarme de medo": Douglas Bremner, *Does Stress Damage the Brain? Understanding Trauma-Related Disorders from a Mind-Body Perspective*, Nova York: Norton, 2002, p. 152.

118 "Em um estudo neuropsicológico com pacientes que sofriam de TEPT": Douglas Bremner, entrevistado pela autora, 1º de junho de 2004.

120 "'propensão ao estresse'": Robert Wilson, "Proneness to Psychological Distress Is Associated with Risk of Alzheimer's Disease", *Neurology* 61, 2003, p. 1479-1485.

120 "grávidas estressadas ou depressivas": Laurie Tarkan, "Tracking Stress and Depression Back to the Womb," *New York Times*, 7 de dezembro de 2004, D5.

120 "bebês colocados em um ambiente desconhecido": "New Research Stresses the Responses to Stress," *Brainwork*, março/abril de 2004, p. 3.

120 "a relação entre filhotes de ratos e suas mães": "Early Life Psychological Stress Can Lead to Memory Loss and Cognitive Decline in Middle Age", *Journal of Neuroscience*, informe de imprensa da University of California-Irvine, 12 de outubro de 2005.

121 "Baram descobriu que o problema vinha do fundo do cérebro": Ibid.

122 "Em seu estudo sobre as 'lambidas' dos ratos": Brenda Patoine, "Parenting Matters: Your Genes Prove It", *Brain Work: The Neuroscience Newsletter*, janeiro-fevereiro de 2005, p. 8.

122 "Quanto maior era a quantidade de carinho que o filhote recebia": Ibid.

122 "eles têm 90%": Ben Karpf, "New Rat Genome Sequence Could Offer Benefits, Researchers Say", *U.S. Medicine*, maio de 2004. Visto em http://www.usmedicine.com/article.cfm?articlelD=867&issuelD=62.

124 "as mães não se dispõem emocionalmente": Daniel Siegel, *The Developing Mind: Toward a Neurobiology of Interpersonal Experience*, Nova York: Guilford Press, 1999, p. 119-120.

124 "Telefonei para Siegel": Daniel Siegel, entrevistado pela autora, 5 de maio de 2005.

ESCULPIDO NA AREIA

9. ÁVIDAS POR ESTROGÊNIO

128 "Níveis satisfatórios de hormônio são essenciais": Bruce McEwen, *The End of Stress As We Know It*, p. 168-169.

128 "O estrogênio também aumenta a taxa de neurogênese": Pauline Maki, "Estrogen Effects on the Hippocampus and Frontal Lobes", *International Journal of Fertility and Women's Medicine* 50, nº 2 2005, p. 67-71.

128 "O hormônio também mostrou uma notável capacidade": C. Kawas *et al.*, "Treating Alzheimer's Disease: Today and Tomorrow", *Patient Care*, 15 de novembro de 1996, p. 62-83.

128 "O estrogênio também ajuda a proteger as células cerebrais": Bruce C. McEwen e Stephen E. Alves, "Estrogen Actions in the Central Nervous System", *Endocrine Reviews* 20, nº 3 1999, p. 279-307.

128 "[Estrogênio] estimula o metabolismo da glicose": Maki, "Estrogen Effects."

128 "ele também atrasa a diminuição da massa cinzenta": K. I. Erickson *et al.*, "Selective Sparing of Brain Tissue in Postmenopausal Women Receiving Hormone Replacement Therapy", *Neurobiology of Aging* 26, (8), 2005, p. 1205-1213.

128 "um terço da vida após a menopausa": Natalie Rasgon, ed., *The Effects of Estrogen on Brain Function,* Baltimore, MD: Johns Hopkins University Press, 2006, p. 1.

128 "o estrogênio é essencial": Robert Sapolsky, entrevistado pela autora, 18 de novembro de 2005.

128 "A diferença nos testes de fluência verbal": Dra. Barbara Sherwin, correspondência por e-mail, 13 de junho de 2004.

128 "Women's Health Initiative": "Ob/Gyn Panel Revisits HRT", boletim de imprensa Yale University, 29 de outubro de 2004.

129 "[terapia hormonal] ... poderia prevenir doenças coronarianas": Rasgon, *Effects of Estrogen.*

129 "a WHI só deu más notícias": Roni Rabin, "Basing Choice on Risk vs. Benefit", *New York Times*, 31 de janeiro de 2006.

129 "a FDA (...) declarou que a reposição hormonal": American College of Obstetricians and Gynecologists, "Frequently Asked Questions About Hormone Therapy". Visto em http://www.acog.org (Outubro de 2004).

130 "tentou se desmamar da TRH": Jane Gross, "Strokes or Insomnia? A Woman's Hormone Quandary", *New York Times*, 23 de março de 2004, D5.

131 "Gayatri Devi (...) dirige a Clínica de Memória de Nova York": Gayatri Devi, entrevistado pela autora, 8 de junho de 2004.

132 "As habilidades que uma dona de casa de meia-idade tinha": Ibid.

132 "tipos específicos de memória permaneciam perfeitamente intactos": Peter Meyers, "A Population-Based Longitudinal Study of Cognitive Functioning in the Menopausal Transition", *Neurology* 61, 2003, p. 801-806.

NOTAS

132 "24 mulheres na perimenopausa": "Memory Problems at Menopause: Nothing to Forget About", informe de imprensa da Universidade de Rochester, 3 de fevereiro de 2006.

133 "os pesquisadores vêm aplicando os testes errados": entrevista com Devi.

133 "Um estudo paralelo chamado WHIMS": Ingrid Wickelgren, "Brain Researchers Try to Salvage Estrogen Treatments", *Science* 302, 2003, p. 1138-1139.

134 "No início das pesquisas [WHI]": Barbara Sherwin, "Surgical Menopause, Estrogen, and Cognitive Function in Women: What Do the Findings Tell Us?", *Annals of the New York Academy of Science* 1052, 2005, p. 3-10.

134 "'janela de oportunidade'": Ibid.

135 "[Prempro] Pode ter efeito sedativo": Rasgon, *Effects of Estrogen on Brain Function*, p. 31-32.

135 "mulheres na pós-menopausa que usaram progesterona e estrogênio": Ibid., p. 33.

135 "equilibrados com progesterona": Sherwin, "Surgical Menopause", p. 5.

136 "melhorem a função cognitiva": Rasgon, *Effects of Estrogen on Brain Function*, p. 127.

136 "o laboratório de Brinton produziu 32 moléculas": Ibid., p. 132.

136 "o neuroSERM tem que se comportar como um estrogênio": Liqin Zhao, "Estrogen Receptor as a Therapeutic Target for Promoting Neurogenesis and Preventing Neurodegeneration", no prelo.

136 "Como os neuroSERM não têm os efeitos femininos": Liqin Zhao *et al.*, "Selective Estrogen Receptor Modulators (SERMs) for the Brain: Current Status and Remaining Challenges for Developing NeuroSERMs", *Brain Research Reviews* 49, 2005, p. 472-493.

136 "estreitamente ligado aos níveis de estrogênio presentes no cérebro": Roberta Diaz Brinton, "Impact of Estrogen Therapy on Alzheimer's Disease: A Fork in the Road?", *CNS Drugs* 18, 2004, p. 405-422.

136 "mulheres que morreram com Alzheimer": Rena Li *et al.*, "Brain Estrogen Deficiency Accelerates Abeta Plaque Formation in an Alzheimer's Disease Animal Model", *Proceedings of the National Academy of Sciences* 102, nº. 52, 2005, p. 19198-19203.

136 "Homens que desenvolvem o mal de Alzheimer": "Androgen Loss May Lead to Alzheimer's", informe de imprensa da University of Southern California, 21 de setembro de 2004.

136 "cimifuga": "Sleight of Herb: Black Cohosh Mislabeled in Medicinal Products", *Science News*, 13 de maio de 2006, p. 293.

136 "Na onda do estudo da WHI": Claudia Kalb, "How to Lift the Mind: For Those Suffering from the Pain of Anxiety and Depression, Complementary Medicine Is No Miracle Cure. But Some Treatments Offer Real Hope", *Newsweek*, 2 de dezembro de 2002.

137 "Dados do Nurses' Health Study": Rabin, "Basing Choice on Risk vs. Benefit".

10. O CÉREBRO VULNERÁVEL

139 "liguei para Gary Small para perguntar": Gary Small, entrevistado pela autora, 14 de maio de 2004.

140 "Jonathan Canick ligou": Jonathan Canick, entrevistado pela autora, 24 de novembro de 2003.

141 "marquei uma hora com ele": Jonathan Canick, entrevistado pela autora, 4 de dezembro de 2003.

144 "ressonância com tensor de difusão": "New Brain Imaging Reveals Damage MRI Misses", *Good Morning America*, 17 de fevereiro de 2006; visto em http:www.abcnews.go.com/GMA/story?ld=1627855&page=l; N. Nakayama, "Evidence for White Matter Disruption in Traumatic Brain Injury Without Microscopic Lesions", *Journal of Neurology, Neurosurgery, and Psychiatry* 77, (7), 2006, p. 850-855.

144 "capazes de traçar partes de fibras de axônios": Gary Abrams, e-mail para o autor, 23 de novembro de 2004.

144 "Um trauma cerebral leve não só é capaz de ocasionar deficits cognitivos": D. H. Smith *et al.*, "Accumulation of Amyloid [beta] and Tau and the Formation of Neurofilament Inclusions Following Diffuse Brain Injury in the Pig", *Journal of Neuropathology and Experimental Neurology* 58, 1999, p. 982-992, conforme informações do Franklin Institute Online, http://www.fi.edu/brain/head.htm.

145 Eles também aumentam a formação de placas amiloides "New Study at UI\TC Shows Concussions Promote Dementias in Retired Professional Football Players", informe de imprensa da University of North Carolina, 10 de outubro de 2005.

146 "pelo menos 1,1 milhão de pessoas por ano sofrem alguma concussão leve": National Center for Injury Prevention and Control, "Report to Congress on Mild Traumatic Brain Injury in the United States: Steps to Prevent a Serious Public Health Problem", Centers for Disease Control and Prevention, Setembro 2003, conforme informações em "Incidence of Mild and Moderate Brain Injury in the United States, 1991", *Brain Injury* 10, (1), 1996, p. 47-54.

150 "lesões esportivas são responsáveis por mais de 20%": Ibid.

151 "um em cada cinco jogadores de futebol americano do ensino médio": Jane Brody, "In Sports, Play Smart and Watch Your Head", *New York Times*, 26 de outubro de 2004, F9.

151 "Os efeitos sutis de uma concussão": "NFL Players Show More Rapid Recovery from Concussions than High School Players", informe de imprensa da University of Pittsburgh Medical Center, 23 de janeiro de 2006.

151 "A bateria de testes neurocognitivos computadorizados chamada Impact": Ibid.

151 "drogas usadas nas fases iniciais do mal de Alzheimer": "The Johns Hopkins White Paper Bulletins", *Memory*, 22 de abril de 2005, p. 11.

151 "procurar restos celulares": John Pastor, "Biomarker Test May Give Early Warning of Brain Woes", *University of Florida News*, 13 de outubro de 2005.

NOTAS

11. NEUROLOGIA COSMÉTICA

154 "pessoas com deficits de atenção vindo do lobo frontal": Anthony Rostain, entrevistado pela autora, 3 de outubro de 2004.

154 "anfetaminas, que o FDA havia incluído na lista de remédios de classe II": Controlled Substances Act definition, http://www.dea.gov/pubs/csa/801.htm

154 "1,7 milhão de adultos de 20 a 64 anos e 3,3 milhões de crianças": "ADHD Drug Use in US Rose Among Ages 20 to 44", informe de imprensa da Medco Health Solutions, 21 de março de 2006.

155 "Arpanet, a tecnologia militar que levou à invenção da internet": Lawrence Roberts, entrevistado pela autora, 16 de agosto de 2004.

156 "Jean-Paul Sartre (...) tomava estimulantes todos os dias": John Lanchester, "High Style: Writing Under the Influence", *The New Yorker*, 6 de janeiro de 2003.

156 "10mg, quase a mesma quantidade que um pediatra prescreve uma criança": *Physician's Desk Reference*, 58ª edição, Nova Jersey: Thomson PDR, 2003.

159 "as drogas eram potencialmente mais perigosas para o coração": Gardiner Harris, "Warning Urged on Stimulants Like Ritalin," *New York Times*, 10 de fevereiro de 2006.

160 "FDA tinha aprovado o Provigil": Michael Perlis, entrevistado pela autora, 4 de março de 2005.

160 "Provigil para o tratamento do sono diurno excessivo": Visto em http:// www. cephalon.com.

160 "ao contrário do Adderall e outros psicoestimulantes": Jerome Groopman, "Eyes Wide Open," *The New Yorker*, 3 de dezembro de 2001.

160 "exatamente, como o Provigil melhorava a vigilância": Jeffrey Vaught, entrevistado pela autora, 8 de fevereiro de 2006.

160 "Provigil não é muito diferente de tomar café": Ibid.

161 "modafinil (nome genérico do Provigil)": Graham Lawton, "The New Incredibles: Enhanced Humans", *New Scientist*, 13 de maio de 2006; Danielle C. Turner et *al.*, "Cognitive Enhancing Effects of Modafinil in Healthy Volunteers", *Psychopharmacology* 165, 2003, p. 260-269.

161 "'As pessoas ficam mais reflexivas'": Danielle Turner, entrevistada pela autora, 2 de fevereiro de 2006.

162 "doutor Anthony Chen, pesquisador em neurociência cognitiva": Anthony Chen, entrevistado pela autora, 15 de novembro de 2004.

165 "vendas do Provigil subiram 51%": "Cephalon Breaks $1B in Revenue", *Philadelphia Business Journal*, 15 de fevereiro de 2005.

165 "Adderall, com vendas de 1,16 bilhão de dólares em 2005": Anna Wilde Mathews e Scott Hensley, "Strong ADHD Drug Alerts Are Urged: FDA Might Not Heed

318

ESCULPIDO NA AREIA

Advice of Split Advisory Committee About Heart-Risk Labeling", *Wall Street Journal*, 10 de fevereiro de 2006.

165 "o remédio ficasse na história não como uma droga para a narcolepsia": entrevista com Turner.

166 "Provigil (...) como tratamento para TDAH": "ADHD Drug Snag", *New Scientist*, 19 de agosto de 2006, p. 7.

166 "existem cerca de quarenta medicamentos para melhorar a cognição": "The New Incredibles", *New Scientist*.

167 "qualquer empresa que desenvolva um medicamento para melhorar a cognição": Harry M. Tracy, "Mild Cognitive Impairment", *Neuroinvestment* 102, novembro de 2003; "Memory Deficits", *Neuroinvestment* 126, novembro de 2005.

167 "O objetivo é descobrir compostos que possam modular a memória": Catherine Arnst, "I Can't Remember: Drugs to Stave Off Memory Impairment May Be on the Horizon", *BusinessWeek*, 1º de setembro de 2003.

167 "'protejam e aprimorem a função da mente humana'": Visto em http://www.saegispharma.com.

167 "aprovação para o tratamento de distúrbios mais graves": *Neuroinvestment* 102, novembro de 2003.

167 "o órgão está erroneamente partindo do pressuposto": Harry Tracy, entrevistada pela autora, 29 de julho de 2004.

168 "elevados níveis de BDNF": E. Jaffe, "Total Recall: Drug Shows Long-Lasting Boosts of Memory in Rats", *New Scientist*, 12 de agosto de 2006, p. 101.

168 "problemas estão nos deficits de atenção e na memória operacional": A. F. T. Arnsten *et al.*, "Dysregulation of Protein Kinase A Signaling in the Aged Prefrontal Cortex: New Strategy for Treating Age-Related Cognitive Decline", *Neuron* 40, 2003, p. 835-845.

168 "Eric Wasserman, que é chefe da unidade de estímulo cerebral": Bijal Trivedi, "Electrify Your Mind-Literally", *New Scientist*, 15 de abril de 2006.

168 "'como dar uma xícara de café a uma parte relativamente focalizada do cérebro'": Ibid., 36.

168 "É uma corrente pequena, entre um e 2 miliamperes": Ibid., 34.

168 "Frances Fukuyama, autor de *Nosso Futuro Pós-humano*": Ronald Bailey, "The Battle for Your Brain", Reasononline, fevereiro de 2003, http://www.reason.com/0302/fe.rb.the.shtml.

169 "'um método seguro e eficaz de melhorar a memória'": Martha Farah, entrevistada pela autora, 26 de abril de 2004.

169 "memória operacional e a capacidade de lembrar de tudo": "As Evolution Intended", *New Scientist*, 26 de agosto de 2006, p. 25.

NOTAS

12. MEDITAÇÃO E *NEUROFEEDBACK*

171 "essa abordagem, em vez de nos empenharmos em suprimir os pensamentos": Scott R. Bishop et al., "Mindfulness: A Proposed Operational Definition", *Clinical Psychology: Science and Practice* II, (3)p. 230-241, setembro de 2004.

171 "o treinamento ensina a manter a atenção": John Teasdale *et al.*, "Mindfulness Training and Problem Formulation", *Clinical Psychology: Science and Practice* 10, 2003, p. 157-160.

172 "recomendou Margaret Cullen, uma psicóloga": Alan Wallace, entevistado pela autora, 7 de dezembro de 2004.

173 "Jon Kabat-Zinn desenvolveu o primeiro programa de redução do estresse": Jon Kabat-Zinn, *Full Catastrophe Living: Using the Wisdom of Your Body and Mind to Face Stress, Pain, and Illness*, Nova York: Delacorte Press, 1990.

175 "Soube dos esforços de Susan Smalley": entrevista com Wallace.

175 "centro de pesquisa para a meditação atenta Mindful Awareness (MARC) na UCLA": Susan Smalley, entrevistada pela autora, 13 de fevereiro de 2006.

176 "O treinamento funcionava": Ibid.

176 "site do MARC": Ver http://www.marc.ucla.edu.

176 "*neurofeedback* (...) poderia ser um procedimento muito caro e demorado": http://www.bcia.org.

177 "Quando [Sams e eu] conversamos": Marvin Sams, entrevistado pela autora. 9 de dezembro de 2004.

177 "'Estamos lidando com o cérebro'": Ibid.

178 "tempo suficiente para o meu sistema estar completamente livre do Provigil": Marvin Sams, entrevistado pela autora, 4 de janeiro de 2005.

181 "Um jogador experiente de Tetris consegue fazer pelo menos 25 mil pontos em uma partida": Marvin Sams, entrevistado pela autora, 9 de dezembro de 2004.

182 "disse a ele que o tratamento tinha sido eficaz": Marvin Sams, entrevistado pela autora, 24 de janeiro de 2005.

13. DEPOIS DE MORRER, EU DURMO

183 "[o sono] diminui 27 minutos a cada dez anos": *Journal of the American Medical Association*, 16 de agosto de 2000, conforme citado em "Sleep Linked to Ageing", *BBC News*, 15 de agosto de 2000.

183 "Cerca de 42 milhões de receitas de pílulas para dormir": Stephanie Saul, "Record Sales of Sleeping Pills Are Causing Worries", *New York Times*, 7 de fevereiro de 2006.

183 "receitas de pílulas para dormir": Ben Harder, "Staring into the Dark", *Science News*, 26 de novembro de 2005.

ESCULPIDO NA AREIA

184 "as horas de sono diminuem na meia-idade": A. Vgontzas *et al.*, "Middle-Aged Men Show Greater Sensitivity of Sleep to the Arousing Effects of Corticotropin-Releasing Hormone Than Young Men: Clinical Implications", *Journal of Clinical Endocrinology and Metabolism*, 86, nº 4, 2001, p. 1489-1495.

184 "'Uma noite inteira sem dormir'": "The Human Brain: The Effects of Sleep Deprivation", Franklin Institute Online, visto em www.fi.edu/ brain/sleep.htm.

184 "O adulto médio (...) dorme 6,9 horas": pesquisa: "Sleep in America" de 2002, National Sleep Foundation, março de 2002, preparada por WB and A Market, Research Washington, DC.

185 "dois terços dos participantes indicaram que a sonolência interferia": Ibid.

185 "A sonolência durante o dia é tão comum que as pessoas passaram a considerá-la normal": Christine Gorman, "Why We Sleep", *Time Magazine*, 20 de dezembro de 2004.

185 "tirar uma rápida soneca": Dana Sullivan, "How to Nap", *Real Simple*, dezembro de 2005, janeiro de 2006, p. 215-218.

186 "privação do sono (...) ativa a linha direta para o eixo hipotalâmico-pituitário-adrenal (HPA):" Eve Van Cauter *et al.*, "Age-Related Changes in Slow-Wave Sleep and REM Sleep and Relationship with Growth Hormone and Cortisol Levels in Healthy Men", *Journal of the American Medical Association* 284, 2000, p. 861-868.

186 "afirmam que apresentam sintomas de insônia": Jerome Groopman, "Eyes Wide Open", *The New Yorker*, 3 de dezembro de 2001.

186 "cantinho especial do cérebro dedicado a ansiedades desnecessárias": Robert Stickgold, entrevistado pela autora, 8 de março de 2004.

187 "não REM, seguido por REM": Ibid.

187 "sono de ondas lentas permite ao cérebro": Ibid.

187 "sono de ondas lentas (...) é reduzido para apenas 3% do sono na meia-idade": Eve Van Cauter *et al.*, "Age-Related Changes."

188 "nova geração de pílulas para dormir": "APD125 for Insomnia: Phase 1 Results Provided Evidence of Safety, Increased Time in Slow Wave Sleep, and a Positive Signal on Sleep Maintenance Parameters", Arena Pharmaceuticals, visto em http://www.arenapharm.com/wt/page/adp125.

188 "O REM é a tropa da limpeza": Gorman, "Why We Sleep".

188 "uma praga de insônia assola o vilarejo colombiano de Macondo": Gabriel García Márquez, *One Hundred Years of Solitude*, New York: Harper & Row, 1970.

190 "Tracy Kuo, uma psicóloga do Centro de Distúrbios do Sono da Universidade de Stanford": Tracy Kuo, entrevistada pela autora, 30 de março de 2005.

191 "A ideia por trás desta terapia é bem simples": Michael Perlis, entrevistado pela autora, 4 de março de 2005.

191 "Um estudo dos programas desse tipo de terapia [cognitivo-comportamental para insônia]": Ibid.

NOTAS

192 "entrevistei uma de suas pacientes": Maureen, entrevistada pela autora, 30 de março de 2005.

196 "Kuo leu meu diário do sono em minha terceira consulta": Tracy Kuo, entrevistada pela autora, 23 de março de 2006.

196 "apneia obstrutiva do sono": Medline Plus, http://www.nlm.nih.gov/medlineplus/ ency/article/000811.htm.

196 "pacientes com apneia obstrutiva do sono são obesos": entrevista com Kuo.

197 "a falta de ar que as acordava": Polo-Kantola, "Sex Steroids and Sleep: Sleep Disturbances in Menopause", *Annals of Endocrinology* 64, nº 2, 2003, p. 152-156.

14. DROGAS RECREATIVAS, ÁLCOOL E OUTRAS NEUROTOXINAS

199 "usuários pesados de maconha, que fumaram quatro ou mais baseados por semana": Lambros Messinis *et al.*, "Neuropsychological Deficits in Long-Term Frequent Cannabis Users", *Neurology* 66, 2006, p. 737-739.

199 "Usuários pesados de maconha tinham fluxo sanguíneo reduzido": Ronald Herning e Jean Lud Cadet, "Cerebrovascular Perfusion in Marijuana Users During a Month of Monitored Abstinence", *Neurology* 64, 2005, p. 488-693, 8 de fevereiro de 2005.

199 "Um hipocampo saudável é repleto de receptores de acetilcolina": A.J. Gruber *et al.*, "Attributes of Long-Term Heavy Cannabis Users: A Case-Control Study", *Psychological Medicine* 33, nº 8, 2003, p. 1415-1422.

199 "a MDMA (metilenodioximetanfetamina), uma combinação sintética de psicodélicos e anfetaminas": Drake Bennett, "Dr. Ecstasy", *New York Times Magazine*, 30 de janeiro de 2005.

199 "causar danos irreversíveis ao sistema nervoso central": Alison Motluk, "Ecstasy May Damage the Brain's Physical Defenses", *New Scientist*, 14 de novembro de 2005.

200 "aqueles que fizeram uso do ecstasy pelo menos dez vezes": "Patterns of Drug Use and the Influence of Gender on Self-Reports of Memory Ability in Ecstasy Users: A Web-Based Study", *Journal of Psychopharmacology* 17 (4), 2003, p. 389-396.

200 "o álcool pode diminuir o risco de ataques cardíacos": Tara Parker-Pope, "Drink Your Medicine? Weighing the Health Benefits, Risks of Alcohol", *Wall Street Journal*, 28 de dezembro de 2004, D1.

200 "blecautes alcoólicos": Aaron White, entrevistado pela autora, 22 de abril de 2004.

201 "álcool basicamente desativa essas células": Ibid.

201 "o consumo contínuo de álcool por apenas oito semanas": Susan A. Farr *et al.*, "Chronic Ethanol Consumption Impairs Learning and Memory After Cessation of Ethanol", *Alcoholism: Clinical and Experimental Research* 29, junho de 2005, p. 971-982.

ESCULPIDO NA AREIA

201 "o que chamamos de deficits 'coquetel'.": Entrevista com White.

202 "o efeito do álcool nos receptores neurais GABA": Richard Olsen *et al.*, "Alcohol-induced Motor Impairment Caused by Increased Extrasynaptic GABA-A Receptor Activity", *Nature Neuroscience* 8, p. 339-345, 6 de fevereiro de 2005, edição on-line.

202 "Os cérebros dos alcoólatras são menores": "Neuroimaging Confirms the Greater Vulnerability of Women's Brains to Alcohol", boletim de imprensa da *Science*, 31 de maio de 2005, citando a pesquisa de Karl Man em *Alcoholism: Clinical & Experimental Research*, maio de 2005.

202 "durante a intoxicação (...) para imediatamente": Kimberly Nixon e Fulton Crews, "Binge Ethanol Exposure Decreases Neurogenesis in Adult Rat Hippocampus", *Journal of Neurochemistry* 83 (5), 2002, p. 1087-1093.

202 "o abuso crônico do álcool altera a expressão": Clive Harper *et al.*, "Expression of MBP, PLP, MAG, CNP, and GFAP in the Human Alcoholic Brain", *Alcoholism: Clinical Experimental Research* 29 (9), 2005, p. 1698-1705.

202 "Se os alcoólatras forem também fumantes": Beeri M. Schnaider *et al.*, "Diabetes Mellitus in Midlife and the Risk of Dementia Three Decades Later", *Neurology* 63, nº 10, 2004, p. 1902-1907.

202 "As pessoas que fumam na meia-idade": Rachel Whitmer *et al.*, "Midlife Cardiovascular Risk Factors and Risk of Dementia in Late Life", *Neurology* 64, 2005, p. 277-281.

203 "o desempenho dos fumantes atuais é significativamente pior": Lawrence Whalley *et al.*, "Smoking and Cognitive Change from Age 11 to 66 Years: A Confirmatory Investigation", *Addictive Behaviors*, no prelo.

203 "O metilmercúrio faz esse trabalho sujo": Jane Hightower, entrevistada pela autora, 10 de novembro de 2004; "New Study Finds Upper-Income Fish Eaters Exposed to Dangerous Levels of Mercury", boletim de imprensa do National Institute of Environmental Health, 22 de outubro de 2002. Visto on-line em www.ehponline.org/press/mercury.html.

203 "a toxicidade do mercúrio": "Mercury White Paper", www.epa.gov/oar/whtpaper. pdf; "Mercury and Fish Consuption: Medical and Public Health Issues", 2004 American Medical Association, www.ama-assn.org.ama/pub/category/13619.

204 "'O mercúrio não pertence ao corpo humano'": entrevista com Hightower.

204 "um acidente com mercúrio orgânico": Ibid.

204 "o caso de Will Smith": Ben Raines, "Your Deadly Diet", *Health*, junho de 2003, p. 121-122.

205 "emitiram uma diretriz conjunta para orientar consumidores sobre a presença de mercúrio": "What You Need to Know About Mercury in Fish and Shellfish", FDA/EPA Consumer Advisory, março de 2004.

NOTAS

205 "que *todos* os americanos comessem frutos do mar duas vezes por semana": "Americans Advised to Eat Seafood Twice a Week", boletim de imprensa da Reuters Health, 21 de dezembro de 2005.

205 "A EPA tem uma 'dose de referência'": Kathryn R. Mahaffey *et al.*, "Blood Mercury Levels in U.S. Children and Women of Childbearing Age 1999-2000", *Journal of the American Medical Association* 289, abril de 2003, p. 1667-1674.

205 "os níveis de mercúrio no salmão": Jeffery A. Foran *et al.*, "Quantitative Analysis of the Benefits and Risks of Consuming Farmed and Wild Salmon", *Journal of Nutrition* 135, novembro de 2005, p. 2639-2643.

206 "restaurantes de sushi da Califórnia": Jerry Hirsch, "Toxic Tuna in Los Angeles Sushi", *Los Angeles Times*, 6 de março de 2006. http:www.tunafacts.com/mediacenter/2006_ releases/6_06_06_2.html.

206 "4 bilhões de quilos de atum enlatado e vendido em embalagens herméticas": resposta de Trevor Francis à matéria do *Consumer Reports* sobre o atum, U.S. Tuna Foundation, 6 de junho de 2006.

206 "testado pessoalmente dez latas de atum para verificar a presença de mercúrio": Raines, *Health*, p. 184.

206 "imaginei o pessoal do supermercado": Jerry Hirsch, "A Hook for Landing Mercury-Wary Eaters", *Los Angeles Times*, 27 de fevereiro de 2006, www.safeharborfoods.com.

206 "Os examinadores extraíam uma amostra": "How We Test Fish", Safe Harbor Foods 2006, www.safeharborfoods.com/howtest.html.

207 "O envenamento por monóxido de carbono": Mona Hopkins, "Gas Attack: Carbon Monoxide Poisoning", Memory Loss and the Brain, verão de 2002, http://www.memorylossonline.com/gasattack.htm.

209 "os organofosfatos alcançam níveis tóxicos": Ed Levin, entrevistado pela autora, 22 de abril de 2004.

209 "sensibilidade aos agentes químicos": Clement E. Furlong, "PON1 Status of Farmworkers, Mothers and Children as a Predictor of Organophosphate Sensitivity", *Pharmacogenetics and Genomics* 16(3), p. 183-190, 2 de março de 2006.

15. O QUE SEU MÉDICO ESQUECEU DE CONTAR

210 "a FDA não exige": Joe Graedon, entrevistado pela autora, 5 de maio de 2003.

214 "a difenidramina causava mais incapacidade de dirigir": John M. Wiler, "Effects of Fexofenadine, Diphenhydramine and Alcohol on Driving Performance, *Annals of Internal Medicine* 132 (5), 2000, p. 354-363.

214 "14% dos usuários do Zyrtec sentiram sonolência": Consulte o rótulo da Pfizer para o Zyrtec, em www.zyrtec.com/.

ESCULPIDO NA AREIA

214 "rinite alérgica": M. S. Blaiss, "Social, Cognitive, and Economic Allergic Rhinitis", *Allergy Asthma Proceedings* 21, 2000, p. 7-13.

215 "estudos demonstrarem os efeitos amnésicos da cortisona": P. A. Keenan, "The Effect on Memory of Chronic Prednisone Treatment in Patients with Systemic Disease", *Neurology* 47 (6), 1996, p. 1396-1402. www.neurology.org/cgi/content/abstract/47/6/1396.

216 "o cérebro tratado com quimioterápicos aparenta ter 25 anos a mais do que a idade real": Tara Parker-Pope, "Chemo Patients' Memory Loss Is Real, Studies Reveal", *Wall Street Journal*, 6 de abril de 2004, D1.

216 "estudos com pacientes de câncer de mama": Ibid.

216 "os efeitos neurotóxicos da quimioterapia": A. F. Saykin, "Neuropsychological Impact of Standard-Dose Systemic Chemotherapy in Long-Term Survivors of Breast Cancer Lymphoma", *Journal of Clinical Oncology* 20, nº 2, 2002, p. 485-493, www.jco.org/cgi/content/abstract/20/2/485.

217 "Em 1979, uma em cinco mulheres e um em dez homens estavam tomando benzodiazepínicos": "Use and Abuse of Benzodiazepines", U.S. Government Printing Office, transcrição de uma palestra no Subcommittee on Health and Scientific Research do Committee on Labor and Human Resources, Washington, DC: 1980.

217 "que funcionam melhorando a atividade do neurotransmissor inibidor GABA": Peter Breggin, "Analysis of Adverse Behavioral Effects", *Journal of Mind and Behavior* 19, inverno de 1998, p. 21-50.

217 "Seu principal efeito clínico é induzir a sedação": Richard Friedman, entrevistado pela autora, 28 de dezembro de 2004.

218 "esses medicamentos são prescritos de forma exagerada": Ibid.

218 "John Irving parou de tomar os medicamentos": Dinitia Smith, "Wilde Excavating Past, Writer Finds His Family", *New York Times*, 28 de junho de 2005, E1.

218 "pacientes reclamam que se sentem entorpecidos com o uso dos medicamentos": Charles Nemeroff, entrevistado pela autora, 31 de maio de 2005.

218 "cientistas suspeitam que os antidepressivos à base de serotonina": Joseph Glenmullen, entrevistado pela autora, 10 de setembro de 2005.

218 "um receptor específico para dopamina": Nora D. Volkow *et al.*, "Association Between Age-Related Decline in Brain Dopamine Activity and Impairment in Frontal and Cingulate Metabolism", *American Journal of Psychiatry* 157, janeiro de 2000, p. 75-80.

219 "O cérebro é um órgão altamente integrado": Peter Breggin e David Cohen, *Your Drug May Be Your Problem: How and Why to Stop Taking Psychiatric Medications*, Nova York: Perseus, 1999, p. 36.

219 "hipnóticos não benzodiazepínicos podem ajudar": Ben Harder, "Staring into the Dark," *Science News*, 26 de novembro de 2005.

NOTAS

219 "os hipnóticos não benzodiazepínicos não afetam a arquitetura do sono": Michael Perlis, entrevistado pela autora, 4 de março de 2005.

219 "'Basta olhar para a polissonografia'": Ibid.

220 "versão norte-americana do Zolpidem": Aviso na embalagem.

220 "pessoas que têm experiências de zumbi com o Zolpidem": Ver www .websciences.org; e www.sleephomepages.org/discussions/basic/messages/msg08802.html.

221 "uma nova geração de produtos farmacêuticos que pretende aumentar a qualidade (...) do sono": "APD125 for Insomnia: Phase 1 Results Provided Evidence of Safety, Increased Time in Slow Wave Sleep, and a Positive Signal on Sleep Maintenance Parameters", Arena Pharmaceuticals, http://www.arenapharm.com/wt/page/apd125.

221 "Eszopiclone, o medicamento para dormir com mais horas de ação": Stephanie Sail, "Record Sales of Sleeping Pills Are Causing Worries", *New York Times*, 7 de fevereiro de 2006.

16. ONDE VOCÊ MENOS ESPERA

223 "doença de Lyme": Michelle Tauber, "A New Ending", *People Magazine*, 3 de novembro de 2003.

224 "síndrome da fadiga crônica": Mary A. Fischer, "You Think You're Tired", *O Magazine*, setembro de 2006, p. 231-236.

225 "complicação comum da cirurgia de revascularização cardiopulmonar": Diederik van Dijk *et al.*, "Cognitive Outcome After Off-Pump and On-Pump Coronary Artery Bypass Graft Surgery: A Randomized Trial", *Journal of the American Medical Association*, 287, 2002, p. 1405-1412.

225 "amnésia global transiente": Carole Tanzer Miller, "Oh No! What Happened to the Afterglow? Some People Lapse into Amnesia After Sex", HealthScoutNews.com, 24 de junho de 2003, www.geometry.net/detail/health_conditions/transient_global_amnesia_page_no_4.html.

226 "O cérebro muitas vezes é o último da fila": Antonio Convit, entrevistado pela autora, 2 de março de 2004.

226 "a gordura pode afetar o cérebro": Cary Groner, "Researchers Gain Insight into Link Between Weight and Dementia", *Applied Neurology*, março de 2006; visto online em http://appneurology.com/showArticle.jhtml?articleId=184417526.

226 "homens norte-americanos estão acima do peso": Harvey B. Simon, "Longevity: The Ultimate Gender Gap", *Scientific American*, "The Science of Staying Young", edição especial, junho de 2004.

226 "'síndrome metabólica'": "Link Between Cardiovascular Risk and Cognitive Decline", boletim de imprensa da University of California, San Francisco, 10 de novembro de 2004.

ESCULPIDO NA AREIA

226 "a capacidade do organismo de lidar com a glicose ou com o açúcar no sangue": entrevista com Convit.

226 "os níveis de glicose no sangue são altos demais" "Heading Off the Diabetes Crisis", *Consumer Reports on Health*, agosto de 2004.

227 "Não existem sintomas para esta condição": entrevista com Convit.

227 "O teste de tolerância à glicose requer jejum de 12 horas": Ibid.

227 "As pessoas com problemas de tolerância à glicose": Ibid.

227 "uma em três crianças americanas": Denise Grady, "Link Between Diabetes and Alzheimer's Disease Deepens", *New York Times*, 17 de julho de 2006, F1.

228 "homens americanos (além de estarem acima do peso) não fazem exercícios regularmente": Simon, "Longevity: The Ultimate Gender Gap".

229 "Nesta reação em cadeia, a resistência à insulina": Groner, *Applied Neurology*.

229 "A resistência à insulina de longo prazo": Ibid.

229 "Mais de 20% da população adulta dos EUA sofre": "The Johns Hopkins White Paper Bulletins", *Memory*, 2005.

230 "a pressão arterial cai": "Higher Nighttime Blood Pressure Linked to Lower Cognitive Function", boletim de imprensa da Newswise, 6 de novembro de 2005.

230 "Os fatores de risco para a anemia": Ben Harder, "Blood, Iron, and Gray Hair: Anemia in Old Age Is a Rising Concern", *Science News*, 3 de junho de 2006, p. 346.

232 "O hormônio da tireoide ajuda a regular praticamente todas as células do corpo": "Memory Loss and Thyroid Function", Great Smokies Diagnostic Laboratory 2002, http://www.gdx.net/home/assessments/finddisease/memory/thyroid.html.

233 "o cérebro utiliza o hormônio estimulante da tireoide": Yodphat Krausz *et al.*, "Regional Cerebral Blood Flow in Patients with Mild Hypothyroidism", *Journal of Nuclear Medicine* 45, (10), 2004, p. 1712-1715; "Cerebral Blood Flow and Glucose Metabolism in Hypothyroidism: A Positron Emission Tomography Study", *Journal of Clinical Endocrinology and Metabolism* 86, (8), 2001, p. 3864-3870.

233 "hipotireoidismo resulta": Kate Murphy, "For Thyroid Hormones, How Low Is Too Low?", *New York Times*, 8 de novembro de 2005.

233 "sinais crescentes de que um nível de TSH acima de 2,5 é anormal": Ibid.

233 "Abaixar a faixa de TSH": Ibid.

234 "Ele escreveu alguns livros sobre tireoide e disfunções hormonais": Richard Shames, *Feeling Fat, Fuzzy or Frazzled? A 3-Step Program to Beat Hormone Havoc Restore Thyroid, Adrenal, and Reproductive Balance; and Feel Better Fast*, Nova York: Hudson Street Press, 2005; *Thyroid Power: Ten Steps to Total Health*, Nova York: HarperCollins, 2002.

234 "ele observou e escutou durante mais de uma hora": Richard Shames, entrevista com a autora, 9 de março de 2005.

236 "T-4 sintético (Synthroid)": Joe e Terry Graedon, "Graedons' Guide to Thyroid Hormones", *The Peoples' Pharmacy*, www.peoplespharmacy.com.

NOTAS

236 "contei a ele as novidades": Richard Shames, entrevistado pela autora, 6 de abril de 2005.

237 "'E a sua memória?'": Richard Shames, entrevistado pela autora, 3 de maio de 2005.

17. CARA A CARA COM A FERA

239 "se pudéssemos nos encontrar pessoalmente": Datas das entrevistas com Joanna e Theo: 4 de maio de 2005; 2 de abril de 2006.

243 "ensaio clínio de 18 meses do Alzhemed, da Neurochem": "New Drug Alzhemed Shows Early Promise Against Alzheimer's", boletim de imprensa da Fisher Center for Alzheimer's Research Foundation, 4 de novembro de 2003; "Neurochem Receives Third Positive Recommendation from Independent Safety Review Board to Continue Phase III Clinical Trial For Alzhemed", boletim de imprensa da Neurochem, 5 de outubro de 2005.

243 "Joanna teria direito de continuar": Theo, email para a autora, 3 agosto de 2006.

243 "Namenda da Forest Lab": "The Johns Hopkins White Papers", *Memory*, 2005.

243 "O Namenda funciona regulando os níveis de glutamato": Constantine Lyketsos, "The 11th Annual Update on the Treatment of Alzheimer's and Related Disorders: Defining the Standard of Care", Hopkins White Paper Bulletins, edição da primavera de 2005, 22 de abril de 2005.

245 "o estudo COGNIshunt": "Decreasing Toxins in Brain of Alzheimer's Patients Keep Cognitive Deficits at Bay", boletim de imprensa da Universidade da Pensilvânia, 23 de agosto de 2004.

246 "A insulina e uma proteína relacionada, IGF-1": Cary Groner, "Researchers Gain Insight into Link Between Weight and Dementia", *Applied Neurology*, maio de 2006; Suzanne M. de la Monte, "Insulin and Insulin-Like Growth Factor Expression and Function Deteriorate with Progression of Alzheimer's Disease: Link to Brain Reductions in Acetylcholine", *Journal of Alzheimer's Disease* 8, (3), 2005, p. 247-268.

246 "os níveis de insulina chegam a ficar aproximadamente 80% abaixo": Ibid.

246 "a relação entre insulina, níveis de acetilcolina e mal de Alzheimer": Rebecca Logsdon, "Spotlight on Research: Studies from the Memory Wellness Program Lead to Greater Understanding of Insulin and Memory", *Dimensions*, inverno de 2006; visto em www.hopkinsmemory.com.

246 "comanda o sistema imunológico do corpo a limpar as placas e os emaranhados": Scott Hensley, "New Hope Seen for Vaccine for Alzheimer's", *Wall Street Journal*, 22 de julho de 2004.

246 "AF267B, um composto modificador de doenças": Kate Wong, "Drug Found to Reverse the Ravages of Alzheimer's in Mice", *Scientific American*, 1º de março de 2006.

ESCULPIDO NA AREIA

246 "terapia com imunoglobulinas intravenosas, IVIg": "In Preliminary Study, New York-Presbyterian/Weill Cornell Team Finds IVIg Therapy May Improve Cognitive Function in Alzheimer's Patients", boletim de imprensa de Cornell, 11 de abril de 2005.

247 "terapia com imunoglobulinas intravenosas foi aprovada pelos requisitos de segurança do FDA": Ibid.

248 "neurônios que produzem acetilcolina": Mark Tuszynski, entrevistado pela autora, 6 de outubro de 2006.

249 "estresse pós-traumático e a depressão aumentam o risco de desenvolver o mal de Alzheimer": Douglas Bremner, *Does Stress Damage the Brain? Understanding Trauma-Related Disorders from a Mind Body Perspective*, Nova York: Norton, 2002.

250 "condição de Joanna piorava visivelmente": e-mail para a autora, 16 de outubro de 2005.

18. QUER MESMO SABER?

254 "'problemas com as palavras'": Ronald Peterson, entrevistado pela autora, 14 de julho de 2004.

254 "Precisamos de maior precisão no diagnóstico": John Trojanowski, entrevistado pela autora, 10 de outubro de 2005.

254 "Iniciativa de Neuroimagem do Mal de Alzheimer": Richard J. Hodes, "Public Funding for Alzheimer Disease".

255 "método infalível de diagnosticar o mal de Alzheimer": John Trojanowski, entrevistado pela autora, 27 de abril de 2004.

255 "busca da Iniciativa de Neuroimagem por biomarcadores do Alzheimer": John Q. Trojanowski, "Searching for the Biomarkers of Alzheimer's", *Practical Neurology*, 3 de dezembro de 2004, p. 30-34.

255 "Estamos procurando (...) testes de laboratório para diagnósticos": entrevista com Trojanowski.

255 "Precisamos de um teste que não leve em conta fatores relacionados com a idade": Ibid.

255 "Uma série de marcadores": Ibid.

255 "já encontraram alguns biomarcadores promissores": Trojanowski; "Taking Action to Prevent Mild Cognitive Deficit after 60 May Hinge on Knowing Levels of Factor in Blood", boletim de imprensa da Boston University, 27 de setembro de 2005.

255 "marcadores mais promissores existem no fluido cerebro-espinhal": Kaj Blennow, "Use of CSF Biomarkers in Clinical Diagnosis and to Monitor Treatment Effects", estudo apresentado no 9th International Geneva/Springfield Symposium on Advances in Alzheimer Therapy, 20 de abril de 2006.

NOTAS

256 "encontraremos o que precisamos": entrevista com Trojanowski.

256 "técnica de análise de imagens": Apoorva Mandavilli, "The Amyloid Code", *Nature Medicine* 12, nº 7, 2006, p. 747-751.

256 "'podemos mostrar com grande precisão quem desenvolverá o mal de Alzheimer'": Mony de Leon, entrevistado pela autora, 2 de março de 2004.

256 "'Claramente ainda não chegamos lá'": entrevista com Trojanowski.

257 "'O seu hipocampo está ótimo'": Mony de Leon, entrevistada pela autora, 25 de maio de 2005.

257 "método de avaliação que parece bastante promissor": Laurie Tarkan, "Predicting Alzheimer's Is More Wish Than Reality", *New York Times*, 25 de outubro de 2005; Marjorie Shaffer, "New Analysis of a Standard Brain Test May Help Predict Dementia", pesquisa da NYU: A Digest of Research News from New York University, outono de 2005.

258 "O gene apolipoproteína": "The Johns Hopkins White Paper Bulletins", *Memory*, 2005.

258 "Todos nós temos duas cópias deste gene, um do pai e outro da mãe": Ibid.

258 "Neste gene especial, os alelos são chamados E2, E3 e E4": Ibid.

258 "As pessoas que têm um único variante E4": James Bakalar e Anthony L. Komaroff, "The Aging Brain: Old Genes, New Findings", *Newsweek*, 17 de janeiro de 2005.

258 "Aqueles que têm duas cópias do alelo E4": "The Johns Hopkins White Paper Bulletins", *Memory*, 2005.

258 "pessoas portadoras de E4 apresentam sintomas de declínio de memória": Ibid.

258 "o ApoE é um gene de susceptibilidade": Ibid.

258 "Algumas pessoas que apresentam dois alelos E4": www.alzheimers.org.

258 "O ApoE é uma proteína que ajuda a deslocar o colesterol": G. William Rebeck *et al.*, "Apolipoprotein E Receptor 2 Interactions with the N-Methyl-D-aspartate Receptor", *Journal of Biological Chemistry* 281, nº 6, 2006, p. 3425-3431.

258 "Recolhe os lipídios e outro material": Ibid.

259 "o E4 é preguiçoso": Ibid.

259 "aumenta o risco de diabetes": Bakalar e Komaroff, "The Aging Brain".

259 "As pessoas que apresentam o E4 e consomem bebidas alcoólicas": Miia Kivipelto *et AL* ., "Alcohol Drinking in Middle Age and Subsequent Risk of Mild Cognitive Impairment and Dementia in Old Age: A Prospective Population-Based Study", *British Medical Journal*, 4 de setembro de 2004, p. 539-542.

259 "o estrogênio complementar eleve consideravelmente as capacidades de aprendizado": Roberta Diaz Brinton e Liqin Zhao, "Estrogen Receptor B as a Therapeutic Target for Promoting Neurogenesis and Preventing Neurodegeneration", *Drug Development Research* 66, (2), 2006, p. 103-107.

259 "As pessoas com a variante E4": Daniel Michaelson *et al.*, "Stimulation and Amyloid-B Mediated Activation of Apoptosis and Neurogenesis In-Vivo By Apolipoprotein E4", estudo apresentado no 9th Geneva/Springfield Symposium on Advances in Alzheimer Therapy, 21 de abril de 2006.

259 "A mielina, uma capa de gordura que protege os axônios": George Bartzokis, "Apolipoprotein E Genotype and Age-Related Myelin Breakdown in Healthy Individuals: Implications for Cognitive Decline and Dementia", *Archives of General Psychiatry* 63, janeiro de 2006, p. 57-62.

259 "pode interferir na capacidade dos neurônios de utilizar a glicose": Yadong Huang *et al.*, "Lipid- and Receptor-Binding Regions of Apolipoprotein E4 Fragments Act in Concert to Cause Mitochondrial Dysfunction and Neurotoxicity", *Proceedings of the National Academy of Science* 102, nº 51, 2005, p. 18694-18699.

259 "Em tomografias cerebrais por emissão de pósitron de indivíduos cognitivamente normais": "Changes Linked to Alzheimer's Examined", *The Associated Press*, 16 de dezembro de 2003; Richard Caselli *et al.*, "Preclinical Cognitive Decline in Late Middle-Aged Asymptomatic Apolipoprotein E-E4/4 Homozygotes: A Replication Study", *Journal of Neurological Sciences* 189, 2001, p. 93-98.

259 "As pessoas com a variante E4": Eric Reiman *et al.*, "Preclinical Evidence of Alzheimer's Disease in Persons Homozygous for the E-4 Allele for Apolipoprotein E", *New England Journal of Medicine* 334, nº 12, 1996, p. 752-758.

259 "maior deficiência funcional do lobo frontal": Richard Caselli *et al.*, "A Distinctive Interraction Between Chronic Anxiety and Problem Solving in Asymptomatic APOE e4 Homozygotes", Journal of Neuropsychiatry and Clinical Neuroscience 16 de agosto de 2004, p. 320-329.

260 "aconselhou os cientistas a solicitar o exame": www.nia.nih.gov/NewsAndEvents/PressReleases/PR19931107PossibleTargets.htm.

260 "o risco de mal-entendidos supera os potenciais benefícios": Robert C Preen, "Risk Assessment for Alzheimer's Disease with Genetic Susceptibilit Testing: Has the Moment Arrived?", *Alzheimer's Care Quarterly*, verão de 2002, p. 208-214.

260 "Robert Green, professor de neurologia, genética e epidemiologia": Robert Green, entrevistado pela autora, 9 de março de 2004.

260 "Como principal pesquisador e diretor do REVEAL": Ibid.

260 "'Temos todo o tipo de dispositivo de segurança'": Ibid.

260 "'o seu genótipo ApoE não determina'": Ibid.

261 "'potente fator de risco pré-sintomático'": Robert Green, email para a autora, 8 de setembro de 2006.

261 "o protocolo para o REVEAL": Ibid.

261 "'Quando uma filha vem acompanhada de um dos pais'": Ibid.

262 "portadores do E4 que sofreram algum trauma na cabeça": J. A. R. Nicoll *et al.*, "Association of APOE E4 and Cerebrovascular Pathology in Traumatic Brain Injury", *Journal of Neurology, Neurosurgery, and Psychiatry* 77, 2006, p. 363-366.

NOTAS

262 "sem um parente de primeiro grau": Robert Green, email para autora, 1º de agosto de 2004.

262 "Eu precisaria de um diagnóstico de demência": Ibid.

263 "Athena Diagnostics": www.athenadiagnostics.com.

19. EMERGINDO TRIUNFANTE

264 "5% das pessoas entre": Denise C. Park and Angela F. Gutchess, "Long-Term Memory and Aging: A Cognitive Neuroscience Pei spective", em Roberto Cabeza, Lars Nyberg e Denise C. Park, eds., *Cognitive Neuroscience of Aging: Linking Cognitive and Cerebral Aging*, Nova York, Oxford University Press, 2004, p. 218-245.

265 "pai da pesquisa sobre aprendizagem e memória": Eric Kandel, entrevistado pela autora, 14 de abril de 2004.

266 "estuda como as pessoas desenvolvem uma 'reserva cognitiva'": Yaakov Stern, entrevistado pela autora, 7 de março de 2006.

266 "'uma maior longevidade funcional'": Elkhonon Goldberg, *The Executive Brain: Frontal Lobes and the Civilized Mind* (Nova York: Oxford University Press, 2002).

267 "envolvem concentração e múltiplas funções": Park e Gutchess, "Long-Term Memory and Aging".

267 "o caso de Robert Wetherill": Lisa Melton, "How Brainpower Can Help You: Cheat Old Age", *New Scientist*, 17 de dezembro de 2005.

268 "uma alta reserva cognitiva impeça": entrevista com Stern.

268 "o maior determinante da função cognitiva": Marcus Richards *et al.*, "Cognitive Ability in Childhood and Cognitive Decline in Midlife: Longitudinal Birth Cohort Study", *British Medical Journal* 328, 6 de março de 2004, p. 552.

268 "seria interessante acompanhar a saúde cognitiva": entrevista com Stern.

270 "'a mente da pessoa torna-se débil, rija, esclerótica'": Simone de Beauvoir, *The Coming of Age*, Nova York: Putnam, 1972, p. 393.

271 "aqueles que buscam graus de especialização desenvolvem resiliência adicional": Mellanie Springer, "The Relation Between Brain Activity During Memory Tasks and Years of Education in Young and Older Adults", *Neuropsychology* 19 de março de 2005, p. 181-192.

271 "os benefícios da maternidade para o aprimoramento mental": Katherine Ellison, *The Mommy Brain: How Motherhood Makes Us Smarter*, Nova York: Basic Books, 2005.

271 "os maiores benefícios cognitivos resultavam": Podewils *et al.*, "Physical Activity, APOE Genotype, and Dementia Risk. Findings from the Cardiovascular Health Cognition Study", *American Journal of Epidemiology* 161, (7), 2005, p. 639-651.

ESCULPIDO NA AREIA

273 "mudaram para Minneapolis" Charles Baxter, email para a autora, 27 de janeiro de 2004.

274 "conheci a estrutura que temporariamente o abrigava": Richard Lang, entrevistado pela autora, 10 de novembro de 2004.

275 "grupo de idosos que participava de atividades aeróbicas": A. F. Kramer *et al.*, "Cardiovascular Fitness, Cortical Plasticity, and Aging", *Proceedings of the National Academy of Science* 101, (9), 2004, p. 3316-3321.

275 "atividade física apenas duas vezes por semana": Miia Kivipelto, "Does Healthy Lifestyle Protect Against Dementia?", estudo apresentado no 9th International Geneva/ Springfield Symposium on Advances in Alzheimer Therapy, 20 de abril de 2006.

276 "camundongos que começaram a se exercitar com idade avançada": Henriette van Praag *et al.*, "Exercise Enhances Learning and Hippocampal Neurogenesis in Aged Mice", *Journal of Neuroscience* 25, (38), setembro de 2005, p. 8680-8685.

276 "vi na revista *Health* uma foto de Nan Wiener": "Nan Wiener, Salsa Dancing", *Health*, junho de 2003, p. 119.

276 "a dança de salão reduz em 76% o risco": Joe Verghese *et al.*, "Leisure Activities and the Risk of Dementia in the Elderly", *New England Journal of Medicine* 348, 19 de junho de 2003, p. 2508-2516.

276 "dança uma ou duas vezes por semana": Nan Wiener, entrevistada pela autora, 11 de março de 2005.

277 "Ficamos de nos encontrar em Sausalito, no Horizons": Ibid.

278 "dançar tango": "Studies with Dancing, Computer Training, Show Ways to Maintain a Healthy Brain in Old Age", boletim de imprensa da Posit Science, 15 de novembro de 2005.

279 "o efeito de aulas de piano individuais": Jennifer Bugos *et al.*, "The Effects of Individualized Piano Instruction on Executive Memory Functions in Older Adults (Ages 60-85)", estudo apresentado no 8 International Conference on Music Perception and Cognition, 2004.

280 "Ela sempre quis ser médica": Dawn Swanson, entrevistada pela autora, 25 de maio de 2004.

283 "pessoas que resolviam palavras cruzadas": Verghese *et al.*, "Leisure Activities and the Risk of Dementia in the Elderly."

284 "o editor de 53 anos da seção de palavras cruzadas do *New York Times*": Will Shortz, entrevistado pela autora, 25 de janeiro de 2006.

285 "fórum de discussão do *New York Times* sobre palavras cruzadas": O link para o fórum é www.nytimes.com/pages/crosswords/.

285 "'estava esquecendo datas de aniversário'": Courtenay "Co" Crocker, e-mail para a autora, 25 de janeiro de 2006.

NOTAS

286 "Todos os sentidos são acionados": Eric Nagourney, "Social Whirl May Help Keep the Mind Dancing", *New York Times*, 29 de outubro de 2002.

286 "a importância do envolvimento social": Laura Fratiglioni *et al.*; "Mental, Physical and Social Components in Common Leisure Activities in Old Age in Relation to Dementia: Findings from the Kungsholmen Project", estudo apresentado na Alzheimer's Association 9th International Conference on Alzheimer Disease and Related Disorders, Philadelphia, 17-22 de julho de 2004. Resumo publicado em *Neurobiology of Aging* 25, S2: S313, julho de 2004.

286 "'a interação social está em baixa'": Lawrence Katz, entrevistado pela autora, 22 de abril de 2004.

287 "'É preciso ter um plano'": Edward Hallowell, *CrazyBusy: Overstretched, Overbooked, and About to Snap!*, Nova York: Ballantine, 2006, p. 39.

287 "encontros pessoais foram substituídos": Ibid., p. 82.

287 "71% dos idosos": "Studies with Dancing, Computer Training".

287 "casa em Larkspur": Zvi e Marjorie Dannenberg, entrevistados pela autora, 6 de outubro de 2005.

CONCLUSÃO

292 "'Pergunte como descreveriam suas memórias'": Thomas Crook, entrevistado pela autora, 14 de outubro de 2004.

BIBLIOGRAFIA SELECIONADA

• • •

Li diversos livros que não necessariamente são referências diretas ao trabalho, mas me ajudaram a encontrar as informações assim mesmo.

Ackerman, Diane. *An Alchemy of the Mind: The Marvel and Mystery of the Brain.* Nova York: Scribner, 2004.

Aldridge, Susan. *Magic Molecules: How Drugs Work.* Londres: Cambridge University Press, 1998.

Angier, Natalie. *Woman: An Intimate Geography.* Boston: Houghton Mifflin, 1999.

Archibald, Robert. *A Place to Remember: Using History to Build Community.* Walnut Creek, CA: Altamira Press, 1999.

Barondes, Samuel H. *Better than Prozac: Creating the Next Generation of Psychiatric Drugs.* Nova York: Oxford University Press, 2003.

Baxter, Charles, ed. *The Business of Memory: The Art of Remembering in an Age of Forgetting.* Saint Paul, MN: Graywolf Press, 1999.

Borges, Jorge Luis. "Funes, the Memorious", in *Ficciones.* Nova York: Knopf, 1993.

Bourtchouladze, Rusiko. *Memories Are Made of This: How Memory Works in Humans and Animals.* Nova York: Columbia University Press, 2002.

Breggin, Peter, and David Cohen. *Your Drug May Be Your Problem: How and Why to Stop Taking Psychiatric Medications.* Cambridge, MA: Perseus, 1999.

Bremner, Douglas J. *Does Stress Damage the Brain? Understanding Trauma-Related Disorders from a Mind-Body Perspective.* Nova York: Norton, 2002.

BIBLIOGRAFIA SELECIONADA

Calvin, William H. *A Brain for All Seasons: Human Evolution and Abrupt Climate Change*. Chicago: University of Chicago Press, 2002.

Clark, Andy. *Natural-Born Cyborgs: Minds, Technologies, and the Future of Human Intelligence*. Nova York: Oxford University Press, 2003.

Collins, Billy. *Questions About Angels*. Pittsburgh: University of Pittsburgh Press, 1991.

d'Assigny, Marius. *The Art of Memory*. Nova York: AMS Press, 1985.

de Beauvoir, Simone. *The Coming of Age*, Nova York: Putnam, 1972.

de Graaf, John. *Affluenza: The All-Consuming Epidemic*. São Francisco: Berrett-Koehler Publishers, 2001.

Diamond, Jared M. *The Third Chimpanzee: The Evolution and Future of the Human Animal*. Nova York: HarperCollins, 1992.

Draaisma, Douwe. *Metaphors of Memory: A History of Ideas About the Mind*. Cambridge, RU: Cambridge University Press, 2000.

Ellison, Katherine: *The Mommy Brain: How Motherhood Makes Us Smarter*. Nova York: Basic Books, 2005.

Engel, Susan. *Context Is Everything: The Nature of Memory*. Nova York: Henry Holt, 2000.

Forty, Adrian, and Susanne Kuchler, eds. *The Art of Forgetting*. Oxford: Berg, 1999.

Fukuyama, Francis. *Our Posthuman Future: Consequences of the Biotechnology Revolution*. Nova York: Farrar Straus & Giroux, 2002.

Gleick, James. *What Just Happened: A Chronicle from the Information Frontier*. Nova York: Pantheon, 2002.

Glenmullen, Joseph. *The Antidepressant Solution: A Step-by-Step Guide to Safely Overcoming Antidepressant Withdrawal, Dependence, and "Addiction"*. Nova York: Free Press, 2004.

Goldberg, Elkhonon. *The Executive Brain: The Frontal Lobes and the Civilized Mind*. Nova York: Oxford University Press, 2001.

——— *The Wisdom Paradox: How Your Mind Can Grow Stronger as Your Brain Grows Older*. Nova York: Gotham, 2005.

Gordon, Barry. *Intelligent Memory: Improve Your Memory No Matter What Your Age*. Nova York: Viking Adult, 2003.

Gruneberg, Michael, and Peter Morris, eds. *Aspects of Memory*, 2ª. ed. Vol. 1: *The Practical Aspects*. Londres: Routledge, 1992.

Gullette, Margaret Morganroth. *Aged by Culture*. Chicago: University of Chicago Press, 2004.

—— *Declining to Decline: Cultural Combat and the Politics of the Midlife*. Charlottesville, VA: University Press of Virginia, 1997.

Hallowell, Edward M. *CrazyBusy: Overstretched, Overbooked, and About to Snap! Strategies for Coping in a World Gone ADD*. Nova York: Ballantine, 2006.

—— *Delivered from Distraction: Getting the Most out of Life with Attention Deficit Disorder*. Nova York: Ballantine, 2005.

ESCULPIDO NA AREIA

—— e John J. Ratey. *Driven to Distraction: Recognizing and Coping with Attention Deficit Disorder from Childhood Through Adulthood*. Nova York: Pantheon, 1994.

Hawkins, Jeff, e Sandra Blakeslee. *On Intelligence*. Nova York: Times Books, 2004.

Honore, Carl. *In Praise of Slowness: How a Worldwide Movement Is Challenging the Cult of Speed*. San Francisco: HarperSanFrancisco, 2004.

Johnson, Steven. *Mind Wide Open: Your Brain and the Neuroscience of Everyday Life*. Nova York: Scribner, 2004.

Kabat-Zinn, Jon. *Full Catastrophe Living: Using the Wisdom of Your Body and Mint to Face Stress, Pain, and Illness*. Nova York: Delacorte Press, 1990.

Kammen, Michael. *Mystic Chords of.1lemory: The Transformation of Tradition is American Culture*. Nova York: Knopf, 1991.

Katz, Lawrence C., e Manning Rubin. *Keep Your Brain Alive-83 Neurobic Exercises*. Nova York: Workman, 1998.

Kemper, Susan, e Reinhold Kliegl, eds. *Constraints on Language: Aging, Grammar and Memory*. Boston: Kluwer Academic Publishers, 1999.

Khalsa, Dharma Singh, com Cameron Stauth. *Brain Longevity: The Breakthrough: Medical Program That Improves Your Mind and Your Memory*. Nova York: Warner Books, 1997.

Kimura, Deborah. *Sex and Cognition*. Cambridge, MA: MIT Press, 2000.

Lerner, Harriet. *The Dance of Anger*. Nova York: HarperCollins, 1985.

McEwen, Bruce, com Elizabeth Norton Lasky. *The End of Stress as We Know It*. Washington, DC: National Academies Press. 2002.

McGaugh, James. *Memory and Emotion: The Making of tasting Memories*. York: Columbia University Press, 2003.

McKhann, Guy, e Marilyn Albert. *Keep Your Brain Young: The Complete Guide to Physical and Emotional Health and Longevity*. Nova York: Wiley, 2002.

Perlmutter, David. *The Better Brain Book*. Nova York: Riverhead, 2004.

Plant, Sadie. *Writing on Drugs*. Nova York: Farrar, Straus & Giroux, 1999.

Postman, Neil. *Technopoly*. Nova York: Knopf, 1992.

Roach, Mary. *The Curious Lives of Human Cadavers*. Nova York: Norton, 2003.

Rupp, Rebecca. *Committed to Memory: How We Remember and Why We Forget*. Nova York: Crown, 1997.

Sapolsky, Robert M. *Monkeyluv and Other Essays on Our Lives as Animals*. Nova York: Scribner, 2005.

—— *A Primate's Memoir*. Nova York: Scribner, 2001.

—— *Why Zebras Don't Get Ulcers: A Guide to Stress, Stress-Related Diseases, and Coping*. Nova York: Freeman, 1994.

Schacter, Daniel L. *Searching for Memory: The Brain, the Mind, and the Past*. Nova York: Basic Books, 1996.

—— *Os sete pecados da memória: How the Mind Forgets and Remembers*. Boston: Houghton Mifflin, 2001.

BIBLIOGRAFIA SELECIONADA

Schwartz, Jeffrey, e Sharon Begley. *The Mind and the Brain: Neuroplasticity and the Power of Mental Force*. Nova York: Regan Books, 2002.

Shames, Richard. *Feeling Fat, Fuzzy or Frazzled? A 3-Step Program to Beat Hormone Havoc; Restore Thyroid, Adrenal, and Reproductive Balance; and Feel Better Fast*. Nova York: Hudson Street Press, 2005.

—— *Thyroid Power: Ten Steps to Total Health*. Nova York: HarperCollins, 2002.

Shenk, David. *Data Smog: Surviving the Information Glut*. Nova York: HarperEdge, 1997.

—— *The Forgetting: Alzheimer's: Portrait of an Epidemic*. Nova York: Anchor Books, 2003.

Shweder, Richard A., ed. *Welcome to Middle Age! (And Other Cultural Fictions)*. Chicago: University of Chicago Press, 1998.

Siegel, Daniel. *The Developing Mind: Toward a Neurobiology of Interpersonal Experience*. Nova York: Guilford Press, 1999.

—— e Mary Hartzell. *Parenting from the Inside Out*. Nova York: Tarcher, 2003.

Skloot, Floyd. *In the Shadow of Memory*. Lincoln, NE: Bison Books, 2004.

Small, Gary, e Gigi Vorgan. *The Longevity Bible: 8 Essential Strategies for Keeping Your Mind Sharp and Your Body Young*. Nova York: Hyperion, 2006.

—— *The Memory Bible: An Innovative Strategy for Keeping Your Brain Young*. Nova York: Hyperion, 2002.

—— e Gigi Vorgan. *The Memory Prescription: Dr. Gary Small's 14-Day Plan to Keep Your Brain and Body Young*. Nova York: Hyperion, 2004.

Solomon, Andrew. *The Noonday Demon: An Atlas of Depression*. Nova York: Scribner, 2001.

Squire, Larry R., e Eric R. Kandel. *Memory: From Mind to Molecules*. Nova York: Scientific American Library, 1999.

Stacey, Michelle. *The Fasting Girl: A True Victorian Medical, Mystery*. Nova York: Tarcher/Penguin, 2002.

Sternberg, Robert J., ed. *Wisdom: Its Nature, Origins and Development*. Cambridge, UK: Cambridge University Press, 1990.

Stoler, Diane Roberts, e Barbara Albers Hill. *Coping with Mild Traumatic Brain Injury*. Nova York: Avery, 1998.

Vaillant, George E. *Aging Well: Surprising Guideposts to a Happier Life from the Land mark Harvard Study of Adult Development*. Nova York: Time Warner, 2002.

Warga, Claire. *Menopause and the Mind: The Complete Guide to Coping with the Cognitive Effects of Perimenopause and Menopause Including: Memory Loss, Foggy Thinking, and Verbal Slips*. Nova York: Touchstone, 2000.

Warnock, Mary. *Memory*. Londres: Faber and Faber, 1987.

Wise, Anna. *The High-Performance Mind: Mastering Brainwaves for Insight, Healing, and Creativity*. Nova York: Tarcher, 1997.

ÍNDICE REMISSIVO

• • •

A

Abbott Laboratories, 233
abuso de substâncias, 18
   Ver também álcool; Ecstasy; maconha;
   Temazepam
acetil-L-carnitina, 86, 97
ácido alfalipoico, 86, 95, 264
ácido fólico, 87, 96, 231
ácido graxo ômega-3, 87, 90, 203
Adderall, 152-165, 170, 236
   efeitos colaterais, 158-59
   Provigil comparado com, 162-64
   vendas anuais, 165-66
AGEs (ácidos graxos essenciais), 90-92, 117
   exposição ao metilmercúrio e *fish fog*, 203
   fontes alimentares, 90-92
   suplementos, 92
álcool,
   blecautes, 200
   efeitos sobre o cérebro e a memória,
   200-03
   Gene apoE, variante E4 e, 258-59
   interações medicamentosas e, 221
   vínculo entre pais e filhos e abusos, 124

Aldomet, 215
Allegra, 214
Alzheimer's Disease Education and Referral
   (ADEAR), 303
Alzhemed, 243, 244, 254, 252
Amnésia global transiente, 225
anemia, 230-31
ansiedade, 18, 28, 93, 114, 119, 175-76,
   216, 217, 261-62, 271-72, 275, 285
   sobrecarga de informação e, 51, 52
   desequilíbrio da tireoide e, 231-32
   memória de trabalho e, 65
Antak, 214, 217
antidepressivos, 73, 76, 117-18, 211, 219
antioxidantes, 84-85, 88
   especiarias em alta, 90
   frutas e legumes em alta, 89-90
Apraz, 194, 217
Archibald, Robert, 54
Aristóteles, 85
Arnsten, Amy, 168
atenção. *Consulte* transtorno do deficit de
   atenção; distração; atenção fragmentada;
   sobrecarga de informações
atenção fragmentada, 46-47, 57-59

ÍNDICE REMISSIVO

B

Bacopa monieri (Brahmi), 85
Baram, Tallie, 120-21, 123, 125
Baxter, Charles, 273
BDNF (fator neurotrófico derivado
   cerebral), 91, 116-17, 135, 168, 186, 218,
   227, 275, 286
Beauvoir, Simone de, 270
Benadryl, 213, 217
Benepax, 219
Better Brain Book, The (Perlmutter), 93
bioidênticos, 136
Bloqueio de nomes e palavras, 13, 24, 35-
   36, 61-69, 129, 292-93
   apresentações e, 65-66
   glicose baixa e, 88
   hipotireoidismo, 235
   "irmãs feias", substituição de palavras por, 63
   menopausa e, 129
   níveis de processamento e, 64-66
   nomes para a aflição, 65-66
   pressão do tempo e, 65
   pronomes não específicos e lapsos de
      memória, 62
   prosopagnosia, 67, 68, 69
   tipo de noção evanescente, 66-67
boletim *Neuroinvestment*, 167
Bootzin, Richard, 191
Brain Age da Nintendo, 111
Brain Longevity (Khalsa), 93
Brain Sustain, 92
Breggin, Peter 219
Bremner, J. Douglas, 118
Brinton, Roberta Diaz, 135
Brody, Jane, 151
Bryant, Adam, 55
Buckner, Randy, 105
Bush, Vannevar, 52, 53

C

cafeína (café), 153, 160-61
Canick, Jonathan, 140-42, 145-46, 148-50,
   152, 153-54, 157-58, 162, 163-64

Cem Anos de Solidão (García Márquez), 188
Centro de Envelhecimento da Universidade
   de Washington, 31
Centro do Sono do Arizona, 191
Centro Mayo para o Mal de Alzheimer,
   Rochester, 254
Centro Médico California Pacific, 141
Centro Médico Kaiser Permanente,
   Oakland, California, 172
Centro Nacional para a Prevenção e
   Controle de Danos, 146
Cephalon Pharmaceuticals, 160, 165-66
cérebro, 26
   acetilcolina e, 88, 90, 95-96, 155, 199,
      209, 247
   arteriosclerose e, 137-38
   atrofia e cortisol, 116-17
   axônio, 47-48, 115, 144, 259
   BDNF, 91, 116-17, 135, 168, 186, 218,
      227, 275, 286
   carência de glicose, 88, 95, 96, 226-29,
      259
   crescimento de novas células (*ver*
      neurogênese)
   dano dos radicais livres, 84, 89, 94-95,
      144, 203
   danos, 135-52
   dendritos, 116
   dopamina e, 155, 156, 157, 163, 164,
      218
   estresse e, 116, 121-22
   GABA em, 217-20, 221
   gene ApoE, variante E4 e, 259
   hipocampo, 106, 113-14, 115, 116, 117,
      121, 122, 123, 128, 130, 199, 200,
      201, 227, 228, 233, 248, 257, 263, 267
   lobos frontais, 37, 46-49, 50, 128, 200
   melhorando a plasticidade do, 105-08
   memória de trabalho e, 48
   metilmercúrio e *fish fog*, 203
   mielina, 47, 91, 95, 115, 143, 216, 259
   mitocôndria, 88
   neurogênese no, 90, 106, 117, 135
   neurônios, número de, 105
   níveis de serotonina no, 118, 119
   norepinefrina e, 156, 159, 163

ondas, 176, 180
papel do estrogênio em, 128, 130-31
plasticidade, 105-08
QI e ausência de queda cognitiva, 265
sagacidade em idosos e, 164-65
sinapses, 47, 116, 249
testes e varreduras, 70-83, 256-63
TSH e funcionamento, 233
uso de drogas recreativas e, 198-200
Chen, Anthony, 162-63, 174
ciranda do amor e do ódio, A (Lerner), 28
cirurgia de ponte de safena (*pump head*),
   225
Claritin, 214
Clínica de Memória de Nova York, 131
Clinton, Bill, 15, 283
cloreto de oxibutinina, 216
coenzima Q-10, 95
Collins, Billy, 11, 274
"Como poderemos pensar" (Bush), 52-53
compromissos e datas, esquecendo, 13, 23,
   39, 41, 44, 60
concussões leves, 271-72
   atletas e, 144, 150-51
   concussão, efeitos cerebrais de, 143-44
   fadiga mental e, 149, 150
   "inibição proativa", 148
   inibidores de colinesterase para, 151
   número anual nos EUA, 146
   portadores do gene E4 e risco de
      Alzheimer, 262-63
   "segundo impacto", 144, 151
   testes para, 141-43, 144, 148-49, 151,
      178
Convit, Antonio, 227-28
Cortex Pharmaceuticals, 167
corticosteroides, 215-16
cortisol, 115-16, 117, 118, 119, 123, 125,
   128, 281
Cotman, Carl, 86, 95
Craft, Suzanne, 229, 246
CrazyBusy (Hallowell), 287
Criatividade e intuição
   medicamentos e redução, 164, 217-18
   sono de ondas lentas e, 187
Crocker, Courtenay "Co", 285, 300

Crook, Thomas, 292
Cullen, Margaret, 172-73, 174, 175
Cynomel (T-3), 236

D

Dannenberg, Marjorie, 287, 288-300
Dannenberg, Zvi, 20, 288-300
danos ao cérebro. *Ver* concussões leves
Data Smog (Shenk), 51
de Leon, Mony, 256-57, 263
demência, 29, 71, 96, 255
   diagnóstico, 268
   gene ApoE, variante E4 e, 259
   teste para, 73, 78
   Ver também mal de Alzheimer
Deprenyl, 155
depressão, 262
   efeito sobre o feto, 120
   estresse, cortisol e, 117
   perda de memória, problemas cognitivos
      e, 14, 18, 76, 116-18
   risco de Alzheimer e, 249
   vínculo entre pais e filhos e, 123
Devagar (Honoré), 53
Devi, Gayatri, 131-32
DHEA, 95
diabete e insulina, 72, 91-92, 115, 154, 199,
   200, 211, 223, 226-27, 228-29, 230, 246,
   255, 258
   glicose para o cérebro e, 26-29
   mal de Alzheimer e, 246
   resistência à insulina e estresse, 115-16
   resistência à insulina e inflamação, 229
   resistência à insulina e obesidade, 226
dieta e nutrição, 18, 84-98
   AGEs, 90-92
   alimentos ricos em ferro, 230-31
   antioxidantes, 84-85, 89-90, 94, 95
   favorável ao cérebro, 85-88, 117
   gorduras trans, 91
   peixe e metilmercúrio, 203-06
   suplementos de dieta, 85, 86, 91, 93-95,
      97, 189, 289
Dinges, David, 185

ÍNDICE REMISSIVO

distração, 46-47, 48
Adderall para, 152, 154, 155, 156-59
drogas psicoestimulantes para, 153-66
"O que estou fazendo aqui?", 60
perimenopausa ou menopausa e, 130
Provigil para, 159-66
Terapia para redução do estresse baseada
na meditação atenta para, 171-77
Transtorno do recipiente errado, 60
Ver também transtorno do deficit de
atenção (TDA e TDAH)
distúrbios do sono, 184, 187, 188, 191
DMAE, 155
Doença de Lyme, 223-24
Dom Quixote (Cervantes), 53
Dorsey, Deborah, 86, 89, 100
Dramine, 212
drogas antiansiedade, 194, 211, 217
drogas recreativas, 198-209

E

Ecstasy, 199-200
educação, 278-82
instrução musical, 279
superior, retorno à, 279-82
EEG (eletroencefalograma), 176, 177, 178,
181, 257
Eleanor de Aquitânia, 264
Ellison, Katherine, 271
ensaios clínicos, 303
estilo de vida
agenda sobrecarregada, 43-45
ambiente hipercinético, 51
anos de maternidade, 272
horários irregulares, 49-50
interrupções, 48-49
multitarefas, 58
preocupação e, 48
"turma do polegar" e tecnologia, 56
Ver também reserva cognitiva; exercícios;
interação social
estimulação mental, 20, 26, 35, 82, 87, 99-
112, 266-69, 289
Ver também exercícios mentais

estimulação transcraniana por corrente
direta, 168
estratégias para a memória (mnêmonicas),
100-02
imaginário mnemônico, 102
"Olhar, Perceber, Conectar", 100
programas de melhora da memória
baseados na Web, 108-12
usando os cinco sentidos, 102-05
estresse, 18
depressão e, 117
distúrbios do sono e, 184, 186, 191
eixo HPA, 115, 118, 121, 122, 186, 224
estresse precoce e deficits na meia-idade,
120-23
fisiologia do, 115-16
genética e, 121
mal de Alzheimer e, 119
perda da memória "real" e crônica, 113-16
problemas cognitivos e, 281
propensão ao estresse, 119-20
resistência à insulina, intolerância à
glicose, e, 115-16
TEPT, 118
terapia de redução do estresse baseada na
meditação atenta, 163
vínculo entre pais e filhos e, 123-26
estrogênio
arteriosclerose e, 137
distúrbios do sono e, 184
estradiol, 136
gene ApoE e suplementação, 260
mal de Alzheimer e, 128, 134-35, 136
menopausa e suplementação, 127, 131,
132-40
neurogênese e, 135
neuroSERMs, 135-36
perimenopausa e suplementação, 131,
134-35
resultados do Estudo da Saúde de
Enfermeiras e, 137
resultados WHI e, 129, 130, 133, 35
sintético, 135-36
estrogênios sintéticos, 136
estudo REVEAL do genótipo ApoE, 261-62
Eszopiclone, 221-22

342

exercício mental, 20-21, 26, 35, 82, 87, 99-112, 266-69, 289
   Brain Age da Nintendo, 111
   estratégias mnemônicas, 100-02
   HiFi, 105, 108
   memorização, 273-75
   novidade e novas conexões sinápticas, 269-73
   programa *Brain Fitness*, 107
   programas de melhoria da memória baseados na Web, 108-12
   programas para a melhoria da memória, 105-12
exercícios
   aeróbicos, 230, 234, 275
   caminhadas, 94
   chi gung, 174
   dança, 276-78, 283
   musculação, 228

F

"Forgetfulness" (Collins), 274
Faculdade de medicina Albert Einstein, 276
Famoset, 214
Farah, Martha, 166, 169
Fasting Girl, The (Stacey), 52
Fox, Nick, 268
Fratiglioni, Laura, 286
Frazier, Ian, 40
Friedman, Bruce, 109, 217
FS (fosfatidil serina), 97
Fukuyama, Francis, 168
Full Catastrophe Living (Kabat-Zinn), 173
Fundação Nacional do Sono, 185, 186

G

Gage, Fred, 118, 276
gene apoE, 258-63
   Athena Diagnostics, 263
   estudo REVEAL, 260-62
   gene E4, 262
   testes para, 263

gênero, perda da memória, problemas cognitivos, e, 42-43
genética e história familiar, 18
   estudos com gêmeos, 26
   mal de Alzheimer, 18, 30, 261
ginkgo biloba, 85, 96, 97
glicose, 87-88, 95, 226-29, 259
   teste de tolerância a glicose, 227
Goldberg, Elkhonon, 266, 295
Goldman-Rakic, Patricia, 48
Graham, Martha, 264
Green, Robert, 260-62
Greenspan, Alan, 264
Gross, Jane, 130
"Gunga Din" (Kipling), 275

H

Habilidades espaciais, 130, 237
   danos cerebrais e, 150
Haiken, Melanie, 93
Halcion, 217
Hallowell, Edward M., 49-50, 57, 158, 287
Hawkins, Jeff, 56
HiFi, 105, 107, 108
Hightower, Jane, 203-05
hipertensão, 229-30
hipocampo, 106, 113-18, 121, 122, 123, 125, 128, 130, 168, 186, 187, 199-202, 207, 212, 215, 218, 227, 233, 235, 246, 248, 255, 256-57, 259, 263, 267, 291
hipotireoidismo, 231-38
   diagnóstico, 231-35
   especialista em tireoide (lista), 303
   lentidão cerebral e, 235
   teste para, 235
   tratamento, 234, 290
   TSH (hormônio estimulante da tireoide) e, 233, 235
Holmes, Oliver Wendell, 264
homocisteína, 96
Honoré, Carl, 53
hormônios, suplementação, 127-38
   idade e resultados da, 134
   Premarin, 129

ÍNDICE REMISSIVO

Prempro,129, 135
resultados WHI e, 129, 133-35, 137
testosterona, 136, 155
Ver também estrogênio
Hospital da Universidade de Nova York, 256-57
Hospital Presbiteriano de Nova York/Centro Médico Weill Cornell, 246

I

Inderal, 210-11, 215
Iniciativa de Neuroimagem do Mal de Alzheimer (ADNI), 254-55, 303
Instituto de Neurologia de Londres, 268
Instituto Karolinska, 276, 286
Instituto Médico Howard Hughes, 105
Instituto Nacional dos EUA para Distúrbios Neurológicos e Derrame, 168
Instituto Salk para Estudos Biológicos, 118, 185
Instituto Santa Barbara para Estudos da Consciência, 172
Instituto Taub, 266
Inteligência de Mãe (Ellison), 271
interação social, 286-88
    solamento e declínio mental, 287-88
    relacionamentos, intimidade, 42
intervenções,
    #1, avaliação, 73-83
    #2, suplementos nutricionais, 93, 98
    #3, MyBrainTrainer, 109-12
    #4, bateria completa de testes neuropsicológicos, 140-44
    #5, medicação, 154-66
    #6, meditação atenta, 172-77
    #7, *neurofeedback*, 177-82
    #8, programa terapia cognitivo-comportamental, 192-97
    #9, hipotireoidismo, 235-38
    #10, aulas de dança para desenvolver a reserva cognitiva, 277-78
    para a perda cognitiva, 73, 289-93
    para demência, 268
    para o mal de Alzheimer, 244, 253, 256

para resposta ao estresse, 123
Irving, John, 218
ISRSs, 118, 218

J

Jiang, Yuhong, 58
Joseph, James, 89
Just, Marcel, 58

K

Kabat-Zinn, Jon, 173
Kagan, Jerome, 120
Kandel, Eric, 265
Kaplan, Andrea, 74, 77
Katz, Lawrence, 102-04, 286
Khalsa, Dharma Singh, 93-97, 189
Kipling, Rudyard, 275
Kivipelto, Miia, 275
Knuth, Barbara, 205
Kramer, Arthur, 275
Kuo, Tracy, 190-97, 222, 290

L

LaFerla, Frank, 246
Lang, Richard, 274, 280
Lerner, Harriet, 28
lobos frontais, 46-59, 105, 106, 113, 121, 143, 154, 157, 158, 159, 176, 218, 223, 259, 266-67
Lopressor, 215
Lorax, 194, 217, 218
Lozol, 211
Lyketsos, Constantine, 271

M

maconha, 198-99
magnésio, 93
Mahowald, Mark, 184

mal de Alzheimer, 19-20, 29-33, 133, 285
  AF267B (droga), 246
  Alzhemed, 243, 244, 250, 252
  americanos com, 31
  avaliação precoce, 253-63
  Bapineuzumab (AAB-001), 246
  biomarcadores para, 254-56
  depressão e, 249
  diabetes e, 73
  Donepezil, 245
  Elan Pharmaceuticals, 246
  em mulheres de 59 anos, 239-52
  ensaios clínicos, 73, 241, 250, 252, 255, 303
  estágios, 30
  estresse e risco, 119
  estrogênio e, 128, 136
  estudo COGNIshunt, 245
  estudo com beagles de Cotman e, 86
  estudos de, 31, 32
  gene ApoE como fator de risco, 258-63
  genética e, 18, 30, 261
  ginkgo biloba e, 96
  inibidores de colinesterase, 151
  insulina e, 246
  intervenções, 32, 253
  medicamentos, 24, 243-48
  Namenda, 243, 252
  novas terapias e pesquisas, 167, 243-49
  obesidade e, 73, 226, 228-29
  perfil do paciente, 73
  placas beta-amiloide e emaranhados neurofibrilares, 128, 144, 244, 246, 268
  proteína IGF-1 e, 246
  reserva cognitiva e funcionamento, 267
  risco de desenvolvimento, 32-33, 72
  tabagismo e a incidência de, 202-03
  TEPT e, 249
  terapia de imunoglobulina intravenosa, 246-47
  terapia genética para, 247
  testes para, 71-83, 256-63
  testosterona e, 136
  tipo esporádica, 72
  tipo familiar ou "precoce", 72

  transtorno cognitivo leve e, 167, 244
  trauma cerebral leve e, 144, 262
  UCSD: terapia genética de Alzheimer, 247
  vitamina E e, 96
Manobra Valsalva, 225
Mantenha seu Cérebro Vivo (Katz), 102
Margolin, Evan, 277
McEwen, Bruce, 114, 115
McGlynn, Bill, 109-10, 289
Meaney, Michael, 122
medicamentos
  anestesia e amnésia temporária, 212
  antidepressivos, 73, 76, 117-18, 211, 219
  antipsicóticos, 194, 211
  benzodiazepinas e antiansiolíticos, 194, 211, 217-18
  cafeína (café), 161
  diuréticos, 210-11, 216
  drogas quimioterápicas e problemas cognitivos, 216-17
  estimulantes cognitivos (remédios inteligentes), 154-55, 166-70, 236, 265, 290
  hipnóticos não benzo, 194
  inibidores de acetilcolinesterase, 245
  inibidores de colinesterase, 151
  ISRS, 118, 218
  longevidade e necessidade de suplementos para a memória e atenção, 169
  mal de Alzheimer, 241, 243-48
  medicamentos para a tireoide, 233, 236, 237, 238
  medicamentos psicoestimulantes, 152-59
  medicamentos vendidos com receita e problemas cognitivos, 210-88
  medicamentos vendidos sem receita e problemas cognitivos, 209, 214
  Provigil, 160-66, 174, 175, 178, 182
  sono, 75-76, 97-98, 183-84, 189, 194, 219-22
meditação, 94, 171-77
  chi gung, 174
  ondas cerebrais e, 177, 178
  prática de meditação Marc, 175, 182
  prática rápida de Smalley, 176

ÍNDICE REMISSIVO

terapia de redução do estresse baseada na meditação atenta, 163, 171-76, 289
varredura corporal completa, 174
MEEM (Miniexame do Estado Mental), 73, 75, 78, 133, 245
melatonina, 76
melhoria cognitiva, 155, 161, 166, 168, 236, 243, 265
Melton, Lisa, 267-68
memória de trabalho, 37, 48-49, 113, 169, 282
   ansiedade e, 65
   benzodiazepinas e, 217
   danos cerebrais e, 142, 148
   deficits na, 278
   efeitos do álcool sobre, 201-02
   maconha e redução da, 199
   medicamentos para, 159-66, 174, 175, 178-79, 236-37
   melhoria da, 131-32
   terapia de redução do estresse baseada na meditação atenta para aumentar a, 172
   Ver também Adderall, Provigil
Memory Bible, The (Small), 70
Memory Pharmaceuticals, 265
menopausa, 19, 42
   medicamentos fitoterápicos e perda cognitiva, 136-37
   problemas cognitivos e, 129-32
   reposição hormonal e, 136-37
   TDAH, 49-50, 152, 154, 156, 158, 166, 175, 180, 182
Merzenich, Michael, 105, 108
Meyer, David E., 58
Morris, John C., 31
Morrisett, Lloyd, 108
multitarefas e erros, 58
multivitamínico Longevity Gold Cap, 95
MyBrainTrainer, 109-10, 289

N

Namenda, 243-44, 252
Nemeroff, Charles, 218
Neurochem Pharmaceuticals, 243

neurofeedback, 171-82, 290
neurogênese, 106, 117, 118, 128, 135, 202, 276
Nexium, 214
Nosso Futuro Pós-humano (Fukuyama), 168
nutrição, 86, 87, 89, 92-93

O

obesidade, 226-29
   hipertensão e, 195
   mal de Alzheimer e, 226-228-29
   risco cognitivo da, 226
   síndrome metabólica e, 226, 228-29
óleo de peixe, 87, 91, 97

P

palavras na ponta da língua (PPLs), 63
   Ver também lapsos de memória
Park, Denise, 49
Pasat (Teste Auditivo Compassado de Adição Seriada), 149
patologias e perda cognitiva, 223-38
   anemia, 230
   cirurgia de revascularização (*pump head*), 225
   doença de Lyme, 223
   hipertensão, 229-30
   hipotireoidismo, 231-33
   manobra de Valsalva e, 225
   obesidade, 226-29
   síndrome da fadiga crônica, 225
peixe
   águas frias, 91
   exposição ao metilmercúrio e *fish fog*, 203-05
   níveis de mercúrio, peixe específico, 204-06
   Safe Harbor Certified Seafood, 206
perda auditiva, 106
perda cognitiva associada à idade, 25, 85, 117, 118, 140, 151, 166, 197, 209, 222
   pesquisa sobre esquecimento na meia-idade, 16-19

ESCULPIDO NA AREIA

perimenopausa, 130, 132, 142
   suplementação de estrogênio e, 132, 135
Perlis, Michael, 220
Perlmutter, David, 92-93
Peterson, Ron, 254
Pharmaca, 85
piracetam, 155
plasticidade cerebral, 105-08
Posit Science, 107, 108
presbiopia, 26
Prichep, Leslie S. 258
Procurando Nemo (filme), 16
Programa de 14 Dias de Prescrição da
   Memória, 82, 86, 87, 90, 95, 99, 139-40
prosopagnosia (esquecer das pessoas ou dos
   rostos), 67-69, 142, 285, 292-93
Provigil (modafinil), 160-66, 174-75, 178,
   182, 196, 236-37, 290
Prozac, 117, 232

Q

QEEG (eletroencefalograma quantitativo),
   177
quebra-cabeças e jogos, 283-86, 289
Quest Laboratories, 204, 263

R

reserva cognitiva, 266-88
   armazenando neurônios, 266-69
   dança e desenvolvimento, 240-78
   educação continuada ou renovada e, 278-83
   exercício aeróbico e desenvolvimento, 275
   interação social e, 286-88
   mal de Alzheimer e, 267
   memorização e desenvolvimento, 274
   novidades e novas conexões sinápticas,
      269-73, 286
   resolução de quebra-cabeças e, 283-86
ressonância com tensor de difusão, 144
Raines, Ben, 204
Reason, James, 63
Richards, Marcus, 268

Ritalina, 152, 160, 166
Rivers, Joan, 66
Roberts, Lawrence, 155
Roses, Allen, 260
Relatório Starr, 16
Ressonância magnética e ressonância
   magnética funcional, 71-72, 77, 81-83,
   144, 257

S

Saegis Pharmaceuticals, 167
Sahakian, Barbara, 161, 165
Sams Center for Optimal Performance,
   Dallas, Texas, 177
Sams, Marvin, 177-82, 257
Sapolsky, Robert, 114, 128
Sawaguchi, Toshiyuki, 56
Saykin, Andrew, 216
Schacter, Daniel, 62-64, 102
"Se a memória não funciona" (Frazier), 40
senso de direção, perda do, 13, 76
   Complexo Geográfico Temporal, 60
   homens e, 43
Sete Pecados da Memória, Os (Schacter), 62,
   102
Shames, Richard, 234
Shaw, George Bernard, 264
Shenk, David, 51-52
Shortz, Will, 284-86
Shulgin, Alexander, 199
Siegel, Daniel, 124-26
síndrome da fadiga crônica, 197, 209,
   224-25
síndrome dos planetas em colisão, 60
Small, Gary, 17, 70-72, 74, 82-83, 86-87,
   89, 99-101, 139-41
Smallye, Susan, 175-76, 182
Smith, Will, 204
Sobrecarga de informações
   administrando, 51-56
   atenção fragmentada e, 46-49
   córtex frontal e, 46-49, 50
   dependência de apenas dois sentidos, 103
   novas tecnologias e, 51-56

ÍNDICE REMISSIVO

Sonata, 190, 194, 219
sono
  apneia obstrutiva do sono, 190
  centros de estudo e tratamento de
    distúrbios, 192, 290
  cortisol e, 184, 187-88, 191
  estágios do, 187-88
  estresse e distúrbios, 184, 186
  hipervigilância condicionada, 191
  hipotireoidismo e, 236-37
  insônia e deficiência de magnésio, 93
  insônia na meia-idade, 18, 186-90
  insuficiente e lapsos de memória, 76, 163,
    182, 184, 189
  média de adultos nos EUA, 185-86
  menopausa e sonolência, 130
  microssono, 185
  narcolepsia e sonolência diurna, 160, 162,
    164, 165
  perfil da personalidade de insones, 193-94
  remédios e medicamentos, 75-76, 97-98,
    184-85, 188, 190, 194, 217, 219-22
  síndrome da resistência das vias áreas
    superiores, 196-97
  soneca, 185
  sono de ondas lentas e, 188
  terapia cognitivo-comportamental para
    insônia, 192-96
Stacey, Michelle, 298
Stern, Yaakov, 266-68, 269-70
Stevens, Wallace, 274
Stickgold, Robert, 186
Stricker, Raphael, 224
Summerfield, Don, 85
"Sunday Morning" (Stevens), 274
Swanson, Dawn, 280
Synthroid (levotiroxina), 233, 236, 237, 238

T

tabagismo, mal de Alzheimer e, 202-03
Tan, Amy, 223-24
tecnologia
  dependência da, 56
  sobrecarga de informações e, 51-56

TEPT (transtorno do estresse pós-
  traumático), 118, 249
Terapia cognitivo-comportamental para
  insônia, 191-96
testes cognitivos. *Veja* testes
  neuropsicológicos; PASAT
testes neuropsicológicos, 73, 74-75, 77, 80-
  83, 132-33, 151, 246, 254, 279, 286
  EEG (eletroencefalograma), 176-77, 181,
    257
  IVA e TOVA, 179, 181
  para danos cerebrais, 140-43, 148-49, 151
  PASAT, 149
  QEEG, 177
  tomografias cerebrais, 71-72, 77-80, 144,
    256-58
testosterona, 136, 155
  distúrbios do sono e, 184
  mal de Alzheimer e, 136-37
tomografia por emissão de pósitron (PET),
  71, 77
toxinas ambientais, 18, 203-04, 207-09, 272
  monóxido de carbono, 207
  pesticidas, 207-09
Tracy, Harry M., 167
Transderm Scop, 212
Transtorno de deficit de atenção (TDA e
  TDAH), 49-51
  drogas psicoestimulantes para, 153-59
  menopausa e, 127
  neurofeedback para, 176, 180
  ondas cerebrais alfa e, 179-80
  programa de meditação para, 176
  Provigil para, 166
  sinais de deficit de atenção (DAS), 50
  testes para, 179
Trazodone, 76
Trojanowski, John Q., 31, 254-56
Turner, Danielle, 161, 165
Tuszynski, Mark, 248
Tylenol PM, 213

U

UCLA

Centro para Desenvolvimento Humano, 96

Clínica da Memória, 17, 69, 70, 74-77

centro de pesquisa Mindful Awareness (MARC), 175, 176

Instituto de Neuropsicologia, 70

Centro de Envelhecimento, 17, 31, 70, 86, 100

UCSD: terapia genética do Alzheimer, 247-48

UCSF: Centro Keck para Neurociências Integradas, 106

Universidade da California, Irvine, 246
Instituto de Envelhecimento Cerebral e Demência, 86

Universidade da Pensilvânia
Centro de Danos Cerebrais, 144
Centro de Neurociência Cognitiva, 166
Instituto para Envelhecimento e Mal de Alzheimer da Pensilvânia, 31, 254

Universidade de Boston, Escola de Saúde Pública, Centro para o Mal de Alzheimer's Disease Center, 260

Universidade de Georgetown: terapia genética para Alzheimer, 233

Universidade de Stanford: Clínica de Distúrbios do Sono, 190, 197, 290

V

Valium, 217

Verghese, Joe, 276, 283-84

vimpocetina, 97

vitamina B-1, 95

vitamina B-12, 95-96, 231

vitamina C, 87

vitamina complexo B, 95

vitamina E, 96

Volkow, Nora, 218

W

Wallace, Alan, 172

Wallraff, Barbara, 65

Wartoffsky, Leonard, 199

Wasserman, Eric, 168

Wetherill, Robert, 267-68

White, Aaron, 200-01

Wiener, Nan, 276, 300

Will, George, 29

Wilson, Robert S., 119

Wisenberg, Sol, 15

Wittenberg, Malcolm, 206

Women's Health Initiative (WHI), 128-30, 133-37

WHIMs (estudo sobre a memória), 133, 134

Wordplay (filme), 284

Wright, Cody, 75

Y

Yaffe, Kristine, 226

Ybarra, Oscar, 286

Z

Zhao, Liqin, 135

Zoloft, 14, 117

Zolpidem, 51, 190, 194, 219, 220-21

Zyrtec, 214

826 Valencia, 274

Conheça mais sobre nossos livros e autores no site
www.objetiva.com.br
Disque-Objetiva: (21) 2233-1388

markgraph

Rua Aguiar Moreira, 386 - Bonsucesso
Tel.: (21) 3868-5802   Fax: (21) 2270-9656
e-mail: markgraph@domain.com.br
Rio de Janeiro - RJ